Management von Modern Desktops

Andrew Bettany ist Microsoft Most Valuable Professional (Windows und Geräte für IT), Vater, IT-Geek, Kursleiter und Consultant, Unternehmensgründer und Autor. Als Microsoft MVP ist Andrew Bettany für seine Windows-Kenntnisse bekannt. Er ist Autor vieler Veröffentlichungen, darunter etliche Bücher zur Vorbereitung auf Windows-Zertifizierungsprüfungen, offizielles Microsoft-Schulungsmaterial und Videokurse für LinkedIn Learning und Pluralsight. Als Microsoft Certified Trainer bietet Andrew Bettany Unternehmen Schulungen und Beratung in vielen technischen Bereichen an, darunter Microsoft 365, Azure und Windows. Er ist Mitentwickler der »IT Masterclasses«-Serie mit kurzen, aber konzentrierten technischen Kursen (*www.itmasterclasses.com*) und engagiert sich für die Ausbildung in Technologiethemen. Er hält häufig Vorträge auf der Microsoft Ignite und anderen Technikkonferenzen auf der ganzen Welt. Andrew Bettany ist in sozialen Netzwerken aktiv, Sie finden ihn auf LinkedIn, Facebook und Twitter. Er lebt in einem Dorf nahe der wunderschönen Stadt York in Yorkshire (Großbritannien).

Andrew Warren ist MCT. Er schreibt seit vielen Jahren für Microsoft und hilft dort dabei, das Schulungsmaterial für die offiziellen Kurse zu entwickeln. Er war als Experte an vielen der aktuellen Windows Server 2016-Kursen beteiligt, war technischer Projektleiter für verschiedene Windows 10-Veröffentlichungen und hat an der Entwicklung von Kursen über Microsoft 365, Azure und Intune mitgearbeitet. Wenn er nicht über Microsoft-Technologien schreibt, bringt er als Kursleiter anderen IT-Experten bei, was sie über die Verwaltung der IT-Infrastruktur in ihrer Organisation wissen müssen.

Management von Modern Desktops

Original Microsoft Prüfungstraining MD-101

Andrew Bettany, Andrew Warren

Andrew Bettany, Andrew Warren

Übersetzung: Detlef Johannis
Lektorat: Sandra Bollenbacher
Copy-Editing: Petra Heubach-Erdmann, Düsseldorf
Satz: Gerhard Alfes, mediaService, Siegen, *www.mediaservice.tv*
Herstellung: Stefanie Weidner
Umschlaggestaltung: Helmut Kraus, *www.exclam.de*
Druck und Bindung: mediaprint solutions GmbH, 33100 Paderborn

Bibliografische Information der Deutschen Nationalbibliothek
Die Deutsche Nationalbibliothek verzeichnet diese Publikation in der Deutschen Nationalbibliografie; detaillierte bibliografische Daten sind im Internet über *http://dnb.d-nb.de* abrufbar.

ISBN:
Print   978-3-86490-719-7
PDF   978-3-96088-857-4
ePub   978-3-96088-858-1
mobi   978-3-96088-859-8

1. Auflage 2020
Translation Copyright für die deutschsprachige Ausgabe © 2020 dpunkt.verlag GmbH
Wieblinger Weg 17
69123 Heidelberg

Hinweis:
Dieses Buch wurde auf PEFC-zertifiertem Papier aus nachhaltiger Waldwirtschaft gedruckt. Der Umwelt zuliebe verzichten wir zusätzlich auf die Einschweißfolie.

Schreiben Sie uns:
Falls Sie Anregungen, Wünsche und Kommentare haben, lassen Sie es uns wissen: hallo@dpunkt.de.

5 4 3 2 1 0

Inhaltsverzeichnis

Ich möchte dieses Buch Annette und Tommy widmen. Ihr lasst mir enorme Unterstützung und Ermutigung zukommen, während ich an Projekten arbeite, sogar wenn das Einschnitte in unsere gemeinsame Freizeit bedeutet. Dieses Buch ist auch den Lesern gewidmet – ich habe während meiner Berufstätigkeit Tausende von IT-Experten ausgebildet und hoffe, dass dieses Buch Ihnen hilft, Ihre Karriereziele zu erreichen. Arbeiten Sie hart und greifen Sie nach den Sternen!

Andrew Bettany

Jedes Buch ist eine Gemeinschaftsarbeit, und ich möchte meinem Koautor Andrew und dem Team von Microsoft Press dafür danken, dass sie halfen, dieses Buch fertigzustellen. Wahrscheinlich bin ich schon immer jemand, der auf einen drohenden Abgabetermin hinarbeiten muss. Als Kind waren die Bremsgeräusche des Busses, wenn er bei der Schule eintraf, für mich das Signal, dass die Hausaufgaben fertig sein mussten. Somit möchte ich auch meiner Tochter Amelia dafür danken, dass sie gelegentlich in meinem Arbeitszimmer vorbeikommt, um mir mitzuteilen: »Papa, der Schulbus kommt gleich«, und um mir einen Espresso zu bringen, der die Formulierfähigkeiten schärft.

Andrew Warren

Einführung

Mit der neuen Zertifizierung »Microsoft 365 Certified: Modern Desktop Administrator Associate« hat Microsoft ein neues Kapitel in der Geschichte der Zertifizierungen für IT-Profis eingeleitet. Statt sich auf einen Technologiebereich zu beschränken, konzentriert sich die neue Zertifizierung auf einen bestimmten Aufgabenbereich. Die Prüfung Microsoft MD-101, »Management von Modern Desktops«, bildet die Basis für diese neue Zertifizierung »Modern Desktop Administrator Associate«.

Dieses Buch deckt alle Hauptthemen der Prüfung ab, kann dies aber nicht für jede einzelne Prüfungsfrage leisten. Nur das Microsoft-Prüfungsteam hat Zugriff auf die Prüfungsfragen, und Microsoft arbeitet ständig neue Fragen in die Prüfung ein. Daher ist es unmöglich, konkrete Fragen zu behandeln. Sie sollten dieses Buch als Ergänzung zu Ihren Praxiserfahrungen und anderen Lernmaterialien betrachten. Sofern Sie in diesem Buch auf ein Thema stoßen, das Sie nicht vollständig verstehen, sollten Sie die Links in den »Weitere Informationen«-Textkästen des jeweiligen Abschnitts aufrufen. Dort finden Sie vertiefende Informationen, die Sie in Ruhe durcharbeiten sollten, um Ihre Kenntnisse zum jeweiligen Thema auszubauen. Wertvolle Informationen finden Sie auf der Microsoft-Website unter *docs.microsoft.com*.

Aufbau dieses Buchs

Der Aufbau dieses Buchs folgt der Liste der »bewerteten Fähigkeiten«, die für die Prüfung veröffentlicht wurde. Diese Liste finden Sie zu jeder Prüfung auf der Microsoft Learn-Website unter *https://microsoft.com/learn*. Jedes Kapitel in diesem Buch entspricht einem Hauptthema der Liste, und die einzelnen Aufgaben innerhalb jedes Themenbereichs bilden die Unterkapitel.

Microsoft-Zertifizierungen

Die Microsoft-Zertifizierungen bieten Ihnen eine optimale Möglichkeit, Ihre umfassenden Kenntnisse und Ihre Erfahrung mit aktuellen Microsoft-Produkten und -Technologien unter Beweis zu stellen. Die Prüfungen und entsprechenden Zertifikate dienen als Nachweis Ihrer Kompetenz in Bezug auf Entwurf, Entwicklung, Implementierung und Support von Lösungen mit Microsoft-Produkten und -Technologien, sowohl direkt vor Ort als auch in der Cloud. Die Zertifizierung bringt zahlreiche Vorteile für Bewerber, Arbeitgeber und Organisationen mit sich.

> **WEITERE INFORMATIONEN**   **Alle Microsoft-Zertifizierungen**
>
> Informationen über Microsoft-Zertifizierungen mit einer vollständigen Liste der verfügbaren Zertifizierungen finden Sie unter:
>
> *https://www.microsoft.com/learn*

Errata und Support

Wir haben uns sehr um die Richtigkeit der in diesem Buch enthaltenen Informationen bemüht. Fehler, die seit der Veröffentlichung bekannt geworden sind, werden auf der Microsoft Press-Website (in englischer Sprache) aufgelistet:

http://www.microsoftpressstore.com/examrefmd101/errata

Sollten Sie einen Fehler finden, der noch nicht aufgeführt ist, würden wir uns freuen, wenn Sie uns auf dieser Seite darüber informieren (in englischer Sprache).

Mit Anmerkungen, Fragen oder Verbesserungsvorschlägen zu diesem Buch können Sie sich auch in Deutsch an den dpunkt.verlag wenden:

hallo@dpunkt.de

Bitte beachten Sie, dass über unsere E-Mail-Adresse kein Software-Support angeboten wird.

Für Supportinformationen bezüglich der hier verwendeten Microsoft-Produkte besuchen Sie die Microsoft-Website:

https://support.microsoft.com

Betriebssysteme bereitstellen und aktualisieren

Die Prüfung MD-101, »Management von Modern Desktops«, konzentriert sich darauf, wie Sie Windows 10 möglichst effizient bereitstellen und aktualisieren, wobei Sie moderne Tools und Technologien einsetzen, um den Verwaltungsaufwand zu minimieren. Sie müssen wissen, wie Sie Windows 10 planen und bereitstellen, und Sie müssen in der Lage sein, die am besten geeignete Methode auszuwählen. Sobald die Bereitstellung abgeschlossen ist, müssen Sie Windows 10 verwalten, das Gerät in Azure Active Directory einbinden und die automatische Registrierung in Microsoft Intune einleiten. Sie müssen Windows 10 schützen, indem Sie es auf dem neuesten Stand halten. Sie müssen Windows-Updates verwalten und sicherstellen, dass alle Updates die Anforderungen der Organisation erfüllen. Und Sie müssen wissen, wie moderne Geräte in Azure Active Directory eingebunden oder registriert werden und wie Sie die Authentifizierung von Geräten und Benutzern in der Cloud verwalten.

In diesem Kapitel abgedeckte Prüfungsziele:

▦ Prüfungsziel 1.1: Windows 10 mit dynamischer Bereitstellung planen und implementieren

▦ Prüfungsziel 1.2: Windows 10 mit Windows AutoPilot planen und implementieren

▦ Prüfungsziel 1.3: Geräte auf Windows 10 aktualisieren

▦ Prüfungsziel 1.4: Updates verwalten

▦ Prüfungsziel 1.5: Geräteauthentifizierung verwalten

Prüfungsziel 1.1: Windows 10 mit dynamischer Bereitstellung planen und implementieren

Windows 10 bietet Organisationen leistungsfähige neue Methoden, um ihren Benutzern das Betriebssystem bereitzustellen. Ältere Bereitstellungsmethoden auf Basis erstellter Images werden weiterhin unterstützt und kommen vielfach zum Einsatz. Sie können davon ausgehen, dass die neuen, dynamischen Bereitstellungsmethoden in modernen Unternehmen an Bedeutung gewinnen und dass Fragen dazu in der Prüfung MD-101 auftauchen. Sie müssen wissen, welche Vorteile diese Methoden gegenüber den herkömmlichen Methoden bieten.

1

Eine geeignete Bereitstellungsmethode auswählen

Die dynamische Bereitstellung von Windows 10 mit modernen Tools wie MDM-Lösungen (Mobile Device Management) erweitert für Organisationen die Auswahl der verfügbaren Bereitstellungsmethoden. Viele dieser Optionen standen bei der Bereitstellung älterer Windows-Versionen mit herkömmlichen Methoden nicht zur Verfügung. Tabelle 1–1 vergleicht die Methoden für moderne dynamische Bereitstellung mit herkömmlichen Bereitstellungsmethoden, bei denen ebenfalls oft mit Image-Erstellung gearbeitet wird.

Dynamische Bereitstellungsmethoden	Herkömmliche Bereitstellungsmethoden
Registrierung in Azure Active Directory und Mobile Device Management (zum Beispiel Microsoft Intune)	Tools für lokale Bereitstellung, zum Beispiel Windows ADK, Windows-Bereitstellungsdienste, Microsoft Deployment Toolkit oder System Center Configuration Manager
Bereitstellungspakete im Windows-Designer für die Imagekonfiguration	Bare-Metal-Installation
Abonnementaktivierung	In-Place-Upgrade
Windows AutoPilot	Wipe-und-load-Upgrade

Tab. 1–1   Bereitstellungsmethoden

> *HINWEIS*   **Herkömmliche Bereitstellungsmethoden**
>
> Die herkömmlichen Bereitstellungsmethoden werden im Buch *Windows 10, Original Microsoft Prüfungstraining MD-100* von Microsoft Press behandelt. Dieses Buch konzentriert sich auf moderne Bereitstellungsmethoden, weil sie wahrscheinlich in der Prüfung MD-101 behandelt werden.

Welche Bereitstellungsmethoden sich für eine Organisation eignen, hängt davon ab, welche Investitionen sie bereits in herkömmliche Bereitstellungsmethoden und lokale Infrastruktur getätigt hat. Dazu können lokale Tools und Abläufe gehören, zum Beispiel der Einsatz von Microsoft Deployment Toolkit (MDT) und System Center Configuration Manager (SCCM) für Windows 7 und neuere Versionen. Diese Tools werden weiterhin unterstützt und können im Rahmen herkömmlicher Bereitstellungsmethoden genutzt werden, zum Beispiel in Bare-Metal-, Aktualisierungs- und Ersetzungsszenarien.

Sie sollten wissen, welche modernen Alternativen für die herkömmlichen Methoden verfügbar sind; in diesem Buch konzentrieren wir uns auf die neueren Methoden, die in der Prüfung MD-101 ausführlich behandelt werden.

Wenn Sie Windows 10 im Rahmen einer modernen Cloud-Bereitstellung und mit dynamischen Bereitstellungsmethoden bereitstellen, kommen Abonnementaktivierung, Windows AutoPilot und Azure AD-Einbindung (Azure Active Directory) zum Einsatz. Die Verwaltung von Windows 10 wird mit MDM (Mobile Device Management) erledigt, zum Beispiel mit Microsoft Intune.

Dynamische Bereitstellung

Die Leitlinie dieses Buchs besteht darin, für die Bereitstellung von Clientgeräten eine alternative Methode zu nutzen, die den herkömmlichen Ansatz mit seinen üblichen Phasen ersetzt:

- Ein Gerät kaufen oder erneut bereitstellen
- Inhalte vom Gerät löschen
- Das vorinstallierte Betriebssystem durch ein maßgeschneidertes Image ersetzen
- Einer lokalen Active Directory-Domäne beitreten
- Gruppenrichtlinieneinstellungen anwenden
- Apps mit dem Configuration Manager verwalten

Bei einem Cloud-basierten Bereitstellungsansatz vereinfacht sich der Ablauf auf folgende Phasen:

- Ein Gerät kaufen oder erneut bereitstellen
- Eine Transformation auf das vorinstallierte Betriebssystem anwenden
- In Azure AD einbinden
- Nutzung mit Mobile Device Management verwalten
- Mit MDM die Einhaltung der Unternehmensrichtlinien erzwingen und Apps hinzufügen oder entfernen

Die beiden Ansätze unterscheiden sich erheblich. Bei der dynamischen Bereitstellung wird versucht, ohne lokale Infrastruktur und ressourcenintensive Verfahren zur Erstellung und Anwendung von Images auszukommen.

Windows 10 wird zweimal im Jahr auf eine neuere Version aktualisiert, wobei jede neue Version höchstens 18 Monate lang Support erhält (30 Monate für die Editionen Enterprise und Education). Daher wird die Verwaltung angepasster Bereitstellungs-Images für die IT-Abteilung teuer und aufwendig.

Bei der dynamischen Bereitstellung sind momentan die folgenden Transformationstypen verfügbar:

- **Bereitstellungspakete** Ein Bereitstellungspaket wird im Windows-Designer für die Image-konfiguration erstellt und kann benutzt werden, um ein oder mehrere Konfigurationen auf Apps und Einstellungen auf einem Gerät anzuwenden.

- **Abonnementaktivierung**   Mit der Windows 10-Abonnementaktivierung können Sie bei Geräten mit Windows 10 Pro automatisch ein Upgrade auf Windows 10 Enterprise durchführen, ohne einen Product Key eingeben oder einen Neustart ausführen zu müssen.

- **Azure AD-Einbindung mit automatischer MDM-Registrierung**   Ein Gerät kann in Azure AD eingebunden und automatisch in der MDM-Lösung der Organisation registriert werden, sobald die Benutzer die Anmeldeinformationen für ihr Arbeits- oder Schulkonto eingeben. Nach der Registrierung konfiguriert MDM das Gerät entsprechend den Organisationsrichtlinien.

Diese Transformationen werden in späteren Abschnitten dieses Kapitels genauer beschrieben.

Bereitstellungspakete

Bereitstellungspakete werden im Windows-Designer für die Imagekonfiguration (Windows Configuration Designer, WCD) erstellt, einer Komponente im Windows Assessment and Deployment Kit (Windows ADK). Sie können auch die eigenständige App *Windows-Designer für die Imagekonfiguration* aus dem Microsoft Store herunterladen.

HINWEIS   Windows ADK herunterladen

Sie können das Windows ADK von der folgenden Adresse auf der Microsoft-Website herunterladen:

https://docs.microsoft.com/Windows-hardware/get-started/adk-install

Achten Sie darauf, dass die Version des Windows ADK, das Sie herunterladen, der Windows 10-Version entspricht, die Sie bereitstellen wollen.

Wenn Ihnen die Arbeit mit Gruppenrichtlinienobjekten (Group Policy Objects, GPOs) vertraut ist, werden Sie einige Ähnlichkeiten zwischen GPOs und Bereitstellungspaketen erkennen, zum Beispiel verwenden beide sehr kleine Konfigurationsdateien und werden oft eingesetzt, um vorhandene Windows 10-Installationen anzupassen und ihre Laufzeiteinstellungen zu konfigurieren.

Ein Bereitstellungspaket kann viele Funktionen erfüllen, zum Beispiel:

- Computername und Benutzerkonten konfigurieren

- Computer zu einer Domäne hinzufügen

- Upgrade der Windows 10-Version durchführen, zum Beispiel von Windows 10 Home auf Windows 10 Enterprise

- Windows-Benutzeroberfläche konfigurieren

- Zusätzliche Dateien hinzufügen oder Apps installieren

- Installierte Software entfernen

- Netzwerkeinstellungen konfigurieren

- Zertifikate installieren

- Sicherheitseinstellungen implementieren

- Windows 10 zurücksetzen

- PowerShell-Skripts ausführen

Bevor Sie ein Bereitstellungspaket erstellen, sollten Sie den Installationsvorgang des Windows-Designers für die Imagekonfiguration abgeschlossen haben, entweder über das Windows ADK oder den Microsoft Store. Sobald das erledigt ist, haben Sie alles, was Sie brauchen, um Ihre Bereitstellungspakete zu erstellen und bereitzustellen. Öffnen Sie zuerst den Windows-Designer für die Imagekonfiguration. Klicken Sie auf der Startseite (Abbildung 1–1) auf die Option, die dem geplanten Bereitstellungstyp am besten entspricht. Im Zweifelsfall können Sie *Erweiterte Bereitstellung* wählen.

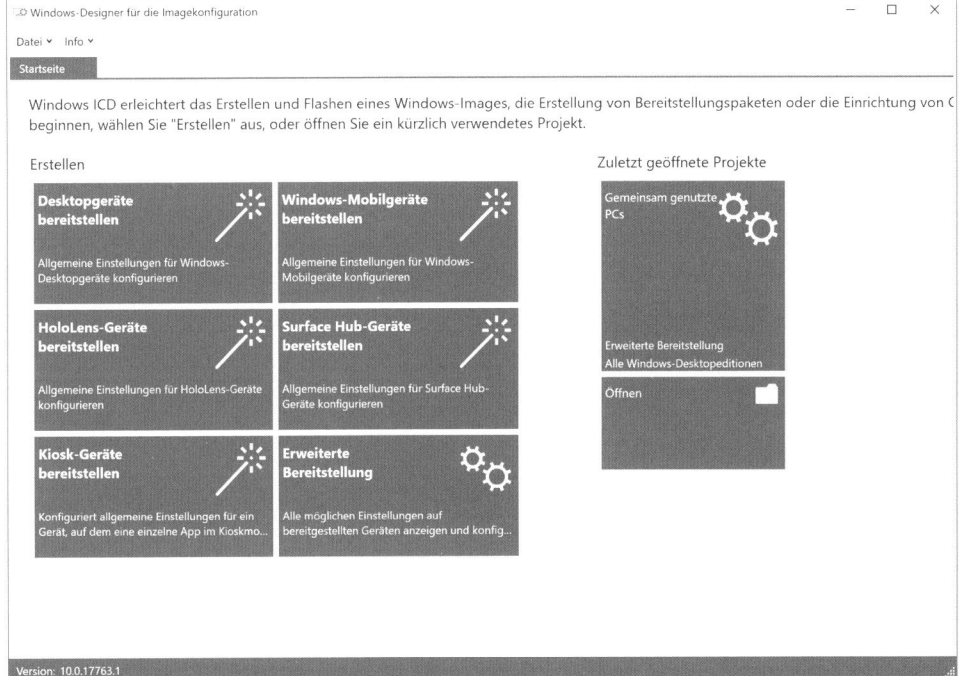

Abb. 1–1   Erstellen eines neuen Bereitstellungspakets

HINWEIS   **Benutzeroberfläche des Windows-Designers für die Imagekonfiguration**

In älteren Versionen des Windows-Designers für die Imagekonfiguration (früher hieß er Windows Imaging and Configuration Designer oder kurz Windows ICD) konnten Sie Bereitstellungspakete erstellen, mit denen es möglich war, Windows 10 bereitzustellen. Diese Funktion wurde im WCD entfernt, obwohl der Name noch auf Images Bezug nimmt.

Gehen Sie folgendermaßen vor, um Ihr Bereitstellungspaket für die Bereitstellung einer universellen Branchenanwendung (Line of Business-App, LOB-App) zu erstellen:

1. Klicken Sie auf *Erweiterte Bereitstellung*.

2. Tippen Sie im Assistenten *Neues Projekt* auf der Seite *Projektdetails eingeben* den Namen für Ihr Bereitstellungspaket und eine aussagekräftige Beschreibung ein. Nennen Sie das Projekt zum Beispiel **Branchen-App 1 bereitstellen** und klicken Sie auf *Weiter*.

3. Wählen Sie auf der Seite *Einstellungen auswählen, die angezeigt und konfiguriert werden sollen* die Option *Alle Windows-Desktopeditionen* und klicken Sie auf *Weiter*.

4. Klicken Sie auf der Seite *Bereitstellungspaket importieren (optional)* auf *Fertig stellen*. (Sie können diese Möglichkeit bei Bedarf nutzen, um Einstellungen aus einem vorher konfigurierten Paket zu importieren, das Ihre Anforderung weitgehend, wenn auch nicht vollständig erfüllt.)

5. Wählen Sie auf der Seite *Verfügbare Anpassungen* im Feld *Ansicht* den Eintrag *Allgemeine Einstellungen* aus und klappen Sie dann den Zweig *Laufzeiteinstellungen* auf.

6. Klappen Sie im Navigationsabschnitt unter *Verfügbare Anpassungen* den Zweig *UniversalAppInstall* auf und klicken Sie auf *DeviceContextApp*.

7. Tippen Sie in der Detailansicht einen Namen für die Sammlung von Apps in das Feld *PackageFamilyName* ein, zum Beispiel **Branchen-App 1**, und klicken Sie auf *Hinzufügen*.

8. Wählen Sie den Knoten *PackageFamilyName: Branchen-App1* aus.

9. Klicken Sie auf den Knoten *ApplicationFile*, klicken Sie im Textfeld *ApplicationFile* auf *Durchsuchen* und wählen Sie die *.appx*-Datei für Ihre App aus (Abbildung 1–2).

10. Wählen Sie im Menü *Datei* den Befehl *Speichern* und merken Sie sich den Speicherort der gespeicherten Bereitstellungspaketdatei.

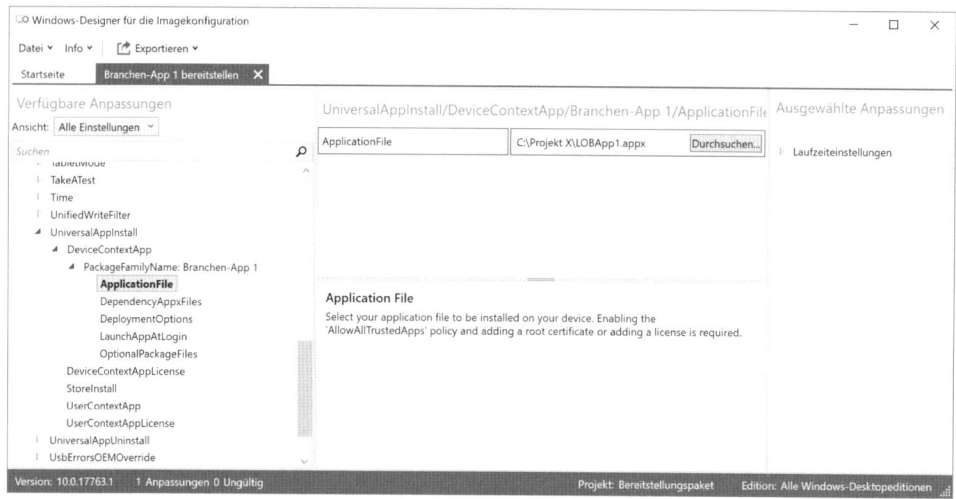

Abb. 1–2 Verfügbare Anpassungen für Ihr Bereitstellungspaket

Sie haben nun eine Anpassung für Ihre App erstellt. Anschließend können Sie diese Anpassung bereitstellen, indem Sie das Bereitstellungspaket anwenden.

Bereitstellungspakete anwenden

Bevor Sie ein Bereitstellungspaket anwenden können, müssen Sie es erst einmal exportieren. Gehen Sie folgendermaßen vor, um Ihr Bereitstellungspaket im Windows-Designer für die Imagekonfiguration zu exportieren:

1. Wählen Sie im Abschnitt *Zuletzt geöffnete Projekte* der Startseite die Projektdatei aus oder wählen Sie im Menü den Eintrag *Datei* und dann die Projektdatei. (Sie müsste den Namen des Projekts mit der Dateierweiterung *.icdproj* haben.)

2. Wählen Sie in der Menüleiste den Befehl *Exportieren > Bereitstellungspaket*.

3. Im Assistenten *Erstellen* ist auf der Seite *Beschreibung des Bereitstellungspakets* bereits der Projektname eingetragen. Sie können jetzt Versionsnummern und Herstellerdaten für das Paket eintragen, zum Beispiel **IT-Administration**. Klicken Sie auf *Weiter*, wenn diese Angaben vollständig sind.

4. Wählen Sie auf der Seite *Sicherheitsdetails für das Bereitstellungspaket auswählen*, ob Sie Ihr Paket verschlüsseln oder signieren wollen (oder beides), und klicken Sie auf *Weiter*. (Wenn Sie das Paket signieren wollen, brauchen Sie ein digitales Zertifikat, dem die Benutzer Ihres Pakets vertrauen.)

5. Geben Sie auf der Seite *Speicherort des Bereitstellungspakets auswählen* an, wo Sie das Paket speichern wollen, und klicken Sie auf *Weiter*.

6. Klicken Sie auf der Seite *Bereitstellungspaket erstellen* auf *Erstellen*. Ihr Bereitstellungspaket wird nun an den angegebenen Speicherort exportiert.

7. Die Seite *Geschafft* erscheint und informiert Sie, wo das Paket liegt. Klicken Sie auf *Fertig stellen*.

8. Jetzt können Sie das Paket auf Clientgeräte anwenden und die *.ppkg*-Datei ausführen.

Sobald Sie die Einstellungen im Windows-Designer für die Imagekonfiguration konfiguriert haben, exportieren Sie das Bereitstellungspaket in eine *.ppkg*-Datei. Um die *.ppkg*-Datei zu schützen, können Sie das Paket optional verschlüsseln und digital signieren. Signierte Pakete können auf einem Clientcomputer nur dann angewendet werden, wenn sie als vertrauenswürdig eingestuft werden.

Sie können das Bereitstellungspaket über beliebige Methoden an die Benutzer übermitteln, zum Beispiel als E-Mail, auf einem physischen Medium oder als Dateifreigabe über OneDrive for Business. Die Einstellungen werden über eine der folgenden Methoden auf das Zielgerät angewendet:

▓ Ausführen der *.ppkg*-Datei

▓ Hinzufügen des Bereitstellungspakets mit der Einstellungen-App

▓ Ausführen des Windows PowerShell-Cmdlets `Add-ProvisioningPackage`

Bereitstellungspakete können auf ein Gerät angewendet werden, wenn es zum ersten Mal läuft, während ein USB-Laufwerk mit dem Bereitstellungspaket angesteckt ist, oder nachdem die OOBE-Phase (Out-of-Box Experience) abgeschlossen ist.

WEITERE INFORMATIONEN   **Bereitstellungspakete für Windows 10**

Detaillierte Informationen über Bereitstellungspakete finden Sie auf der Microsoft-Website unter:

https://docs.microsoft.com/Windows/configuration/provisioning-packages/provisioning-packages

---

Windows 10-Abonnementaktivierung

Windows 10 muss aktiviert werden, damit alle Features des Betriebssystems verfügbar werden und die Lizenzierungsanforderungen erfüllt sind.

Nach der Aktivierung können Windows 10-Geräte:

▓ Updates empfangen

▓ Auf alle Windows 10-Features zugreifen

▓ Support abrufen

Es gibt verschiedene Aktivierungsmethoden, die die Installation von Windows auf einem Gerät mit einem eigenständigen oder einem Unternehmens-Product Key für Windows 10 registrieren.

Die drei wichtigsten Aktivierungsmethoden sind:

▓ Retail

▓ OEM

▓ Microsoft-Volumenlizenz (Volumenaktivierung)

HINWEIS   **Mehr zur Retail- und OEM-Aktivierung**

Die Retail- und die OEM-Aktivierung würden das Thema dieses Buchs sprengen, sie werden in der Prüfung MD-100, »Windows 10«, behandelt (siehe das Buch *Windows 10, Original Microsoft Prüfungstraining MD-100* von Microsoft Press).

Organisationen mit Enterprise Agreements (EA) können Volumenaktivierungsmethoden einsetzen. Sie stellen Werkzeuge und Dienste bereit, die es ermöglichen, die Aktivierung im großen Umfang zu automatisieren. Zu diesen Werkzeugen und Diensten gehören:

Active Directory-basierte Aktivierung   Ein automatisierter Dienst, der nach seiner Installation Aktivierungsobjekte in AD DS (Active Directory Domain Services) speichert. Das vereinfacht einem Unternehmen die Wartung der Volumenaktivierungsdienste. Aktivierungsanforderungen werden automatisch verarbeitet, sobald sich Geräte in der Active Directory-Domäne authentifizieren.

Schlüsselverwaltungsdienst (Key Management Service, KMS)   Dies ist ein automatisierter Dienst, der auf einem Computer innerhalb Ihres domänenbasierten Netzwerks läuft. Alle Volumenlizenzeditionen von Windows 10 verbinden sich regelmäßig mit dem KMS-Host, um die Aktivierung anzufordern.

Multiple Activation Key (MAK)   Unternehmen kaufen Product Keys, mit denen über die Microsoft-Aktivierungsserver im Internet eine bestimmte Zahl von Windows 10-Geräten aktiviert werden darf.

All diese Aktivierungsmethoden für Unternehmen greifen auf Dienste zurück, die in herkömmlichen lokalen, domänenbasierten Umgebungen laufen. Es wird eine andere Aktivierungsmethode gebraucht, um die Anforderungen der Geräte zu erfüllen, die über Cloud-basierte Authentifizierungs- und Identitätsdienste wie Azure Active Directory registriert werden.

Bei der Abonnementaktivierung wird der Azure AD-Mandant Ihrer Organisation mit einem vorhandenen Enterprise Agreement verknüpft; alle gültigen Geräte, die mit diesem Mandanten verbunden sind, werden automatisch aktiviert.

Die Abonnementaktivierung steht unter anderem in folgenden Lizenzen zur Verfügung:

Windows 10 Enterprise E3- oder E5-Lizenzen, die im Rahmen eines Enterprise Agreements erworben werden

Geräte mit einem in Firmware eingebetteten Aktivierungsschlüssel

Windows 10 Enterprise E3 in CSP (Cloud Solution Provider), das als Abonnement für kleine bis mittelgroße Organisationen mit einem bis mehreren Hundert Benutzern angeboten wird

---

HINWEIS   **In Firmware eingebettete Aktivierungsschlüssel**

Die meisten von OEMs gelieferten Geräte, die für Windows 8 oder eine neuere Version entwickelt wurden, haben einen Schlüssel in die Firmware eingebettet. Weitere Informationen über die Lizenzierung mit Aktivierungsschlüsseln, die in die Firmware eingebettet sind, finden Sie auf der Microsoft-Website unter:

https://docs.microsoft.com/Windows/deployment/deploy-enterprise-licenses

---

Organisationen müssen folgende Anforderungen erfüllen, damit sie die Abonnementaktivierung implementieren können:

▓ Enterprise Agreement oder Microsoft Products and Services Agreement (MPSA), das mit dem Azure AD-Mandanten der Organisation verknüpft ist

▓ Windows 10 Pro oder Windows 10 Enterprise ist auf den Geräten installiert, bei denen Sie ein Upgrade vornehmen wollen

▓ Azure AD für die Identitätsverwaltung

▓ Alle Geräte sind entweder in Azure AD eingebunden oder Mitglieder einer AD DS-Domäne, die über Azure AD Connect mit Azure AD synchronisiert wird.

Sofern alle Anforderungen erfüllt sind, wechselt das Betriebssystem von Windows 10 Pro auf Windows 10 Enterprise und es stehen alle Windows 10 Enterprise-Features zur Verfügung, sobald ein lizenzierter Benutzer sich mit seinen Azure AD-Anmeldeinformationen an einem Gerät anmeldet. Dieser Prozess läuft ab, ohne dass ein Product Key eingegeben oder der Computer neu gestartet werden muss.

HINWEIS **Fristablauf**

Geräte, bei denen über die Abonnementaktivierung ein Upgrade ausgeführt wurde, müssen mindestens alle 90 Tage einmal eine Verbindung zum Azure AD-Mandanten aufbauen, damit die Lizenzierung gültig bleibt. Falls der Azure AD-Mandant abläuft oder die Benutzerlizenz anderweitig zugewiesen wird, wechselt das Gerät auf Windows 10 Pro zurück.

Azure AD-Einbindung mit automatischer MDM-Registrierung

Mit Azure AD und einer MDM-Lösung (Mobile Device Management) wie Microsoft Intune können Sie Windows 10-Geräte dynamisch bereitstellen. Sobald ein Gerät in der Verwaltungslösung registriert wurde, kann Microsoft Intune Unternehmensrichtlinien für Konformität und Sicherheit auf dem Gerät bereitstellen; das geschieht auf ähnliche (wenn auch nicht identische) Weise wie bei Gruppenrichtlinienobjekten, die benutzt werden, um Computer in einer domänenbasierten Umgebung zu konfigurieren.

Mit MDM können Sie zum Beispiel Apps hinzufügen oder entfernen und Gerätefeatures einschränken. Über die Anwendung von MDM-Richtlinien kann Azure AD den Zugriff auf Unternehmensressourcen oder Anwendungen abhängig von der Richtlinienkonformität des Geräts verhindern oder erlauben.

Folgende Anforderungen müssen erfüllt sein, damit Sie die Cloud-basierte dynamische Bereitstellung nutzen können:

▓ Windows 10 Pro oder Windows 10 Enterprise, Version 1703 (oder neuer)

▓ Azure AD für Identitätsverwaltung

▓ Eine MDM-Lösung, zum Beispiel Microsoft Intune

Eine Pilotbereitstellung verwalten

Jedes neue Projekt sollte sorgfältig und in Ruhe geplant werden, um die Chance auf eine erfolgreiche Auslieferung zu erhöhen. Das gilt besonders dann, wenn Sie Windows 10 in einer Unternehmensumgebung bereitstellen.

Es stehen mehrere Tools und Dienste zur Verfügung, die Ihnen helfen, Windows 10 zu testen, zu studieren und zu implementieren. Indem Sie den Best Practices folgen und Fehler bei der Bereitstellung vermeiden, können Sie sicherstellen, dass Ihre Benutzer produktiv arbeiten und dass Ihr Projekt im vorgesehenen Zeitrahmen abgeschlossen ist.

Windows 10 wird in Form eines Continuous-Delivery-Modells ausgeliefert, das als »Windows as a Service« (Windows als Dienstleistung) bezeichnet wird. Alle sechs Monate erscheint eine neue Windows 10-Version. Daher werden Sie die Fähigkeiten, die Sie beim Bereitstellen von Windows 10 für Ihre Benutzer erwerben, immer wieder brauchen.

Es wird empfohlen, dass Administratoren eine Benutzergruppe auswählen und Windows 10 in kleineren Pilotprojekten bereitstellen, um jede Windows 10-Version in der Organisation zu testen. Erst danach wird das Betriebssystem an den Großteil der Benutzer ausgerollt.

Pilotbereitstellungen planen

In diesem Buch konzentrieren wir uns auf die modernen Bereitstellungstechnologien, die wahrscheinlich in der Prüfung MD-101 abgefragt werden. Jede Organisation ist anders, daher müssen Sie überlegen, welche Bereitstellungsmethode (oder Kombination aus Methoden) Sie einsetzen sollten. Zum Beispiel können Sie neue Geräte für die Außendienstmitarbeiter über Windows AutoPilot bereitstellen, aber bei den Bürocomputern in der Firmenzentrale ein In-Place-Upgrade durchführen.

Um eine geeignete Bereitstellungsmethode auswählen zu können, sollten Sie Tests außerhalb der Produktivumgebung durchführen. Wenn sie erfolgreich verlaufen, sollten Sie im nächsten Schritt Windows 10 bei einer kleinen Benutzergruppe bereitstellen.

Indem Sie Ihr Windows 10-Bereitstellungsprojekt in mehrere Phasen untergliedern, können Sie mögliche Probleme aufdecken und bei Bedarf Lösungen entwickeln. Dazu müssen Sie in allen Phasen das Feedback der Stakeholder einholen und dokumentieren. Die erste Phase beim Bereitstellen des Betriebssystems ist eine Pilotbereitstellung.

Im Rahmen dieser Pilotbereitstellung müssen Sie sicherstellen, dass folgende Voraussetzungen erfüllt sind:

- Die Hardware für den Produktivbetrieb, also PCs, Notebooks und Tablets, erfüllt die minimalen Hardwarevoraussetzungen für Windows 10.

- Peripheriegeräte wie Drucker, Scanner, Projektoren und andere Geräte sind zu Windows 10 kompatibel.

- Alle erforderlichen Gerätetreiber sind vorhanden.

- Alle Apps, die nach der Bereitstellung benötigt werden, funktionieren unter Windows 10.

- Alle vorhandenen Laufwerkverschlüsselungslösungen von Drittherstellern arbeiten unter Windows 10 (oder können durch BitLocker-Laufwerkverschlüsselung ersetzt werden).

- Ihre IT-Supportmitarbeiter wurden so geschult, dass sie für Windows 10 Support leisten können.

Die Pilotbereitstellung ist unverzichtbar, weil sie sicherstellt, dass die Kompatibilität zu vorhandener Hardware, Apps und Infrastruktur besteht. Außerdem liefert sie Ihnen Erkenntnisse zu Vorteilen und potenziellen Stolperfallen, die in späteren Phasen des Programms wahrscheinlich auftauchen. Indem Sie das in der Pilotphase gesammelte Feedback auswerten und umsetzen, können Sie die Auswirkungen eventueller Probleme minimieren.

Falls Sie feststellen, dass Ihre vorhandenen IT-Supportmitarbeiter nicht über die nötigen Fähigkeiten für den Support von Windows 10 verfügen, ist es wahrscheinlich sinnvoll, wenn Sie die Pilotbereitstellung nutzen, um herauszufinden, in welchen Gebieten eine Schulung notwendig ist. Das verschafft Ihnen Zeit, um die Empfehlungen vor einem großflächigen Rollout umzusetzen. Sie sollten auch Ihre nicht-technischen Benutzer berücksichtigen, die möglicherweise Informationen über das neue Betriebssystem brauchen, damit ihre normalen Arbeitsabläufe nicht aufgrund der Einführung des neuen Betriebssystems beeinträchtigt werden.

Sie können während der Pilotbereitstellung auch herausfinden, ob die Benutzer für Windows 10 bereit sind und ob Schulungen erforderlich sind – das betrifft sowohl Benutzer als auch IT-Supportmitarbeiter.

Hardwarevoraussetzungen für Windows 10 überprüfen

Bei Ihrer Planung sollten Sie die Systemvoraussetzungen für die Installation von Windows 10 prüfen. Windows 10 läuft auf Hardware, die ähnliche Spezifikationen erfüllt, wie sie für Windows 8.1 erforderlich waren. Folglich sind die meisten Computer, die aktuell in Organisationen genutzt werden, Windows 10-fähig. Um allerdings das Optimum aus Windows 10 herauszuholen, ist es sinnvoll, das Betriebssystem auf Computern und Geräten zu installieren, die bessere Leistung als die in Tabelle 1–2 aufgelisteten Minimalspezifikationen bieten.

Komponente	Anforderung
Prozessor	CPU oder SoC (System on a Chip) mit 1 GHz oder schneller
Arbeitsspeicher	1 GB RAM für 32-Bit-Versionen beziehungsweise 2 GB für 64-Bit-Versionen
Festplattenplatz	16 GB für 32-Bit-Versionen, 32 GB für 64-Bit-Versionen
Grafikkarte	DirectX 9 oder neuer mit einem WDDM-1.0-Treiber (Windows Display Driver Model)
Anzeigeauflösung	800×600 Pixel
Internetverbindung	Eine Internetverbindung wird gebraucht, um Updates abzurufen und bestimmte Features zu nutzen.

Tab. 1–2   Minimale Hardwarevoraussetzungen für Windows 10

> **HINWEIS** **Windows 10 Enterprise testen**
>
> Eine 90 Tage gültige Evaluierungsversion von Windows 10 Enterprise erhalten Sie im Microsoft Evaluation Center. Diese Evaluierungsversion steht für die jeweils aktuellste Version in 64-Bit- und 32-Bit-Varianten und mehreren Sprachen zur Verfügung. Sie können die Evaluierungsversion von Windows 10 Enterprise unter der folgenden Adresse herunterladen:
>
> *https://www.microsoft.com/evalcenter/evaluate-Windows-10-enterprise*

Hardwarekompatibilität zu Windows 10 prüfen

Wenn Sie sichergestellt haben, dass alle neuen oder vorhandenen Computer, auf denen Sie Windows 10 installieren wollen, die minimalen Hardwarevoraussetzungen erfüllen, sollten Sie prüfen, ob das Betriebssystem auch alle vorhandenen Hardware- und Peripheriegeräte unterstützt.

Sofern Sie neue Computer anschaffen, auf denen Windows 10 bereits vorinstalliert ist, brauchen Sie nichts weiter zu tun. Wenn Sie dagegen vorhandene Computer einsetzen oder vorhandene Peripheriegeräte an Ihre neuen Computer anschließen wollen, müssen Sie die Kompatibilität dieser älteren Computer und Peripheriegeräte prüfen.

Falls Sie lediglich ein oder zwei Computer und wenige Peripheriegeräte prüfen müssen, geht das am einfachsten und wahrscheinlich am schnellsten, wenn Sie die Website des Herstellers besuchen und dort die Kompatibilität dieser Geräte und Peripheriegeräte recherchieren. Sie können bei Bedarf gleich alle benötigten Treiber für die Windows 10-Version (32-Bit oder 64-Bit) herunterladen, die Sie installieren müssen.

Hardwarekompatibilität bei mehreren Geräten prüfen

Wenn Sie viele Computer haben, auf denen Sie die Installation oder ein Upgrade auf Windows 10 durchführen wollen, ist es nicht praktikabel, sich an jeden einzelnen Computer zu setzen und die Kompatibilität aller Geräte und der gesamten Peripherie zu prüfen. In solchen Fällen ist es sinnvoller, ein Tool einzusetzen, das die Kompatibilität überprüft.

Sofern Sie eine herkömmliche, lokale Infrastruktur haben, können Sie mit dem Microsoft Assessment and Planning Toolkit (MAP) die Computergeräte überprüfen, die an Ihr Netzwerk angeschlossen sind. MAP erledigt folgende Aufgaben:

- Machbarkeit des Upgrades auf Windows 10 bei den untersuchten Geräten ermitteln
- Bereitschaft Ihrer Organisation für den Umstieg auf Microsoft Azure, Office 365 oder Azure AD prüfen
- Virtualisierung der Arbeitsauslastungen in Hyper-V planen

Grundlagen von Windows Analytics

Windows Analytics ist eine Sammlung von Tools, Lösungen und Diensten, mit denen Sie Daten über den Zustand der Geräte in Ihrer Umgebung sammeln und analysieren. Diese Dienste sind nützlich, wenn Sie eine unternehmensweite Bereitstellung angehen. Tabelle 1–3 beschreibt die drei Lösungen, aus denen sich Windows Analytics zusammensetzt.

Lösung	Beschreibung
Device Health (Systemintegrität der Geräte)	Sammelt Daten über den Verlauf der Systemintegrität von Geräten. Liefert folgende Informationen: ⬚ Liste der Geräte, die häufig abstürzen ⬚ Liste der Gerätetreiber, die Abstürze auslösen ⬚ Benachrichtigung über Windows Information Protection-Fehlkonfigurationen, die den Endbenutzern Meldungen anzeigen Weitere Informationen unter: *https://docs.microsoft.com/Windows/deployment/update/device-health-get-started*
Update Compliance (Updateüberwachung)	Sammelt Daten über die Eigenschaften Ihrer Geräte und bietet folgende Möglichkeiten: ⬚ Auswertung des Windows Update-Status ⬚ Details zu Geräten, die genauer untersucht werden sollten ⬚ Umfassendes Inventar der Geräte mit dem jeweiligen Updatestatus ⬚ Schutz- und Bedrohungsstatus für Geräte, auf denen Windows Defender Antivirus läuft ⬚ Überblick über die Konfiguration von eingestellten Verzögerungsfristen bei Windows Update for Business ⬚ Integrierte Protokollanalysen zum Erstellen benutzerdefinierter Abfragen für registrierte Geräte ⬚ Zugriff auf Windows 10-Diagnosedaten über die Cloud Weitere Informationen unter: *https://docs.microsoft.com/Windows/deployment/update/update-compliance-get-started*

→

Lösung	Beschreibung
Upgrade Readiness (Upgrade-bereitschaft)	Unterstützt die Upgradeverwaltung von Windows 7 und Windows 8.1 auf Windows 10 und das »Windows as a Service«-Modell.
	Upgrade Readiness bietet diese Fähigkeiten:
	Eine Sammlung von Tools zum Planen und Verwalten von Geräteupgrades
	Optischer Workflow, der Sie von der Pilot- zur Produktivbereitstellung führt
	Detailliertes Computer- und Anwendungsinventar
	Suche und Details auf Computerebene
	Leitfaden und Hinweise zu Anwendungs- und Treiberkompatibilitätsproblemen, mit vorgeschlagenen Maßnahmen
	Datengetriebene Application-Rationalization-Tools
	Daten zur Anwendungsnutzung
	Features für den Datenexport
	Weitere Informationen unter:
	https://docs.microsoft.com/Windows/deployment/upgrade/upgrade-readiness-get-started

Tab. 1–3   Windows Analytics-Lösungen

Windows Analytics setzt voraus, dass die Geräte beim Dienst registriert sind, damit es Daten direkt von den Geräten abrufen kann. Weitere Voraussetzungen sind:

Ein Azure-Abonnement

Windows Analytics greift auf Azure Log Analytics zurück, das in Ihrem Azure-Abonnement bereitgestellt wird und über das Azure-Portal zugänglich ist.

Ein gültiger Unternehmens-ID-Schlüssel verknüpft Ihre Geräte mit den Windows Analytics-Lösungen.

Windows 7 SP1, Windows 8.1 oder Windows 10 ist auf den Geräten installiert.

Auf allen Geräten muss die Diagnosedatenebene über das Upgrade Readiness-Bereitstellungsskript oder eine Richtlinie konfiguriert sein, die mit Gruppenrichtlinien oder Mobile Device Management bereitgestellt wurde.

Bereitstellungspakete verwalten und Probleme behandeln

Sie wissen bereits, wie Sie im Rahmen Ihrer dynamischen Bereitstellung von Windows 10 Bereitstellungspakete einsetzen, um Ihre Bereitstellungsprozesse zu vereinfachen.

Das Tool *Windows-Designer für die Imagekonfiguration* (Windows Configuration Designer, WCD) können Sie als App aus dem Microsoft Store installieren, es wird dann regelmäßig aktualisiert. Stattdessen können Sie den Windows-Designer für die Imagekonfiguration auch als Komponente des Windows ADK installieren.

Die Oberfläche des Tools ist simpel und für häufig benötigte Aufgaben stehen Assistenten zur Verfügung. Sie können Bereitstellungspakete für folgende Umgebungen erstellen:

- **Desktopgeräte bereitstellen**   Enthält die üblichen Einstellungen für Windows 10-Desktopgeräte.

- **Kiosk-Geräte bereitstellen**   Enthält die üblichen Einstellungen für ein Gerät, das eine einzige App ausführt.

- **Windows-Mobilgeräte bereitstellen**   Enthält die üblichen Einstellungen für Windows 10-Mobilgeräte.

- **IoT-Geräte bereitstellen**   Enthält die üblichen Einstellungen für Windows 10-IoT-Geräte.

- **Surface Hub-Geräte bereitstellen**   Enthält die üblichen Einstellungen für Surface Hub-Geräte.

- **HoloLens-Geräte bereitstellen**   Enthält die üblichen Einstellungen für holografische Windows 10-Geräte, zum Beispiel HoloLens-Headsets.

- **Erweiterte Bereitstellung**   Hier können Sie alle verfügbaren Einstellungen ansehen und konfigurieren. Wählen Sie diese Option, wenn Sie nicht sicher sind, welchen Pakettyp Sie brauchen.

Die meisten Bereitstellungspakete dienen der Bereitstellung von Windows 10-Desktopgeräten und verwenden die Option *Erweiterte Bereitstellung*, weil sie die flexibelste Anpassung ermöglicht.

Mit Bereitstellungspaketen können Administratoren die Geräte schnell, einfach und sicher konfigurieren. Wurden die Einstellungen in einer *.ppkg*-Datei gespeichert, können Sie sie im WCD ansehen und mit den integrierten Assistenten oder dem erweiterten Editor bearbeiten. Müssen Bereitstellungspakete auf Remotegeräten bereitgestellt werden, können sie durch Verschlüsselung und Signaturen geschützt werden.

Tabelle 1–4 beschreibt einige Nutzungsszenarien für Bereitstellungspakete.

Szenario	Phase	Beschreibung
Auf neuen Geräten mit Windows 10 müssen Apps bereitgestellt werden.	Neues Gerät	Bereitstellungspakete können genutzt werden, um Apps auf Geräten bereitzustellen.
Bei vorhandenen Windows 10 Pro-Geräten muss ein Upgrade auf Windows 10 Enterprise durchgeführt werden.	Upgrade	Bereitstellungspakete können genutzt werden, um die Windows-Edition zu ändern. Dabei wird ein Product Key oder eine Lizenz über die *EditionUpgrade*-Einstellungen bereitgestellt.
Sie müssen Gerätetreiber auf Windows 10-Geräten aktualisieren.	Wartung	Bereitstellungspakete können genutzt werden, um Gerätetreiber auf Geräten bereitzustellen.

Tab. 1–4   Nutzungsszenarien für Bereitstellungspakete

Problembehandlung für Bereitstellungspakete

Wenn Sie Bereitstellungspakete verwenden, kann es notwendig sein, eine Problembehandlung durchzuführen, falls einige Geräte nicht wie erwartet konfiguriert wurden.

Es gibt mehrere Bereiche, die Sie sich bei der Problembehandlung von Bereitstellungspaketen genauer ansehen sollten:

- Konfigurationsfehler und fehlende Anpassungen

- Abgelaufenes Azure AD-Token

- Exportfehler, zum Beispiel Verschlüsselungs- und Signaturprobleme

- Benutzerprobleme

- Erweiterte Problembehandlung

Wenn Sie die *.ppkg*-Datei auf mehreren Geräten bereitgestellt haben und die Änderungen auf keinem davon angewendet wurden, sollten Sie zuerst das Bereitstellungspaket überprüfen. Suchen Sie die Projektdatei (mit der Dateierweiterung *.icdproj*) und öffnen Sie sie im WCD. Untersuchen Sie die Einstellungen und stellen Sie sicher, dass sie Ihren Erwartungen und der Entwurfsspezifikation oder den Änderungsentwürfen für das Bereitstellungspaket entsprechen.

Wenn Sie den Konfigurationsassistenten benutzen, um die automatische Registrierung in Azure AD zu erledigen (Abbildung 1–3), sollten Sie sicherstellen, dass das in das Bereitstellungspaket eingebettete Massentoken nicht abgelaufen ist. In der Standardeinstellung ist dieses Token so eingestellt, dass es einen Monat nach der Erstellung ungültig wird. Allerdings können Sie von Hand eine Gültigkeitsdauer von 180 Tagen nach dem Erstellungsdatum eintragen. Wird das Paket benutzt, nachdem das AAD-Massentoken abgelaufen ist, lässt es sich nicht installieren. In diesem Fall müssen Sie das Paket bearbeiten, ein neues AAD-Massentoken abrufen und es erneut exportieren.

Wenn Sie sicher sind, dass die Anpassungseinstellungen korrekt sind, sollten Sie das Paket erneut exportieren. Erhöhen Sie die Versionsnummer, um Konflikte mit der Vorgängerversion des Pakets zu vermeiden. Pakete mit derselben Versionsnummer werden auf demselben Zielgerät nicht zweimal angewendet.

Falls Sie Probleme im Bereich von Verschlüsselung oder Signatur des Pakets vermuten, können Sie es ohne diese Maßnahmen exportieren und erneut auf Ihrem Testcomputer bereitstellen, um zu prüfen, ob die Probleme weiter bestehen.

Benutzer können Geräte konfigurieren, indem sie das Bereitstellungspaket auf einem USB-Laufwerk speichern, das sie während der OOBE-Setupphase anstecken. Windows-Setup sollte das Laufwerk automatisch erkennen und den Benutzer fragen, ob er das Bereitstellungspaket installieren will. Wird das Paket nicht erkannt, sollten Sie prüfen, ob die Datei im Stammverzeichnis des USB-Laufwerks liegt.

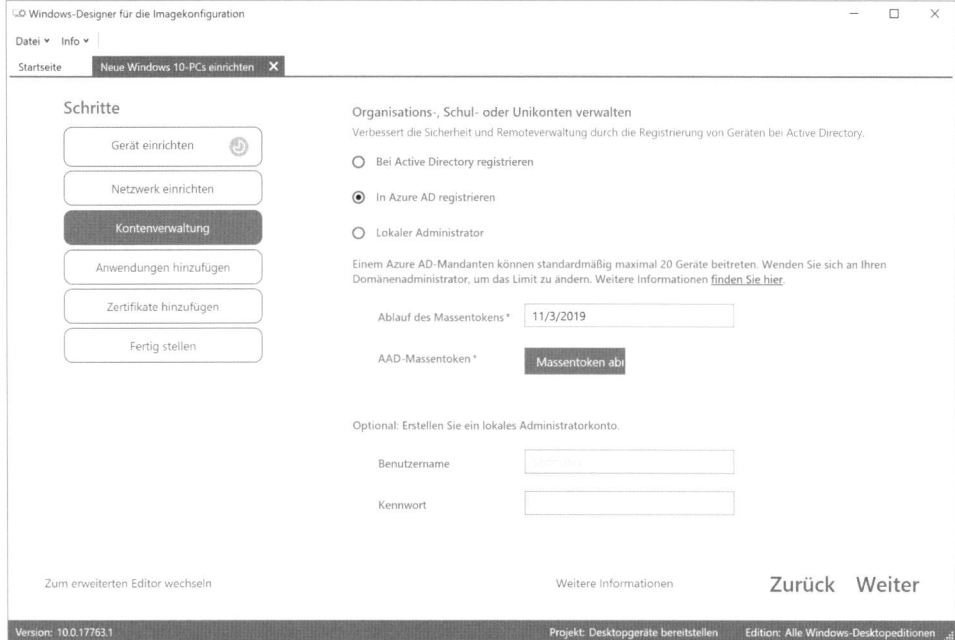

Abb. 1–3   AAD-Massentoken für die Registrierung in Azure AD einrichten

Es gibt mehrere Tools für die erweiterte Problembehandlung von Bereitstellungspaketen auf den Geräten der Benutzer, zum Beispiel:

- **Windows Mobile-Geräte**   Die App *Field Medic*, die im Microsoft Store verfügbar ist, kann Berichte erstellen und exportieren.

- **Desktopgeräte**   Die Windows-Leistungsaufzeichnung (Windows Performance Recorder), enthalten im Windows Performance Toolkit, bietet eine erweiterte Ereignisablaufverfolgung für Windows. Die von diesem Tool aufgezeichneten Systemereignisse können Sie mit dem Windows Performance Analyzer analysieren, der im Microsoft Store erhältlich ist.

Prüfungsziel 1.2: Windows 10 mit Windows AutoPilot planen und implementieren

In einer domänenbasierten Umgebung ist die Bereitstellung neuer Geräte für Benutzer immer komplexer geworden. Es gibt viele »bewegliche Teile« und Komponenten, die allesamt perfekt funktionieren müssen, damit die Geräte sicher sind, zuverlässig funktionieren und einfach zu bedienen sind. Das liegt teilweise daran, dass mehrere Tools perfekt aufeinander abgestimmt werden müssen, damit die Geräte alle strengen organisationsinternen Sicherheitsanforderungen erfüllen. Windows AutoPilot ist eine Lösung, die diesen Ansatz radikal verändert, um IT-Administratoren die Möglichkeit zu geben, sichere und richtlinienkonforme Geräte bereitzustellen.

Sie müssen wissen, wie Sie Windows 10 in einer Organisation mit Windows AutoPilot planen und implementieren. Dieses Prüfungsziel beschäftigt sich mit Planung, Beispielszenarien und Installationsanforderungen für die Anwendung von Windows AutoPilot.

Dieses Prüfungsziel behandelt folgende Themen:

▦ Eine geeignete Bereitstellungsmethode auswählen

▦ Eine Pilotbereitstellung implementieren

▦ Bereitstellungsprofile erstellen, überprüfen und zuweisen

▦ Informationen zur Gerätehardware extrahieren

▦ Informationen über Gerätehardware in den Cloud-Dienst importieren

▦ Problembehandlung für die Bereitstellung

Eine geeignete Bereitstellungsmethode auswählen

Windows AutoPilot bietet eine neue Methode, um Windows 10 in einem Unternehmen bereitzustellen. Natürlich ist es nicht die einzige Bereitstellungsmethode, und natürlich gibt es Szenarien, in denen der Einsatz von AutoPilot unsinnig wäre.

Sie müssen sich alle verfügbaren Bereitstellungsmethoden ansehen. Zur Auswahl stehen unter anderem Technologien wie MDT oder Configuration Manager, die vielleicht bisher in Ihrer Organisation eingesetzt werden. Andere Methoden, zum Beispiel Windows AutoPilot oder Microsoft Intune, eignen sich möglicherweise, um Ihre Windows 10-Bereitstellungsziele zu erreichen.

Tabelle 1–5 beschreibt etliche unterschiedliche Methoden, mit denen Sie Windows 10 bereitstellen und konfigurieren können. Sie müssen wissen, für welche Fälle sich jede dieser Bereitstellungsmethoden eignet.

Methode	Beschreibung
Windows AutoPilot	Sie ändern eine vorhandene Windows 10-Installation, binden das Gerät in Azure AD ein und registrieren es in einer Mobile Device Management-Lösung, um die Konfiguration abzuschließen. Sie stellen Windows 10 auf einem vorhandenen Windows 7- oder Windows 8.1-Gerät bereit.
Windows 10-Abonnementaktivierung	Sie führen ein nahtloses Upgrade der Windows-Edition durch, ohne dass Benutzereingaben oder ein Neustart des Geräts benötigt werden.
Azure AD mit MDM	Eine Cloud-basierte Identitäts- und Verwaltungslösung, die Geräte-, App- und Sicherheitskonfiguration beherrscht.

→

Methode	Beschreibung
Bereitstellungspakete	Es werden kleine *.appx*-Dateien übertragen, die Geräte auf sichere Weise so anpassen, dass sie die Anforderungen der Organisation erfüllen.
In-Place-Upgrade	Sie führen ein Upgrade von einer älteren Windows-Version auf Windows 10 durch, während alle Apps, Benutzerdaten und Einstellungen erhalten bleiben.
Bare-Metal	Sie stellen Windows 10 auf Neugeräten bereit oder löschen alle Daten von vorhandenen Geräten und stellen neue Windows 10-Images darauf bereit.
Wipe-and-load-Migration	Sie verwenden vorhandene Geräte weiter. Der Benutzerzustand (Benutzerdaten, Windows- und App-Einstellungen) bleibt erhalten. Es werden alle Daten von den Geräten gelöscht, Windows 10-Images darauf bereitgestellt und zuletzt der Benutzerzustand wiederhergestellt.
Austauschen	Sie kaufen neue Geräte. Sie sichern den Benutzerzustand auf dem bisherigen Gerät. Sie transformieren oder löschen ein vorinstalliertes Windows 10 und stellen den Benutzerzustand wieder her.

Tab. 1–5 Methoden zum Bereitstellen und Konfigurieren von Windows 10

Bereitstellungsszenarien für Windows AutoPilot

Windows AutoPilot vereinfacht und automatisiert die Anpassung der OOBE-Phase (Out-Of-Box Experience) und registriert Ihre Geräte nahtlos in der Verwaltungslösung. Sobald die Registrierung in Microsoft Intune abgeschlossen ist, werden die Geräte geschützt, konfiguriert und verwaltet.

Momentan gibt es verschiedene Nutzungsszenarien für Windows AutoPilot, in Zukunft kommen weitere Funktionen hinzu. Sie sollten die in Tabelle 1–6 beschriebenen Szenarien kennen, wenn Sie Windows AutoPilot im Rahmen Ihrer Windows 10-Bereitstellungsstrategie einsetzen wollen.

Szenario	Beschreibung
Windows AutoPilot für vorhandene Geräte	Stellen Sie Windows 10, Version 1809 oder neuer, auf einem vorhandenen Windows 7- oder Windows 8.1-Gerät bereit. Erfordert System Center Configuration Manager Current Branch (1806 oder neuer), um das Betriebssystem zu ersetzen; anschließend setzt Windows AutoPilot den Prozess fort.
Windows AutoPilot im benutzergesteuerten Modus	Stellen Sie Windows 10 auf einem neuen Windows 10-Gerät bereit. Geräte werden von einem Mitarbeiter der Organisation eingerichtet und so konfiguriert, dass sie von dieser Person benutzt werden können.

→

Szenario	Beschreibung
Windows AutoPilot im Selbstbereit-stellungsmodus	Wird für Windows 10-Geräte eingesetzt, die automatisch für die Verwendung als Kioskterminal, gemeinsam genutzter Computer oder digitale Anzeigetafel konfiguriert werden sollen. Erfordert Windows 10, Version 1809 oder neuer, und kann lokal von einem Administrator oder über MDM erledigt werden.
Windows AutoPilot-Rücksetzung	Wird benutzt, um ein Windows 10-Gerät erneut bereitzustellen. Der Rücksetzungsprozess löscht persönliche Dateien, Apps und Einstellungen und wendet erneut die ursprünglichen Geräte-einstellungen an. Die Verbindung zu Azure AD und Microsoft Intune wird beibehalten. Ein Benutzer kann sich mit seinen Azure AD-Anmeldeinformationen am Gerät anmelden und sofort weiterarbeiten.

Tab. 1–6   Szenarien für Windows AutoPilot

Beim Vergleich mit herkömmlichen lokalen Bereitstellungsmethoden (zum Beispiel Image-Er-stellung) zeigt sich, dass Windows AutoPilot klare Vorteile bietet:

Es werden keine Windows-Images gebraucht.

Treiber sind in Windows 10 enthalten und werden auf dem Gerät vorinstalliert.

Es wird keine lokale Bereitstellungsinfrastruktur gebraucht (sofern nicht Windows AutoPilot für vorhandene Geräte benutzt werden soll).

Der nächste Abschnitt geht darauf ein, dass Geräte eine Verbindung ins Internet brauchen, um Windows AutoPilot nutzen zu können. Steht für die Windows AutoPilot-Bereitstellung kein In-ternetzugang zur Verfügung, müssen Sie eine andere Bereitstellungsmethode auswählen.

Solange eine Organisation Cloud-basierte Dienste wie Microsoft 365 einsetzt, die Azure AD und Microsoft Intune umfassen, können Sie folgende Fähigkeiten und Vorteile nutzen:

Geräte automatisch in Azure AD einbinden

Geräte automatisch in Microsoft Intune registrieren

Niedrigere Bereitstellungskosten

Eingeschränkte Erstellung eines Administratorkontos während der OOBE-Phase

Agile Bereitstellung von Windows 10-Geräten

Benutzer können schneller produktiv arbeiten.

Anforderungen für Windows AutoPilot

Es müssen mehrere Voraussetzungen erfüllt sein, damit Sie Windows AutoPilot für Ihre Win-dows 10-Geräte einsetzen können. Sofern Ihre Organisation bereits ein Microsoft 365-Abonne-ment hat, erfüllt sie die Lizenzierungsanforderungen.

Lizenzierungsanforderungen

Die folgenden Lizenzierungsanforderungen müssen erfüllt sein:

▦ Auf den Geräten muss Windows 10 Pro, Pro Education, Pro for Workstations, Enterprise oder Education in der Version 1703 oder höher vorinstalliert sein.

▦ Azure AD Premium P1 oder P2

▦ Microsoft Intune oder eine andere MDM-Lösung zum Verwalten Ihrer Geräte

Netzwerkkonfiguration

Die Netzwerkkonfiguration muss diese Anforderungen erfüllen:

▦ Geräte müssen Zugriff auf das Internet haben.

▦ Geräte müssen in der Lage sein, die von Windows AutoPilot genutzten Clouddienste zu erreichen:

- Funktionierende DNS-Namensauflösung

- Firewalldurchlass für Port 80 (für HTTP), Port 443 (für HTTPS) und Port 123 (für UDP und NTP)

▦ Die folgenden URLs müssen erreichbar sein:

- *https://go.microsoft.com*

- *https://login.microsoftonline.com*

- *https://login.live.com*

- *https://account.live.com*

- *https://signup.live.com*

- *https://licensing.mp.microsoft.com*

- *https://licensing.md.mp.microsoft.com*

- *https://ztd.dds.microsoft.com*

- *https://cs.dds.microsoft.com*

- *ctldl.Windowsupdate.com*

- *download.Windowsupdate.com*

Anforderungen an die Azure AD-Konfiguration

Die Azure AD-Konfiguration muss folgende Anforderungen erfüllen:

▦ Azure AD-Unternehmens-Branding muss konfiguriert sein.

▦ Automatische Azure AD-Registrierung muss konfiguriert sein.

▦ Ein Gerät muss bei Azure AD registriert sein.

▦ Benutzer müssen die Berechtigung haben, Geräte in Azure AD einzubinden.

Windows AutoPilot-Konfiguration

Die Windows AutoPilot-Konfiguration muss diese Anforderungen erfüllen:

- Die Hardware-IDs der Geräte müssen Windows AutoPilot bekannt sein.

- Den Geräten muss ein Windows AutoPilot-Bereitstellungsprofil zugewiesen sein.

Eine Pilotbereitstellung implementieren

Die Konfiguration und die Nutzung von Windows AutoPilot sind nicht sonderlich kompliziert, dennoch müssen mehrere Dienste zusammenarbeiten, damit der OOBE-Prozess für Ihre Benutzer problemlos abläuft. Sobald Sie sichergestellt haben, dass alle Voraussetzungen für Windows AutoPilot erfüllt sind, sollten Sie in einem Testlabor mit virtuellen Computern üben, wie Sie Windows 10 mit Windows AutoPilot bereitstellen.

Wenn Sie die Grundfunktionen beherrschen, können Sie sich erweiterte Features ansehen. Diese Features können Sie nutzen, um den Bereitstellungsprozess zu vereinfachen oder die Benutzerfreundlichkeit zu verbessern. Momentan sind folgende Erweiterungen verfügbar:

- **Gerätegruppen** Indem Sie Gerätegruppen in Azure AD erstellen, können Sie Geräte in logische Gruppen unterteilen.

- **Dynamische Gruppen** Mit dynamischen Azure AD-Gruppen können Sie die Verwaltung von Gerätegruppen vereinfachen. Geräte werden automatisch zu einer dynamischen Gruppe hinzugefügt, wenn sie die Kriterien erfüllen, die durch Gruppenregeln festgelegt sind.

- **Bereitstellungsprofile** Sie können ein einzelnes Standardbereitstellungsprofil für Ihre gesamte Organisation erstellen oder mehrere Bereitstellungsprofile entwerfen und sie an Gerätegruppen zuweisen.

- **Personalisierung** Mit Windows AutoPilot können Sie einem bestimmten Gerät einen Benutzernamen und einen Anzeigenamen zuweisen. Während der OOBE-Phase erscheint der Anzeigename auf dem Bildschirm. Dieses Feature setzt Windows 10, Version 1809 oder neuer, voraus.

- **Registrierungsstatusseite** Während der Geräteregistrierung bei Microsoft Intune bekommen die Benutzer eine Seite mit dem Prozessfortschritt angezeigt (Abbildung 1–4).

Wenn Sie Ihre Windows AutoPilot-Prozesse konfiguriert und Geräte erfolgreich in Ihrem Testlabor bereitgestellt haben, sollten Sie bereit sein, Windows AutoPilot in Ihrer Produktivumgebung bereitzustellen. Folgen Sie den Best Practices für jede Bereitstellung unter Einsatz neuer Technologien und beschränken Sie die Prozesse vorerst auf eine kleine Gruppe neuer Geräte und ihrer Benutzer.

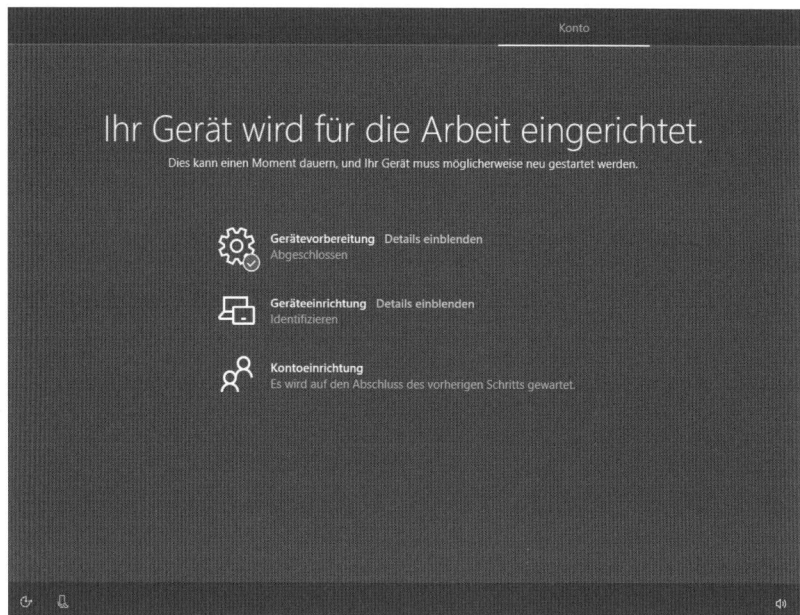

Abb. 1–4 Registrierungsstatusseite

Die Pilotphase des Windows AutoPilot-Rollouts sollte lückenlos überwacht werden und Sie sollten Feedback von allen Stakeholdern anfordern. Jegliche Probleme bei der Pilotbereitstellung sollten vollständig beseitigt sein, bevor Sie ein Rollout in größerem Umfang in Angriff nehmen.

WEITERE INFORMATIONEN **Weiterentwicklung von Windows AutoPilot**

Windows AutoPilot ist eine neue Technologie, deswegen ist damit zu rechnen, dass es häufig durch neue Funktionen erweitert wird. Damit Sie bezüglich der Windows AutoPilot-Features auf dem neuesten Stand sind, sollten Sie die Referenzdokumentation auf der Microsoft-Website unter der folgenden Adresse lesen:

https://docs.microsoft.com/Windows/deployment/Windows-autopilot/Windows-autopilot

---

Bereitstellungsprofile erstellen, überprüfen und zuweisen

Bereitstellungsprofile werden verwendet, um die OOBE-Phase für ein Gerät oder eine Gruppe von Geräten anzupassen, wenn Windows AutoPilot zum Einsatz kommt. Sie können ein einziges Standardbereitstellungsprofil mit Einstellungen für Ihre gesamte Organisation erstellen oder mehrere Bereitstellungsprofile entwerfen und an Gerätegruppen zuweisen.

In jedem Release von Windows wurde der Funktionsumfang von Windows AutoPilot erweitert, und das wird wahrscheinlich auch weiterhin so sein. Tabelle 1–7 beschreibt, was sich in jeder Windows 10-Version seit Version 1703 am Download-Verhalten des AutoPilot-Profils verändert hat.

Windows 10-Version	Verhalten beim Download des Profils
1703 oder 1709	Wenn eine WLAN-Verbindung benutzt wird, wird das Profil während der OOBE-Phase auf der Netzwerkverbindungsseite heruntergeladen. Besteht eine Kabelverbindung, bleibt die Netzwerkseite ausgeblendet und das Profil wird unmittelbar vor dem EULA-Bildschirm (sofern er angezeigt wird) heruntergeladen.
1803	Das AutoPilot-Profil wird so früh wie möglich heruntergeladen. Besteht eine Kabelverbindung, geschieht das beim Start der OOBE-Phase. Ist eine WLAN-Verbindung aktiv, wird es heruntergeladen, nachdem die Netzwerkverbindungsseite angezeigt wird.
1809	Das AutoPilot-Profil wird so früh wie möglich heruntergeladen. Nach jedem Neustart wird es erneut heruntergeladen.

Tab. 1–7   Download des Windows AutoPilot-Profils

> *HINWEIS*   **Herunterladen des AutoPilot-Profils erzwingen**
>
> **Falls ein Gerät kein AutoPilot-Profil heruntergeladen hat, sollten Sie es während der OOBE-Phase neu starten, damit es sein Profil abrufen kann. Sie können ⌂ + F10 drücken, um beim Start der OOBE-Phase eine Eingabeaufforderung zu öffnen, und dann shutdown /r /t 0 eingeben, um das Gerät sofort neu zu starten, oder shutdown /s /t 0, um es sofort herunterzufahren.**

Tabelle 1–8 beschreibt, welche Profileinstellungen Sie in einem Windows AutoPilot-Bereitstellungsprofil konfigurieren können. (Diese Liste spiegelt die Einstellungen zu dem Zeitpunkt wider, an dem dieses Buch geschrieben wurde.)

Profileinstellung	Beschreibung
Alle Zielgeräte in AutoPilot-Geräte konvertieren	Sie können vorhandene Geräte, die keine AutoPilot Intune-Geräte sind, in Windows AutoPilot-Geräte konvertieren. Geräte, die unter Windows 10, Version 1709, laufen, können dann Bereitstellungsprofile abrufen.
Bereitstellungsmodus	Benutzergesteuerte Geräte sind mit dem Benutzer verknüpft, der das Gerät registriert.
	Geräte, die im Modus *Selbstbereitstellung* konfiguriert sind, werden nicht mit bestimmten Benutzern verknüpft; das sind zum Beispiel Kioskgeräte. Wenn Sie diesen Modus wählen, werden folgende Einstellungen aktiviert:
	▓ Auswahl zur Nutzung am Arbeitsplatz oder zu Hause überspringen
	▓ OEM-Registrierung und OneDrive-Konfiguration überspringen
	▓ Benutzerauthentifizierung auf Windows-Willkommensseite überspringen

→

Profileinstellung	Beschreibung
Azure AD beitreten als	*In Azure AD eingebunden*: reiner Cloud-Betrieb *In Hybrid-Azure AD eingebunden*: Cloud und lokales Windows Server-Active Directory
Microsoft Software-Lizenzbedingungen	In Windows 10, Version 1709, können Organisationen die EULA-Seite während der OOBE-Phase überspringen. Das bedeutet, dass Organisationen die Lizenzbedingungen im Namen ihrer Benutzer akzeptieren.
Datenschutzeinstellungen	Organisationen können darauf verzichten, die Benutzer während der OOBE-Phase über Datenschutzeinstellungen bezüglich der Datenübermittlung an Microsoft entscheiden zu lassen.
Optionen zur Kontoänderung ausblenden	Entfernt die Möglichkeit für Benutzer, den OOBE-Prozess mit einem anderen Konto erneut zu starten (erfordert Windows 10, 1809 oder neuer).
Art des Benutzerkontos	Normalerweise wird ein Gerät während des OOBE-Prozesses automatisch mit Administratorzugriff eingerichtet. Diese Möglichkeit kann bei der Verwendung von Windows Auto-Pilot deaktiviert werden; Sie können wählen, ob ein Standard- oder ein Administratorkonto angelegt werden soll.
Vorlage für Gerätenamen anwenden	Sie können eine Namenskonvention festlegen, die benutzt wird, um den Namen für Geräte automatisch zu generieren. Zum Beispiel liefert die Vorlage *Cycle-%RAND:4%* einen Gerätenamen wie *Cycle-2432*. Dies setzt Windows 10, Version 1809 oder neuer, voraus.

Tab. 1–8   Einstellungen für Windows AutoPilot-Bereitstellungsprofile

---

HINWEIS   **Unternehmens-Branding wird für AutoPilot benötigt**

Ihnen wird auffallen, dass Sie in AutoPilot-Profilen wählen können, ob der Benutzer während der OOBE-Phase ein Unternehmens-Branding angezeigt bekommt. Diese Einstellung ist in jedem erstellten Profil optional. Unabhängig davon, wie Sie Bereitstellungsprofile konfigurieren, müssen Sie das Azure Active Directory-Unternehmens-Branding konfigurieren.

Gehen Sie folgendermaßen vor, um mit Microsoft Intune ein Bereitstellungsprofil für ein benutzergesteuertes Gerät zu erstellen, das in Azure AD eingebunden wird:

1. Öffnen Sie das Microsoft 365-Geräteverwaltungsportal (unter *https://devicemanagement. microsoft.com*) und melden Sie sich mit dem Konto eines globalen Administrators an.

2. Wählen Sie den Knoten *Geräteregistrierung* und dann *Windows-Registrierung* aus.

3. Wählen Sie im Abschnitt *Windows AutoPilot Deployment-Programm* den Eintrag *Bereitstellungsprofile* aus.

4. Klicken Sie auf der Seite *Windows AutoPilot Deployment-Profile* auf *Profil erstellen*.

5. Geben Sie auf der Seite *Profil erstellen* einen Profilnamen und optional eine Beschreibung ein.

6. Wählen Sie in der Option *Bereitstellungsmodus* die Einstellung *Benutzergesteuert*.

7. Wählen Sie im Feld *Azure AD beitreten als* die Option *In Azure AD eingebunden*.

8. Konfigurieren Sie die gewünschten Einstellungen für die OOBE-Phase. Abbildung 1–5 zeigt ein Beispiel, wie das Ergebnis aussehen könnte.

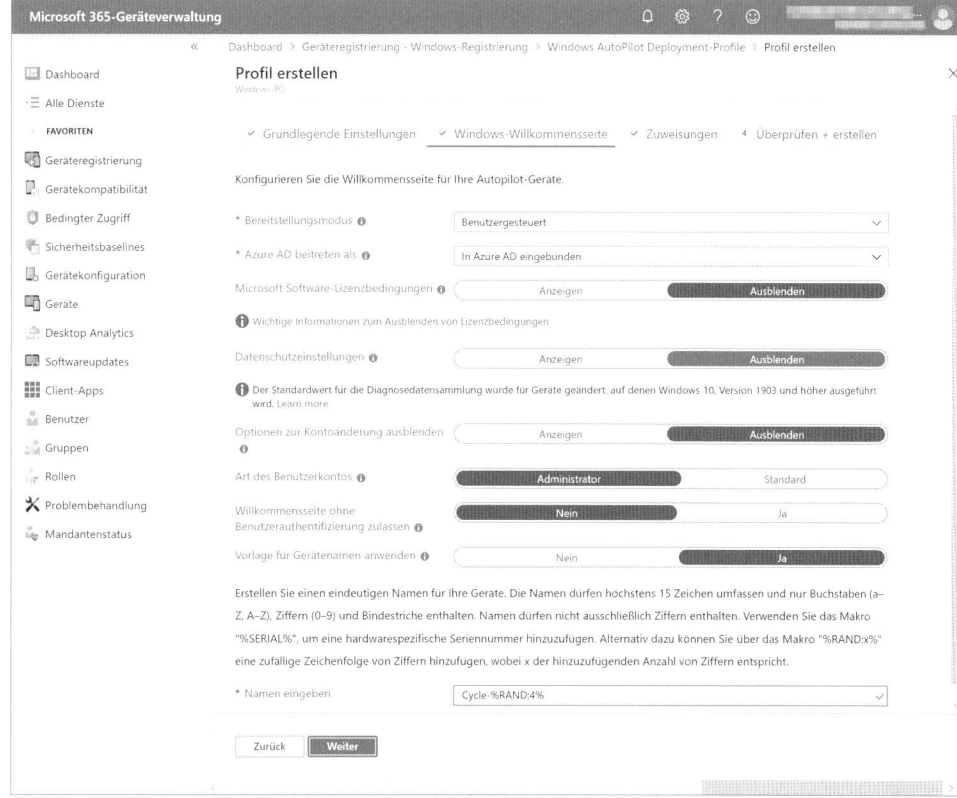

Abb. 1–5   Profileinstellungen für die OOBE-Phase

9. Klicken Sie zweimal auf *Weiter*.

10. Klicken Sie auf der Seite *Überprüfen + erstellen* auf *Erstellen*.

Nachdem ein Bereitstellungsprofil erstellt wurde, muss es einem Gerät oder einer Gruppe von Geräten zugewiesen werden, damit es zur Anwendung kommt. Nach der Zuweisung wird das Profil während des Windows AutoPilot-Prozesses auf die Geräte angewendet. So weisen Sie ein Geräteprofil zu:

1. Wählen Sie auf der Seite *Windows AutoPilot Deployment-Profile* das Bereitstellungsprofil aus, das Sie an Geräte zuweisen wollen.

2. Klicken Sie auf der Seite des Profils im Abschnitt *Verwalten* auf *Eigenschaften* und dann neben der Überschrift *Zuweisungen* auf *Bearbeiten*.

3. Klicken Sie auf der Seite *Zuweisungen* auf *Wählen Sie die Gruppen aus, die eingeschlossen werden sollen*.

4. Verwenden Sie auf der Seite *Wählen Sie die Gruppen aus, die eingeschlossen werden sollen* das obere Suchfeld, um nach einer bestimmten Gruppe zu suchen, oder wählen Sie die Gruppen in der Liste aus. Sie können mehr als eine Gruppe hinzufügen, indem Sie mehrere auswählen.

5. Klicken Sie auf *Auswählen*.

6. Auf der Seite *Zuweisungen* können Sie optional auch Gruppen ausschließen, indem Sie auf *Wählen Sie die Gruppen aus, die ausgeschlossen werden sollen* klicken.

7. Klicken Sie auf der Seite *Zuweisungen* auf *Überprüfen und speichern* und dann auf *Speichern*.

8. Wählen Sie auf der Seite des Profils den Eintrag *Überblick* aus. Im rechten Fensterabschnitt sehen Sie nun, dass Ihr Profil an verschiedene Gruppen zugewiesen wurde. Außerdem wird angezeigt, welche Geräte von dieser Zuweisung betroffen sind.

9. Falls das Profil noch keinen Geräten zugewiesen wurde, obwohl Sie Zuweisungen konfiguriert haben, sollten Sie prüfen, ob die ausgewählten Gruppen irgendwelche Geräte als Mitglieder in Azure Active Directory eingetragen haben.

Informationen zur Gerätehardware extrahieren

Der nächste Schritt in der Konfiguration von Windows AutoPilot besteht darin, Informationen zur Gerätehardware abzurufen, damit der AutoPilot-Dienst die Geräte erkennt, die mit Windows AutoPilot bereitgestellt werden sollen.

Die gerätespezifischen Informationen, zu denen die Hardware-IDs der Geräte gehören, muss auf Microsoft Intune oder in den Microsoft Store für Unternehmen hochgeladen und dann mit dem Windows AutoPilot Deployment-Dienst synchronisiert werden. Der nächste Abschnitt beschreibt, wie Sie diese Informationen hochladen.

Normalerweise lädt der Hardwarehersteller, der die neuen Geräte geliefert hat, die gerätespezifischen Informationen hoch und verknüpft sie mit dem Microsoft 365-Mandanten Ihrer Organisation. Sofern eine Organisation eng mit einem Cloud Solution Provider (CSP) als Partner zusammenarbeitet, übermittelt der Lieferant die Datei möglicherweise an den CSP, der sie anschließend über das Partner-Center hochlädt.

Stattdessen kann der Lieferant Ihnen eine Liste der benötigten Geräteinformationen in Form einer *.csv*-Datei schicken, damit Sie die Informationen selbst hochladen können.

Eine andere nützliche Methode ist, dass die Organisation die gerätespezifischen Informationen mit einem Windows PowerShell-Skript aus den Geräten extrahiert. Das ist besonders dann sinnvoll, wenn Sie nur wenige Geräte mit Windows AutoPilot bereitstellen (zum Beispiel in einer Testumgebung oder wenn Sie vorhandene Geräte wiederverwenden).

Sie können die Hardware-ID (oder den Hardware-Hash) aus jedem vorhandenen Gerät extrahieren, das unter Windows 10, Version 1703 oder neuer, läuft. Verwenden Sie dazu das PowerShell-Skript `Get-WindowsAutoPilotInfo.ps1`, das auf der Website der PowerShell Gallery unter *https://www.powershellgallery.com/packages/Get-WindowsAutoPilotInfo* veröffentlicht wurde.

Das folgende Skript muss auf jedem Computer in einem Windows PowerShell-Fenster mit erhöhten Rechten ausgeführt werden:

```
md c:\HWID
Set-Location c:\HWID
Set-ExecutionPolicy Unrestricted
Install-Script -Name Get-WindowsAutoPilotInfo
Get-WindowsAutoPilotInfo.ps1 -OutputFile DeviceID.csv
```

Sobald die Ausgabedatei erstellt wurde, kann sie zum Beispiel auf einem USB-Laufwerk oder in einer Netzwerkfreigabe gespeichert werden. Anschließend muss die Datei in den bevorzugten Cloud-Dienst der Organisation importiert werden; dies wird im nächsten Abschnitt beschrieben.

> **HINWEIS** **System Center Configuration Manager**
>
> Sie können die Hardware-IDs vorhandener Geräte, die unter Windows 10, Version 1703 und höher, laufen, mit dem System Center Configuration Manager, Current Branch Version 1802 oder neuer, ermitteln. Der Configuration Manager sammelt diese Informationen automatisch und stellt sie in einem neuen Bericht namens *Windows AutoPilot-Geräteinformationen* zusammen. Die folgende Microsoft-Webseite beschreibt, wie Sie auf diesen Bericht zugreifen:
>
> *https://docs.microsoft.com/sccm/core/plan-design/changes/whats-new-in-version-1802#report-on-Windows-autopilot-device-information*

Informationen über Gerätehardware in den Cloud-Dienst importieren

Sind die Hardware-IDs aller Geräte ermittelt, müssen Sie die Informationen in eines der Cloud-basierten Administrationscenter importieren und dann mit dem Windows AutoPilot Deployment-Dienst synchronisieren.

Die Geräte müssen in Azure AD bekannt und in Ihrem Mandanten registriert sein, bevor Sie die Geräte mit AutoPilot bereitstellen können.

In den folgenden Administrationsportalen können Sie die Gerätehardwareinformationen importieren:

- Microsoft Intune oder Microsoft 365-Geräteverwaltung

- Microsoft Store für Unternehmen

- Microsoft 365 Business Admin Center

- Office 365 Admin Center

- Partner-Center

Je nachdem, welches Abonnement abgeschlossen wurde, haben Sie mehrere Administrations-portale zur Auswahl, in denen Sie die Geräteinformationen importieren können. Microsoft Intune und die Microsoft 365-Geräteverwaltung bieten dieselben Funktionen, der Zugriff erfolgt allerdings über unterschiedliche Websiteadressen:

- **Microsoft Intune** *https://portal.azure.com*

- **Microsoft 365-Geräteverwaltung** *https://devicemanagement.microsoft.com*

PRÜFUNGSTIPP

Microsoft Intune und Microsoft 365-Geräteverwaltung
Konzentrieren Sie sich für die Prüfung auf die Benutzung von Microsoft Intune und Microsoft 365-Geräteverwaltung, weil diese Portale die umfangreichsten Administrationsfunktionen bieten.

Gehen Sie folgendermaßen vor, um Windows AutoPilot-Geräte zu einem Microsoft 365-Mandanten hinzuzufügen, indem Sie eine *.csv*-Datei mit ihren Informationen importieren:

1. Öffnen Sie das Microsoft 365-Geräteverwaltungsportal und melden Sie sich mit dem Konto eines globalen Administrators an.

2. Wählen Sie den Knoten *Geräteregistrierung* und dann *Windows-Registrierung* aus.

3. Klicken Sie im Abschnitt *Windows AutoPilot Deployment-Programm* auf *Geräte*.

4. Klicken Sie auf der Seite *Windows AutoPilot-Geräte* auf *Importieren*.

5. Suchen Sie auf der Seite *Windows AutoPilot-Geräte hinzufügen* die *.csv*-Datei mit den Hardware-IDs der Geräte, die Sie hinzufügen wollen, und klicken Sie auf *Öffnen*.

6. Das Format der Datei wird nun auf der Seite *Windows AutoPilot-Geräte hinzufügen* überprüft; sofern die Zeilen korrekt formatiert sind, können Sie auf *Importieren* klicken (Abbildung 1–6).

7. Auf der Seite *Windows AutoPilot-Geräte* müsste ein Banner den Fortschritt des Importprozesses mit der verstrichenen Zeit anzeigen. Ein Import kann sich mehrere Minuten hinziehen, abhängig davon, wie viele Geräte importiert werden.

8. Klicken Sie in der Menüleiste auf *Synchronisieren*, sobald der Importprozess abgeschlossen ist. Ein Banner zeigt an, dass die Synchronisierung läuft. Auch dieser Prozess kann mehrere Minuten erfordern, abhängig davon, wie viele Geräte synchronisiert werden.

9. Sobald der Synchronisierungsprozess abgeschlossen ist, bekommen Sie eine Benachrichtigung darüber angezeigt, ob die Synchronisierung erfolgreich war und ob einige Geräte nicht importiert wurden. Klicken Sie auf *Aktualisieren*, um Geräte zu sehen, die hinzugefügt wurden.

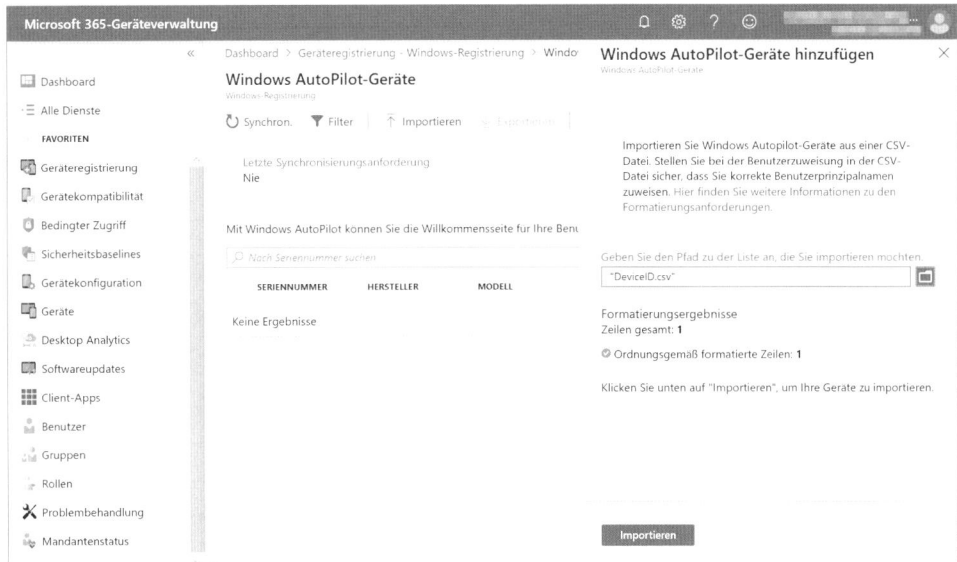

Abb. 1–6 Geräte importieren

Problembehandlung für die Bereitstellung

Bevor Sie ein Problem mit Windows AutoPilot beseitigen können, müssen Sie herausfinden, in welchem Teil des Gesamtprozesses das Problem auftritt. Der Windows AutoPilot-Prozess untergliedert sich in mehrere logische Phasen:

Netzwerkverbindung   Aufbauen einer Internetverbindung und Herstellen der Verbindung zum Windows AutoPilot-Dienst.

Bereitstellungsprofil und OOBE   Ein Bereitstellungsprofil wird an das Gerät ausgeliefert, um die OOBE-Phase zu verwalten. Die OOBE wird mit den Einstellungen fortgesetzt, die im Bereitstellungsprofil konfiguriert wurden.

Azure AD   Ist Azure AD korrekt konfiguriert? Bei benutzergesteuerten Bereitstellungen müssen die Benutzer ihre Azure AD-Anmeldeinformationen eingeben, um das Gerät in Azure AD einzubinden.

MDM-Registrierungsprobleme   Nach der automatischen Registrierung beim MDM-Dienst werden alle Richtlinien, Einstellungen und Apps an das Gerät übermittelt.

Der Gesamtprozess sollte dazu führen, dass das Gerät so eingerichtet und konfiguriert ist, dass der Benutzer sofort produktiv damit arbeiten kann.

Tabelle 1–9 fasst typische Problembehandlungsbereiche in den verschiedenen Phasen zusammen.

Prozessphase	Problembehandlung
Netzwerkverbindung	Kann das Gerät auf die Windows AutoPilot-Dienste zugreifen? ▪ Windows AutoPilot braucht Internetzugriff. ▪ Stellen Sie sicher, dass alle Netzwerkanforderungen erfüllt sind, auch die Einstellungen für Firewall-Ports und DNS-Namensauflösung. ▪ Nur Windows 10 ab der Version 1703 kann sich mit dem Windows AutoPilot Deployment-Dienst verbinden.
Bereitstellungsprofil und OOBE	Im Bereitstellungsprofil gibt es Einstellungen, die die OOBE-Phase steuern. Prüfen Sie bei der Problembehandlung diese Punkte: ▪ Das Gerät hat sein Bereitstellungsprofil empfangen. ▪ Dem Gerät wurde ein Bereitstellungsprofil zugewiesen. ▪ Dem Gerät wurde der richtige Bereitstellungsprofiltyp zugewiesen. Zum Beispiel: Handelt es sich um ein Kioskgerät? ▪ Die zugewiesenen Bereitstellungsprofileinstellungen sind korrekt. Zum Beispiel: Wurde versehentlich konfiguriert, dass ein Administratorkonto erstellt wird?
Azure AD	Azure AD muss konfiguriert sein, bevor Sie Geräte mit Windows Auto-Pilot bereitstellen. Konzentrieren Sie Ihre Problembehandlung auf folgende Punkte: ▪ Stellen Sie sicher, dass die automatische MDM-Registrierung in Azure AD richtig konfiguriert ist. ▪ Stellen Sie sicher, dass die MDM-Erkennungs-URL richtig konfiguriert ist und die Geräte den MDM-Dienst finden. ▪ Stellen Sie sicher, dass das Azure AD-Unternehmens-Branding aktiviert ist. ▪ Stellen Sie sicher, dass die Hardware-IDs der Geräte erfolgreich mit dem Windows AutoPilot Deployment-Dienst synchronisiert wurden. ▪ Stellen Sie sicher, dass der Benutzer ein gültiges Azure AD-Konto hat. ▪ Stellen Sie sicher, dass dieser Benutzer nicht mehr Geräte in Azure AD eingebunden hat, als ihm erlaubt sind. ▪ Falls die MDM-Lösung eines anderen Herstellers zum Einsatz kommt: Stellen Sie sicher, dass sie in Azure AD korrekt autorisiert wurde.
MDM-Registrierungsprobleme	In der letzten Phase des Windows AutoPilot-Prozesses muss das Gerät im Mobile Device Management registriert werden. Schlägt das MDM fehl, werden keine Richtlinien, Einstellungen und Apps auf dem Gerät bereitgestellt. Sie sollten Ihre Problembehandlung auf folgende Punkte konzentrieren: ▪ Die Seite mit dem Registrierungsstatus ist nützlich, um MDM-Probleme zu untersuchen. ▪ Wurde dem Benutzer eine Intune-Lizenz zugewiesen? ▪ Stellen Sie sicher, dass die Benutzer ihr Limit für die Zahl der registrierten Geräte nicht überschritten haben.

Tab. 1–9 Problembehandlung in verschiedenen Windows AutoPilot-Phasen

> **HINWEIS** **Abwarten**
>
> Wenn Sie sicher sind, dass die Konfiguration korrekt ist, sollten Sie einfach abwarten. Trinken Sie in Ruhe einen Kaffee. Fast alle Probleme, mit denen ich zu kämpfen hatte (weil beispielsweise das neue Gerät nicht vom AutoPilot-Dienst erkannt wurde), haben sich in Luft aufgelöst, nachdem ich 15 Minuten gewartet und das Gerät neu gestartet habe. Denken Sie daran, dass AutoPilot auf die Cloud zugreift; manchmal dauert es eine Weile, bis die Azure AD-Gruppenmitgliedschaft übermittelt oder die Geräte-ID synchronisiert wurde.

Fehlercodes

Wenn bei der Arbeit mit Windows AutoPilot ein größeres Problem auftritt, wird ein Fehlercode generiert. Manche Fehlercodes können Sie sich auf dem Gerät ansehen, wenn das Problem während des Setups auftrat. Außerdem können Sie Fehlercodes im Tool *Ereignisablaufverfolgung für Windows* ermitteln.

Tabelle 1–10 beschreibt einige Fehlercodes, die häufiger bei Windows AutoPilot auftreten.

Fehlercode	Beschreibung
0x800705B4	Dieser Fehler tritt auf, wenn das Gerät entweder ein virtueller Computer ist oder kein TPM 2.0 hat. Dann ist das Gerät nicht fähig, AutoPilot im Selbstbereitstellungsmodus auszuführen.
0x801c03ea	Das Gerät ist TPM 2.0-fähig, aber das TPM muss von Version 1.2 auf 2.0 aktualisiert werden.
0x801c0003	Die Fehlerseite zeigt zu diesem Fehlercode die Meldung »Es ist ein Problem aufgetreten« an. Das heißt, dass die Azure AD-Einbindung fehlgeschlagen ist.
0x80180018	Die Fehlerseite zeigt zu diesem Fehlercode die Meldung »Es ist ein Problem aufgetreten« an. Das bedeutet, dass die MDM-Registrierung fehlgeschlagen ist.
0x80070032	Wenn die Funktion *Windows AutoPilot-Reset* verwendet wurde, um vorhandene Geräte vorzubereiten, sollten Sie prüfen, ob die Windows-Wiederherstellungsumgebung (Windows Recovery Environment, WinRE) auf dem Gerät richtig konfiguriert und aktiviert ist; andernfalls erhalten Sie diesen Fehler.

Tab. 1–10 Windows AutoPilot-Fehlercodes

Eine weitere Anlaufstelle bei der Problembehandlung ist die Ereignisanzeige. Sie zeichnet Probleme im Bereich von Bereitstellungsprofileinstellungen und OOBE auf. Die entsprechenden Protokolle finden Sie unter *Anwendungs- und Dienstprotokolle > Microsoft > Windows > Provisioning-Diagnostics-Provider > AutoPilot*.

Ein Protokolleintrag könnte zum Beispiel die Meldung »AutoPilot policy name not found« (AutoPilot-Richtlinienname nicht gefunden) enthalten.

Sie können auch in der Registrierung nach Hinweisen auf Windows AutoPilot-Fehler suchen. Der AutoPilot Deployment-Dienst zeichnet Informationen in diesem Registrierungspfad auf:

```
HKLM\SOFTWARE\Microsoft\Provisioning\Diagnostics\AutoPilot
```

Ein solches Problem, das in der Registrierung aufgezeichnet wurde, ist zum Beispiel: »The device has not been registered with AutoPilot« (das Gerät wurde nicht bei AutoPilot registriert).

Bei einer komplexeren Problembehandlung können Administratoren das Tool *Ereignisablaufverfolgung für Windows* (Event Tracing for Windows, ETW) einsetzen, um detaillierte Informationen über AutoPilot aufzuzeichnen. Das Tool generiert Ablaufverfolgungsdateien, die Sie sich im Windows Performance Analyzer ansehen können.

Prüfungsziel 1.3: Geräte auf Windows 10 aktualisieren

Wenn Organisationen eine vorhandene Umgebung mit Windows 7- oder Windows 8.1-Geräten in Betrieb haben, die einwandfrei arbeiten und umfassend unterstützt werden, empfiehlt Microsoft ein In-Place-Upgrade, um Windows 10 auf diesen Geräten bereitzustellen.

Der Upgradevorgang aktualisiert das Betriebssystem, während Apps, Benutzerdaten und Benutzereinstellungen erhalten bleiben. In-Place-Upgrades sind eine relativ ungefährliche, schnelle und zuverlässige Methode, Geräte zu transformieren; die Benutzer können sofort weiterarbeiten, sobald das Upgrade abgeschlossen ist.

Falls Administratoren Bedenken haben, dass eine vorhandene Installation zu »alt« oder kein zuverlässiger Kandidat für ein Upgrade auf Windows 10 ist, können sie das ältere Betriebssystem (mit allen Apps, Richtlinien und Einstellungen) erneut bereitstellen und dann gleich das In-Place-Upgrade anstoßen. Ein weiterer Vorteil beim In-Place-Upgrade ist, dass Kompatibilitätsprobleme für Treiber und Apps sehr selten sind.

Durch den Einsatz der Cloud-basierten Windows Analytics-Umgebung können Administratoren schnell den Status aller installierten Windows-Geräte ermitteln. Das Upgrade Readiness-Tool liefert ein detailliertes Inventar aller Geräte und der installierten Apps. Diese Informationen helfen Ihnen, Ihre Windows 10-Bereitstellung zu planen und zu implementieren.

Dieses Prüfungsziel behandelt folgende Themen:

- Upgrade- und Downgrade-Pfade
- In-Place-Upgrades verwalten
- Eine Windows Analytics-Umgebung konfigurieren
- Eine Upgrade Readiness-Bewertung durchführen
- Benutzerprofile migrieren

Upgrade- und Downgrade-Pfade

Wenn Sie die Bereitstellung von Windows 10 planen, sollten Sie untersuchen, ob Ihre vorhandene Windows-Version direkt auf Windows 10 aktualisiert werden kann und ob Sie von einer Windows 10-Edition auf eine andere Edition desselben Releases wechseln können.

Wenn Sie Windows 7 oder ein neueres Windows-Betriebssystem haben, können Sie ein Upgrade auf Windows 10 vornehmen. Das betrifft auch ein Upgrade von einer älteren Windows 10-Version, zum Beispiel Version 1703, auf eine neuere Version, zum Beispiel Version 1903.

Wenn Sie ein Upgrade von einer älteren Windows-Version vornehmen, können Sie dabei die persönlichen Daten, Einstellungen und Anwendungen beibehalten.

In einigen wenigen Situationen können Sie ein Downgrade der Edition vornehmen. In solchen Fällen bleiben alle persönlichen Daten erhalten, allerdings werden alle inkompatiblen Anwendungen und Einstellungen entfernt.

HINWEIS **Windows 10 LTSC**

Ein In-Place-Upgrade von Windows 7, Windows 8.1 oder Windows 10 mit dem Kanal *Semi-Annual Channel* auf Windows 10 Long Term Servicing Channel (LTSC) wird nicht unterstützt. Weitere Informationen zu Windows 10 LTSC und typischen Einsatzszenarien finden Sie unter:

https://docs.microsoft.com/Windows/deployment/update/waas-overview#long-term-servicing-channel

---

Tabelle 1–11 zeigt, welche Upgrade- und Downgrade-Pfade in Windows 10 verfügbar sind. Die Editionen Windows 10 Mobile und Windows 10 Mobile Enterprise tauchen nicht in der Tabelle auf, weil für diese Versionen das Ende ihres Supportzeitraums erreicht ist.

Ausgangs-Edition		Ziel-Edition				
		Windows 10 Home	Windows 10 Pro	Windows 10 Pro Education	Windows 10 Education	Windows 10 Enterprise
Windows 7	Starter	X	X	X	X	
	Home Basic	X	X	X	X	
	Home Premium	X	X	X	X	
	Professional	D	X	X	X	X
	Ultimate	D	X	X	X	X
	Enterprise				X	X
Windows 8.1	(Core)	X	X	X	X	
	Connected	X	X	X	X	
	Pro	D	X	X	X	X
	Pro Student	D	X	X	X	X
	Pro WMC	D	X	X	X	X
	Enterprise				X	X
	Embedded Industry					X
	Windows RT					
	Windows Phone 8.1					
Windows 10	Home	X	X	X	X	
	Pro	D	X	X	X	X
	Education				X	D
	Enterprise				X	X

Tab. 1–11   Upgrade- und Downgrade-Pfade für Windows 10

Die Einträge in der Tabelle haben folgende Bedeutung:

▥ **X**   Der Upgrade-Pfad wird unterstützt.

▥ **D**   Der Downgrade-Pfad wird unterstützt.

> **HINWEIS** **Upgrade der Windows 10-Edition**
>
> Für Organisationen, die ein unterstütztes Upgrade von einer Windows 10-Edition auf
> eine andere vornehmen, ist der Prozess schnell und einfach. Der neue Product Key wird
> zum Gerät hinzugefügt, woraufhin das Upgrade des Geräts durchgeführt wird. Es gibt
> mehr als 84 Varianten möglicher Editions-Upgrades. Einige erfordern einen Neustart,
> bei anderen ist das nicht nötig. Sehen Sie sich dazu die Tabelle auf der folgenden
> Microsoft-Webseite an:
>
> *https://docs.microsoft.com/Windows/deployment/upgrade/Windows-10-edition-upgrades*

Downgrade-Pfade aufgrund von Lizenzablauf

Organisationen, deren Volumenlizenzvertrag abgelaufen ist oder demnächst abläuft, können
ein Downgrade ihrer Windows 10-Edition auf eine Edition mit aktiver Lizenz vornehmen. Sofern
ein Downgrade-Pfad unterstützt wird, bleiben die Apps und Einstellungen in der neuen Windows 10-Version erhalten (ähnlich wie beim Upgrade). Sie können kein Downgrade von irgendeiner Windows 10-Edition auf Windows 7, 8 oder 8.1 vornehmen. Genauso wenig können Sie
ein Downgrade von einer neueren Windows 10-Version auf eine ältere Version derselben Edition (zum Beispiel von Windows 10 Pro, Version 1809, auf Version 1803) durchführen, sofern Sie
nicht den integrierten Rollback-Prozess nutzen.

Tabelle 1–12 listet die unterstützten Downgrade-Pfade für Windows 10 auf. Wird ein Pfad nicht
unterstützt, müssen Sie eine Neuinstallation durchführen.

Ausgangs-Edition	Ziel-Edition						
	Home	Pro	Pro for Workstation	Pro Education	Education	Enterprise LTSC	Enterprise
Home							
Pro							
Pro for Work-station							
Pro Education							
Education	X	X	X				S
Enterprise LTSC							
Enterprise		X	X	X	S		

Tab. 1–12   Unterstützte Downgrade-Pfade für Windows 10

Die Einträge in der Tabelle haben folgende Bedeutung:

   X   Der Downgrade-Pfad wird unterstützt.

   S   Unterstützt, aber der Pfad wird nicht als Downgrade oder Upgrade eingestuft.

   [leer]   Nicht unterstützt oder keine Downgrade-Möglichkeit.

Upgrades für Windows 10 im S-Modus durchführen

Wenn Sie Geräte haben, die mit Windows 10 im S-Modus geliefert wurden, können Sie jederzeit im Microsoft Store ein Upgrade der Windows-Edition vornehmen. Der Wechsel vom S-Modus auf Windows 10 Home, Pro, Pro Education oder Enterprise ist nicht umkehrbar; das Gerät kann nur auf Windows 10 im S-Modus zurückgesetzt werden, wenn Sie alle Daten löschen und das Betriebssystem von Grund auf neu installieren.

Tabelle 1–13 zeigt, mit welchen Methoden Sie den S-Modus von Windows 10 deaktivieren können.

Tool	Beschreibung
Einstellungen-App	Sofern die Funktion nicht deaktiviert wurde, können Sie mit dieser App jeweils ein einzelnes Gerät umstellen.
Microsoft Store	Sofern der Microsoft Store nicht deaktiviert wurde, können Sie jeweils ein einzelnes Gerät umstellen. Sie brauchen dafür ein Microsoft-Konto.
Microsoft Intune	Sie können damit eine Gruppe von Geräten konfigurieren, die in Azure AD bekannt sind.

Tab. 1–13 Methoden, um den S-Modus von Windows 10 zu verlassen

Um bei einem einzelnen Gerät ein Upgrade aus dem S-Modus vorzunehmen, können Sie die Einstellungen-App öffnen und dann die Aktivierung auf dem Gerät ausführen. Stattdessen kann ein Benutzer, der über ein Microsoft-Konto verfügt, auch den Microsoft Store verwenden. So nehmen Sie im Microsoft Store die Umschaltung von Windows 10 im S-Modus auf Windows 10 vor:

1. Melden Sie sich auf dem Gerät, das unter Windows 10 im S-Modus läuft, mit Ihrem Microsoft-Konto beim Microsoft Store an.

2. Suchen Sie nach **S Modus**.

3. Klicken Sie auf der Angebotsseite der App auf *Kaufen*.

4. Sie werden aufgefordert, ein Backup Ihrer Dateien anzufertigen, bevor die Umstellung beginnt. Folgen Sie nach dem Sichern Ihrer Dateien den angezeigten Anweisungen, um auf Windows 10 Pro zu wechseln.

Organisationen können folgendermaßen mehrere Geräte auf einmal mit Microsoft Intune oder der Microsoft 365-Geräteverwaltung umstellen:

1. Öffnen Sie das Microsoft 365-Geräteverwaltungsportal und melden Sie sich mit dem Konto eines globalen Administrators an.

2. Klicken Sie auf *Gerätekonfiguration*.

3. Klicken Sie auf der Seite *Gerätekonfiguration* unter *Verwalten* auf *Profile*.

4. Klicken Sie auf der Seite *Gerätekonfiguration - Profile* auf *Profil erstellen*.

5. Geben Sie im Blatt *Profil erstellen* einen aussagekräftigen Namen für das neue Profil ein, zum Beispiel **S-Modus für Windows 10 ausschalten**.

6. Geben Sie eine Beschreibung für das Profil ein.

7. Wählen Sie in der Dropdownliste *Plattform* den Eintrag *Windows 10 und höher* aus.

8. Wählen Sie in der Dropdownliste *Profiltyp* den Eintrag *Edition upgrade and mode switch* aus.

9. Klicken Sie auf *Einstellungen*.

10. Klicken Sie auf dem Blatt *Edition upgrade and mode switch* auf *Moduswechsel (nur Windows-Insider)* und wählen Sie eine der verfügbaren Optionen aus (Abbildung 1–7).

HINWEIS **Den S-Modus von Windows 10 verlassen**

Zum Zeitpunkt, als dieses Buch geschrieben wurde, war die Möglichkeit, den S-Modus von Windows 10 über die Geräteverwaltung zu verlassen, nur für Windows Insider-Geräte verfügbar.

---

11. Klicken Sie zweimal auf *OK* und dann auf *Erstellen*, um das neue Profil zu speichern.

12. Das Profil wird erstellt und muss nun an Ihre Azure AD-Gerätegruppen zugewiesen werden, damit es wirksam wird.

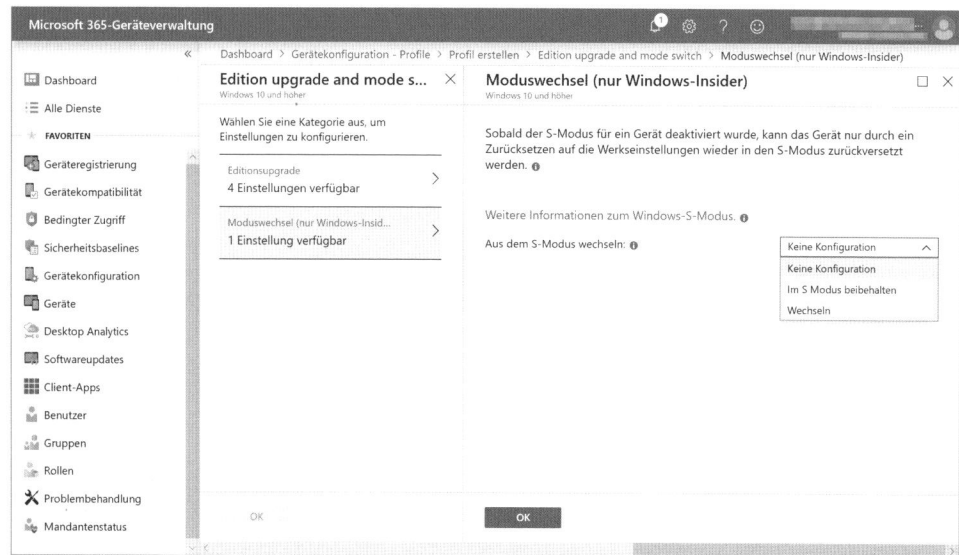

Abb. 1–7   Einstellungen für Editions-Upgrade und Moduswechsel

---

HINWEIS   Verlassen des S-Modus von Windows 10 verhindern

Sie können mit Gerätekonfigurationsprofilen steuern, welche Geräte oder Benutzer den S-Modus von Windows 10 verlassen dürfen. Erstellen Sie dazu in *Gerätekonfiguration* > *Profile* ein neues Profil für die Plattform *Windows 10 und höher* mit dem Profiltyp *Edition upgrade and mode switch* und wählen Sie in der Einstellung *Aus dem S-Modus wechseln* den Eintrag *Im S Modus beibehalten*.

In-Place-Upgrades verwalten

In älteren Windows-Versionen standen mehrere Tools zur Verfügung, um den Upgradeprozess auf ein neues Betriebssystem zu bewerten, durchzuführen und zu verwalten. Einige dieser Tools sind zum Beispiel das Microsoft Assessment and Planning Toolkit (MAP) und das Application Compatibility Toolkit (ACT), die im Windows Assessment and Deployment Kit (Windows ADK) enthalten sind. Diese Tools helfen dabei, Anwendungen und Gerätetreiber aufzulisten und auf potenzielle Kompatibilitätsprobleme mit dem neuen Betriebssystem zu prüfen. All diese Tools und Prozesse erfordern Spezialkenntnisse, oft steigen dadurch Zeitaufwand und Kosten für das Rollout des Projekts.

Viele Großunternehmen setzen den System Center Configuration Manager (SCCM) ein. Das ist ein leistungsfähiges, allerdings auch komplexes Tool zum Verwalten von Geräten, Apps und Upgrades in einer Organisation. System Center Configuration Manager (Current Branch) wird weiterhin von Microsoft unterstützt und kann eingesetzt werden, um ein Betriebssystemupgrade von Windows 7 (oder neuer) auf Windows 10 durchzuführen.

Um den Upgrade-Prozess auf Windows 10 zu vereinfachen, hat Microsoft das Tool *Upgrade Readiness* veröffentlicht, eine Komponente von Windows Analytics. Windows Analytics stellt kostenlose Tools bereit, mit denen Unternehmen den kompletten Upgradevorgang planen und verwalten können.

Neben der Hilfe beim Upgrade von Windows 7 (oder neuer) auf Windows 10 bietet Upgrade Readiness Unternehmen die Möglichkeit zu steuern, wie sie mit Windows-Releases umgehen, die mehrmals im Jahr veröffentlicht werden; dieses Modell mit kontinuierlich erscheinenden Releases wird als »Windows as a Service«-Modell bezeichnet.

Sofern Sie bereits System Center Configuration Manager (Current Branch) in Ihrer Organisation einsetzen, können Sie mit Upgrade Readiness aufgezeichnete Analysedaten direkt in SCCM exportieren.

Für die Prüfung MD-101 sollten Sie sich auf neue Lösungen innerhalb von Windows Analytics konzentrieren, weil sie die aktuellsten, billigsten und flexibelsten Verwaltungstools sind. Sie brauchen ein Azure-Abonnement (oder eine kostenlose Testversion), um den Dienst zu nutzen. In der Standardeinstellung verursacht Windows Analytics keine Kosten für Microsoft Operations Management Suite (OMS)/Azure.

Eine Windows Analytics-Umgebung konfigurieren

Windows Analytics ist ein Cloud-basierter Dienst, der in Microsoft Azure gehostet wird. Es bietet Organisationen eine neue, moderne Methode, um den Status bereitgestellter Geräte zu bewerten und aufzulisten.

Windows Analytics umfasst drei Lösungen:

- Device Health
- Update Compliance
- Upgrade Readiness

In ihrer Standardkonfiguration werden diese Lösungen kostenlos zur Verfügung gestellt, sie erfordern auch keine lokale Infrastruktur. Weil die Dienste in Microsoft Azure gehostet werden, müssen Sie ein Azure-Abonnement abschließen, sofern die Organisation noch keines besitzt.

> **HINWEIS   Kostenloser Microsoft Azure-Test**
>
> **Falls Sie noch kein Azure-Abonnement haben, können Sie sich auf der Microsoft-Website zu einem kostenlosen Test anmelden. Es wird empfohlen, dass Sie für diesen Azure-Test ein neues Microsoft-Konto erstellen, das Sie von Ihrem geschäftlichen oder privaten Konto getrennt halten. Weitere Informationen finden Sie unter:**
>
> *https://azure.microsoft.com/free*

Tabelle 1–14 beschreibt die wichtigsten Features der drei Lösungen in Windows Analytics und listet auf, unter welchem Namen die Lösung jeweils in Azure angezeigt wird.

Lösung (und Azure-Name)	Beschreibung
Device Health (DeviceHealthProd)	▪ Identifizieren Sie Geräte, die häufig abstürzen. Anschließend können Sie geeignete Maßnahmen einleiten, indem Sie die Geräte zum Beispiel aktualisieren oder ersetzen. ▪ Identifizieren Sie Gerätetreiber, die Geräteabstürze verursachen. ▪ Erstellen Sie Berichte über Windows Information Protection-Fehlkonfigurationen.
Update Compliance (WaaSUpdateInsights)	▪ Identifizieren Sie Windows 10-Geräte, die genauer untersucht werden sollten. ▪ Erstellen Sie Berichte zum Windows Update-Status Ihrer Geräte. ▪ Stellen Sie eine Inventarliste Ihrer Geräte auf, mit der aktuellen Windows-Version und dem aktuellen Updatestatus. ▪ Erstellen Sie einen Bericht zum Schutz- und Bedrohungsstatus der Geräte. ▪ Erstellen Sie eigene Berichtsabfragen im Log Analytics-Arbeitsbereich.
Upgrade Readiness (CompatibilityAssessment)	▪ Planen und verwalten Sie den Windows 10-Upgradevorgang. Unterstützt Upgrades von Windows 7 und Windows 8.1 auf Windows 10. ▪ Unterstützt »Windows as a Service«-Upgrades. ▪ Sehen Sie sich Workflows an, die Sie von einer Pilotbereitstellung zur Produktivbereitstellung leiten. ▪ Erstellen Sie Berichte mit einem detaillierten Inventar der Geräte und Apps. ▪ Gibt Hinweise zu Kompatibilitätsproblemen mit Apps und Treibern und liefert Empfehlungen zur Problembehandlung. ▪ Erstellen Sie Berichte zur geräteübergreifenden App-Nutzung. ▪ Exportieren Sie Analysedaten für Softwarebereitstellungstools wie SCCM.

Tab. 1–14   Komponenten von Windows Analytics

So erstellen Sie einen Log Analytics-Arbeitsbereich:

1. Melden Sie sich mit dem Konto eines globalen Administrators oder Sicherheitsadministrators für den Azure AD-Mandanten am Azure-Portal unter *https://portal.azure.com* an.

2. Klicken Sie im Azure-Portal auf *Alle Dienste*. Tippen Sie **Log Analytics** in das Suchfeld ein und klicken Sie auf *Log Analytics-Arbeitsbereiche*.

3. Klicken Sie auf dem Blatt *Log Analytics-Arbeitsbereich* auf *Log Analytics-Arbeitsbereich erstellen*.

4. Geben Sie einen Namen für den neuen Log Analytics-Arbeitsbereich ein, zum Beispiel **StandardLogAnalyticsArbeitsbereich**.

5. Wählen Sie unter *Abonnement* ein Abonnement aus.

6. Wählen Sie unter *Ressourcengruppe* eine vorhandene Ressourcengruppe aus, die bereits eingerichtet ist, oder erstellen Sie eine neue.

7. Wählen Sie unter *Standort* einen verfügbaren Ort in Ihrer Nähe aus.

8. Übernehmen Sie die standardmäßig eingetragene Tarifoption und klicken Sie auf *OK*, um die Bereitstellung des Log Analytics-Arbeitsbereichs einzuleiten und zu überprüfen.

9. Bleiben Sie am Log Analytics-Arbeitsbereich angemeldet.

Sobald Sie den Windows Analytics Arbeitsbereich erstellt haben, leiten Sie im nächsten Schritt die Azure AD-Aktivitätsprotokolle an Ihren Log Analytics-Arbeitsbereich weiter. Gehen Sie dazu folgendermaßen vor:

1. Wählen Sie im Azure-Portal den Eintrag *Azure Active Directory* und dann unter *Monitor* den Punkt *Diagnoseeinstellungen* aus.

2. Klicken Sie auf dem Blatt *<Mandant>-Diagnoseeinstellungen* auf *Diagnose aktivieren*.

3. Geben Sie auf dem Blatt *Diagnoseeinstellungen* einen Namen für die Diagnose ein und aktivieren Sie das Kontrollkästchen *An Log Analytics senden*.

4. Wählen Sie unter *Protokoll* die Optionen *AuditLogs* und *SignInLogs* und klicken Sie auf *Speichern*.

5. Warten Sie, bis die Konfiguration abgeschlossen ist, und schließen Sie das Blatt *Diagnoseeinstellungen*.

6. Nach etwa 15 Minuten müssten Sie beobachten können, dass Ereignisse an Ihren Log Analytics-Arbeitsbereich übermittelt werden.

Nachdem Sie den Arbeitsbereich erstellt haben, müssen Sie Ihre Geräte registrieren. Dafür brauchen Sie Ihre Organisations-ID. Dies ist eine eindeutige Zahl, mit der Ihr Mandant im Log Analytics-Arbeitsbereich identifiziert wird. Die ID informiert Ihre Geräte, wohin sie ihre Telemetriedaten senden müssen. Die Organisations-ID erfahren Sie in Azure, wenn Sie in Update Compliance nachsehen.

Sofern Sie Update Compliance noch nicht zu Ihrem Azure-Abonnement hinzugefügt haben, müssen Sie folgende Vorbereitungen treffen:

1. Melden Sie sich mit dem Konto eines globalen Administrators oder Sicherheitsadministrators für den Azure AD-Mandanten am Azure-Portal unter *https://portal.azure.com* an.

2. Klicken Sie im Azure-Portal auf *Ressource erstellen* und suchen Sie nach **Update Compliance**.

3. Wählen Sie *Update Compliance* aus.

4. Klicken Sie auf dem Blatt *Update Compliance* auf *Erstellen*, um die Lösung zu Azure hinzuzufügen.

5. Wählen Sie auf dem Blatt *Update Compliance* Ihren vorhandenen Arbeitsbereich aus und klicken Sie auf *Erstellen*.

6. Warten Sie einige Minuten und klicken Sie auf das Benachrichtigungssymbol, um zu überprüfen, ob die Bereitstellung erfolgreich war.

7. Klicken Sie im Benachrichtigungsfenster auf *Gehe zu Ressource*, um die Lösung *Update Compliance* zu öffnen.

8. Klicken Sie unter *Einstellungen* auf *Update Compliance-Einstellungen*, um die Organisations-ID anzuzeigen (Abbildung 1–8).

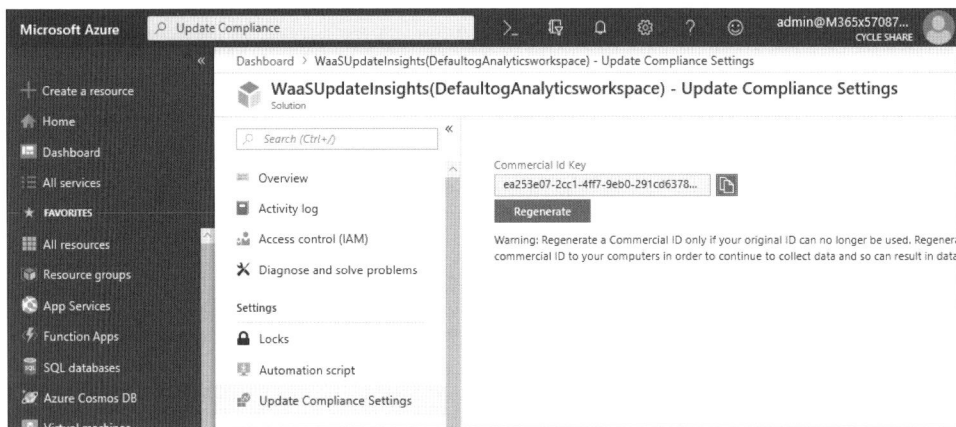

Abb. 1–8   Ermitteln der Organisations-ID

9. Klicken Sie neben der ID auf das Symbol *Kopieren* und speichern Sie die ID für die spätere Verwendung.

So konfigurieren Sie Upgrade Readiness in Azure:

1. Wählen Sie im Azure-Portal *Eine Ressource erstellen*.

2. Geben Sie **Upgrade Readiness** in das Suchfeld ein und klicken Sie auf *Erstellen*.

3. Klicken Sie auf dem Blatt *Upgrade Readiness* auf die Option *Log Analytics-Arbeitsbereich* und wählen Sie einen vorhandenen Arbeitsbereich aus oder klicken Sie auf *Neuen Arbeitsbereich erstellen*.

4. Klicken Sie auf *Erstellen*.

5. Warten Sie, bis die Bereitstellung abgeschlossen ist, und klicken Sie auf der Benachrichtigungsseite auf *Gehe zu Ressource*, um die Upgrade Readiness-Lösung zu öffnen.

6. Nachdem die Upgrade Readiness-Lösung bereitgestellt wurde, müssen Sie die Geräte Ihrer Organisation registrieren.

So konfigurieren Sie Device Health in Azure:

1. Wählen Sie im Azure-Portal *Eine Ressource erstellen*.

2. Geben Sie **Device Health** in das Suchfeld ein und klicken Sie auf *Erstellen*.

3. Klicken Sie auf dem Blatt *Device Health* auf die Option *Log Analytics-Arbeitsbereich* und wählen Sie einen vorhandenen Arbeitsbereich aus oder klicken Sie auf *Neuen Arbeitsbereich erstellen*.

4. Klicken Sie auf *Erstellen*.

5. Warten Sie, bis die Device Health-Lösung bereitgestellt und zu einem Arbeitsbereich in Ihrem Azure-Abonnement hinzugefügt wurde. Registrieren Sie anschließend die Geräte Ihrer Organisation.

Geräte in Windows Analytics registrieren

Sobald Sie Update Compliance zu einem Log Analytics-Arbeitsbereich in Ihrem Azure-Abonnement hinzugefügt haben, können Sie damit beginnen, die Geräte Ihrer Organisation mit der Organisations-ID zu registrieren, die Sie im vorherigen Abschnitt ermittelt haben.

Bei Update Compliance sind drei grundlegende Schritte nötig, um die Registrierung durchzuführen:

Geräte mit der Organisations-ID konfigurieren

Geräte so konfigurieren, dass sie Telemetrie an Windows Analytics senden

48 bis 72 Stunden warten. Nach der Registrierung Ihrer Geräte kann es 48 bis 72 Stunden dauern, bis die ersten Daten in der Update Compliance-Lösung auftauchen.

Sie können die Geräte über Gruppenrichtlinien, Mobile Device Management oder System Center Configuration Manager konfigurieren. Dabei müssen Sie zwei Komponenten konfigurieren:

Windows-Telemetrie aktivieren

Organisations-ID konfigurieren

Die Windows-Telemetrie muss aktiviert und mindestens auf der Stufe *Einfach* konfiguriert sein. Tabelle 1–15 beschreibt die unterschiedlichen Stufen und die entsprechenden Werte.

Stufe	Gesammelte Daten	Wert
Sicherheit	Nur Sicherheitsdaten	0
Einfach	Sicherheitsdaten und grundlegende System- und qualitätsbezogene Daten	1
Erweitert	Sicherheitsdaten, grundlegende System- und qualitätsbezogene Daten, erweiterte Informationsdaten und erweiterte Zuverlässigkeitsdaten	2
Vollständig	Sicherheitsdaten, grundlegende System- und qualitätsbezogene Daten, erweiterte Informationsdaten, erweiterte Zuverlässigkeitsdaten und vollständige Diagnosedaten	3

Tab. 1–15   Stufen der Windows-Telemetrie

Die Gruppenrichtlinien zum Konfigurieren der Organisations-ID auf einem Gerät finden Sie im Zweig *Computerkonfiguration > Administrative Vorlagen > Windows-Komponenten > Datensammlung und Vorabversionen*. Dort befinden sich auch Richtlinien für die Windows-Telemetrie.

Falls Sie eine Mobile Device Management-Lösung wie Microsoft Intune verwenden, müssen Sie ein Gerätekonfigurationsprofil erstellen, das die Organisations-ID in einem benutzerdefinierten OMA-URI-Feld festlegt (Abbildung 1–9).

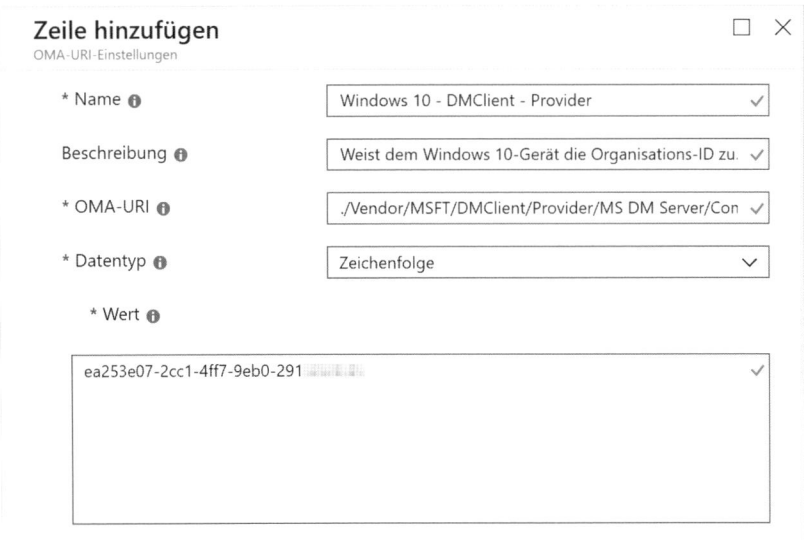

Zeile hinzufügen
OMA-URI-Einstellungen

* Name ⓘ	Windows 10 - DMClient - Provider ✓
Beschreibung ⓘ	Weist dem Windows 10-Gerät die Organisations-ID zu. ✓
* OMA-URI ⓘ	./Vendor/MSFT/DMClient/Provider/MS DM Server/Con ✓
* Datentyp ⓘ	Zeichenfolge ⌄
* Wert ⓘ	ea253e07-2cc1-4ff7-9eb0-291 ✓

Abb. 1–9 Aufzeichnen von Diagnosedaten mit MDM konfigurieren

So fügen Sie in Microsoft Intune die Organisations-ID zu Ihren Windows 10-Geräten hinzu:

1. Melden Sie sich mit dem Konto eines globalen Administrators für den Azure AD-Mandanten am Microsoft 365-Geräteverwaltungsportal unter *devicemanagement.microsoft.com* an.

2. Klicken Sie auf *Gerätekonfiguration* und dann unter *Verwalten* auf *Profile*.

3. Klicken Sie auf dem Blatt *Profile* auf *Profil erstellen*.

4. Geben Sie auf dem Blatt *Profil erstellen* einen Namen und eine Beschreibung ein.

5. Wählen Sie in der Dropdownliste *Plattform* den Eintrag *Windows 10 und höher* aus.

6. Wählen Sie in der Dropdownliste *Profiltyp* den Eintrag *Custom*.

7. Klicken Sie auf dem Blatt *Benutzerdefinierte OMA-URI-Einstellungen* auf *Hinzufügen*.

8. Konfigurieren Sie auf dem Blatt *Zeile hinzufügen* die folgenden Einstellungen:

   - **Name**   Windows 10 – DMClient – Provider
   - **Beschreibung**   (Optional: Hier können Sie eine Beschreibung eintragen.)
   - **OMA-URI**   ./Vendor/MSFT/DMClient/Provider/MS DM Server/CommercialID (zwischen Groß- und Kleinschreibung wird unterschieden)
   - **Datentyp**   Wählen Sie im Dropdownmenü den Eintrag *Zeichenfolge*.
   - **Wert**   Tragen Sie Ihre Organisations-ID in das Feld ein.

9. Klicken Sie zweimal auf *OK*.

10. Klicken Sie auf dem Blatt *Profil erstellen* auf *Erstellen*.

Sie müssen nun die Windows-Telemetrie aktivieren. Dabei gehen Sie genauso vor wie bei der Organisations-ID; erstellen Sie ein Gerätekonfigurationsprofil mit diesen Einstellungen:

- **OMA-URI** ./Vendor/MSFT/Policy/Config/System/AllowTelemetry

- **Datentyp** Ganze Zahl

- **Wert** [mindestens 1]

HINWEIS **Log Analytics-Ansichten für Azure Active Directory installieren und verwenden**

Sie können Log Analytics-Ansichten zu Ihrer Windows Analytics-Umgebung hinzufügen, das hilft Ihnen beim Analysieren und Durchsuchen der Azure AD-Aktivitätsprotokolle in Ihrem Azure AD-Mandanten. Diese Ansichten umfassen Aktivitätsberichte zu Überwachungsprotokollen und Anmeldungen. Wie Sie diese Ansichten hinzufügen, erklärt die Microsoft-Website unter:

https://docs.microsoft.com/azure/active-directory/reports-monitoring/howto-install-use-log-analytics-views

---

Eine Upgrade Readiness-Bewertung durchführen

Der Upgrade Readiness-Abschnitt in Windows Analytics liefert Analysen und Empfehlungen über Computer, die so konfiguriert sind, dass sie Telemetriedaten an die Windows Analytics-Lösung senden. Dazu gehören Anwendungs- und Treiberdaten sowie Informationen zur Systemintegrität, darunter Angaben zum Service Pack und Windows-Updates. Die Kombination dieser Informationen ist sehr nützlich, wenn Sie versuchen, Probleme aufzudecken, die Ihren Upgradeplan beeinträchtigen könnten.

Upgrade Readiness unterstützt Upgrades von Windows 7 und Windows 8.1 auf Windows 10. Sofern Sie bereits mit Windows 10 arbeiten, können Sie mit der Lösung Upgrades im Rahmen des »Windows as a Service«-Modells verwalten.

Nachdem Sie Upgrade Readiness im Azure Portal-Arbeitsbereich aktiviert (wie in den vorherigen Abschnitten beschrieben) und Ihre Geräte so konfiguriert haben, dass sie Daten an die Lösung senden, ist alles bereit für die Verwendung von Upgrade Readiness.

WEITERE INFORMATIONEN **Erste Schritte mit Upgrade Readiness**

Wenn Sie sich über Upgrade Readiness informieren wollen oder Ihre Windows Analytics-Umgebung noch nicht konfiguriert haben, sollten Sie den folgenden Artikel auf der Microsoft-Website lesen:

https://docs.microsoft.com/Windows/deployment/upgrade/upgrade-readiness-get-started

---

Jetzt können Sie überprüfen, ob Ihre Organisation für das Upgrade auf Windows 10 bereit ist. Dazu erstellen Sie Berichte über die Apps und Gerätetreiber, die in Ihrer Umgebung im Einsatz sind. Der Prozess umfasst vier Schritte:

- **Wichtige Apps identifizieren**   Sie weisen Ihren Apps eine Priorität zu, die ihre Bedeutung für Ihre Organisation widerspiegelt.

- **Probleme beseitigen**   Identifizieren und beseitigen Sie Probleme mit Ihren Apps.

- **Bereitstellen**   Starten Sie den Upgradevorgang.

- **Bereitstellung überwachen**   Überwachen Sie wichtige Elemente, zum Beispiel den Updatefortschritt und Treiberprobleme.

Wenn Sie den Upgrade Readiness-Prozess anstoßen, bekommen Sie einen grafischen Workflow angezeigt (Abbildung 1–10), der Sie durch die wesentlichen Phasen leitet.

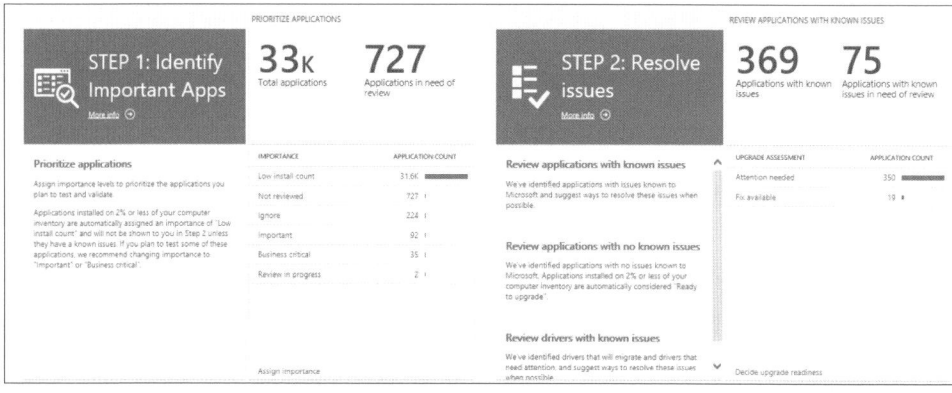

Abb. 1–10   Upgrade Readiness

Im Workflow wird jeder Schritt durch eine blaue Kachel dargestellt, wobei eine Anleitung und der blaue Text unter den Kacheln Links auf zusätzliche Hilfethemen liefern. Sie sollten die Bewertungsschritte in der vorgeschlagenen Reihenfolge abarbeiten und jeden Schritt vollständig abschließen, bevor Sie mit dem nächsten weitermachen.

> *HINWEIS*   **Windows-Upgrades mit Upgrade Readiness verwalten**
>
> Eine konkrete Anleitung, wie Sie diese Aufgaben mit Upgrade Readiness durchführen, finden Sie auf der Microsoft Website unter:
>
> *https://docs.microsoft.com/Windows/deployment/upgrade/use-upgrade-readiness-to-manage-Windows-upgrades*

Benutzerprofile migrieren

Wenn Sie ein Upgrade auf Windows 10 vornehmen wollen, das nicht als In-Place-Upgrade durchgeführt wird, dürfen Sie nicht die Migration von App-Daten und Windows-Einstellungen der Benutzer vergessen.

Der Verlust von App-Daten und persönlichen Einstellungen kann die Produktivität empfindlich verschlechtern, von der guten Laune ganz zu schweigen. Benutzer investieren oft eine gewaltige Menge an Zeit und Aufwand darin, ihre Windows-Umgebung anzupassen. Auch für das Anpassen ihrer Apps wenden sie viel Zeit auf, indem sie zum Beispiel Vorlagen und Symbolleisten zusammenstellen. Wenn Sie solche Einstellungen migrieren, verringern Sie wahrscheinlich die Zahl von Anrufen beim Helpdesk und verhindern Ausfallzeiten, weil die Benutzer ihre Desktops erneut anpassen und fehlende Dateien suchen.

Sie sollten sich im Rahmen Ihres Windows 10-Bereitstellungsprojekts zum Ziel setzen, Benutzereinstellungen zu migrieren, die meist in den jeweiligen Benutzerprofilen liegen.

Es gibt zwei herkömmliche Methoden für das Upgrade auf Windows 10, bei denen kein In-Place-Upgrade durchgeführt wird:

Side-by-side-Migration Diese Art von Migration wird genutzt, wenn beim Upgrade zwei getrennte Computer als Quelle beziehungsweise Ziel dienen. Sie installieren Windows 10 auf einem neuen Computer und migrieren dann die Daten und Benutzereinstellungen von dem Computer, der unter dem älteren Betriebssystem läuft, auf den neuen Computer.

Wipe-and-load-Migration In diesem Fall dient derselbe Computer als Quelle und Ziel. Sie sichern die Benutzerdaten und -einstellungen an einem externen Speicherort, dann installieren Sie Windows 10 auf dem vorhandenen Computer des Benutzers. Zuletzt stellen Sie die Benutzerdaten und -einstellungen wieder her.

User State Migration Tool

Bei umfangreichen Bereitstellungen können Sie große Teile des Prozesses zum Migrieren von Benutzerprofilen mit Bereitstellungstools automatisieren, zum Beispiel mit dem System Center Configuration Manager oder dem Microsoft Deployment Toolkit (MDT). Beide Lösungen verwenden das User State Migration Tool (USMT), eine Komponente des Windows Assessment and Deployment Kit (Windows ADK).

> **HINWEIS** **Das Windows ADK herunterladen**
>
> **Sie können das Windows ADK unter der folgenden Adresse von der Microsoft-Website herunterladen:**
>
> *http://go.microsoft.com/fwlink/p/?LinkId=526740*

Bei kleineren Migrationen können Sie USMT direkt in der Befehlszeile verwenden, um Benutzerkonten, Benutzerdateien, Betriebssystemeinstellungen und Anwendungseinstellungen zu speichern; anschließend migrieren Sie die gespeicherten Einstellungen auf eine neue Windows-Installation.

Das USMT ist schon recht alt, wurde aber gelegentlich aktualisiert, daher ist es sicher und relativ einfach zu bedienen. Es handelt sich um ein Befehlszeilentool mit folgenden Features:

- **Größenabschätzung für die Migrationsspeicher**   Sie bekommen angezeigt, wie viel Speicher Sie ungefähr brauchen, um die Daten eines bestimmten Windows-Geräts zu sichern.

- **Verschlüsselung der Migrationsspeicher**   Schützt die im Benutzerprofil gespeicherten Daten, was die Gefahr verringert, dass diese Daten kompromittiert werden, während sie an einem anderen Ort gespeichert sind.

- **Feste Links zum Migrationsspeicher**   Das ist nützlich bei PC-Aktualisierungen, bei denen die primäre Windows-Partition nicht neu formatiert wird. Ist ein fester Link auf den Migrationsspeicher verfügbar, ruft USMT die Daten beim Wiederherstellungsprozess von derselben lokalen Partition ab, was die Leistung deutlich verbessert.

- **Durchführen von Offline-Migrationen**   Sie können Migrationen in einer Windows-Vorinstallationsumgebung (Windows Preinstallation Environment, WinPE) durchführen. Und Sie können Daten migrieren, die in *Windows.old*-Verzeichnissen gespeichert sind.

Die Migration des Benutzerzustands umfasst zwei Phasen:

1. Einstellungen und Daten werden mit dem Tool ScanState im Quellcomputer aufgezeichnet und in einem geschützten Migrationsspeicher abgelegt.

2. Die aufgezeichneten Einstellungen und Daten werden mit dem Tool LoadState auf dem Zielcomputer wiederhergestellt.

USMT kann in Skripts aufgerufen werden, um die Abläufe zu automatisieren. Sie können das Tool mit Einstellungen und Regeln anpassen, die in XML-Dateien konfiguriert werden:

- MigApp.xml

- MigDocs.xml

- MigUser.xml

- Benutzerdefinierte XML-Dateien, die Sie nach Bedarf anlegen

Tabelle 1–16 beschreibt, welche Datentypen USMT aufzeichnet und migriert.

Datentyp	Beispiel	Beschreibung
Benutzerkonten, Benutzereinstellungen und Benutzerdaten	Dokumente, Videos, Musik, Bilder, Desktopdateien, Startmenü, Einstellungen für Schnellstartleiste und Favoriten	Lokale und Domänenbenutzerkonten. Ordner aus jedem Benutzerprofil
Freigegebene Benutzerdaten	Freigegebene Dokumente, freigegebene Videos, freigegebene Musik, freigegebene Desktopdateien, freigegebene Bilder, freigegebenes Startmenü und freigegebene Favoriten	Ordner aus den öffentlichen Profilen
Dateien, Ordner und Einstellungen	Dateien, Ordner und Registrierungsschlüssel	USMT durchsucht interne Laufwerke und sammelt Dateien mit den Dateinamenerweiterungen, aus den Ordnern und aus den Registrierungsschlüsseln, die in der XML-Konfigurationsdatei definiert sind.
NTFS-Berechtigungen	Zugriffssteuerungslisten (Access Control Lists, ACLs)	USMT kann die ACL-Daten für angegebene Dateien und Ordner migrieren.
Betriebssystemkomponenten	Zugeordnete Netzlaufwerke, Netzwerkdrucker, Ordneroptionen, EFS-Dateien, eigene Zertifikate der Benutzer und Internet Explorer-Einstellungen.	USMT migriert die meisten Standardeinstellungen des Betriebssystems.
Einstellungen unterstützter Anwendungen	Microsoft Office, Skype, Google Chrome, Adobe Acrobat Reader, Apple iTunes und so weiter	USMT migriert Einstellungen für viele Anwendungen, die in der Datei MigApp.xml angegeben werden können. Bei jeder Anwendung muss die Version auf Quell- und Zielcomputer identisch sein. Bei Microsoft Office beherrscht USMT die Migration von Einstellungen einer älteren Version einer Office-Anwendung.

Tab. 1–16   Datentypen, die von USMT migriert werden

Wie Tabelle 1–16 zeigt, können viele Einstellungen migriert werden. Die folgenden Einstellungen können Sie mit USMT allerdings nicht migrieren:

- Lokale Drucker und hardwarespezifische Einstellungen

- Gerätetreiber

- Kennwörter

- Angepasste Symbole für Verknüpfungen

- Freigabeberechtigungen

- Dateien und Einstellungen, sofern die Betriebssysteme unterschiedliche Sprachen installiert haben

USMT setzt sich aus mehreren Befehlszeilentools und Konfigurationsdateien zusammen, die Anpassungen in XML-Dateien speichern. Tabelle 1–17 beschreibt die Komponenten von USMT.

Komponente	Beschreibung
ScanState.exe	Durchsucht einen Quellcomputer, sammelt Dateien und Einstellungen und schreibt sie in einen Migrationsspeicher. (Die Speicherdatei kann bei Bedarf mit einem Kennwort geschützt, komprimiert und verschlüsselt sein. Allerdings können Sie die Option */nocompress* nicht mit */encrypt* kombinieren.) Die Standardkomprimierung können Sie mit der Option */nocompress* ausschalten.
LoadState.exe	Migriert die Dateien und Einstellungen aus dem Migrationsspeicher auf den Zielcomputer.
USMTUtils.exe	Komprimiert, verschlüsselt und überprüft die Dateien des Migrationsspeichers.
XML-Dateien	Die Dateien *MigApp.xml*, *MigUser.xml*, *MigDocs.xml* und benutzerdefinierte XML-Dateien, mit denen USMT den Prozess konfiguriert.
Config.xml	Schließt Daten aus einer Migration aus, wenn Sie die Option */genconfig* verwenden.
Komponentenmanifeste	Steuern, welche Betriebssystemeinstellungen migriert werden. Diese Manifeste sind an das jeweilige Betriebssystem angepasst und können nicht verändert werden.

Tab. 1–17   USMT-Komponenten

Gehen Sie folgendermaßen vor, um die Dateien und Einstellungen auf dem Quellcomputer zusammenzustellen und in einer Netzwerkfreigabe zu speichern:

1. Stellen Sie sicher, dass ein Backup des Quellcomputers vorliegt.

2. Schließen Sie alle Anwendungen.

3. Führen Sie ScanState unter einem Administratorkonto mit folgenden Argumenten aus:

    ```
    ScanState \\<Remoteordner>\migration\mystore /config:config.xml /i:migdocs.xml
        /i:migapp.xml /v:13 /l:scan.log
    ```

4. Rufen Sie UsmtUtils mit dem Argument */verify* auf, um zu prüfen, ob der Migrationsspeicher unbeschädigt ist. Der Befehl lautet zum Beispiel:

    ```
    UsmtUtils /verify C:\mystore\storename.img
    ```

5. Installieren Sie auf dem Windows 10-Zielcomputer alle Anwendungen, die auf dem Quellcomputer vorhanden waren, und schließen Sie alle offenen Anwendungen.

6. Führen Sie den Befehl LoadState aus, wobei Sie dieselben XML-Dateien und dieselbe Netzwerkfreigabe angeben wie vorher beim Aufruf von ScanState:

    ```
    LoadState \\<Remoteordner>\migration\mystore /config:config.xml /i:migdocs.xml
        /i:migapp.xml /v:13 /l:load.log
    ```

7. Starten Sie das Gerät neu, sobald der Vorgang abgeschlossen ist, und prüfen Sie, ob die Einstellungen korrekt migriert wurden.

> **HINWEIS   PCmover Express**
>
> In älteren Windows-Versionen stellte Microsoft ein Tool mit grafischer Benutzerober-
> fläche zur Verfügung, das Benutzern bei der Migration von Apps und Einstellungen
> half. In Windows 10 ist es nicht mehr verfügbar. Um den Benutzerzustand für wenige
> Computer zu migrieren, können Sie PCmover Express verwenden. PCmover Express ist
> ein Tool, das vom Microsoft-Partner Laplink entwickelt wurde. Sie können es unter der
> folgenden Adresse herunterladen:
>
> *https://go.microsoft.com/fwlink/?linkid=620915*

Prüfungsziel 1.4: Updates verwalten

Windows 10 wurde so entworfen, dass es sich regelmäßig selbst aktualisiert. Das soll das Betriebssystem vor externen Bedrohungen wie Schadsoftware und Hackern schützen und den
Funktionsumfang durch Funktionsupdates erweitern. In älteren Windows-Versionen konnten
Sie entscheiden, ob das Betriebssystem über Windows Update automatisch mit den neuesten
Features, Sicherheitsupdates und Fixes aktualisiert wurde. Weil beim Deaktivieren der automatischen Updates Sicherheitslücken entstanden, wurde diese Möglichkeit entfernt. Alle Windows
10-Geräte werden dadurch geschützt, dass sie sich regelmäßig selbst aktualisieren.

Windows 10 ändert den Ansatz bezüglich Updates und Sicherheit, indem es kontinuierlich und
automatisch neue Updates einspielt, die Microsoft über Windows Update bereitstellt.

Um die Sicherheit in Windows 10 zu steigern, wird der Benutzer daran gehindert, Sicherheitsupdates zu deaktivieren. Benutzer in Unternehmen haben einen gewissen Spielraum, was den
Zeitpunkt für die Anwendung von Updates und Funktionserweiterungen betrifft; dies wird von
der IT-Abteilung festgelegt. Organisations-Administratoren können weiterhin mit Windows
Server Update Services (WSUS) oder anderen Verwaltungstools Updates testen und intern aus-
liefern, um ihre Geräte auf dem neuesten Stand zu halten. Für Organisationen, die eine statische
Installation von Windows 10 brauchen, die nicht mit Upgrades erweitert wird, liefert Microsoft
eine spezielle Variante von Windows 10: Windows 10 Long Term Servicing Channel.

Dieses Prüfungsziel behandelt folgende Themen:

- Windows 10-Übermittlungsoptimierung konfigurieren
- Windows Update for Business konfigurieren
- Windows-Updates bereitstellen
- Funktionsupdates implementieren
- Windows 10 überwachen

Windows 10-Übermittlungsoptimierung konfigurieren

Windows 10 führt ein Feature namens Übermittlungsoptimierung ein, das den Verbrauch externer Bandbreite für die Organisation deutlich verringern und die Auslieferung von Updates beschleunigen kann.

Windows 10-Geräte können so konfiguriert werden, dass sie Updates von anderen Geräten herunterladen, die diese Updates bereits empfangen haben. Sie können diese Peer-to-Peer-Methode über Gruppenrichtlinien oder in der Einstellungen-App im Abschnitt *Erweiterte Optionen* der Seite *Windows Update* konfigurieren (Abbildung 1–11).

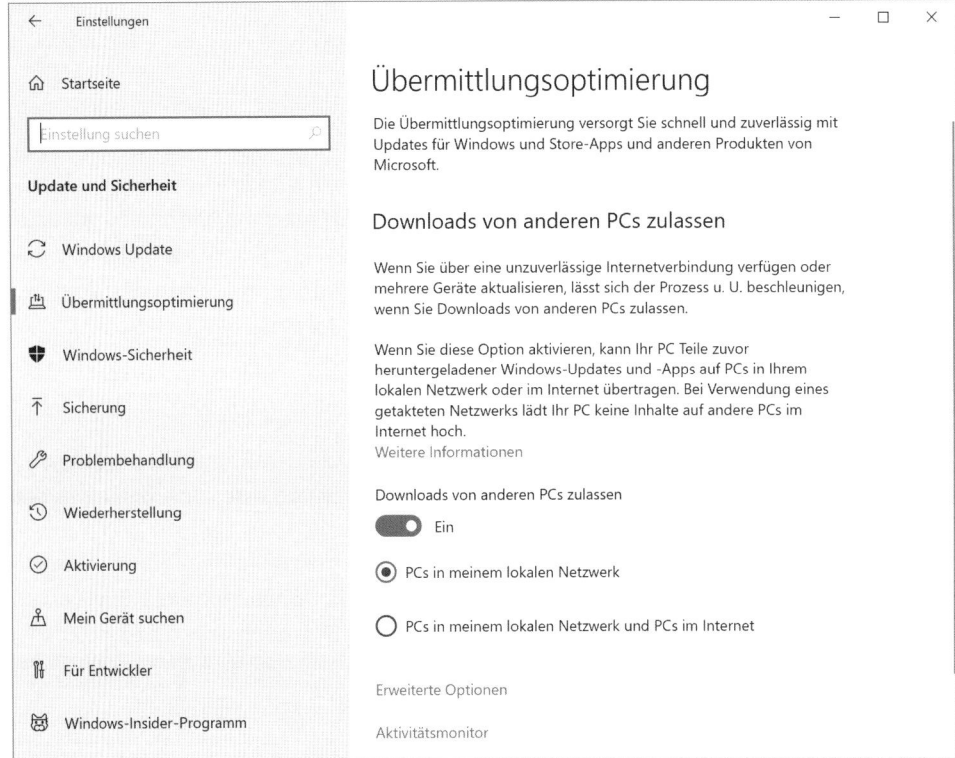

Abb. 1–11   Übermittlungsoptimierung

Ist die verfügbare Bandbreite knapp, zum Beispiel bei Geräten mit einer getakteten Verbindung oder in einer Zweigstelle oder einem abgelegenen Ort, können Sie von Hand optimieren oder begrenzen, wie viel Bandbreite ein Gerät verbrauchen darf, um Windows- und App-Updates herunter- und hochzuladen.

Übermittlungsoptimierung mit Gruppenrichtlinien konfigurieren

Sie können Einstellungen für die Übermittlungsoptimierung auch mit Gruppenrichtlinien konfigurieren. Die entsprechenden Richtlinien liegen im Zweig *Computerkonfiguration > Administrative Vorlagen > Windows-Komponenten > Übermittlungsoptimierung*.

Für die Prüfung MD-101 sollten Sie sich die folgenden Gruppenrichtlinien ansehen:

Downloadmodus   Mit dieser Einstellung konfigurieren Sie die Verwendung der Windows Update-Übermittlungsoptimierung für Downloads von Windows-Updates, Apps und App-Updates. Diese Einstellungen bieten etwas detailliertere Konfigurationsmöglichkeiten als die Einstellungen-App, weil Sie dem Gerät erlauben können, Updates aus mehreren Quellen zu beziehen. Es gibt sechs Optionen:

- **Nur HTTP**   Es wird nur über HTTP heruntergeladen (kein Peering für Updates).
- **LAN**   Es wird über HTTP und das private Peering im lokalen Netzwerk heruntergeladen (PCs in derselben Domäne und hinter demselben NAT).
- **Gruppe**   Es wird über HTTP und Peering in der privaten Gruppe in einem lokalen LAN heruntergeladen.
- **Internet**   Es wird über HTTP und reines Internet-Peering heruntergeladen.
- **Einfach**   Es wird nur über HTTP heruntergeladen, Peering wird nicht genutzt.
- **Überbrückung**   Die Übermittlungsoptimierung wird nicht verwendet, Downloads laufen stattdessen über BITS (Background Intelligent Transfer Service).

Gruppen-ID   Mit dieser Richtlinie weisen Sie dem Gerät eine Gruppen-ID in Form einer GUID (Globally Unique Identifier) zu. Auf diese Weise können Sie die Geräte auf unterschiedliche Gruppen verteilen, wenn Sie in der Richtlinie *Downloadmodus* die Option *Gruppe* konfigurieren.

Max. Cachealter   Legt fest, wie lange (in Sekunden) der Übermittlungsoptimierungs-Cache jede Datei speichert.

Max. Cachegröße   Legt fest, wie groß der Übermittlungsoptimierungs-Cache höchstens werden darf, angegeben als Prozentwert der Größe des internen Laufwerks.

Max. Uploadbandbreite   Steuert, wie viel Bandbreite ein Gerät für alle parallelen Upload-Aktivitäten der Übermittlungsoptimierung verbrauchen darf (Kilobyte pro Sekunde).

Minimale RAM-Kapazität (einschließlich), die zur Verwendung des Peercachings erforderlich ist (in GB)   Legt fest, wie viel RAM ein Gerät haben muss, damit es am Peer-Caching teilnehmen darf. Das ist nützlich, um die Verwendung von Peer-Caching auf kleinen Tablets einzuschränken.

Sie finden in diesem Knoten auch Gruppenrichtlinien, mit denen Sie die Nutzungszeiten festlegen und die für Übermittlungsoptimierung genutzte Bandbreite beschränken können.

Übermittlungsoptimierung in Microsoft Intune konfigurieren

Sie können Einstellungen für die Übermittlungsoptimierung auf Ihren Windows 10-Geräten konfigurieren, indem Sie die Gerätekonfigurationsprofile in Microsoft Intune bearbeiten. Nachdem Sie ein Profil erstellt haben, weisen Sie es an Ihre Windows 10-Geräte zu oder stellen es dort bereit.

So erstellen Sie ein Gerätekonfigurationsprofil, das Einstellungen für die Übermittlungsoptimierung konfiguriert:

1. Öffnen Sie das Microsoft 365-Geräteverwaltungsportal (unter *https://devicemanagement.microsoft.com*) und melden Sie sich mit dem Konto eines globalen Administrators an.

2. Klicken Sie auf *Gerätekonfiguration* und dann unter *Verwalten* auf *Profile*.

3. Klicken Sie auf dem Blatt *Gerätekonfiguration - Profile* auf *Profil erstellen*.

4. Tragen Sie auf dem Blatt *Profil erstellen* folgende Eigenschaften ein:

   - **Name**   Geben Sie einen aussagekräftigen Namen für das neue Profil ein.

   - **Beschreibung**   Geben Sie eine Beschreibung für das Profil ein.

   - **Plattform**   Wählen Sie die Option *Windows 10 und höher*.

   - **Profiltyp**   Wählen Sie *Delivery Optimization* aus.

   - **Einstellungen**   Konfigurieren Sie die Einstellungen, um zu steuern, wie Updates heruntergeladen werden sollen (Abbildung 1–12).

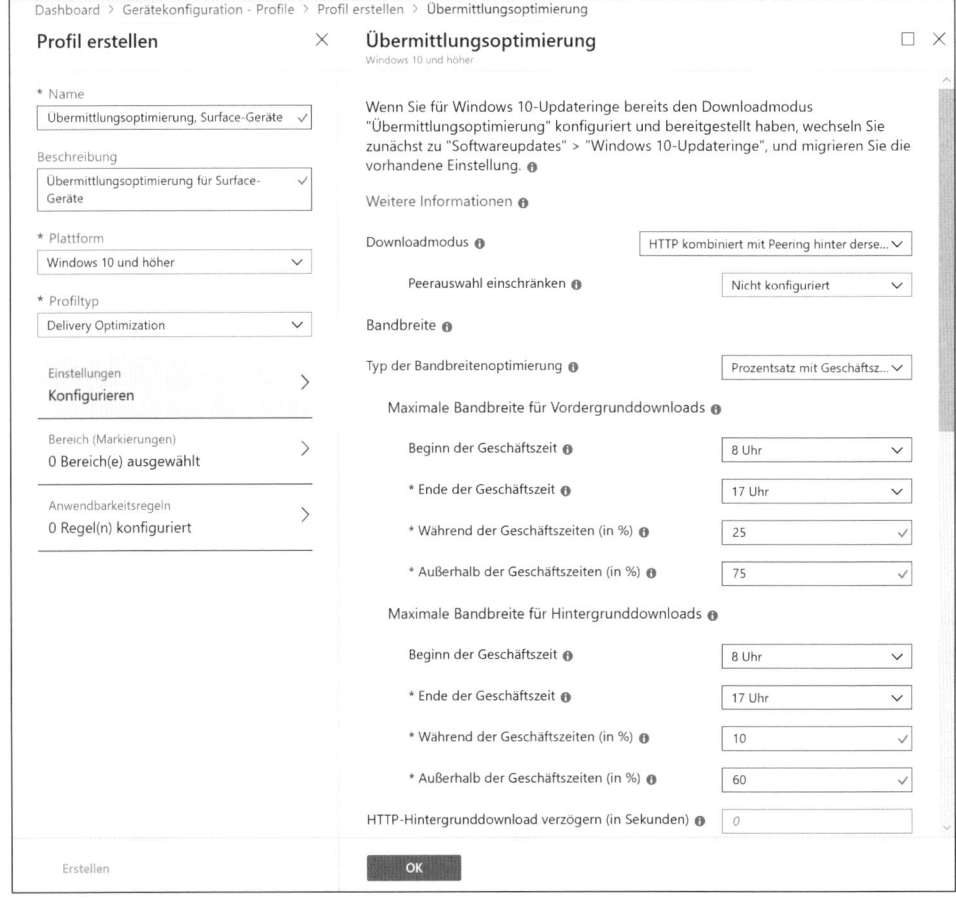

Abb. 1–12   Konfigurieren der Übermittlungsoptimierung im Geräteprofil

5. Klicken Sie auf *OK*, wenn Sie die Einstellungen vorgenommen haben.

6. Klicken Sie auf der Seite *Profil erstellen* auf *Speichern*.

7. Sie müssen das Profil an Gruppen zuweisen, damit die Einstellungen für die Übermittlungs-optimierung wirksam werden.

Sobald die Einstellungen für die Übermittlungsoptimierung in Intune oder mit Gruppenrichtli-nien konfiguriert und an Ihre Geräte zugewiesen wurden, ersetzen sie die entsprechenden Ein-stellungen in der Einstellungen-App. Benutzer sehen einen Hinweis, der sie darüber informiert, dass einige Einstellungen von der Organisation verwaltet werden (Abbildung 1–13).

Abb. 1–13   Hinweis in der Einstellungen-App

Windows Update for Business konfigurieren

Vor Windows 10 nutzten viele Unternehmen ein Windows Server-basiertes Feature namens Windows Server Update Services (WSUS), um ihre Domänencomputer mit monatlichen Sicher-heitsfixes und regelmäßigen Funktionsupdates auf dem neuesten Stand zu halten.

Windows 10 stellt den Dienst *Windows Update for Business* bereit, mit dem Organisationen ihre Geräte aktualisieren können. Er basiert auf dem Konzept von Update-Branches mit unter-schiedlichen Tracks, über die Sie die Verwaltung von Updates individuell an Ihre Bedürfnisse an-passen können.

Windows Update for Business stellt Tools bereit, um Windows 10-Updateeinstellungen entwe-der über Gruppenrichtlinien oder mit Microsoft Intune zu konfigurieren.

Die herkömmlichen Methoden zum Einspielen von Sicherheitsupdates, wie sie in älteren Win-dows-Versionen üblich waren, eignen sich für moderne Umgebungen nicht mehr. Das Ziel von Windows Update for Business besteht darin, Geräte immer geschützt zu halten. Und das macht es notwendig, Windows-Updates so schnell und effizient wie möglich einzuspielen.

Sie können Windows Update so konfigurieren, dass es die Verteilung und Bereitstellung von Windows-Updates auf Ihren Geräten mit folgenden Features steuert:

- **Interne Bereitstellungsgruppen**   Sie teilen Windows 10-Geräte in Gruppen auf und legen fest, in welcher Reihenfolge diese Gruppen Updates erhalten. Auf diese Weise können Sie interne Pilotphasen für die Bereitstellung implementieren, um Updates zu testen oder zu verzögern, bevor sie auf die übrigen Geräte verteilt werden.

- **Wartungsfenster**   Administratoren können festlegen, wann Updates auf die Geräte angewendet werden.

- **Peer-to-Peer-Auslieferung**   Windows 10 kann so konfiguriert werden, dass es Updates von anderen Geräten oder über Windows Update abruft. Administratoren können die Peer-to-Peer-Auslieferung von Updates aktivieren und steuern, wie Updates an Orten übertragen werden, die nur wenig Bandbreite haben (zum Beispiel in Zweigstellen und an abgelegenen Orten).

- **Integration mit vorhandenen Tools**   Administratoren können Windows Update for Business mit herkömmlichen Verwaltungstools kombinieren, zum Beispiel WSUS, Configuration Manager und Intune.

- **Unterstützung für halbjährlichen Kanal**   Windows Update for Business unterstützt nur Geräte, die den halbjährlichen Kanal (Semi-Annual Channel) nutzen.

- **Upgrades testen**   Durch den Einsatz von Windows Update for Business können Administratoren Upgrades in Testbereitstellungen untersuchen, bevor diese auf den Windows-Geräten der Benutzer bereitgestellt werden.

Es gibt drei Arten von Updates, die Windows Update for Business für Windows 10-Geräte verwaltet:

- **Qualitätsupdates**   Updates für das Betriebssystem werden üblicherweise am zweiten Dienstag eines Monats veröffentlicht. Diese Updates umfassen Sicherheits-, kritische und Treiberupdates. Falls ein dringender Fix (oft als Reaktion auf eine Zero-Day-Verwundbarkeit) benötigt wird, gibt Microsoft das Update außerhalb des normalen monatlichen Rhythmus heraus. Qualitätsupdates sind kumulativ, das heißt, sie fassen alle vorherigen Updates zusammen. Updates für Microsoft-Produkte wie Microsoft Office werden ebenfalls als Qualitätsupdates eingestuft.

- **Funktionsupdates**   Diese Updates umfassen alle vorherigen Sicherheits- und Qualitätsupdates und fügen neue Features und Änderungen zum Betriebssystem hinzu. Diese Updates ändern die Windows 10-Versionsnummer und werden zweimal pro Jahr veröffentlicht (gewöhnlich um März und September herum).

- **Nicht zurückstellbare Updates**   Die Definitionsupdates für Antischadsoftware und Antispyware, die von Windows-Sicherheitskomponenten wie Windows Defender benutzt werden, werden ebenfalls über Windows Update verteilt. Sie werden oft täglich veröffentlicht und können nicht zurückgestellt werden.

Wenn Sie Windows 10 in einem großen Unternehmen bereitstellen, ist es sinnvoll, das Projekt in mindestens drei aufeinanderfolgende Phasen zu untergliedern:

Bewerten   Nutzen Sie das Windows Insider-Programm für diese Phase.

Pilotbereitstellung   Stellen Sie den halbjährlichen Kanal (gezielt) bereit.

Bereitstellen   Verwenden Sie den halbjährlichen Kanal (gezielt) für die Hauptbereitstellung. (Diese Phase kann auf mehrere Pilotbereitstellungsringe verteilt werden.)

Abbildung 1–14 zeigt die Abfolge der Releases; Sie sollten Ihre neuen Bereitstellungsringe darauf abstimmen.

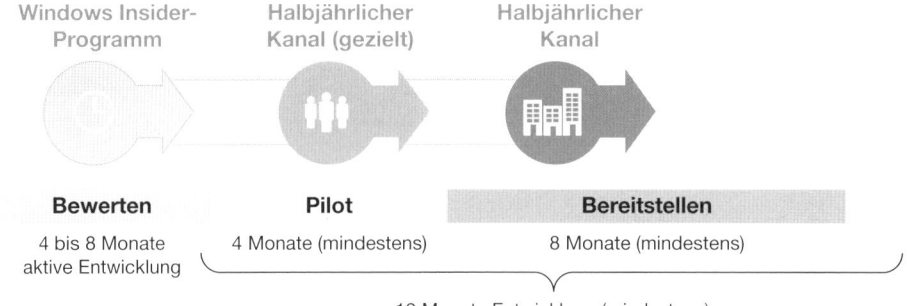

Abb. 1–14   Zeitverlauf der Bereitstellung

Um Windows Update for Business optimal zu nutzen, sollte Ihre Organisation den folgenden Ansatz für die Verwaltung von Updates implementieren:

Gruppieren Sie Ihre Geräte in Bereitstellungsringe   Gruppieren Sie Ihre Geräte in logische oder auf Geschäftsprozesse abgestimmte Gruppen oder Bereitstellungsringe. So können Sie den Updateprozess verwalten und die Auswirkungen der Probleme begrenzen, die bei einem bestimmten Update möglicherweise auftreten. Jeder Bereitstellungsring sollte ein genau definiertes Zielpublikum haben. Beispielsweise können Sie folgende Gruppen definieren:

- **Vorschau**   Mitarbeiter von IT-Abteilung und Helpdesk
- **Gezielt**   Early-Adopter, Teamleiter und Außendienstmitarbeiter
- **Allgemein**   Normale Angestellte
- **Kritisch**   Kioskgeräte, Kassenterminals, Server und Geräte für spezielle Aufgaben

Wartungsmodell   Sie müssen ein geeignetes Wartungsmodell auswählen, das Ihre Organisation implementiert. Außerdem müssen Sie festlegen, welche Benutzer- und Gerätegruppen welchen Wartungstyp erhalten. Basis für diese Entscheidung sind normalerweise die technischen IT-Kenntnisse und die Risiken für den Geschäftsbetrieb. In kleineren Organisationen wird erwartet, dass alle Benutzergeräte den halbjährlichen Kanal verwenden, weil die Benutzer dabei Funktionsupdates sofort erhalten, sobald Microsoft sie veröffentlicht. Die drei Wartungsmodelle sind:

- **Windows Insider-Programm**   Dieses Modell gibt Organisationen die Möglichkeit, an einem speziellen Programm für Early-Adopter teilzunehmen. Sie können dabei Features, die im nächsten Funktionsupdate ausgeliefert werden, testen und Feedback dazu an Microsoft senden.

- **Halbjährlicher Kanal (gezielt)** Geräte erhalten zweimal pro Jahr Funktionsupdates, sobald Microsoft sie veröffentlicht.

- **Halbjährlicher Kanal** Geräte erhalten Funktionsupdates normalerweise vier bis sechs Monate nach dem halbjährlichen Kanal (gezielt).

▓ **Updates verzögern** Administratoren können steuern, wann Geräte Funktions- und Qualitätsupdates erhalten, und sie können eine Wartefrist festlegen, bevor die Updates auf die Geräte angewendet werden. Tabelle 1–18 fasst zusammen, wie lange die verschiedenen Updatetypen in jedem Bereitstellungsring verzögert werden.

Bereitstellungs-ring	Kanal	Rückstellung von Funktionsupdates	Rückstellung von Qualitäts-updates
Vorschau	Windows Insider-Programm	Keine	Keine
Gezielt	Halbjährlicher Kanal (gezielt)	Keine	Keine
Allgemein	Halbjährlicher Kanal	120 Tage	7 bis 14 Tage
Kritisch	Halbjährlicher Kanal	180 Tage	30 Tage

Tab. 1–18 Optionen für Windows Update for Business

Tabelle 1–18 listet auf, welche Bereitstellungsringe, Wartungsmodelle und Update-Rückstellungsfristen für Geräte verfügbar sind, die über den Dienst Windows Update for Business unterstützt werden. Die Tabelle zeigt einen Vorschlag, wie Sie diese Optionen in einer Organisation anwenden können. Sie können Funktions- und Qualitätsupdates in beliebig vielen Stufen zurückstellen. Überprüfen Sie Ihr Modell regelmäßig und stellen Sie sicher, dass es die Anforderungen Ihrer Organisation und Ihrer Benutzer erfüllt.

HINWEIS **Zurückstellen von Updates**

Sie können mit Windows Update for Business die Updates für Geräte im halbjährlichen Kanal um bis zu 365 Tage zurückstellen. Qualitätsupdates können Sie bis zu 30 Tage zurückstellen.

Windows-Updates bereitstellen

Windows 10 wurde so entworfen, dass es Updates automatisch erhält. Für Benutzer von Windows 10 Home ist dieser Ansatz verpflichtend, er eignet sich auch für viele kleine bis mittelgroße Unternehmen. In großen Organisationen wird eine automatisierte Methode zum Verteilen von Updates gebraucht. Tabelle 1–19 beschreibt, welche Tools dafür zur Verfügung stehen.

Wartungstool	Können Updates zu-rückgestellt werden?	Können Updates ge-nehmigt werden?	Beschreibung
Windows Update	Ja (manuell)	Nein	Das Gerät wird automatisch aktua-lisiert, so bleibt es auf dem neues-ten Stand und ist geschützt.
Windows Update for Business	Ja	Nein	Gibt Unternehmen gewisse Ein-griffsmöglichkeiten bezüglich der Fragen, wie Updates empfangen werden und wann sie eingespielt werden.
Windows Server Update Services (WSUS)	Ja	Ja	WSUS ist eine Windows Server 2016-Serverrolle, die Updates für das Betriebssystem und wichtige Microsoft-Apps herunterlädt und an Windows-Clients und -Server verteilt.
System Center Configuration Manager (Current Branch)	Ja	Ja	Der Configuration Manager erle-digt viele Konfigurations-, Bereit-stellungs- und Updateverwaltungs-aufgaben in einem Großunter-nehmen, sowohl für Microsoft- als auch Nicht-Microsoft-Apps und für mehrere Betriebssysteme.
Microsoft Intune	Ja	Ja	Diese MDM-Lösung ist ein Cloud-basiertes Verwaltungstool für Up-dates auf Windows- und Nicht-Microsoft-Plattformen und -Apps. Sie können Updates für Geräte-gruppen, die in Bereitstellungs-ringen konfiguriert wurden, geneh-migen, bereitstellen, anhalten und deinstallieren.

Tab. 1–19   Tools für die Bereitstellung von Updates

Windows Update-Einstellungen in Windows 10 konfigurieren

In der Standardeinstellung rufen Windows 10-Geräte alle Updates automatisch vom Windows Update-Dienst ab und installieren sie. Die meisten Updates werden angewendet, ohne dass ein Neustart erforderlich ist; bei manchen Updates muss das Gerät allerdings neu gestartet werden, um die Installation abzuschließen. Für solche Fälle kann der Benutzer einige Optionen konfigu-rieren, um die Störung aufgrund eines Geräteneustarts zu minimieren; dazu kann er den Neu-start für einen bestimmten Zeitpunkt ansetzen.

Sobald Sie die Installation von App-Updates aktiviert haben, können sie sogar dann angewen-det werden, wenn die Anwendung benutzt wird. Windows 10 kann die Anwendungsdaten si-chern, die App schließen, das Update anwenden und die App schließlich wieder starten.

Gehen Sie folgendermaßen vor, um Windows Update-Einstellungen für einen einzigen oder für wenige Computer zu konfigurieren:

1. Öffnen Sie die Einstellungen-App und klicken Sie auf *Update und Sicherheit*. Sehen Sie sich auf der Seite *Windows Update* an, wann Windows zum letzten Mal automatisch nach Updates gesucht hat.

2. Klicken Sie auf *Nutzungszeit ändern*. Sie können hier einstellen, dass Windows 10 während der üblichen Nutzungszeit keinen Neustart durchführt. In der Standardeinstellung erstreckt sich die Nutzungszeit von 8:00 Uhr bis 17:00 Uhr. Ändern Sie die Einstellung und klicken Sie auf *Speichern* oder klicken Sie auf *Abbrechen*.

3. Bei Bedarf können Sie einen festen Zeitpunkt für den Neustart von Windows 10 auswählen.

4. Klicken Sie auf *Erweiterte Optionen*.

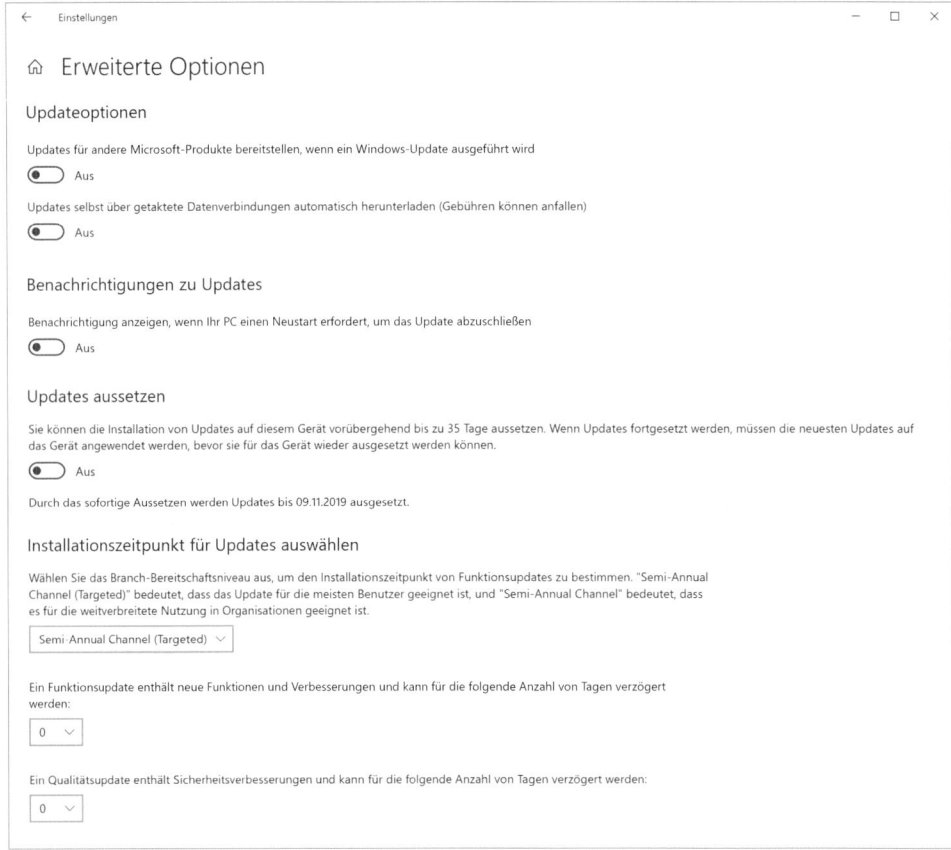

Abb. 1–15   Erweiterte Optionen für Windows Update

5. Auf der Seite *Erweiterte Optionen* (Abbildung 1–15) können Sie folgende Einstellungen konfigurieren:

    •   **Updates für andere Microsoft-Produkte bereitstellen, wenn ein Windows-Update ausgeführt wird**   Aktivieren Sie diese Option, wenn Sie Microsoft Office oder andere Microsoft-Produkte installiert haben und Windows Update diese Produkte ebenfalls auf dem neuesten Stand halten soll.

- **Updates selbst über getaktete Datenverbindungen automatisch herunterladen (Gebühren können anfallen)** Diese Option ist in der Standardeinstellung ausgeschaltet. Sie stellt sicher, dass Geräte, die mit mobilen Datendiensten wie LTE arbeiten, beim Herunterladen von Updates keinen kostenpflichtigen Datenverkehr verursachen.

- **Benachrichtigung anzeigen, wenn Ihr PC einen Neustart erfordert, um das Update abzuschließen** Der Computer zeigt einem interaktiven Benutzer eine Benachrichtigung auf dem Bildschirm an, statt einen automatischen Neustart durchzuführen.

- **Updates aussetzen** Sie können die Installation aller Updates bis zu 35 Tage lang verhindern.

- **Installationszeitpunkt für Updates auswählen** Wählen Sie das Branch-Bereitschaftsniveau aus, um zu steuern, wann Funktionsupdates auf Ihrem Computer installiert werden. Sie haben die Wahl zwischen *Semi-Annual Channel (Targeted)* und *Semi-Annual Channel*. Wenn Sie Windows 10 Pro, Windows 10 Enterprise oder Windows 10 Education verwenden, können Sie Upgrades auf Ihrem Computer verzögern. Sie können Funktionsupdates um bis zu 365 Tage und Qualitätsupdates um bis zu 30 Tage verzögern.

Windows Update for Business mit Gruppenrichtlinien konfigurieren

Sie können Windows Update for Business über Gruppenrichtlinieneinstellungen konfigurieren, die im folgenden Zweig liegen: *Computerkonfiguration > Administrative Vorlagen > Windows-Komponenten > Windows Update > Windows Update für Unternehmen*.

Viele weitere Gruppenrichtlinien zum Konfigurieren von Windows Update finden Sie unter: *Computerkonfiguration > Administrative Vorlagen > Windows-Komponenten > Windows Update*.

Für die Prüfung MD-101 sollten Sie die drei Gruppenrichtlinien für Windows Update for Business kennen, die in Tabelle 1–20 beschrieben sind.

Gruppenrichtlinie	Beschreibung
Zeitpunkt für den Empfang von Vorabversionen und Funktionsupdates auswählen	Administratoren können zwischen schnellen und langsamen Preview-Builds, Release-Preview, halbjährlichem Kanal (gezielt) und halbjährlichem Kanal wählen. Außerdem können Administratoren die Auslieferung von Updates zurückstellen oder aussetzen.
Beim Empfang von Qualitätsupdates auswählen	Administratoren können festlegen, wann Qualitätsupdates eingespielt werden, und optional den Empfang von Qualitätsupdates um bis zu 30 Tage verzögern. Außerdem können sie Qualitätsupdates für höchstens 35 Tage aussetzen.
Vorabversionen verwalten	Administratoren können Preview-Build-Installationen auf einem Gerät erlauben oder verbieten. Sie können Preview-Builds deaktivieren, sobald das entsprechende Release veröffentlicht wurde.

Tab. 1–20 Gruppenrichtlinien für Windows Update for Business

Windows Update for Business mit Intune konfigurieren

Sie können Einstellungen zu Windows Update for Business auf Ihren Windows 10-Geräten mit Intune konfigurieren.

Sie sollten verwalten, auf welche Weise Windows-Updates auf Ihren Geräten bereitgestellt werden. Dazu gehört oft, dass die Änderungen in mehreren Phasen an unterschiedliche Gerätegruppen ausgerollt werden. Mit Update- oder Bereitstellungsringen verteilen Organisationen ihre Geräte auf unterschiedliche Bereitstellungspläne, die definieren, wann Windows 10 aktualisiert wird. Jeder zusätzliche Updatering verringert die Gefahr, dass bei der Bereitstellung von Funktionsupdates in der Organisation Probleme auftreten.

Updateringe definieren Sie in Intune. Updateringe legen fest, wie und wann im Rahmen des »Windows as a Service«-Modells Funktions- und Qualitätsupdates auf Ihre Windows 10-Geräte angewendet werden. Diese Richtlinien müssen dann an Gerätegruppen zugewiesen werden.

Damit Sie Windows-Updates für Windows 10-Geräte in Intune verwalten können, müssen folgende Anforderungen erfüllt sein:

- Die Windows 10-PCs müssen mindestens unter Windows 10 Pro, Version 1607 oder neuer, laufen.

- Die Diagnose- und Verwendungsdaten müssen auf eine der folgenden Stufen gesetzt sein:
  - 1 (Einfach)
  - 2 (Erweitert)
  - 3 (Vollständig)

Gehen Sie folgendermaßen vor, um Updateringe in Intune zu erstellen und zuzuweisen:

1. Öffnen Sie das Microsoft 365-Geräteverwaltungsportal (unter *https://devicemanagement. microsoft.com*) und melden Sie sich mit dem Konto eines globalen Administrators an.

2. Wechseln Sie zu *Softwareupdates* und klicken Sie unter *Verwalten* auf *Windows 10-Updateringe*.

3. Klicken Sie auf der Seite *Softwareupdates - Windows 10-Updateringe* auf *Erstellen*.

4. Geben Sie auf der Seite *Updatering erstellen* einen Namen für den Updatering sowie optional eine Beschreibung ein. Klicken Sie dann unter *Einstellungen* auf *Konfigurieren*.

5. Konfigurieren Sie auf dem Blatt *Einstellungen* passende Optionen für die Anforderungen Ihres Unternehmens (Abbildung 1–16).

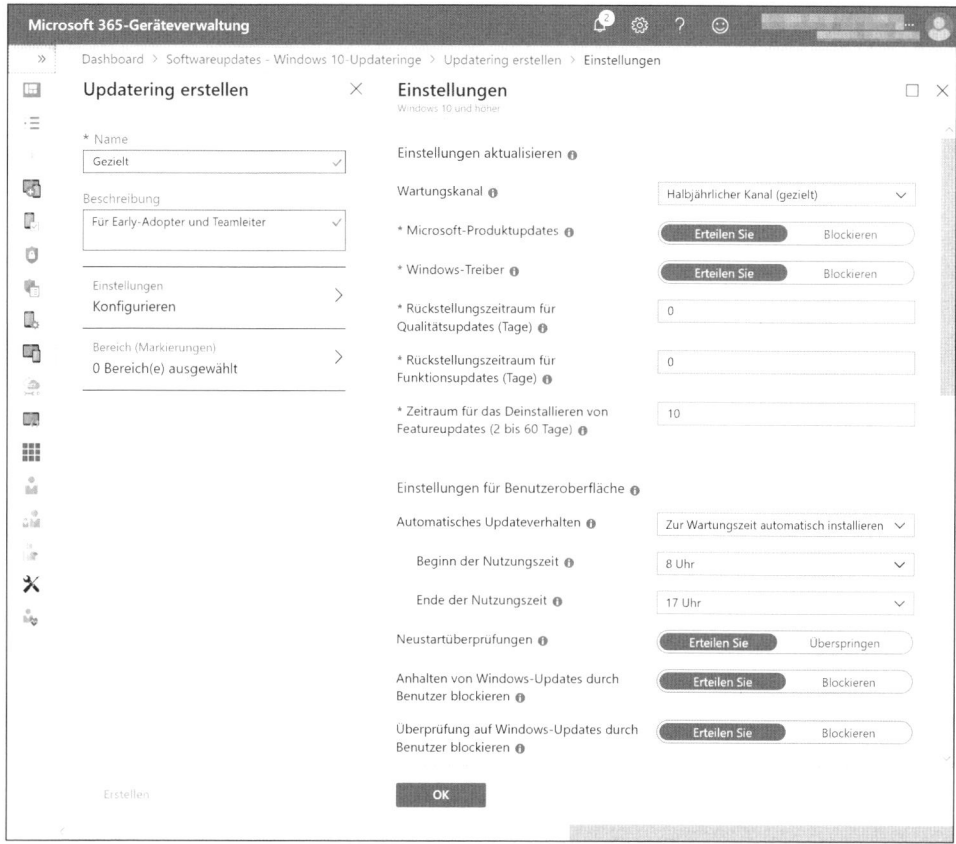

Abb. 1–16 Windows-Updateringe mit Intune konfigurieren

6. Übernehmen Sie die Einstellungen mit *OK*.

7. Konfigurieren Sie den Bereich (Markierungen), sofern Sie schon Bereiche erstellt haben.

8. Klicken Sie auf dem Blatt *Updatering erstellen* auf *Erstellen*.

9. Klicken Sie unter *Verwalten* auf *Zuweisungen*, um den Updatering zuzuweisen.

10. Definieren Sie auf den Registerkarten *Einschließen* und *Ausschließen*, an welche Gruppen dieser Updatering zugewiesen wird, und klicken Sie auf *Speichern*.

Sobald Sie Ihre Windows 10-Updateringe erstellt haben, können Sie sie mit Intune verwalten. Wechseln Sie auf die Seite *Softwareupdates* und klicken Sie unter *Verwalten* auf *Windows 10-Updateringe*. Hier können Sie den Updatering auswählen, den Sie verwalten wollen. Im Fensterabschnitt *Übersicht* sehen Sie den Zuweisungsstatus, der angibt, ob der Ring erfolgreich an eine Gruppe zugewiesen wurde (Abbildung 1–17). Hier können Sie Verwaltungsaufgaben für den Updatering erledigen:

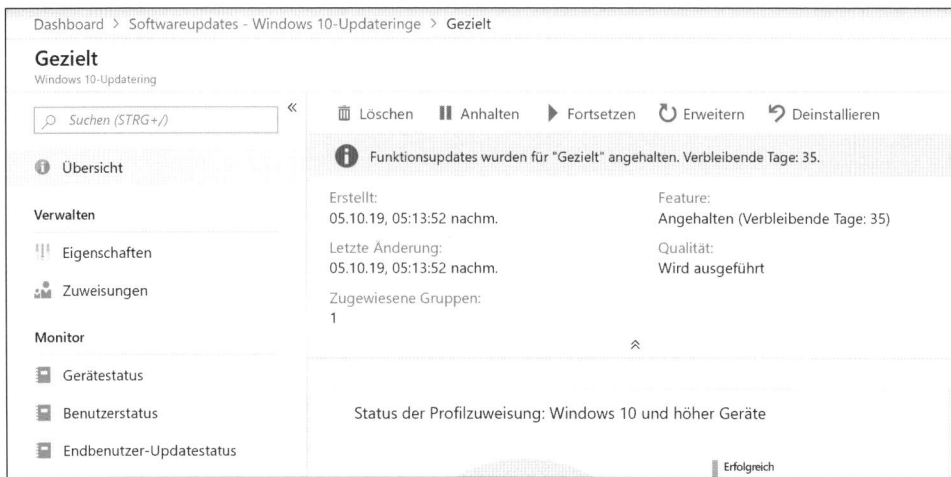

Abb. 1–17   Intune-Updateringe verwalten

⬚ **Löschen**   Beendet die Erzwingung der Einstellungen aus dem Updatering und entfernt die Konfiguration aus Intune. Die Einstellungen auf Geräten, die dem Updatering zugewiesen wurden, bleiben erhalten.

⬚ **Anhalten**   Verhindert, dass zugewiesene Geräte bis zu 35 Tage lang entweder Funktions- oder Qualitätsupdates erhalten. Die Anhaltefunktion endet automatisch nach 35 Tagen.

⬚ **Fortsetzen**   Setzt einen Updatering fort, der vorher angehalten wurde.

⬚ **Erweitern**   Während ein Updatering angehalten ist, können Sie *Erweitern* wählen, um die Verzögerungsfrist zurückzusetzen.

⬚ **Deinstallieren**   Mit dieser Funktion deinstallieren Sie das neueste Funktions- oder Qualitätsupdate auf einem Gerät, das unter Windows 10, Version 1803 oder neuer, läuft.

Sie können die Einstellungen für einen Updatering auch ändern, indem Sie im Abschnitt *Verwalten* auf *Eigenschaften* klicken und dann die gewünschte Konfiguration vornehmen.

WEITERE INFORMATIONEN   **Softwareupdates in Intune verwalten**

Wie Sie Updates mit Intune verwalten, erklärt folgende Seite auf der Microsoft-Website:

https://docs.microsoft.com/intune/Windows-update-for-business-configure

---

Funktionsupdates implementieren

In den letzten Abschnitten haben Sie erfahren, wie Sie Windows Update for Business über Gruppenrichtlinien oder MDM-Lösungen wie Microsoft Intune konfigurieren. Mit Bereitstellungsringen kann eine Organisation neue Builds testen und Windows 10 einheitlich und geordnet auf den Geräten bereitstellen.

Ohne Eingriffe aktualisiert sich Windows 10 kontinuierlich. Manche Organisationen finden diesen neuen Wartungsansatz und die beschränkte Lebensdauer jedes Windows 10-Builds beunruhigend. Für manche Unternehmen ist es schwierig, jedes halbe Jahr einen neuen Build von Windows bereitzustellen und zu unterstützen.

Als Reaktion auf solche Bedenken hat Microsoft den Support für die Editionen Windows 10 Enterprise und Windows 10 Education auf 30 Monate ab dem Veröffentlichungszeitpunkt eines Releases verlängert. Diese Änderung gilt auch für alle bisherigen und künftigen Versionen, die im September veröffentlicht werden (Versionen, die auf 09 enden, zum Beispiel 1809).

Releases von Windows 10 und Office 365 Pro Plus, die im März veröffentlicht werden (Versionen, die auf 03 enden, zum Beispiel 1903), erhalten weiterhin 18 Monate ab dem Veröffentlichungsdatum Support. Tabelle 1–21 fasst diese Änderungen zusammen. Windows Update for Business-Editionen sind durch Fettschrift hervorgehoben.

Produkt	Veröffentlichung im März (endet auf 03)	Veröffentlichung im September (endet auf 09)
Windows 10 Enterprise	18 Monate	**30 Monate (früher 18 Monate)**
Windows 10 Education		
Windows 10 Pro		18 Monate
Windows 10 Home		
Office 365 ProPlus		

Tab. 1–21   Supportzeiträume für Windows 10

Bei allen Releases von Windows 10 Home, Windows 10 Pro und Office 365 ProPlus gibt es keine Änderung; diese Produkte erhalten weiterhin 18 Monate lang Support.

Herkömmliche Methoden mit vorhandenen Tools für die Bereitstellung von Windows 10 werden weiterhin unterstützt. Die neuen dynamischen Bereitstellungsmethoden mit ihrer hohen Agilität sind allerdings der empfohlene Ansatz, weil Sie damit Geräte effizient einrichten und es dabei kaum zu Einbrüchen der Benutzerproduktivität kommt. Viele Organisationen, die diesen dynamischen Bereitstellungsansatz übernehmen, müssen ihre aktuellen Verfahren für Bereitstellung und Image-Wartung überarbeiten.

Dass ein modernes Gerät aus dem aktuellen Support-Zweig herausfällt, ist bei Windows 10 nicht mehr vorgesehen. Durch die Installation neuer Funktionsupdates auf den Geräten ist sichergestellt, dass Windows 10-Geräte, die Windows Update for Business nutzen, regelmäßig die monatlichen Sicherheitsupdates erhalten.

Indem Microsoft den Support für alle Windows 10 Enterprise- und Windows 10 Education-Versionen, die im September veröffentlicht werden, auf 30 Monate verlängert, verschafft es Organisationen genug Zeit, sich auf neue Bereitstellungsmethoden umzustellen.

Organisationen können die Installation von Funktionsupdates verzögern, indem sie Windows Update for Business entsprechend konfigurieren und Updates um bis zu 365 Tage zurückstellen. Sobald ein Update installiert wurde, kann diese Windows-Version weitere 18 Monate verwendet werden, bevor sie auf eine neue Windows 10-Version aktualisiert werden muss. Damit der Support nicht ausläuft, muss dieses Update vor dem End-of-Service-Datum erfolgen. Tabelle 1–22 zeigt die End-of-Service-Termine für die letzten Windows 10-Versionen.

Windows 10-Version	Datum der Veröffentlichung	End-of-Service für die Editionen Home, Pro und Pro for Workstation	End-of-Service für die Editionen Enterprise und Education
Windows 10, Version 1809	13. November 2018	12. Mai 2020	11. Mai 2021
Windows 10, Version 1803	30. April 2018	12. November 2019	10. November 2020

Tab. 1–22   End-of-Service-Termine für aktuelle Windows 10-Versionen

> ***WEITERE INFORMATIONEN***   **Produktlebenszyklus von Windows 10**
>
> Informationen über den Produktlebenszyklus von Windows 10 und Angaben zum Supportende finden Sie unter:
>
> *https://support.microsoft.com/help/13853/Windows-lifecycle-fact-sheet*

Windows 10 überwachen

Updates sind notwendig, um die Sicherheit und Zuverlässigkeit von Windows 10 zu gewährleisten. Sie sollten sicherstellen, dass Geräte Updates erhalten, und müssen wissen, wie Sie installierte Updates überprüfen und Informationen über ein Update abrufen.

Updateverlauf anzeigen

Gehen Sie folgendermaßen vor, um Ihren Updateverlauf anzuzeigen und zu prüfen, welche Windows-Updates fehlgeschlagen sind und welche erfolgreich auf Ihrem Windows 10-PC installiert wurden:

1. Öffnen Sie die Einstellungen-App und klicken Sie auf *Update und Sicherheit*.

2. Klicken Sie auf *Windows Update* und dann auf *Updateverlauf anzeigen*.

3. Auf der Seite *Updateverlauf anzeigen* (Abbildung 1–18) finden Sie eine Liste Ihrer installierten Windows-Updates.

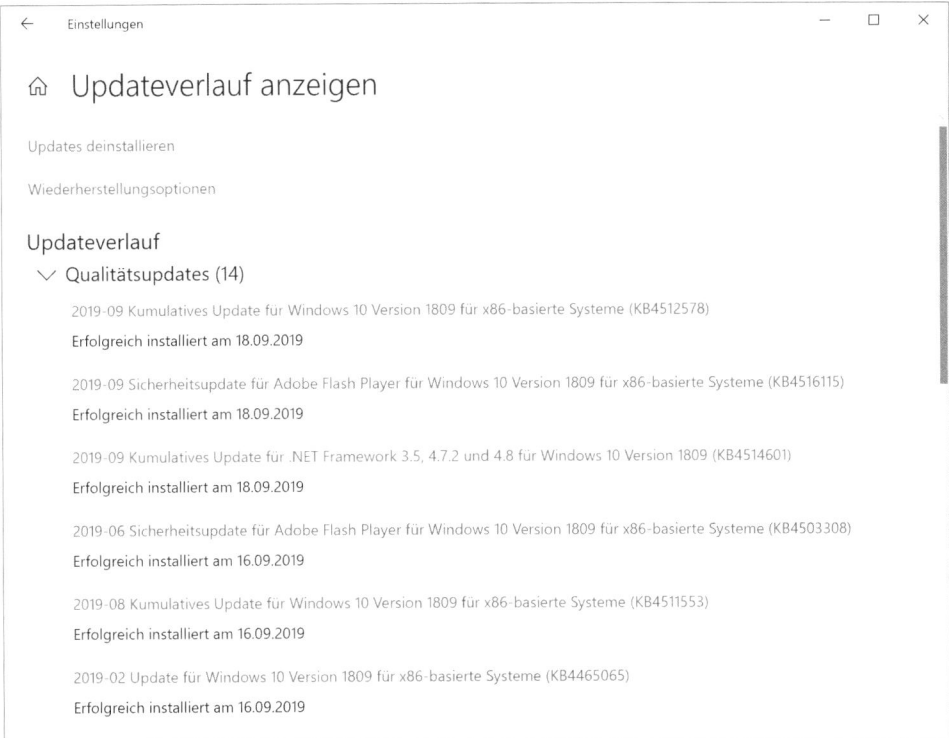

Abb. 1–18 Updateverlauf anzeigen

4. Klicken Sie auf eines der Updates, das erfolgreich installiert wurde, um sich Details dazu anzusehen.

5. Unten auf der Seite finden Sie einen Abschnitt mit Definitionsupdates, die für Windows Defender Antivirus und den Bedrohungsschutz eingespielt wurden, sowie den Abschnitt *Weitere Updates*.

Jedes Update enthält eine Zusammenfassung der Nutzdaten. Wenn Sie den Link eines Updates anklicken, gelangen Sie zur detaillierten Knowledge Base-Beschreibung dieses Updates auf den Microsoft-Support-Seiten. Hier können Sie Informationen über das Update lesen.

In der Systemsteuerung ist ebenfalls eine Liste der installierten Updates verfügbar, aber diese Liste stimmt nicht exakt mit den Updates überein, die in der Einstellungen-App aufgeführt werden. Wenn Sie lieber die Systemsteuerung verwenden, können Sie sich diese Liste so ansehen:

1. Klicken Sie auf die Start-Schaltfläche, tippen Sie **Systemsteuerung** ein und klicken Sie auf *Systemsteuerung*.

2. Wählen Sie *Programme > Programme und Features > Installierte Updates anzeigen*.

3. Wählen Sie ein Update aus. Der Support-Link für das Update erscheint unten im Fenster.

Windows Update mit Update Compliance überwachen

Sofern Sie eine Windows Analytics-Umgebung erstellt haben, wie weiter vorne in diesem Kapitel beschrieben, können Sie die Lösung *Update Compliance* nutzen, um folgende Aufgaben zu erledigen:

- Detaillierte Bereitstellungsdaten für die Editionen Windows 10 Pro, Education und Enterprise überwachen und ansehen. Dies umfasst Sicherheits-, Qualitäts- und Funktionsupdates.

- Einen Bericht zu Problemen mit Geräten und Updaterichtlinien ansehen.

- Den Status von Windows Defender Antivirus-Signaturen und -Bedrohungen ansehen.

- Ansehen, wie viel Bandbreite durch die Übermittlungsoptimierung eingespart wurde.

- Ad-hoc-Abfragen ausführen und Daten exportieren, die in Log Analytics gespeichert sind.

Die Lösung *Update Compliance* steht im Azure-Portal als Komponente von Windows Analytics zur Verfügung. Sie ist kostenlos für Unternehmensgeräte, die die entsprechenden Anforderungen erfüllen, weil sie zum Beispiel unter Windows 10 Pro, Education oder Enterprise laufen.

Mit Update Compliance können Sie den Windows Update-Status jedes Geräts detailliert untersuchen, sofern es so konfiguriert wurde, dass es Diagnosedaten an die Lösung übermittelt. Die einzelnen Dienste, die Daten an Update Compliance liefern, sind:

- Windows Defender Antivirus-Diagnosedaten

- Fortschritt der Updatebereitstellung

- Windows Update for Business-Konfigurationsdaten

- Verwendungsdaten der Übermittlungsoptimierung

Wenn Sie Update Compliance erstmals konfigurieren, müssen Sie unter Umständen 48 bis 72 Stunden warten, bis das Sammeln von Daten beginnt. Jedes Clientgerät ist mit der Organisations-ID konfiguriert, die Sie Ihrem Log Analytics-Arbeitsbereich zugewiesen haben, und die Geräte übermitteln ihre Telemetriedaten an den Log Analytics-Arbeitsbereich in Azure, damit Update Compliance sie auswertet. Abbildung 1–19 zeigt ein Beispiel für einen Update Compliance-Arbeitsbereich mit Geräten, die Probleme gemeldet haben.

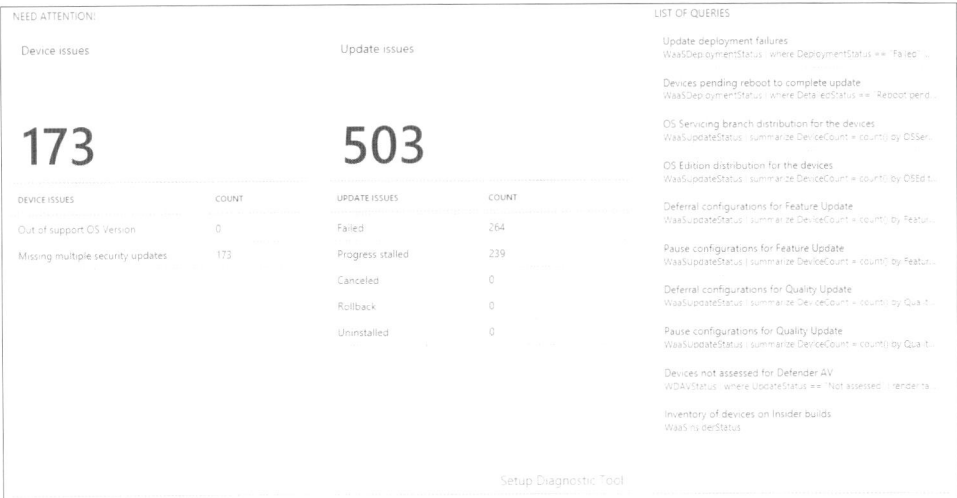

Abb. 1–19   Update Compliance-Arbeitsbereich

In der Lösung *Update Compliance* können Sie sich Details zu den Diagnosedaten Ihrer Geräte ansehen. Die Daten sind in unterschiedliche Abschnitte untergliedert:

Eingriff erforderlich!   Dies ist ein Standardabschnitt im Update Compliance-Arbeitsbereich, der unterschiedliche Probleme im Zusammenhang mit Updates auf Ihren Geräten zusammenfasst.

Sicherheitsupdatestatus   Dieser Abschnitt zeigt Informationen über den Gesamtstatus von Sicherheitsupdates für alle Geräte an. Außerdem gibt dieser Abschnitt an, welcher Prozentsatz der Geräte mit den neuesten Sicherheitsupdates aktualisiert wurde, die für die ausgeführte Windows 10-Version veröffentlicht wurden.

Funktionsupdatestatus   Dieser Abschnitt zeigt Informationen über den Gesamtstatus von Funktionsupdates für alle Geräte in Ihrer Umgebung an. Außerdem gibt dieser Abschnitt an, welcher Prozentsatz der Geräte mit den neuesten Funktionsupdates aktualisiert wurde, die für jedes Gerät veröffentlicht wurden.

Windows Defender AV-Status   Für Geräte, die Windows Defender Antivirus ausführen, zeigt dieser Abschnitt eine Zusammenfassung zum Signatur- und Bedrohungsstatus auf allen Geräten an. Außerdem gibt dieser Abschnitt an, welcher Prozentsatz der Geräte, die Windows Defender Antivirus ausführen, nicht ausreichend geschützt ist.

Übermittlungsoptimierungsstatus   Dieser Abschnitt fasst zusammen, wie viel Bandbreite durch die Verwendung der Übermittlungsoptimierung eingespart wurde. Er zeigt an, wie die Übermittlungsoptimierung in Ihrer Umgebung konfiguriert ist, und schlüsselt die Bandbreiteneinsparung und -nutzung für mehrere Inhaltstypen auf.

> **HINWEIS** **Latenz für Update Compliance-Diagnosedaten**
>
> Geräte übermitteln die während der letzten zwölf Stunden gesammelten Diagnosedaten regelmäßig an Log Analytics. Aufgrund dieser Datenlatenz und der Vielzahl aufgezeichneter Daten können Sie üblicherweise damit rechnen, dass Sie nur alle 24 bis 36 Stunden neue Daten angezeigt bekommen.

Prüfungsziel 1.5: Geräteauthentifizierung verwalten

In einer modernen Desktopumgebung ist das Gerät im gleichen Maß am Authentifizierungsprozess beteiligt wie der Benutzer. Früher verwendeten die Benutzer Kennwörter, um Zugriff auf Unternehmensressourcen anzufordern. Diese Methode wird zwar immer noch eingesetzt, aber die Authentifizierung verändert sich.

Microsoft entwickelt moderne Authentifizierungsmethoden, die weniger auf der Fähigkeit des Benutzers basieren, sich ein Kennwort zu merken, sondern stärker auf technischem Fortschritt beruhen, zum Beispiel Mehr-Faktoren-Authentifizierung, gerätebasierte Authentifizierung und Authentifizierung über biometrische Attribute.

Sie müssen wissen, wie Windows 10 moderne Authentifizierungsmethoden unterstützt und wie Azure Active Directory eine sichere Identitäts- und Authentifizierungsplattform für Ihre moderne Umgebung bereitstellt.

> **Dieses Prüfungsziel behandelt folgende Themen:**
> - Authentifizierungsrichtlinien verwalten
> - Anmeldeoptionen verwalten
> - Azure AD-Einbindung durchführen

Authentifizierungsrichtlinien verwalten

Mit Azure Active Directory (Azure AD) können Organisationen ihre Cloud-basierten Identitäten und Zugriffsverwaltungsanforderungen verwalten. In diesem Kapitel haben Sie bereits mehrere Beispiele für die neuen Funktionen gesehen, mit denen Azure AD die Verwaltung von Windows 10 unterstützt, darunter Windows AutoPilot-Bereitstellung, Microsoft Intune und Windows Update for Business.

Windows 10-Sicherheitsfeatures

Viele Fortschritte im Bereich der Sicherheit werden möglich, weil neue Technologien auf Desktopgeräten, Notebooks und Smartphones verfügbar werden. Windows 10 unterstützt eine Vielzahl moderner Technologien, mit denen Administratoren die Identitäten und Ressourcen ihrer Benutzer schützen können. Einige dieser Technologien sind:

Trusted Platform Module (TPM)

Unified Extensible Firmware Interface (UEFI)

Virtualisierungsbasierte Sicherheit

Windows-Biometrieframework

Virtuelle Smartcards

Mehr-Faktoren-Authentifizierung (MFA)

Sie sollten die folgenden in Windows 10 integrierten Sicherheitsfeatures kennen:

BitLocker   BitLocker greift auf ein TPM (Trusted Platform Module) der Version 1.2 oder höher zurück, um Verschlüsselungsschlüssel zu speichern. BitLocker verbessert den Schutz vor Diebstahl und Offline-Manipulation von Daten, indem es das komplette Laufwerk verschlüsselt. Es stellt unter anderem die folgenden Anforderungen:

- Ein Gerät, das unter Windows 10 Pro, Windows 10 Enterprise oder Windows 10 Education läuft.

- Optional können Sie ein TPM nutzen. Steht ein TPM für BitLocker zur Verfügung, kann Windows die Integrität der Systemstartkomponente überprüfen. Sie benötigen nicht zwingend ein TPM in Ihrem Computer, um BitLocker zu nutzen, aber wenn Sie eines verwenden, sind die Verschlüsselungsschlüssel besser geschützt.

Integritätsnachweis für Geräte (engl. device health attestation)   Weil immer mehr Benutzer ihre eigenen Geräte einsetzen, um auf Unternehmensressourcen wie E-Mail zuzugreifen, muss sichergestellt werden, dass diese Windows 10-Geräte alle Sicherheits- und Kompatibilitätsanforderungen der Organisation erfüllen. Der Integritätsnachweis für Geräte analysiert Systemstartdaten, um diese Überprüfung zu unterstützen. Damit Sie den Integritätsnachweis für Geräte implementieren können, brauchen Ihre Windows 10-Geräte ein TPM der Version 2.0 oder höher.

Sicherer Start (engl. secure boot)   Wenn der sichere Start aktiviert ist, können Sie das Betriebssystem nur über einen Betriebssystemlader hochfahren, der mit einem digitalen Zertifikat signiert wurde, das in der UEFI-Secure-Boot-Signaturdatenbank gespeichert ist. So wird verhindert, dass während des Windows 10-Startprozesses böswilliger Code geladen wird.

Mehr-Faktoren-Authentifizierung (MFA)   Dies ist ein Prozess, der mindestens zwei Faktoren für die Benutzerauthentifizierung heranzieht, zum Beispiel:

- Etwas, das der Benutzer weiß, zum Beispiel ein Kennwort.

- Etwas, das der Benutzer hat, zum Beispiel ein biometrisches Merkmal (Fingerabdruck, Netzhautmuster oder Gesichtsform).

- Ein Gerät (etwa ein Smartphone), auf dem die Microsoft Identitätsüberprüfungs-App läuft.

- **Windows-Biometrieframework** Unterstützt biometrische Geräte, zum Beispiel einen Fingerabdruckleser, ein Smartphone oder eine Windows Hello-fähige Infrarotkamera. Organisationen können die sichere, kennwortlose Anmeldung für Azure AD und Microsoft-Konten mit einem Sicherheitsschlüssel oder Windows Hello implementieren, wenn standardkonforme FIDO2-kompatible Geräte genutzt werden.

HINWEIS **Windows Hello**

In der Erstversion von Windows 10 waren Microsoft Passport und Windows Hello enthalten. Diese Komponenten arbeiteten zusammen, um Mehr-Faktoren-Authentifizierung bereitzustellen. Um Bereitstellung und Support zu vereinfachen, wurden diese Technologien in Windows 10, Version 1703, zu einer einzigen Lösung kombiniert, die als Windows Hello bezeichnet wird. Windows Hello for Business stellt Unternehmen Werkzeuge und Richtlinien bereit, die es ihnen erleichtern, eine Mehr-Faktoren-Authentifizierung innerhalb ihrer Organisationsinfrastruktur zu implementieren und zu verwalten.

- **Virtueller sicherer Modus** Dieses Feature verlagert einige kritische Elemente des Betriebssystems in sogenannte *Trustlets*, die in einem Hyper-V-Container laufen, auf den das Betriebssystem Windows 10 keinen Zugriff hat. Das hilft dabei, die Sicherheit für das Betriebssystem zu erhöhen. Das Feature ist momentan nur in Windows 10 Enterprise Edition verfügbar.

- **Virtuelle Smartcard** Dieses Feature bietet für die zweistufige Authentifizierung ähnliche Sicherheitsvorteile wie physische Smartcards. Virtuelle Smartcards setzen ein kompatibles TPM voraus (Version 1.2 oder neuer).

Authentifizierungsmethoden

Wenn Organisationen auf Azure AD und Cloud-basierte Identitätsauthentifizierung umsteigen, können Administratoren ihren Benutzern Verbesserungen anbieten, die den Authentifizierungsprozess vereinfachen, aber trotzdem die Sicherheit erhöhen.

Herkömmliche Kennwörter werden vergessen, verloren, gestohlen und sogar von Hackern, Schadsoftware und über Social Engineering ausgespäht. Eine Richtlinie lässt sich schnell umsetzen: Ein Benutzer muss bei der Anmeldung neben dem Kennwort einen zweiten Authentifizierungsfaktor vorweisen.

Azure AD bietet Features wie Azure MFA (Azure Multifactor Authentication) und Azure AD SSPR (Self-Service Password Reset), die es Administratoren ermöglichen, ihre Organisation und Benutzer durch Verwendung sicherer Authentifizierungsmethoden zu schützen.

Dabei wird eine zusätzliche Überprüfung benötigt, um die Authentifizierung abzuschließen. Tabelle 1–23 zeigt, welche Methoden dafür zur Verfügung stehen.

Authentifizierungsmethode	Nutzung
Kennwort	Azure MFA und SSPR
Sicherheitsfragen	Nur SSPR
E-Mail-Adresse	Nur SSPR
Microsoft Identitätsüberprüfungs-App	Azure MFA und Preview für SSPR
Zeitbegrenztes, OATH-Einmalkennwort-Hardware-Token (Open Authentication)	Preview für Azure MFA und SSPR
SMS	Azure MFA und SSPR
Telefonanruf	Azure MFA und SSPR
App-Kennwörter	Azure MFA

Tab. 1–23   Authentifizierungsmethoden

Microsoft Identitätsüberprüfungs-App

Die Microsoft Identitätsüberprüfungs-App ist ein schneller und einfacher Weg, die Sicherheit Ihres Azure AD-Kontos zu erhöhen.

Sobald ein Benutzer die Microsoft Identitätsüberprüfungs-App auf seinem Smartphone oder Tablet installiert hat, kann er mehrere Arbeits- oder Schul-Azure AD- und -Microsoft-Konten hinzufügen. Immer wenn der Benutzer auf geschützte Ressourcen zugreift, muss er bei der Microsoft Identitätsüberprüfungs-App einen Überprüfungscode abrufen. Diesen Code der App tippt der Benutzer auf der Ressourcenzugriffsseite ein, woraufhin die Authentifizierung genehmigt wird.

Benutzer können die Microsoft Identitätsüberprüfungs-App aus dem App-Store ihrer jeweiligen Smartphone-Plattform herunterladen und installieren.

Azure AD-Kennwortschutz

Der Azure AD-Kennwortschutz verringert die Gefahr, dass Ihre Benutzer häufig verwendete und leicht zu erratende Kennwörter auswählen. Über den Kennwortschutz können Administratoren eine Liste mit bis zu 1000 verbotenen Kennwörtern zusammenstellen, die nicht von den Benutzern verwendet werden dürfen. Außerdem können Sie die globale Liste gesperrter Kennwörter aktivieren.

Kennwörter, die häufig verwendet werden, sind in der globalen Liste gesperrter Kennwörter gespeichert. Cyberkriminelle wenden bei ihren Angriffen ähnliche Strategien an. Daher macht Microsoft den Inhalt dieser Liste nicht öffentlich. Administratoren können entweder eine globale Liste gesperrter Kennwörter verwenden oder eine benutzerdefinierte Liste gesperrter Kennwörter zusammenstellen, in die sie verwundbare Kennwörter eintragen, zum Beispiel die Produkte der Organisation, Varianten der Markennamen und unternehmensspezifische Begriffe. Solche Kennwörter können blockiert werden, bevor sie eine Sicherheitslücke aufreißen.

Tabelle 1–24 beschreibt, welche Lizenzanforderungen erfüllt sein müssen, damit der Azure AD-Kennwortschutz verfügbar ist.

Bereitstellungsszenario	Azure AD-Kennwortschutz mit globaler Liste gesperrter Kennwörter	Azure AD-Kennwortschutz mit benutzerdefinierter Liste gesperrter Kennwörter
Reine Cloud-Benutzer	Azure AD Free	Azure AD Basic
Benutzerkonten werden vom lokalen Windows Server-Active Directory mit Azure AD synchronisiert.	Azure AD Premium P1 oder P2	Azure AD Premium P1 oder P2

Tab. 1–24   Für den Azure AD-Kennwortschutz erforderliche Lizenzen

Gehen Sie folgendermaßen vor, um den Azure AD-Kennwortschutz für Cloud-basierte Konten zu konfigurieren:

1. Öffnen Sie das Azure Active Directory Admin Center (unter *https://aad.portal.azure.com*) und melden Sie sich mit dem Konto eines globalen Administrators an.

2. Wechseln Sie zum Abschnitt *Sicherheit* und klicken Sie auf *Authentifizierungsmethoden*.

3. Wählen Sie auf der Seite *Authentifizierungsmethoden* das Blatt *Kennwortschutz* aus.

4. Stellen Sie im Abschnitt *Benutzerdefinierte gesperrte Kennwörter* die Option *Benutzerdefinierte Liste erzwingen* auf *Ja*.

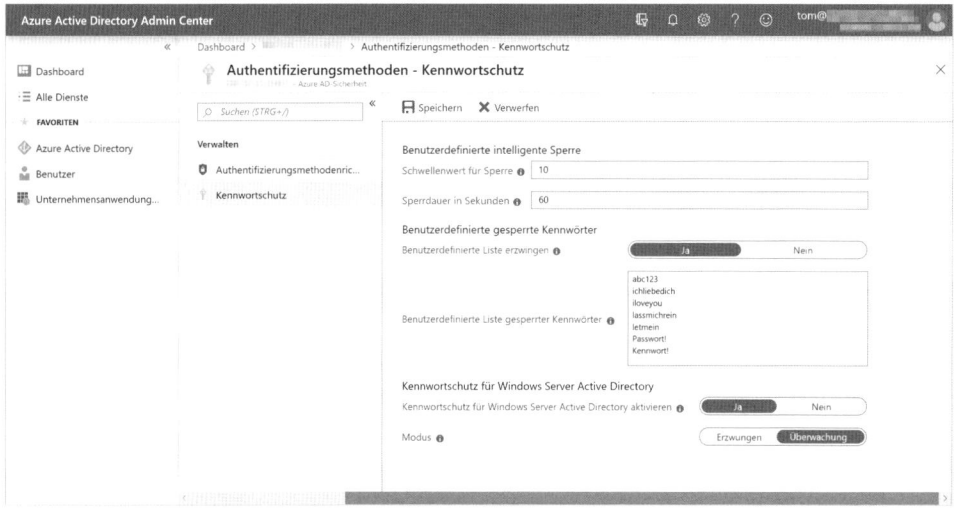

Abb. 1–20   Azure AD-Kennwortschutz

5. Tragen Sie in die Liste *Benutzerdefinierte Liste gesperrter Kennwörter* (Abbildung 1–20) eine Liste mit Zeichenfolgen ein (eventuell über die Zwischenablage). Die Wörter müssen folgende Eigenschaften haben:

    • Jedes Wort steht in einer eigenen Zeile.

    • Die Liste kann bis zu 1000 Wörter umfassen.

    • Bei den Wörtern wird nicht zwischen Groß- und Kleinschreibung unterschieden.

- Gängige Zeichenersetzungen (zum Beispiel »o« und »0« oder »a« und »@«) werden automatisch berücksichtigt.

- Die Wörter müssen mindestens vier Zeichen und höchstens 16 Zeichen lang sein.

6. Klicken Sie auf *Speichern*, wenn Sie alle Wörter hinzugefügt haben.

Wenn ein Benutzer versucht, beim Zurücksetzen oder Ändern seines Kennworts ein gesperrtes Wort zu verwenden, bekommt er eine Fehlermeldung angezeigt, die ihn auffordert, ein Kennwort auszuwählen, das für Menschen schwieriger zu erraten ist.

Der Azure AD-Kennwortschutz steht auch in hybriden Szenarien zur Verfügung. Um die Liste gesperrter Kennwörter auf Ihre lokalen Benutzer anzuwenden, müssen Sie zwei Komponenten installieren, eine auf Ihren Domänencontrollern und die andere auf einem Mitgliedserver:

Azure AD-Kennwortschutz-Proxydienst   Wird auf einem Mitgliedserver installiert. Leitet Kennwortrichtlinienanforderungen zwischen Ihren Domänencontrollern und Azure AD weiter.

DC-Agent und DLL für Azure AD-Kennwortschutz   Wird auf Ihren Domänencontrollern installiert. Nimmt Anforderungen zur Überprüfung von Benutzerkennwörtern entgegen und prüft, ob sie der Kennwortrichtlinie der lokalen Domäne entsprechen.

Wenn Benutzer und Administratoren die Kennwörter lokal ändern, festlegen oder zurücksetzen, werden sie gezwungen, dieselben Kennwortrichtlinien wie reine Cloud-Benutzer einzuhalten.

WEITERE INFORMATIONEN   **Azure AD-Kennwortschutz für Windows Server-Active Directory**

Alle Komponenten, die Sie brauchen, um den Azure AD-Kennwortschutz in lokalen Szenarien zu konfigurieren, können Sie zusammen mit der vollständigen Dokumentation von der folgenden Adresse herunterladen:

https://www.microsoft.com/download/details.aspx?id=57071

Kennwort selbst zurücksetzen

Wenn Sie jemals als Supporttechniker für einen IT-Helpdesk gearbeitet haben, wissen Sie, dass Probleme mit Kennwörtern zu den drei häufigsten Gründen für einen Anruf zählen. Indem Sie eine sogenannte Self-Service-Kennwortzurücksetzung implementieren, bieten Sie Ihren Benutzern die Möglichkeit, ihre Kennwörter jederzeit selbst zurückzusetzen, ohne einen Administrator einschalten zu müssen.

Die Self-Service-Kennwortzurücksetzung unterstützt folgende Funktionen:

Kennwort ändern   Der Benutzer weiß sein Kennwort und will es ändern.

Kennwort zurücksetzen   Ein Benutzer kann sich nicht anmelden und möchte sein Kennwort zurücksetzen.

■■ **Konto entsperren** Ein Benutzer kann sich nicht anmelden, weil das Konto gesperrt ist. Sofern der Benutzer das Kennwort eingibt oder andere genehmigte Authentifizierungsmethoden nutzt, wird das Konto entsperrt.

Sobald die Self-Service-Kennwortzurücksetzung konfiguriert ist, kann ein Benutzer auf einer Cloud-basierten Ressourcenzugriffsseite auf den Link *Sie können nicht auf Ihr Konto zugreifen?* klicken oder direkt das Kennwortzurücksetzungsportal unter *https://aka.ms/sspr* besuchen, um sein Kennwort zurückzusetzen.

> ***WEITERE INFORMATIONEN*** **Azure AD-Self-Service-Kennwortzurücksetzung**
>
> **Wie die Azure AD-Self-Service-Kennwortzurücksetzung im Detail funktioniert und wie Sie ein Kennwortzurücksetzungsportal einrichten, erklärt die Microsoft-Website unter:**
>
> ***https://docs.microsoft.com/azure/active-directory/authentication/concept-sspr-howitworks***

Grundlagen der Mehr-Faktoren-Authentifizierung

Die herkömmliche Computerauthentifizierung läuft so ab, dass ein Benutzer einen Namen und das zugehörige Kennwort eingibt. Eine Authentifizierungsautorität überprüft diese Angaben und gewährt den Zugriff, wenn sie korrekt sind. Diese kennwortbasierte Authentifizierung ist zwar für viele Zwecke akzeptabel, Windows 10 stellt aber mehrere andere, sicherere Methoden zur Verfügung, über die sich die Benutzer bei ihren Geräten authentifizieren können. Darunter sind auch mehrstufige Verfahren, bei denen mehrere Faktoren überprüft werden. Handelt es sich um zwei Faktoren, wird dieses Verfahren als zweistufige Authentifizierung oder Zwei-Faktoren-Authentifizierung bezeichnet.

Die mehrstufige oder Mehr-Faktoren-Authentifizierung basiert auf dem Konzept, dass Benutzer, die sich authentifizieren wollen, zwei (oder mehr) Dinge brauchen, mit denen sie sich identifizieren. Genauer ausgedrückt: Sie müssen etwas wissen, etwas besitzen oder etwas sein. Zum Beispiel könnte ein Benutzer ein Kennwort wissen, ein Sicherheitstoken besitzen (in Form eines digitalen Zertifikats) und in der Lage sein, über Biometrie (zum Beispiel Fingerabdrücken) zu beweisen, wer er ist.

Grundlagen der Biometrie

Biometrische Verfahren, zum Beispiel ein Fingerabdruck, sind eine sicherere und oft sogar bequemere Methode (sowohl für Benutzer als auch Administratoren), um Benutzer zu identifizieren. Windows 10 implementiert native Unterstützung für Biometrie über das Windows-Biometrieframework (Windows Biometric Framework, WBF). In modernen Unternehmen ersetzt Biometrie als Bestandteil eines Mehr-Faktoren-Authentifizierungsplans zunehmend die herkömmlichen Kennwörter.

Biometrische Daten über eine Person werden als biometrische Probe gemessen, anschließend geschützt in einer Vorlage gespeichert und einem bestimmten Benutzer zugeordnet. Um den Fingerabdruck einer Person zu ermitteln, können Sie einen Fingerabdruckleser verwenden. (Bei der Einrichtung wird mehrmals der Abdruck abgenommen.) Auf ähnliche Weise können Sie die

Gesichtsform, das Netzhautabbild oder sogar die Stimme eines Benutzers erfassen. Der Windows-Biometriedienst kann so erweitert werden, dass er Verhaltenscharakteristika wie den Gang oder den Tipprhythmus auswertet.

Windows stellt mehrere Gruppenrichtlinieneinstellungen im Zusammenhang mit Biometrie bereit (Abbildung 1–21), mit denen Sie den Einsatz von Biometrie auf Ihren Geräten erlauben oder blockieren können. Die entsprechenden Gruppenrichtlinien finden Sie unter *Computerkonfiguration > Administrative Vorlagen > Windows-Komponenten > Biometrie*.

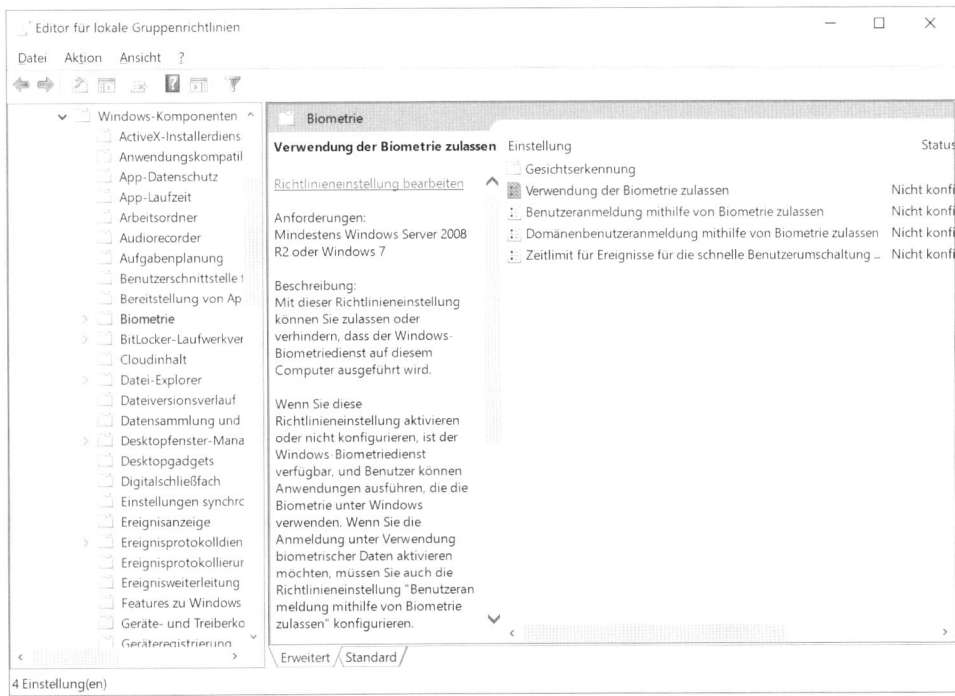

Abb. 1–21   Gruppenrichtlinieneinstellungen für Biometrie

Azure-Mehr-Faktoren-Authentifizierung

Die Azure-Mehr-Faktoren-Authentifizierung (Azure Multifactor Authentication, Azure MFA) stellt Organisationen eine flexibel skalierbare, zweistufige Verifizierungslösung zur Verfügung, mit der sie den Zugriff auf Daten und Anwendungen kontrollieren und ihren Benutzern ein einfaches Anmeldeverfahren bereitstellen.

Sie haben verschiedene Methoden zur Auswahl, um Azure MFA zu aktivieren:

Richtlinie für bedingten Zugriff   Die Richtlinie für bedingten Zugriff ist für Azure MFA in der Cloud verfügbar, wenn Sie eine Azure AD Premium-Lizenz haben. Sie brauchen dafür eine Azure AD P1- oder -P2-Lizenz.

- **Azure AD Identity Protection** Diese Methode erzwingt über eine Azure AD Identity Protection-Risikorichtlinie die zweistufige Überprüfung für die Anmeldung an allen Cloud-Anwendungen. Sie brauchen dazu eine Azure AD P2-Lizenz.

- **Ändern des Benutzerstatus** Dies ist die herkömmliche Methode, um eine zweistufige Überprüfung zu erzwingen. Sie funktioniert sowohl mit Azure MFA in der Cloud als auch mit einem Azure MFA-Server. Ein Administrator kann Azure MFA so konfigurieren, dass die Benutzer bei jeder Anmeldung eine zweistufige Überprüfung durchlaufen. Diese Einstellung überschreibt Richtlinien für den bedingten Zugriff.

Wenn Sie Azure MFA aktivieren, müssen die Benutzer ihre bevorzugte Authentifizierungsmethoden im Registrierungsportal unter *https://aka.ms/mfasetup* konfigurieren (Abbildung 1–22).

Abb. 1–22 Azure MFA-Registrierungsportal

Azure MFA konfigurieren

Um Azure MFA für einen einzelnen Cloud-basierten Azure AD-Benutzer zu aktivieren, müssen Sie die MFA-Diensteinstellungen konfigurieren. Anschließend können Sie folgendermaßen eine Richtlinie für den bedingten Zugriff definieren:

1. Öffnen Sie das Azure Active Directory Admin Center (unter *https://aad.portal.azure.com*) und melden Sie sich mit dem Konto eines globalen Administrators an.

2. Klicken Sie auf dem Blatt *Übersicht* unter *Verwalten* auf *Benutzer*.

3. Klicken Sie in der Menüleiste auf *Multi-Factor Authentication*. Ein neues Browserfenster öffnet sich.

4. Wählen Sie auf der Seite *Mehrstufige Authentifizierung* die Registerkarte *Diensteinstellungen* aus.

5. Aktivieren Sie im Abschnitt *Überprüfungsoptionen* unter *Für Benutzer verfügbare Methoden* alle Kontrollkästchen (*Auf Telefon anrufen*, *Textnachricht an Telefon*, *Benachrichtigung über mobile App*, *Prüfcode aus mobiler App oder Hardwaretoken*).

6. Klicken Sie auf *Speichern* und dann auf *Schließen* und schließen Sie das Browserfenster.

Eine Richtlinie für bedingten Zugriff für MFA erstellen

Sobald die MFA-Einstellungen konfiguriert sind, müssen Sie sie an Benutzer zuweisen, indem Sie eine Richtlinie für bedingten Zugriff erstellen:

1. Wählen Sie im Azure Active Directory Admin Center unter *Favoriten* den Eintrag *Azure Active Directory* aus.

2. Klicken Sie auf dem Blatt *Übersicht* unter *Sicherheit* auf *Bedingter Zugriff*.

3. Klicken Sie auf *Neue Richtlinie*.

4. Geben Sie auf dem Blatt *Bedingter Zugriff - Richtlinien* einen Namen für Ihre Richtlinie ein.

5. Klicken Sie unter *Zuweisungen* auf *Benutzer und Gruppen*.

6. Wählen Sie auf dem Blatt *Benutzer und Gruppen* die Benutzer aus, für die Sie Azure MFA aktivieren wollen, und klicken Sie auf *Fertig*.

7. Wählen Sie unter *Cloud-Apps* die Option *Alle Cloud-Apps* aus und klicken Sie auf *Fertig*.

8. Konfigurieren Sie unter *Bedingungen* die gewünschten Einstellungen und klicken Sie auf *Fertig*.

9. Klicken Sie unter *Zugriffskontrollen* auf *Gewähren*, stellen Sie sicher, dass die Option *Zugriff gewähren* ausgewählt ist, und aktivieren Sie das Kontrollkästchen *Erfordert mehrstufige Authentifizierung*.

10. Klicken Sie auf *Auswählen*.

11. Überspringen Sie den Abschnitt *Sitzung*.

12. Schalten Sie die Option *Richtlinie aktivieren* ein.

13. Klicken Sie auf *Erstellen*.

14. Die Richtlinie wird nun überprüft und erscheint auf dem Blatt *Bedingter Zugriff - Richtlinie* mit dem Status *Aktiviert*.

Sobald Sie Azure MFA aktiviert haben, sollten Sie prüfen, ob die Richtlinie für bedingten Zugriff wie vorgesehen funktioniert. Testen Sie, ob die Anmeldung an einer Ressource (zum Beispiel beim Office 365-Portal) mit einem Benutzerkonto funktioniert, für das MFA aktiviert ist. Stellen Sie sicher, dass dieser Benutzer gezwungen wird, für den Zugriff auf die Ressourcen zusätzliche Authentifizierungen zu durchlaufen.

Anmeldeoptionen verwalten

Neben herkömmlichen lokalen Konten und Domänenbenutzerkonten unterstützt Windows 10 mehrere moderne Methoden, sich an einem Gerät anzumelden. Die von einer Organisation eingesetzten Anmeldemethoden bilden eine wichtige erste Verteidigungslinie gegen Identitätsdiebstahl, und Sie müssen wissen, wie Sie die Anmeldeoptionen in einer Umgebung konfigurieren und verwalten. Dieser Abschnitt beschreibt, wie Sie die PIN- oder Bildcodeanmeldung deaktivieren und Windows Hello for Business konfigurieren.

Microsoft-Konten konfigurieren

Ein Microsoft-Konto gibt Ihnen eine Identität, mit der Sie sich auf sichere Weise an mehreren Geräten anmelden und auf Clouddienste zugreifen können. Weil die Identität auf mehreren Geräten dieselbe bleibt, können Ihre persönlichen Einstellungen zwischen Ihren Windows-basierten Geräten synchronisiert werden.

Auf einem Gerät, das für private Zwecke verwendet wird, werden Sie aufgefordert, die Daten für Ihr Microsoft-Konto einzugeben, wenn Windows 10 während des Setups eine Internetverbindung erkennt. Sie können diesen Schritt allerdings überspringen und stattdessen ein lokales Konto anlegen. Wenn es sich um ein Privatgerät handelt, Sie es aber für Aufgaben in der Arbeit, Schule oder Uni verwenden wollen, können Sie Ihr Gerät bei Ihrem Arbeits- oder Schul-Mandanten registrieren, sobald das Setup abgeschlossen ist.

Microsoft-Konten sind in erster Linie für den Privatgebrauch vorgesehen. Benutzer in Unternehmen können am Arbeitsplatz ihre privaten Microsoft-Konten verwenden, allerdings stellt Microsoft keine Methoden zur Verfügung, um Microsoft-Konten zentral an Benutzer zu vergeben. Nachdem Sie Ihr Microsoft-Konto mit Windows 10 verknüpft haben, erhalten Sie folgende Möglichkeiten:

- Sie können Fotos, Dokumente und andere Dateien von Sites wie OneDrive, Outlook.com, Facebook und Flickr abrufen und teilen.

- Integrierte Social-Media-Dienste, die Kontakt- und Statusinformationen für die Freunde und Kollegen Ihrer Benutzer liefern, werden automatisch über Sites wie Outlook.com, Facebook, Twitter und LinkedIn synchronisiert.

- Sie können Microsoft Store-Apps herunterladen und installieren.

- Sie können die App-Synchronisierung für Microsoft Store-Apps verwenden. Wenn eine App installiert ist und sich der Benutzer anmeldet, werden automatisch die benutzerspezifischen Einstellungen heruntergeladen und angewendet.

Sie können Ihre App-Einstellungen zwischen Geräten synchronisieren, die mit Ihrem Microsoft-Konto verknüpft sind.

Sie können die einmalige Anmeldung nutzen, wobei die Anmeldeinformationen über alle Geräte hinweg verwendet werden, die unter Windows 10, Windows 8.1, Windows 8 oder Windows RT laufen.

Auch wenn Microsoft-Konten in einer Unternehmensumgebung erlaubt sind, sollte Ihnen bewusst sein, dass nur der Besitzer eines Microsoft-Kontos sein Kennwort ändern kann. Ein Benutzer kann sein Kennwort bei Bedarf im Microsoft-Konto-Anmeldeportal unter *https://account.microsoft.com* zurücksetzen.

Ein Microsoft-Konto anlegen

So legen Sie ein Microsoft-Konto an:

1. Öffnen Sie einen Webbrowser und rufen Sie die Seite *https://signup.live.com* auf.

2. Sie können Ihre vorhandene E-Mail-Adresse für Ihr Microsoft-Konto verwenden, indem Sie sie in das Webformular eingeben; tragen Sie andernfalls eine Telefonnummer ein, über die sichergestellt wird, dass Sie kein Automat sind.

3. Klicken Sie auf *Neue E-Mail-Adresse anfordern*, um sich ein neues Hotmail- oder Outlook.com-Konto zuteilen zu lassen. Tragen Sie die gewünschte Adresse ein und wählen Sie aus, ob Sie ein Hotmail- oder ein Outlook-Suffix haben möchten.

4. Drücken Sie die Taste ⇆ , um zu prüfen, ob der eingegebene Name noch frei ist.

5. Füllen Sie die weiteren Formulare aus und stimmen Sie der Datenschutzerklärung zu.

Nachdem Sie Ihr Microsoft-Konto angelegt haben, können Sie es mit Ihrem Gerät verknüpfen.

Ihr Microsoft-Konto mit einem Gerät verknüpfen

So verknüpfen Sie Ihr Microsoft-Konto mit Ihrem lokalen oder Domänenbenutzerkonto:

1. Melden Sie sich mit Ihrem lokalen oder Domänenbenutzerkonto an.

2. Öffnen Sie die Einstellungen-App und klicken Sie auf *Konten*.

3. Klicken Sie auf der Seite *Ihre Infos* auf *Stattdessen mit einem Microsoft-Konto anmelden*.

4. Geben Sie auf der Seite *Microsoft-Konto* die E-Mail-Adresse für Ihr Microsoft-Konto ein und klicken Sie auf *Weiter*.

5. Geben Sie auf der Seite *Kennwort* das zugehörige Kennwort ein und klicken Sie auf *Anmelden*.

6. Sofern Sie dazu aufgefordert werden, müssen Sie das Kennwort für Ihr lokales oder Domänenbenutzerkonto eingeben. Dies dient dazu, Ihre lokale Identität zu überprüfen. Klicken Sie auf *Weiter*.

7. Das Gerät verwendet jetzt Ihr Microsoft-Konto für die Anmeldung.

8. Wenn Sie zusätzliche Microsoft-Konten zu Windows 10 hinzufügen wollen, können Sie in der Einstellungen-App auf der Registerkarte *E-Mail- & Konten* der Seite *Konten* auf *Konto hinzufügen* klicken.

WEITERE INFORMATIONEN **Microsoft-Konten auf Geräten einrichten**

Wie Sie Microsoft-Konten auf Geräten einrichten, beschreibt der folgende Artikel auf der Microsoft-Website:

https://account.microsoft.com/account/connect-devices

Verwendung von Microsoft-Konten einschränken

In einem Unternehmen kann es notwendig sein, Benutzer daran zu hindern, ihre Microsoft-Konten mit einem Gerät zu verknüpfen und mit ihren Microsoft-Konten auf private Cloud-Ressourcen zuzugreifen.

Es stehen zwei Gruppenrichtlinien zur Verfügung, um Einschränkungen für Microsoft-Konten festzulegen:

- **Benutzerauthentifizierung von Microsoft-Konten aller Anwender blockieren** Diese Einstellung verhindert, dass Benutzer ihre Microsoft-Konten für die Authentifizierung bei Anwendungen oder Diensten verwenden. Auf Anwendungen oder Dienste, bei denen die Authentifizierung bereits erfolgt ist, wirkt sich die Einstellung erst dann aus, wenn der Authentifizierungscache ungültig wird. Es wird empfohlen, diese Einstellung zu aktivieren, bevor irgendein Benutzer sich an einem Gerät anmeldet; so verhindern Sie, dass zwischengespeicherte Tokens vorhanden sind. Diese Gruppenrichtlinie liegt im Zweig *Computerkonfiguration > Administrative Vorlagen > Windows-Komponenten > Microsoft-Konto*.

- **Konten: Microsoft-Konten blockieren** Diese Einstellung verhindert, dass Benutzer ein Microsoft-Konto in der Einstellungen-App hinzufügen. Es gibt zwei Optionen: *Benutzer können keine Microsoft-Konten hinzufügen* und *Benutzer können keine Microsoft-Konten hinzufügen oder sich damit anmelden*. Sie finden diese Gruppenrichtlinie im Zweig *Computerkonfiguration > Windows-Einstellungen > Sicherheitseinstellungen > Lokale Richtlinien > Sicherheitsoptionen*.

Windows Hello und Windows Hello for Business konfigurieren

Windows Hello ist ein biometrischer Zwei-Faktoren-Authentifizierungsmechanismus, der in Windows 10 integriert wurde. Die persönlichen biometrischen Daten, die mit Windows Hello gemessen und verwendet werden, sind individuell auf das Gerät zugeschnitten, auf dem es eingerichtet wird; die Daten werden nicht mit anderen Geräten synchronisiert. Windows Hello erlaubt es den Benutzern, ihr Gerät mithilfe von Gesichtserkennung, Fingerabdrucklesern oder einer PIN zu entsperren.

Windows Hello for Business ist die Unternehmensimplementierung von Windows Hello, sie ermöglicht es, Benutzer eines Active Directory- oder Azure AD-Kontos zu authentifizieren, damit sie auf Netzwerkressourcen zugreifen können. Administratoren können Windows Hello for Business mit Gruppenrichtlinien oder MDM-Richtlinien konfigurieren. Das System arbeitet mit asymmetrischer (öffentlicher/privater Schlüssel) oder zertifikatbasierter Authentifizierung.

Windows Hello bietet folgende Vorteile.

Vielen Menschen fällt es schwer, sich sichere Kennwörter zu merken. Daher verwenden sie dieselben Kennwörter für mehrere Sites, was die Sicherheit verschlechtert. Windows Hello ermöglicht ihnen, sich mit ihren biometrischen Daten zu authentifizieren.

Kennwörter sind durch Replay-Angriffe verwundbar, und bei Serverhacks können kennwortbasierte Anmeldeinformationen an Unbefugte gelangen.

Kennwörter bieten oft weniger Sicherheit, immer wieder geben Benutzer bei Phishing-Angriffen unabsichtlich ihre Kennwörter preis.

Windows Hello verstärkt den Schutz gegen Identitätsdiebstahl. Weil ein Angreifer sowohl das Gerät als auch die biometrischen Daten oder die PIN braucht, ist es schwieriger, den Authentifizierungsprozess auszutricksen.

Windows Hello kann sowohl in reinen Cloud-Szenarien als auch hybriden Bereitstellungsszenarien eingesetzt werden.

Windows Hello meldet Sie dreimal schneller an Ihren Geräten an als bei Verwendung eines Kennworts.

Voraussetzung für die Implementierung von Windows Hello ist, dass Ihre Geräte mit geeigneter Hardware ausgerüstet sind. Für Gesichtserkennung brauchen Sie beispielsweise spezielle Kameras, die im Infrarotbereich arbeiten. Das können externe Kameras sein, manche Geräte haben solche Kameras aber auch eingebaut. Sie sind in der Lage, zuverlässig den Unterschied zwischen einer Fotografie oder einem Scan und einem lebenden Menschen zu erkennen. Für die Fingerabdruckerkennung müssen Ihre Geräte mit Fingerabdrucklesern ausgerüstet sein, das können externe Geräte sein, in viele Notebooks oder USB-Tastaturen sind sie bereits integriert.

Falls Sie früher schon einmal schlechte Erfahrungen mit der Zuverlässigkeit von Fingerabdrucklesern gemacht haben, sollten Sie die aktuelle Generation ausprobieren. Sie sind deutlich zuverlässiger, und die Fehlerrate ist viel geringer.

Sobald Sie die erforderlichen Hardwaregeräte installiert haben, können Sie Windows Hello folgendermaßen einrichten:

1. Öffnen Sie die Einstellungen-App und klicken Sie auf *Konten*.

2. Sehen Sie sich auf der Seite *Anmeldeoptionen* im Abschnitt *Windows Hello* die Optionen für Gesichts- oder Fingerabdruckerkennung an. (Falls Ihr Gerät keine von Windows Hello unterstützte Hardware besitzt, wird der Abschnitt *Windows Hello* nicht auf der Seite *Anmeldeoptionen* angezeigt.)

So konfigurieren Sie Windows Hello:

1. Öffnen Sie die Einstellungen-App und wählen Sie *Konten*.
2. Klicken Sie auf der Seite *Konten* auf *Anmeldeoptionen*.
3. Klicken Sie im Abschnitt *Windows Hello* unter *Gesichtserkennung* auf *Einrichten*.
4. Klicken Sie im Dialogfeld *Windows Hello-Setup* auf *Erste Schritte*.
5. Geben Sie Ihre PIN oder Ihr Kennwort ein, um Ihre Identität zu bestätigen.
6. Lassen Sie Ihre Gesichtsform von Windows erfassen (Abbildung 1–23).

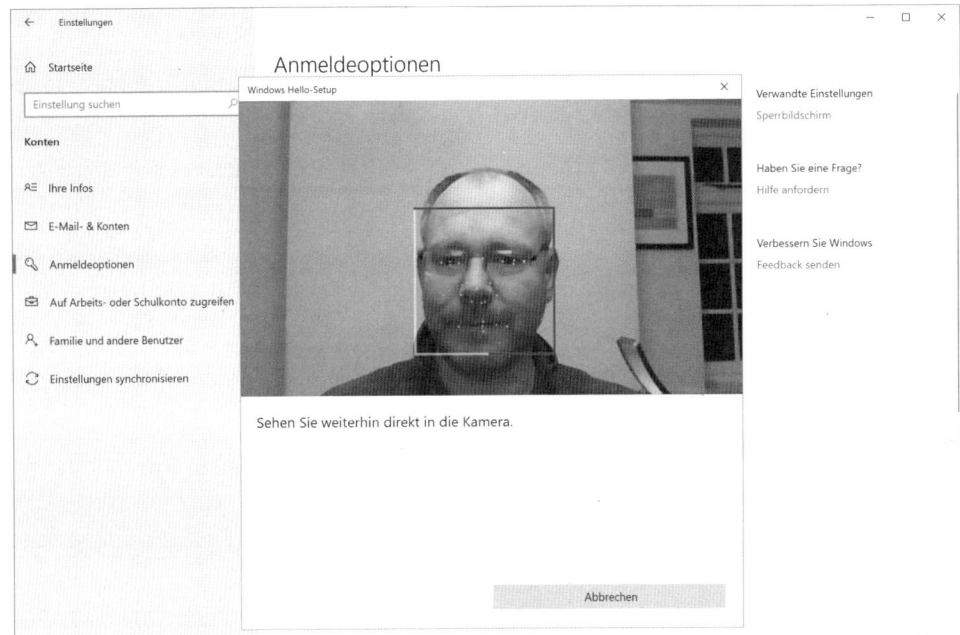

Abb. 1–23   Konfigurieren von Windows Hello

7. Sobald der Vorgang abgeschlossen ist, wird eine Bestätigung angezeigt und Sie können das Fenster schließen.

Benutzer können Windows Hello als bequeme und sichere Anmeldemethode verwenden, die mit dem Gerät verknüpft ist, auf dem sie eingerichtet wurde.

Wollen Unternehmen Windows Hello aktivieren, können sie Windows Hello for Business konfigurieren und verwalten. Windows Hello for Business arbeitet mit schlüsselbasierter oder zertifikatbasierter Benutzerauthentifizierung, es wird über Gruppenrichtlinien oder einen modernen Verwaltungsansatz wie Microsoft Intune verwaltet.

Um Windows Hello for Business mit Gruppenrichtlinien zu verwalten, stehen zwei Gruppenrichtlinien im folgenden Knoten zur Verfügung: *Benutzerkonfiguration > Administrative Vorlagen > Windows-Komponenten > Windows Hello for Business*.

Eine Einstellung aktiviert Windows Hello for Business, die andere steuert, wie Zertifikate für die lokale Authentifizierung verwendet werden.

Es gibt noch weitere Gruppenrichtlinien, mit denen Sie Ihre Windows Hello for Business-Bereitstellung verwalten können. Sie befinden sich im folgenden Knoten: *Computerkonfiguration > Administrative Vorlagen > Windows-Komponenten > Windows Hello for Business*.

Hier finden Sie zehn Einstellungen, mit denen Sie Hardwaresicherheitsgeräte wie ein TPM konfigurieren. Mit diesen Richtlinien können Sie außerdem Smartcards, biometrische Einstellungen und andere Eigenschaften konfigurieren.

WEITERE INFORMATIONEN   **Windows Hello-Biometrie im Unternehmen**

Detaillierte Informationen darüber, wie Sie Windows Hello im Unternehmen einsetzen, finden Sie auf der Microsoft-Website unter:

https://docs.microsoft.com/Windows/access-protection/hello-for-business/hello-biometrics-in-enterprise

---

Windows Hello for Business mit Intune verwalten

Windows Hello for Business kann mit einem Gerätekonfigurationsprofil bereitgestellt werden, mit dem Sie verschiedene Einstellungen für Windows 10 konfigurieren.

In einem Intune-Gerätekonfigurationsprofil können Sie die Verwendung von Windows Hello for Business erlauben oder verhindern, außerdem können Sie folgende Einstellungen konfigurieren:

PIN-Mindestlänge

Maximale PIN-Länge

Kleinbuchstaben in PIN

Großbuchstaben in PIN

Sonderzeichen in PIN

PIN-Ablauf (Tage)

PIN-Verlauf speichern

PIN-Wiederherstellung aktivieren

Trusted Platform Module (TPM) verwenden

Biometrische Authentifizierung zulassen

Erweitertes Antispoofing verwenden, falls verfügbar

Zertifikat für lokale Ressourcen

Sie können auch Intune-Geräteregistrierungsrichtlinien verwenden, um Windows Hello for Business-Einstellungen während der ursprünglichen Registrierung bei der Geräteverwaltung zu konfigurieren.

PIN konfigurieren

Um die Anmeldung mit Kennwörtern zu vermeiden, stellt Microsoft eine Authentifizierungsmethode zur Verfügung, die eine PIN in Kombination mit Windows Hello verwendet. Wenn Sie Windows Hello erstmals einrichten, werden Sie aufgefordert, eine PIN festzulegen. Über diese PIN können Sie sich anmelden, falls Ihre bevorzugte biometrische Methode aufgrund einer Verletzung oder eines Sensordefekts nicht funktioniert. Die PIN bietet dasselbe Schutzniveau wie Windows Hello.

Die Windows Hello-PIN bietet sichere Authentifizierung, ohne dass ein Kennwort an eine Authentifizierungsautorität wie Azure AD oder einen AD DS-Domänencontroller geschickt werden muss. Mit Windows Hello for Business können Unternehmen die Vorgaben des aktuellen FIDO-2.0-Frameworks (Fast IDentity Online) für Endpunkt-zu-Endpunkt-Mehr-Faktoren-Authentifizierung einhalten.

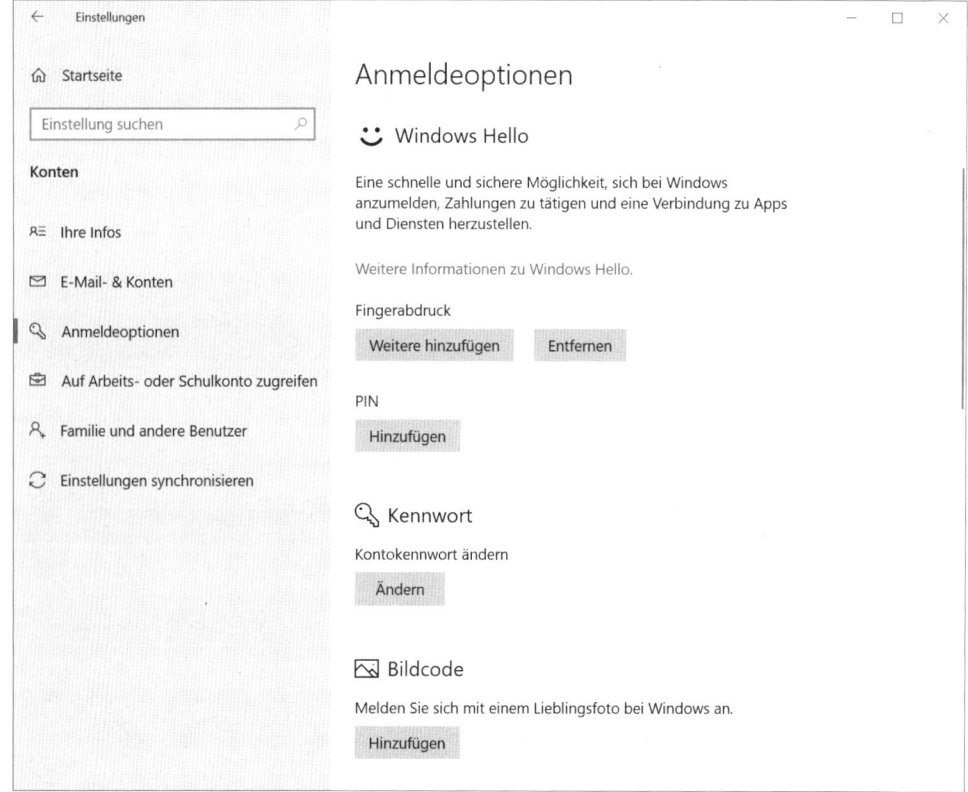

Abb. 1–24   Windows Hello-PIN konfigurieren

Falls der Benutzer nicht Windows Hello for Business verwendet, kann er keine zugehörige PIN benutzen. In einer Domänenumgebung reicht die PIN alleine (die sogenannte Komfort-PIN) nicht aus. Wie in Abbildung 1–24 zu sehen, liegen die PIN-Einstellungen im Abschnitt *Windows Hello* auf der Seite *Anmeldeoptionen*. Ein Benutzer muss zuerst Windows Hello konfigurieren und bereits unter einem lokalen Konto, einem Domänenkonto, einem Microsoft-Konto oder einem Azure AD-Konto angemeldet sein. Nun kann er die PIN-Authentifizierung einrichten, die mit den Anmeldeinformationen für das Konto verknüpft ist.

Sobald ein Benutzer den Registrierungsprozess abgeschlossen hat, führt Windows Hello for Business folgende Operationen aus, um die Anmeldeinformationen zu schützen:

1. Es generiert auf dem Gerät ein neues Schlüsselpaar aus öffentlichem und privatem Schlüssel; dies ist ein sogenannter *Schutzschlüssel* (engl. protector key).

2. Sofern ein TPM im Gerät installiert ist, generiert und speichert es diesen Schutzschlüssel.

3. Verfügt das Gerät nicht über ein TPM, verschlüsselt das Betriebssystem Windows 10 den Schutzschlüssel und speichert ihn im Dateisystem.

4. Windows Hello for Business generiert auch einen administrativen Schlüssel, der benutzt wird, um die Anmeldeinformationen bei Bedarf zurückzusetzen.

HINWEIS **Kopplung von Anmeldeinformationen und Geräten**

Windows Hello for Business verknüpft ein bestimmtes Gerät mit den Anmeldeinformationen eines Benutzers. Daher gilt die PIN, die der Benutzer auswählt, nur für das angemeldete Konto auf diesem einen Gerät. Ein Benutzer kann sich mit derselben PIN nur auf einem anderen Gerät anmelden, wenn er dort ebenfalls Windows Hello einrichtet.

Für den Benutzer ist jetzt auf dem Gerät eine PIN-*Eingabeaktion* (engl. gesture) definiert, außerdem gibt es einen zugehörigen Schutzschlüssel für diese PIN-Eingabeaktion. Der Benutzer kann sich künftig auf sichere Weise mit seiner PIN am Gerät anmelden und dann die Unterstützung für eine biometrische Eingabeaktion als Alternative zur PIN einrichten. Eine solche Eingabeaktion kann Gesichts-, Netzhaut- oder Fingerabdruckerkennung sein, je nachdem, mit welcher Hardware das Gerät ausgerüstet ist. Wenn ein Benutzer eine biometrische Eingabeaktion hinzufügt, ist der Ablauf im Prinzip derselbe wie vorher beschrieben. Der Benutzer authentifiziert sich mithilfe der PIN beim System und registriert dann die neue biometrische Eingabeaktion. Windows generiert ein eindeutiges Schlüsselpaar und speichert es nur auf dem Gerät. Es werden keine biometrischen Daten für Windows Hello in der Microsoft Cloud gespeichert.

Sie können Richtlinien für die Verwendung von Windows Hello for Business in Ihrer Organisation erstellen und implementieren. Zum Beispiel können Sie eine Richtlinie konfigurieren, die eine Nutzung von Biometrie auf allen Geräten, auf die Ihre Richtlinie angewendet wird, erlaubt oder verhindert. Wenn Sie die Verwendung von Windows Hello for Business erlauben, kann sich ein Benutzer mit der PIN oder einer biometrischen Eingabeaktion anmelden.

WEITERE INFORMATIONEN   Anleitung zu Windows Hello for Business

Detaillierte Informationen über Windows Hello for Business finden Sie auf der Microsoft-Website unter:

https://docs.microsoft.com/Windows/security/identity-protection/hello-for-busi-
ness/hello-identity-verification

Sie können MDM-Richtlinien oder GPOs einsetzen, um in Ihrer Organisation Einstellungen für Windows Hello for Business zu konfigurieren.

HINWEIS   Sicherheit einer PIN erhöhen

Wenn wir den Begriff PIN hören, denken wir im Allgemeinen an Geldautomaten, die oft eine vierstellige Ziffernfolge verwenden. Wenn Sie Windows 10 mit Windows Hello for Business absichern, können Sie die Sicherheit deutlich steigern, indem Sie Regeln für PINs festlegen, die zum Beispiel vorschreiben, dass eine PIN Sonderzeichen, Großbuchstaben, Kleinbuchstaben und Ziffern enthalten muss. Eine komplexe Windows Hello-PIN kann beispielsweise »t496A?« lauten. Die Länge kann bis zu 127 Zeichen betragen.

Um die PIN-Komplexität für Windows 10 (mit oder ohne Windows Hello for Business) zu konfigurieren, stehen acht Gruppenrichtlinieneinstellungen zur Verfügung, die das Erstellen und Verwalten von PINs steuern.

Diese Richtlinieneinstellungen können auf Computer oder Benutzer angewendet werden. Wenn Sie Richtlinieneinstellungen für beide bereitstellen, haben die Benutzerrichtlinieneinstellungen Vorrang gegenüber den Computerrichtlinieneinstellungen, und bei der Auflösung von GPO-Konflikten gewinnt die zuletzt angewendete Richtlinie. Die folgenden Richtlinieneinstellungen sind verfügbar:

- Ziffern erforderlich

- Kleinbuchstaben erforderlich

- Maximale PIN-Länge

- Minimale PIN-Länge

- Ablauf

- Verlauf

- Sonderzeichen erforderlich

- Großbuchstaben erforderlich

Seit Windows 10, Version 1703, liegen die Gruppenrichtlinieneinstellungen für die PIN-Komplexität unter *Administrative Vorlagen > System > PIN-Komplexität* sowohl im Knoten *Computerkonfiguration* als auch *Benutzerkonfiguration*.

Auch in einer Organisation, die Windows Hello for Business nicht einsetzt, besteht die Möglichkeit, eine Komfort-PIN zu nutzen. Eine Komfort-PIN unterscheidet sich deutlich von einer Windows Hello for Business-PIN, weil sie lediglich eine Hülle um das Domänenkennwort des Benutzers bildet. Das bedeutet, dass das Kennwort des Benutzers von Windows zwischengespeichert und übermittelt wird, wenn Sie sich mit einer Komfort-PIN anmelden.

Seit dem Anniversary Release (Windows 10, Version 1607) ist die Möglichkeit, eine Komfort-PIN zu verwenden, für Clients, die Mitglieder einer Domäne sind, standardmäßig deaktiviert. Sie können das ändern und die Anmeldung mit der Komfort-PIN erlauben, indem Sie die Richtlinie *Komfortable PIN-Anmeldung aktivieren* unter *Computerkonfiguration > Administrative Vorlagen > System > Anmelden* bearbeiten.

Bildcode konfigurieren

Ein Bildcode ist eine weitere Methode, sich an einem Computer anzumelden. Dieses Feature greift nicht auf Windows Hello oder Windows Hello for Business zurück, daher steht es in einer domänenbasierten Umgebung nicht zur Verfügung.

Sie melden sich an einem Touch-fähigen Gerät an, indem Sie eine Abfolge von drei Gesten zeichnen, die aus Linien, Kreisen und Antippen bestehen. Sie können irgendein Bild wählen und erhalten eine bequeme Methode, sich an Touch-fähigen, eigenständigen Geräten anzumelden. Die Zahl von Kombinationen für Bildcodes ist unbegrenzt, weil unendlich viele Bilder genutzt werden können. Bildcodes gelten für eigenständige Computer zwar als sicherer als die Eingabe einer vierstelligen PIN, aber es könnte einem Hacker gelingen, den Code für ein Gerät zu knacken, indem er den Bildschirm gegen das Licht hält und erkennt, wo die meisten Eingabeaktionen getätigt werden (anhand der Schmierspuren auf dem Bildschirm). Diese Gefahr ist besonders groß, wenn der Benutzer den Touch-Bildschirm hauptsächlich für die Anmeldung benutzt, ihn aber sonst nur selten anfasst.

So legen Sie einen Bildcode fest:

1. Öffnen Sie die Einstellungen-App und klicken Sie auf *Konten*.
2. Klicken Sie auf *Anmeldeoptionen*.
3. Klicken Sie unter *Bildcode* auf *Hinzufügen*.
4. Geben Sie Ihr aktuelles Kontokennwort ein und klicken Sie *Bild auswählen*, um ein Bild zu suchen, das verwendet werden soll.
5. Passen Sie die Position des Bilds an und klicken Sie auf *Dieses Bild verwenden*.
6. Zeichnen Sie drei Eingabeaktionen direkt auf Ihren Bildschirm.
   Die Größe, Position und Richtung dieser Eingabeaktionen werden als Teil des Bildcodes gespeichert.
7. Sie werden aufgefordert, Ihre Eingabeaktionen zu wiederholen. Sofern Ihre wiederholten Eingabeaktionen übereinstimmen, können Sie auf *Fertig stellen* klicken.

Es gibt nur eine Gruppenrichtlinie, um dieses Feature zu steuern. Sie können den Bildcode in den lokalen Gruppenrichtlinien mit der Richtlinie *Anmeldung mit Bildcode deaktivieren* abschalten. Diese Richtlinie liegt im Pfad *Computerkonfiguration > Administrative Vorlagen > System > Anmelden*.

Dynamische Sperre konfigurieren

Benutzer, die ein Smartphone haben, können das Feature der dynamischen Sperre nutzen, die im Creators Update für Windows 10 (Version 1703) eingeführt wurde. Damit können die Benutzer veranlassen, dass ihr Gerät automatisch gesperrt wird, sobald sie es nicht mehr verwenden. (Zum Zeitpunkt, als dieses Buch geschrieben wurde, unterstützt das iPhone dieses Feature noch nicht.)

Dieses Feature arbeitet mit einer Bluetooth-Verbindung zwischen Ihrem PC und dem Smartphone.

Gehen Sie folgendermaßen vor, um die dynamische Sperre für Windows 10 zu konfigurieren:

1. Öffnen Sie die Einstellungen-App und klicken Sie auf *Konten*.
2. Klicken Sie auf *Anmeldeoptionen* und blättern Sie zum Abschnitt *Dynamische Sperre*.
3. Aktivieren Sie das Kontrollkästchen *Zulassen, dass Windows Ihr Gerät in Ihrer Abwesenheit automatisch sperrt*.
4. Klicken Sie auf den Link *Bluetooth- und andere Geräte*.
5. Fügen Sie Ihr Smartphone über Bluetooth hinzu und koppeln Sie es.
6. Wenn Sie auf die vorherige Seite zurückkehren, müsste Ihr gekoppeltes Telefon angezeigt werden (Abbildung 1–25).

Abb. 1–25   Konfigurieren der dynamischen Sperre

7. Ihr Gerät wird automatisch gesperrt, wenn Windows erkennt, dass Ihr verknüpftes Smartphone länger als 30 Sekunden von Ihrem Schreibtisch wegbewegt wurde.

Sie können die Funktionsweise der dynamischen Sperre für Ihre Geräte mit der Gruppenrichtlinie *Dynamische Sperrungsfaktoren konfigurieren* steuern. Sie finden diese Richtlinieneinstellung unter *Computerkonfiguration > Administrative Vorlagen > Windows-Komponenten > Windows Hello for Business*.

Azure AD-Einbindung durchführen

In einer herkömmlichen domänenbasierten Umgebung ist der Schutz der Benutzeridentitäten ein wichtiges Sicherheitselement. Mit einem Benutzernamen und dem richtigen Kennwort kann ein Hacker in jedem System Chaos anrichten. Bei einer Cloud-Umgebung wird das Gerät zu einer Schlüsselkomponente Ihrer Infrastruktur. Ähnlich wie ein Benutzer hat auch ein Gerät eine Identität, die Sie schützen müssen. Mit Azure AD können Sie Windows 10-Geräte in das Cloud-basierte Verzeichnis einbinden. Es stellt Verwaltungstools bereit, die Ihnen helfen, die Systemintegrität der Geräte zu schützen.

Manchen Unternehmen genügt das herkömmliche lokale Modell, daher wollen (oder brauchen) sie nicht umzusteigen. Azure AD eignet sich besonders gut für folgende Szenarien:

Cloud-basierte Dienste und Ressourcen   Wenn die meisten Anwendungen und Ressourcen einer Organisation in der Cloud liegen (zum Beispiel Office 365 ProPlus oder Dynamics 365), kann die Einbindung der Clientgeräte in Azure AD die Benutzerfreundlichkeit verbessern.

Bring Your Own Device (BYOD)   Benutzer können ihre Geräte in die Unternehmensumgebung einbinden. Azure AD kann den Ressourcenzugriff für Windows 10- und Nicht-Microsoft-Geräte verwalten und schützen, zum Beispiel für iPads oder Android-Tablets, die nicht in eine AD DS-Domäne eingebunden werden können. Private Daten bleiben von Unternehmensdaten getrennt, und die Unternehmensdaten können vom Gerät gelöscht werden, sobald es aus der Verwaltungslösung entfernt wird.

Mobilität der Mitarbeiter   Viele Organisationen beschäftigen Angestellte im Außendienst oder im Homeoffice. Wenn Mitarbeiter nur selten die herkömmliche lokale Domänenumgebung besuchen, kann es sinnvoll sein, eine Cloud-basierte Verwaltungslösung zu verwenden. Azure AD und Intune unterstützen die Einbindung und Remoteverwaltung von Mobilgeräten wie Notebooks, Tablets und Smartphones.

Benutzer können Windows 10-Geräte während des Windows 10-Setups in Azure AD einbinden, ein Gerät lässt sich aber auch später über die Einstellungen-App einbinden. Weiter vorne in diesem Kapitel haben Sie erfahren, dass Sie Azure AD vorbereiten müssen, damit Geräte in den Cloud-Dienst eingebunden werden.

Es gibt mehrere Wege, ein Windows 10-Gerät mit Azure AD zu verbinden:

Ein neues Windows 10-Gerät in Azure AD einbinden

Ein vorhandenes Windows 10-Gerät in Azure AD einbinden

Ein Windows 10-Gerät in Azure AD registrieren

Ein neues Windows 10-Gerät in Azure AD einbinden

Weiter vorne in diesem Kapitel haben Sie erfahren, wie Windows AutoPilot das Gerät verwaltet, sobald dieses eingeschaltet wird, und wie es Benutzer und Gerät durch den Prozess zur Azure AD-Einbindung leitet und das Gerat automatisch bei Microsoft Intune registriert.

Falls die Organisation Windows AutoPilot nicht verwendet, kann der Benutzer ein neues Windows 10-Gerät von Hand in Azure AD einbinden, während es zum ersten Mal gestartet wird.

Wenn das Gerät unter Windows 10 Pro oder Windows 10 Enterprise läuft, wird in der OOBE-Phase (Out-of-Box Experience) der Setup-Prozess für Unternehmensgeräte durchlaufen, der im Folgenden beschrieben wird.

Gehen Sie folgendermaßen vor, um ein neues Windows 10-Gerät während der ersten Ausführung in Azure AD einzubinden:

1. Starten Sie das neue Gerät und leiten Sie den Setup-Prozess ein.

2. Wählen Sie auf der Seite *Zuerst die Region. Ist sie richtig?* die gewünschte Region aus und klicken Sie auf *Ja*.

3. Wählen Sie auf der Seite *Ist dies das richtige Tastaturlayout?* das Tastaturlayout aus und klicken Sie auf *Ja*.

4. Fügen Sie auf der Seite *Möchten Sie ein zweites Tastaturlayout hinzufügen?* ein Layout hinzu oder wählen Sie *Überspringen*.

5. Der Computer versucht, sich automatisch mit dem Internet verbinden, aber falls das nicht klappt, bekommen Sie die Seite *Lassen Sie sich mit einem Netzwerk verbinden* angezeigt, auf der Sie eine Netzwerkverbindung auswählen können.

6. Geben Sie auf der Seite *Bei Microsoft anmelden* Ihr Arbeits- oder Schulkonto mit dem zugehörigen Kennwort ein und klicken Sie auf *Weiter*.

7. Wählen Sie auf der Seite *Nutzen Sie den geräteübergreifenden Aktivitätsverlauf,* ob Sie die Zeitachse aktivieren wollen.

8. Wählen Sie auf der Seite *Mehr mit Spracheingaben ausführen,* ob Sie das Spracherkennungsfeature aktivieren wollen, und klicken Sie auf *Annehmen*.

9. Wählen Sie auf der Seite *Microsoft und Apps den Standort verwenden lassen,* ob Sie die standortbasierten Features aktivieren wollen, und klicken Sie auf *Annehmen*.

10. Wählen Sie auf der Seite *Mein Gerät suchen,* ob Sie das Feature zum Finden Ihres Geräts aktivieren wollen, und klicken Sie auf *Annehmen*.

11. Wählen Sie auf der Seite *Diagnosedaten an Microsoft senden,* ob vollständige oder einfache Diagnosedaten übertragen werden sollen, und klicken Sie auf *Annehmen*.

12. Wählen Sie auf der Seite *Freihand und Eingabe verbessern* die Option *Ja* oder *Nein* und klicken Sie auf *Annehmen*.

13. Wählen Sie auf der Seite *Mithilfe von Diagnosedaten angepasste Erfahrungen erhalten* die Option *Ja* oder *Nein* und klicken Sie auf *Annehmen*.

14. Wählen Sie auf der Seite *Apps Werbe-ID verwenden lassen* die gewünschte Datenschutzeinstellung und klicken Sie auf *Annehmen*.

15. Abhängig von den Einstellungen in Ihrer Organisation werden Ihre Benutzer möglicherweise aufgefordert, Windows Hello einzurichten. In der Standardeinstellung werden sie aufgefordert, eine PIN festzulegen. Klicken Sie in diesem Fall auf *PIN einrichten*.

16. Klicken Sie auf der Seite *Weitere Informationen erforderlich* auf *Weiter*, geben Sie die Daten für die zusätzliche Sicherheitsüberprüfung ein und klicken Sie erneut auf *Weiter*.

Jetzt müssten Sie automatisch am Gerät angemeldet und in den Azure AD-Mandanten Ihrer Organisation oder Bildungseinrichtung eingebunden werden. Anschließend erscheint der Desktop.

Ein vorhandenes Windows 10-Gerät in Azure AD einbinden

Bei dieser Methode nehmen Sie ein vorhandenes Windows 10-Gerät und binden es in Azure AD ein. Sie können ein Windows 10-Gerät jederzeit in Azure AD einbinden, indem Sie folgendermaßen vorgehen:

1. Öffnen Sie die Einstellungen-App und klicken Sie auf *Konten*.

2. Klicken Sie in *Konten* auf die Registerkarte *Auf Arbeits- oder Schulkonto zugreifen*.

3. Klicken Sie auf *Verbinden*.

4. Klicken Sie auf der Seite *Geschäfts-, Schul- oder Unikonto einrichten* im Abschnitt *Alternative Aktionen* auf *Dieses Gerät in Azure Active Directory einbinden* (Abbildung 1–26).

Abb. 1–26   Ein Gerät in Azure AD einbinden

5. Geben Sie auf der Seite *Melden Sie sich an* den Benutzernamen für Ihr Geschäfts- oder Schulkonto ein und klicken Sie auf *Weiter*.

6. Tippen Sie auf der Seite *Kennwort eingeben* Ihr Kennwort ein und klicken Sie auf *Anmelden*.

7. Bestätigen Sie auf der Seite *Stellen Sie sicher, dass dies Ihr Unternehmen ist*, dass die angezeigten Details korrekt sind, und klicken Sie auf *Beitreten*.

8. Klicken Sie auf der Seite *Alles erledigt!* auf *Fertig*.

9. Dass Ihr Gerät mit Ihrer Organisation oder Bildungseinrichtung verbunden ist, erkennen Sie daran, dass Ihre Azure AD-E-Mail-Adresse unter der Schaltfläche *Verbinden* angezeigt wird. Das bedeutet, dass sie mit Azure AD verbunden ist.

Sofern Sie Zugriff auf das Azure Active Directory-Portal haben, können Sie folgendermaßen überprüfen, ob das Gerät in Azure AD eingebunden wurde:

1. Melden Sie sich als Administrator am Azure-Portal unter *https://portal.azure.com* an.

2. Klicken Sie in der linken Navigationsleiste auf *Azure Active Directory*.

3. Klicken Sie im Abschnitt *Verwalten* auf *Alle Geräte*.

4. Überprüfen Sie, ob das Gerät aufgeführt wird (Abbildung 1–27).

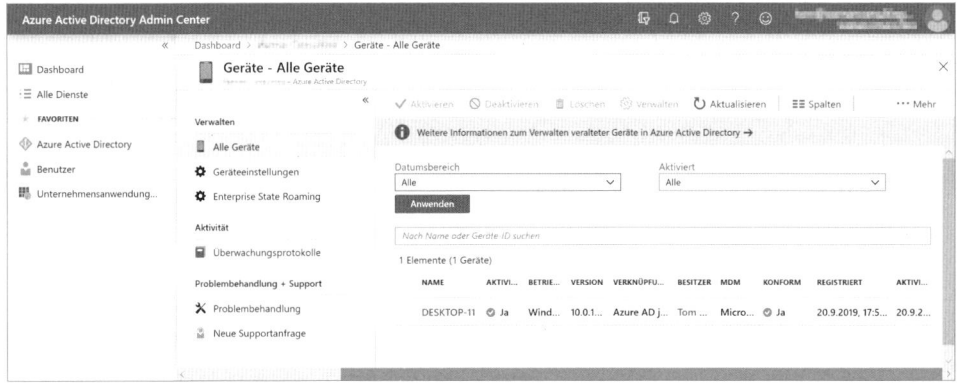

Abb. 1–27 In Azure AD eingebundene Geräte anzeigen

Geräte in Azure AD registrieren

Sie verbinden ein Windows 10-Gerät mit Azure Active Directory, indem Sie die Funktion *Auf Arbeits- oder Schulkonto zugreifen* in der Einstellungen-App verwenden. Die Geräteregistrierung bewirkt, dass Geräte sowohl bei Azure AD als auch bei MDM-Lösungen bekanntgemacht werden.

Auf Geräte, die bei Azure AD registriert sind und durch Microsoft Intune verwaltet werden, können Sie Regeln für bedingten Zugriff anwenden. Auf diese Weise können Sie Privatgeräte so konfigurieren, dass sie die Vorschriften Ihrer Organisation bezüglich Sicherheit und Richtlinienkonformität erfüllen.

So registrieren Sie ein vorhandenes Windows 10-Gerät bei Azure AD:

1. Öffnen Sie die Einstellungen-App und klicken Sie auf *Konten*.

2. Klicken Sie in *Konten* auf die Registerkarte *Auf Arbeits- oder Schulkonto zugreifen*.

3. Klicken Sie auf *Verbinden*.

4. Geben Sie auf der Seite *Geschäfts-, Schul- oder Unikonto einrichten* (siehe Abbildung 1–26 weiter vorne) die Daten für Ihr Geschäfts- oder Schulkonto ein, klicken Sie auf *Weiter* und schließen Sie den Assistenten ab.

So prüfen Sie, ob ein Gerät beim Azure AD-Mandanten Ihrer Organisation oder Bildungseinrichtung registriert ist:

1. Öffnen Sie die Einstellungen-App und klicken Sie auf *Konten*.

2. Klicken Sie in *Konten* auf die Registerkarte *Auf Arbeits- oder Schulkonto zugreifen*.

3. Prüfen Sie auf der Registerkarte *Auf Arbeits- oder Schulkonto zugreifen*, ob die Azure AD-E-Mail-Adresse für Ihre Organisation oder Bildungseinrichtung unter der Schaltfläche *Verbinden* erscheint.

> **HINWEIS** **Privatgeräte bei Azure AD registrieren**
>
> Sie können ein Privatgerät bei Azure AD registrieren, indem Sie den Assistenten *Geschäfts-, Schul- oder Unikonto einrichten* verwenden. Privatgeräte sind dann in Azure AD bekannt, werden aber nicht vollständig von der Organisation verwaltet.

Gedankenexperimente

In diesen Gedankenexperimenten wenden Sie an, was Sie über die in diesem Kapitel behandelten Themen wissen. Die Antworten auf die Fragen der Gedankenexperimente finden Sie im nächsten Abschnitt.

Szenario 1

Contoso hat 2000 Arbeitsstationen, die bisher unter Windows 8.1 Pro laufen. Das Unternehmen möchte ein In-Place-Upgrade auf Windows 10 Enterprise vornehmen. Die meisten Benutzer arbeiten in der Hauptstelle, 50 Mitarbeiter allerdings an anderen Orten. Die Angestellten arbeiten bereits mit Office 365 Pro Plus, und das Unternehmen erwägt, ein Microsoft 365 Enterprise-Abonnement zu kaufen.

Sie arbeiten als Consultant für Contoso, beantworten Sie folgende Fragen:

1. Ist ein In-Place-Upgrade eine geeignete Methode, um Windows 10 bereitzustellen?

2. Ihr Manager hat Bedenken, dass der Umzug in die Cloud problematisch ist und zusätzliche Kosten und Mehraufwand fällig werden, um Azure Active Directory für Ihre Benutzer zu konfigurieren. Was sollten Sie Ihrem Manager raten?

3. Das Management hat das Rollout von Microsoft 365 Enterprise an alle Contoso-Mitarbeiter genehmigt. Sie sind nicht sicher, wie Sie den Upgradevorgang von Windows 8.1 auf Windows 10 verwalten sollen. Über welche zentrale Online-Ressource können Sie eine Sammlung von Tools und Ressourcen beziehen, mit denen Sie die Geräte-Upgrades planen und verwalten?

4. Die Geräte in Ihrer Forschungs- und Entwicklungsabteilung brauchen Zugriff auf ein geschütztes Funknetzwerk, das parallel zu den Upgrades implementiert wird. Sie sollen die WLAN-Einstellungen für die Geräte der Forschungs- und Entwicklungsabteilung mit möglichst geringem Aufwand bereitstellen. Welchen Weg wählen Sie für diese Aufgabe?

Szenario 2

Contoso hat 50 Außendienstmitarbeiter, die sich über das ganze Land verteilen. Diese Mitarbeiter erhalten neue Surface Books als Ersatz für ihre alten Notebooks. Statt die Geräte von den Benutzern bei ihrem nächsten Besuch in der Firmenzentrale abholen zu lassen, entscheiden Sie, sie vom Händler direkt an die Außendienstmitarbeiter schicken zu lassen. Sie haben vor, die Geräte mit Windows AutoPilot bereitzustellen.

Beantworten Sie Ihrem Manager folgende Fragen:

1. Wie wird erkannt, dass die Geräte Contoso gehören, wenn sie nicht vorher von der IT-Abteilung konfiguriert wurden?

2. Woher wissen die Außendienstmitarbeiter, dass sie dem Gerät vertrauen können und dass es Contoso gehört, wenn sie es direkt vom Händler geschickt bekommen?

3. Woher weiß ein Benutzer, dass die Gerätekonfiguration aufgespielt wird? Und kann ein Benutzer die Gerätekonfiguration umgehen?

4. Wie lässt sich das Gerät so schützen, dass alle Sicherheits- und Compliance-Richtlinien von Contoso eingehalten werden?

Szenario 3

Ihre Organisation expandiert und betreibt momentan eine Mischung unterschiedlicher Betriebssysteme auf ihren Geräten, darunter Windows 7 und Windows 10 Pro. Das Unternehmen möchte, dass auf allen Geräten ein einheitliches Betriebssystem läuft.

Beantworten Sie Ihrem Manager folgende Fragen:

1. Einige Geräte wurden mit Windows 10 im S-Modus gekauft. Wie kann das Unternehmen bei diesen Geräten ein Upgrade von Windows 10 im S-Modus auf Windows 10 Pro durchführen?

2. Sie sollen ein Tool empfehlen, das ein Inventar aller Geräte und Apps auflistet. Der Verwaltungsaufwand sollte dabei möglichst gering sein. Was empfehlen Sie?

3. Sie wollen die Beeinträchtigung der Benutzer während des Rollouts von Windows 10 Pro möglichst gering halten. Welchen Bereitstellungsansatz empfehlen Sie, um möglichst viele Benutzer- und Anwendungseinstellungen beizubehalten und die Ausfallzeit für Benutzer möglichst kurz zu halten?

Szenario 4

Adatum Corporation verwendet Microsoft 365 und hat auf allen Geräten Windows 10 Enterprise implementiert. Sie konfigurieren Windows Update for Business und stellen mit Microsoft Intune Updateringe zusammen.

Beantworten Sie Ihrem Manager folgende Fragen:

1. Zwei der Zweigstellen haben eine langsame Internetanbindung und das IT-Team macht sich Sorgen, dass die Betriebsanforderungen schwierig umzusetzen sind. Welche Maßnahme könnten Sie für die Geräte in diesen Zweigstellen implementieren, um den Bandbreitenverbrauch von Windows-Updates einzuschränken?

2. Windows-Updates, die von den Geräten in der Firmenzentrale empfangen werden, beanspruchen einen zu großen Teil der verfügbaren Bandbreite. Benutzer beschweren sich, dass der Zugriff auf das Internet zu langsam ist. Welche Einstellungen können Sie in Microsoft Intune konfigurieren, damit die Internetanbindung in der Zentrale flüssiger läuft?

3. Ihr Compliance-Manager hat von der zuständigen Regulierungsbehörde die Bestätigung bekommen, dass Windows 10 Enterprise, Version 1809, die relevanten Richtlinien erfüllt. Sie müssen sicherstellen, dass alle Geräte nur diese Windows-Version verwenden, bis der Compliance-Manager bestätigt, dass eine neue Version als richtlinienkonform anerkannt ist. Wie gehen Sie vor?

4. Sie müssen in Zusammenarbeit mit dem Compliance-Manager sicherstellen, dass die Richtlinienkonformität künftiger Versionen von Windows 10 Enterprise bestätigt wird, bevor der Support für die bereitgestellte Windows 10-Version ausläuft. Wie können Sie proaktiv die Richtlinienkonformität neuer Windows 10-Versionen überprüfen?

Szenario 5

Adatum Corporation verwendet Microsoft 365 und hat auf allen Geräten Windows 10 Enterprise implementiert. Der Sicherheits-Manager hat Sie beauftragt, für alle Benutzer Azure MFA zu implementieren.

Beantworten Sie Ihrem Manager folgende Fragen:

1. Die meisten Angestellten haben Smartphones, die sie für Azure MFA verwenden können. Wie wird ein Smartphone für Azure MFA verwendet und welche Möglichkeit gibt es für Angestellte ohne Smartphone?

2. Das Unternehmen möchte verhindern, dass Angestellte gängige Kennwörter, Markennamen, Orte und kompromittierte Kennwörter verwenden. Welche Lösung empfehlen Sie?

3. Sie implementieren den Sperrbildschirm für Geräte mit einer kurzen Verzögerung, aber die Benutzer sind genervt, weil die Geräte gesperrt werden, während sie ein Telefongespräch führen. Empfehlen Sie eine andere Lösung, die verhindert, dass Benutzer ihre Geräte unversperrt zurücklassen, während sie sich von ihrem Schreibtisch entfernen.

4. Ein Angestellter will mit seinem Privatgerät von zu Hause auf Unternehmens-E-Mail zugreifen. Die Sicherheitsrichtlinie des Unternehmens schreibt vor, dass alle Zugriffe auf Unternehmens-E-Mail auf sichere Weise ablaufen und dass auf Privatgeräten keine Inhalte über die Zwischenablage zwischen Unternehmens- und Privat-Apps ausgetauscht werden. Wie sollten Sie vorgehen?

Antworten zu den Gedankenexperimenten

Dieser Abschnitt enthält die Lösungen zu den Fragen, die in den Gedankenexperimenten gestellt wurden.

Szenario 1

1. Ja, Microsoft unterstützt und empfiehlt das In-Place-Upgrade.

2. Sie sollten Ihrem Manager erklären, dass Contoso bereits Azure Active Directory nutzt, weil Azure AD im bereitgestellten Office 365 ProPlus enthalten ist. Der zusätzliche Arbeitsaufwand ist minimal und es werden keine zusätzlichen Kosten fällig.

3. Upgrade Readiness, eine Komponente von Windows Analytics, stellt eine Sammlung von Tools bereit, mit denen Sie Geräteupgrades planen und verwalten können; ein grafischer Workflow leitet Sie durch den Prozess.

4. Indem Sie ein Bereitstellungspaket erstellen, zum Beispiel im integrierten Assistenten *Desktopgeräte bereitstellen*, können Sie die WLAN-Einstellungen einfach und schnell auf den Geräten bereitstellen.

Szenario 2

1. Der Händler ruft die Hardware-ID ab und registriert sie direkt beim Windows AutoPilot-Dienst. So wird die Verknüpfung mit dem Azure AD-Mandanten von Contoso hergestellt.

2. Beim ersten Einschalten öffnet sich ein Anmeldebildschirm, der das Unternehmens-Branding von Contoso anzeigt. Dieses Branding wurde im Azure AD-Portal von Contoso konfiguriert.

3. Sie können festlegen, dass während der Gerätekonfigurationsphase die Registrierungsstatusseite angezeigt wird. Auf diese Weise kann der Benutzer den Fortschritt des Konfigurationsprozesses beobachten. Sie können verhindern, dass ein Gerät benutzt wird, indem Sie in den Einstellungen der Registrierungsstatusseite die Option *Geräteverwendung blockieren, bis alle Apps und Profile installiert sind* einschalten.

4. Das Gerät wird automatisch in Azure AD eingebunden, sobald der Außendienstmitarbeiter seine Azure AD-Anmeldeinformationen eingibt. Es wird dann automatisch in Microsoft Intune registriert, und alle Contoso-Richtlinien werden konfiguriert.

Szenario 3

1. Die Geräte können einzeln über den Microsoft Store oder in der Einstellungen-App aktualisiert werden. Wenn das Unternehmen Microsoft Intune einsetzt, können Sie damit eine Gruppe von Geräten konfigurieren, sofern sie schon in Azure AD bekannt sind.

2. Das Unternehmen kann Upgrade Readiness verwenden. Es erstellt ein detailliertes Inventar der Geräte und Apps. Stattdessen können Sie auch das Microsoft Assessment and Planning Toolkit vorschlagen, es erfordert aber einen deutlich höheren Verwaltungsaufwand.

3. Sie sollten ein In-Place-Upgrade auf Windows 10 Pro empfehlen. Dabei bleiben alle Benutzer- und Anwendungseinstellungen erhalten. USMT kann die Benutzer- und Anwendungseinstellungen sichern und wiederherstellen, aber das wäre zeitaufwendiger und ist gar nicht nötig, weil die Benutzer ihre bisherigen Geräte behalten und ein direktes Upgrade vom bisherigen Betriebssystem auf Windows 10 Pro möglich ist.

Szenario 4

1. Sie sollten in der Einstellungen-App auf der Seite *Übermittlungsoptimierung* die Option *Downloads von anderen PCs zulassen* einschalten, damit Updates von PCs im lokalen Netzwerk abgerufen werden können. Konfigurieren Sie diese Einstellung auf den meisten Geräten; mindestens eines muss aber in der Lage sein, Updates vom Microsoft Update-Dienst abzurufen.

2. Sie können für Geräte der Firmenzentrale die Übermittlungsoptimierung implementieren, damit sie Updates von anderen PCs im Netzwerk abrufen. Außerdem können Sie Maßnahmen zur Bandbreitenoptimierung konfigurieren, um einzuschränken, wie viel Bandbreite während der festgelegten Geschäftszeiten für Updates verbraucht wird.

3. Sie sollten Windows 10 Enterprise, Version 1809 (halbjährlicher Kanal), installieren und eine Richtlinie für Windows Update for Business implementieren, die Windows-Funktionsupdates für die Höchstdauer von 365 Tagen zurückstellt.

4. Melden Sie sich beim Windows Insider-Programm an und installieren Sie Windows 10-Preview-Builds. Testen Sie, ob bei diesen Builds Kompatibilitätsprobleme auftreten. So müsste alles für Tests des nächsten Releases aus dem halbjährlichen Kanal bereitstehen, was die Bestätigung der Richtlinienkonformität beschleunigt.

Szenario 5

1. Die Benutzer können die Microsoft Identitätsüberprüfungs-App auf ihren Smartphones installieren oder die Authentifizierung mit SMS-Nachrichten oder Telefonanrufen überprüfen lassen. (Benutzer ohne Smartphone können mit einem OATH-Hardware-Token ausgestattet werden. OATH-Token generieren ein kurz gültiges Einmalkennwort, das als zweite Authentifizierungsmethode genutzt werden kann.)

2. Sie können den Azure AD-Kennwortschutz implementieren, der eine Liste mit bis zu 1000 gesperrten Kennwörtern überprüft, wenn ein Benutzer sein Kennwort anlegt oder ändert.

3. Sie sollten die dynamische Sperre konfigurieren.

4. Das Gerät sollte über das Geschäftskonto des Benutzers bei Azure AD und in Microsoft Intune registriert werden. MDM-App-Schutzrichtlinien können dann die E-Mail-Client-App bereitstellen und Sicherheitsanforderungen des Unternehmens durchsetzen, die den Zugriff des Angestellten auf die Unternehmens-E-Mail-App regeln.

Zusammenfassung des Kapitels

- Beispiele für dynamische Bereitstellungsmethoden sind Azure AD, Mobile Device Management, Bereitstellungspakete, Abonnementaktivierung und Windows AutoPilot.

- Dynamische Bereitstellungsmethoden versuchen, eine vorhandene Windows 10-Installation zu transformieren, statt sie zu ersetzen oder ein Upgrade vorzunehmen.

- Bereitstellungspakete werden im Windows-Designer für die Imagekonfiguration erstellt, der als Komponente des Windows ADK oder als App im Microsoft Store erhältlich ist.

- Windows Analytics ist eine Cloud-basierte, kostenlose Lösung, die Device Health, Update Compliance und Upgrade Readiness umfasst.

- Mit Windows AutoPilot können Sie die Anpassung der OOBE-Phase (Out-of-Box Experience) automatisieren und Geräte nahtlos in MDM registrieren.

- Alle Windows 10-Editionen ab der Version 1703 sind lizenziert, Windows AutoPilot zu benutzen; dazu werden Azure AD und eine MDM-Lösung benötigt.

- Auf der Registrierungsstatusseite von Windows AutoPilot sehen Benutzer den Fortschritt während der Geräteeinrichtung.

- Gerätehersteller können Gerätedaten mit dem Windows AutoPilot-Dienst extrahieren und registrieren. Stattdessen können Sie auch das PowerShell-Cmdlet `Get-WindowsAutoPilotInfo.ps1` verwenden, um die Hardware-ID für Ihre vorhandenen Geräte zu ermitteln.

- Sie können kein Downgrade von irgendeiner Windows 10-Edition auf Windows 7, 8 oder 8.1 vornehmen.

- Windows 10 im S-Modus kann über den Microsoft Store jederzeit auf eine andere Edition von Windows 10 umgestellt werden.

- Upgrade Readiness, eine Komponente von Windows Analytics, stellt kostenlose Tools bereit, mit denen Unternehmen den vollständigen Upgradevorgang planen und verwalten können.

- Wenn Sie Geräte so konfigurieren, dass sie Telemetrie an Ihre Windows Analytics-Umgebung übermitteln, müssen Sie die Organisations-ID auf Ihren Geräten eintragen, damit sie ihre Telemetriedaten an den richtigen Empfänger schicken.

- Nach dem Konfigurieren der Windows Analytics-Anforderungen müssen Sie 48 bis 72 Stunden warten, bevor die ersten Daten in der Lösung auftauchen.

Migrieren Sie nach Möglichkeit alle Benutzerprofile und Einstellungen, um die Arbeit der Benutzer nur gering zu beinträchtigen.

Unternehmen können den Benutzerzustand mit dem User State Migration Tool auf sichere Weise auslesen, speichern und wiederherstellen.

Windows 10 nutzt die Übermittlungsoptimierung, um Updates schneller zu übertragen und die Auslastung der externen Bandbreite zu verringern.

Mit Windows Update for Business können Sie drei Arten von Updates verwalten: Qualitätsupdates, Funktionsupdates und nicht zurückstellbare Updates.

Unternehmen können Qualitätsupdates höchstens 30 Tage zurückstellen, Funktionsupdates höchstens 365 Tage.

Sie können Servicing Channels und Updateringe mit Gruppenrichtlinien oder Microsoft Intune implementieren.

Versionen der Windows 10-Editionen Enterprise und Education, die im September veröffentlicht werden, erhalten 30 Monate ab dem Erscheinungstermin Support.

Sie können die Einstellungen-App oder Update Compliance verwenden, um Windows 10-Updates in einem Unternehmen zu überwachen.

Mit Windows Hello können Sie Biometrie einsetzen, um Benutzer zu authentifizieren.

Mit dem Azure AD-Kennwortschutz können Sie eine Liste mit bis zu 1000 gesperrten Kennwörtern definieren, die Ihre Benutzer nicht verwenden dürfen.

Bei der Mehr-Faktoren-Authentifizierung brauchen Benutzer zwei (oder mehr) Faktoren, um sich zu identifizieren.

Windows Hello for Business ist die Unternehmensimplementierung von Windows Hello. Benutzer können sich damit bei Active Directory oder Azure AD authentifizieren, woraufhin sie Zugriff auf Netzwerkressourcen erhalten.

Mit der dynamischen Sperre können Benutzer, die ein Smartphone haben, ihre Geräte automatisch sperren, sobald sie sich vom Schreibtisch wegbewegen.

KAPITEL 2

Richtlinien und Profile verwalten

Die Prüfung MD-101, »Management von Modern Desktops«, konzentriert sich darauf, wie Sie Windows 10-Geräte mit modernen Tools und Diensten wie Microsoft Intune verwalten. Weil die Cloud-basierte Geräteverwaltung relativ neu ist, gibt es noch viele Organisationen, die für ihre Geräteverwaltung herkömmliche Technologien wie Gruppenrichtlinien und System Center Configuration Manager einsetzen. Microsoft unterstützt beide Umgebungen und empfiehlt großen Organisationen, für ihre Infrastruktur eine Co-Verwaltung als Kombination aus herkömmlichen und modernen Cloud-basierten Lösungen zu implementieren.

Sie müssen wissen, wie Sie die Co-Verwaltung planen und implementieren und wie Sie Geräte einerseits über Richtlinien und andererseits über Profile in Microsoft Intune konfigurieren. Außerdem müssen Sie die Abläufe bei der herkömmlichen Benutzerprofilverwaltung beherrschen und wissen, wie Azure Active Directory es Benutzern ermöglicht, ihre Windows-Einstellungen geräteübergreifend zu synchronisieren, sogar wenn sie im Remotezugriff arbeiten.

In diesem Kapitel abgedeckte Prüfungsziele:

▧ Prüfungsziel 2.1: Co-Verwaltung planen und implementieren

▧ Prüfungsziel 2.2: Richtlinien für bedingten Zugriff und Gerätekonformitätsrichtlinien implementieren

▧ Prüfungsziel 2.3: Geräteprofile konfigurieren

▧ Prüfungsziel 2.4: Benutzerprofile verwalten

Prüfungsziel 2.1: Co-Verwaltung planen und implementieren

Co-Verwaltung (engl. co-management) bedeutet, dass Sie Geräte sowohl mit dem System Center Configuration Manager (SCCM) als auch Microsoft Intune verwalten. Üblicherweise nutzt eine Organisation Co-Verwaltung, wenn sie bereits SCCM bereitgestellt hat und Clientgeräte einsetzt, die sich für eine Cloud-Verwaltung eignen.

Microsoft Intune implementiert einen MDM-Mechanismus (Mobile Device Management) zum Verwalten von Mobilgeräten wie Smartphones, Tablets und Notebooks sowie von Desktopcomputern. In einer Implementierung wie Microsoft 365 ist die Erstkonfiguration durch die MDM-Autorität aktiviert, daher können Windows-Geräte ihre Konfiguration von Intune abrufen und dem Dienst vertrauen. Neben dem Betriebssystem Windows 10 kann Intune auch Geräteplattformen von Google und Apple verwalten.

Wenn Sie entschieden haben, Ihre Geräte in einer Co-Verwaltungs-Umgebung zu administrieren, müssen Sie überlegen, wie die Geräte parallel über Configuration Manager und Intune verwaltet werden. Sie müssen wissen, wie sich die Unterschiede zwischen den Verwaltungstools auf Ihre Geräte auswirken.

Manche Organisationen setzen Co-Verwaltung als Übergangstechnologie ein, um Geräte mit herkömmlichen Techniken zu verwalten, während sie die Nutzung moderner Verwaltungsfunktionen, die von Intune zur Verfügung gestellt werden, für ihre Windows 10-Geräte erforschen. Es stehen Tools zur Verfügung, mit denen Sie Gruppenrichtlinien auf moderne Intune-Verwaltungsrichtlinien migrieren können. Anzahl und Umfang der von Microsoft Intune angebotenen Features sind ständig gewachsen, daher wird es auch zunehmend in Unternehmen eingesetzt. IT-Administratoren steigen auf Azure Active Directory um und implementieren Cloud-basierte Funktionen wie Windows AutoPilot und Enterprise State Roaming. Der Einsatz von Cloud-Management mit MDM nimmt beständig zu. (Windows AutoPilot wird in Kapitel 1 genauer beschrieben; zu Enterprise State Roaming erfahren Sie weiter hinten in diesem Kapitel mehr.)

Dieses Prüfungsziel behandelt folgende Themen:

▓ Vorrang bei der Co-Verwaltung festlegen

▓ Gruppenrichtlinien auf MDM-Richtlinien migrieren

▓ Eine Strategie für die Co-Verwaltung ausarbeiten

Vorrang bei der Co-Verwaltung festlegen

Die meisten Unternehmen verwenden momentan ein domänenbasiertes Modell für Authentifizierung und Identität, bei dem üblicherweise mindestens ein Windows-Server die Rolle der Active Directory-Domänendienste ausführt. In diesen Szenarien wird die Verwaltung über Gruppenrichtlinienobjekte (Group Policy Objects, GPOs) und Configuration Manager erledigt. Es gibt bestimmte Szenarien, zum Beispiel bei neuen oder kleinen Organisationen, in denen Microsoft Intune eingesetzt werden kann, um alle Geräte zu verwalten und so eine reine Cloud-Verwaltung zu implementieren.

Wenn Unternehmen MDM einführen, versuchen sie oft, die bisherige Verwaltungsstruktur mit modernen Verwaltungsfunktionen wie Intune-Richtlinien nachzubilden. In den meisten Szenarien ist das nicht möglich, weil es nicht zwischen allen Gruppenrichtlinien und MDM-Richtlinien direkte Entsprechungen gibt. Microsoft erklärt, dass es nicht vorhat, die vielen Tausend Gruppenrichtlinieneinstellungen, die bei der herkömmlichen Verwaltung zur Verfügung stehen, in

Intune nachzubauen. Im Lauf der letzten Jahre wurde der Funktionsumfang von Intune allerdings ständig erweitert, sodass Hunderte neuer Richtlinien konfiguriert werden können. Gegenwärtig gibt es über 800 Richtlinien in Intune, die dieselben oder ähnliche Funktionen wie Gruppenrichtlinien bieten.

In dem Maß, in dem der Funktionsumfang von Intune erweitert wird, wird sich auch der Umstieg auf moderne Verwaltungsmethoden beschleunigen, während IT-Administratoren mehr Szenarien erkennen, die sich besser oder ausschließlich für den Einsatz von MDM eignen. Das wird besonders bei modernen Geräten deutlich, die unter Windows 10 laufen.

Organisationen können weiterhin Configuration Manager für ältere Geräte verwenden, die beispielsweise unter Windows 7 oder Windows 8.1 laufen. Während der Übergangszeit können neuere Betriebssysteme auf die moderne Verwaltung umgestellt werden, sie können sogar eine Kombination aus Gruppenrichtlinien und MDM-Richtlinien nutzen. Der parallele Einsatz von Configuration Manager und Intune wird als Co-Verwaltung bezeichnet.

Immer wenn ein Windows-Gerät sowohl mit Gruppenrichtlinien als auch MDM-Richtlinien verwaltet wird, muss entschieden werden, welche Richtlinie wirksam ist. Bei Geräten, die unter Windows 10 bis zur Version 1709 laufen, haben Gruppenrichtlinien immer Vorrang gegenüber MDM-Richtlinien, wenn beide Richtlinientypen angewendet werden.

Seit Windows 10, Version 1803, enthält Intune eine neue Einstellung für den Konfigurationsdienstanbieter (Configuration Service Provider, CSP); sie heißt `ControlPolicyConflict` und umfasst die Richtlinie `MDMWinsOverGP`. Über diese Richtlinie legen Administratoren einen Vorrang fest, der steuert, welche Richtlinie wirksam wird, falls sowohl Gruppenrichtlinien als auch entsprechende MDM-Richtlinien auf das Gerät angewendet werden.

So erstellen Sie eine MDMWinsOverGP-CSP-Richtlinie:

1. Melden Sie sich als globaler Administrator bei Intune oder der Microsoft 365-Geräteverwaltung an.

2. Wählen Sie *Gerätekonfiguration* und dann unter *Verwalten* den Eintrag *Profile*.

3. Klicken Sie auf *Profil erstellen*.

4. Geben Sie einen Namen und eine Beschreibung für das Profil ein.

5. Wählen Sie in der Dropdownliste *Plattform* den Eintrag *Windows 10 und höher* aus.

6. Wählen Sie in der Dropdownliste *Profiltyp* den Eintrag *Custom* aus.

7. Klicken Sie auf dem Blatt *Benutzerdefinierte OMA-URI-Einstellungen* auf *Hinzufügen*.

8. Tragen Sie einen Namen und eine Beschreibung für die benutzerdefinierte Einstellung ein.

9. Geben Sie diese Richtlinienzeichenfolge in das Feld *OMA-URI* ein: **./Device/Vendor/MSFT/Policy/Config/ControlPolicyConflict/MDMWinsOverGP**

10. Wählen Sie im Feld *Datentyp* den Eintrag *Ganze Zahl* aus.

11. Tippen Sie die Zahl **1** in das Feld *Wert* ein (Abbildung 2–1). Damit konfigurieren Sie den CSP als verwendete MDM-Richtlinie und blockieren die Gruppenrichtlinien. Sie können diese Einstellung jederzeit rückgängig machen, indem Sie den Standardwert **0** eintragen.

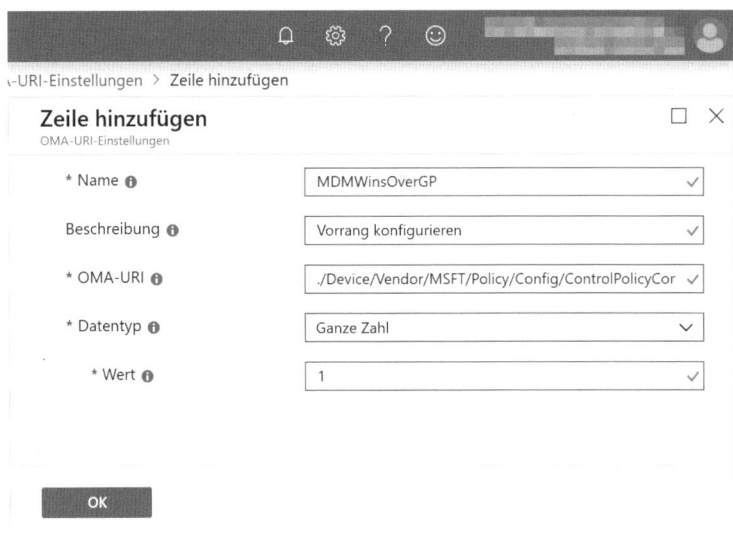

Abb. 2–1   Konfigurieren der Richtlinie *MDMWinsOverGP*

12. Klicken Sie zweimal auf *OK*.

13. Klicken Sie auf dem Blatt *Profil erstellen* auf *Erstellen*.

14. Klicken Sie unter *Verwalten* auf *Zuweisungen*.

15. Wählen Sie unter *Zuweisen zu* das Gerät, die Gruppen oder die Benutzer aus, an die Sie die Richtlinie zuweisen wollen, und klicken Sie auf *Speichern*.

Gruppenrichtlinien auf MDM-Richtlinien migrieren

Es wird von Administratoren erwartet, dass sie sich in die modernen Verwaltungsmethoden und -features für Geräte einarbeiten und beispielsweise wissen, welche Remotevorgänge auf einem Gerät durchgeführt werden können. Zu diesen Remotevorgängen gehören das gezielte Löschen von Daten auf verlorenen oder gestohlenen Geräten, das Zurücksetzen auf die Werkseinstellungen und die AutoPilot-Zurücksetzung. Wenn Organisationen zunehmend Daten in die Cloud verlagern und die herkömmlichen Dateiserverspeicher ausmustern, gewinnen die von Intune angebotenen MDM-Features, zum Beispiel bedingter Zugriff und die Verwaltung mobiler Anwendungen, wahrscheinlich an Bedeutung. Mit diesen Features können Organisationen die Supportkosten für Benutzer und Geräte senken und gleichzeitig sicherstellen, dass beim Zugriff auf die Unternehmensressourcen alle Sicherheitsrichtlinien eingehalten werden.

> ***WEITERE INFORMATIONEN***   **In Gruppenrichtlinien unterstützte Richtlinien**
>
> Eine Liste der Gruppenrichtlinien, die Gegenstücke in den Richtlinien von Microsoft Intune haben, finden Sie auf der Microsoft-Website unter:
>
> *https://docs.microsoft.com/Windows/client-management/mdm/policy-configuration-service-provider#policies-supported-by-gp*

Ein Kritikpunkt an Gruppenrichtlinien war, dass die Anmeldung der Benutzer länger dauert, wenn die Zahl der auf ein Gerät angewendeten GPOs steigt. In manchen Szenarien kann sich die Anmeldung mehrere Minuten hinziehen.

Bei MDM ist die Anwendung der Richtlinie effizienter und schneller. Daher wird Administratoren empfohlen, Gruppenrichtlinien baldmöglichst durch MDM-Richtlinien zu ersetzen.

Sie können ein lokales Tool verwenden, um vorhandene Gruppenrichtlinien zu analysieren und zu entscheiden, ob sie geeignete Kandidaten für die Migration auf Microsoft Intune sind. Das MDM Migration Analysis Tool (MMAT) wertet aus, welche Gruppenrichtlinien für einen Benutzer beziehungsweise ein Gerät konfiguriert wurden, und vergleicht sie mit seiner integrierten Liste der unterstützten Intune-Richtlinien.

Sie können die neueste Version des MDM Migration Analysis Tool (MMAT) unter der folgenden Adresse herunterladen:

https://github.com/WindowsDeviceManagement/MMAT

Wird MMAT auf einem Gerät ausgeführt, generiert es sowohl XML- als auch HTML-Berichte, die Aufschluss darüber geben, inwieweit die Gruppenrichtlinien, die auf das Gerät angewendet wurden, unterstützt werden und ob MDM eine entsprechende Richtlinie anbietet.

So führen Sie MMAT aus:

1. Laden Sie die Remoteserver-Verwaltungstools für Ihr Betriebssystem herunter und installieren Sie sie.

2. Laden Sie über den weiter vorne genannten GitHub-Link die MMAT-Dateien herunter und entpacken Sie den Ordner.

3. Öffnen Sie eine administrative PowerShell-Konsole.

4. Wechseln Sie in den MMAT-Hauptordner, der PowerShell-Skripts und die Datei *MdmMigrationAnalysisTool.exe* enthält.

5. Führen Sie die folgenden Skripts in PowerShell aus:

```
Set-ExecutionPolicy -ExecutionPolicy Unrestricted -Scope Process
$VerbosePreference="Continue"
.\Invoke-MdmMigrationAnalysisTool.ps1 -collectGPOReports -runAnalysisTool
```

6. Warten Sie, bis `Invoke-MdmMigrationAnalysisTool.ps1` abgeschlossen ist, und sehen Sie sich dann die generierten Dateien an:

   • **MDMMigrationAnalysis.xml**   Ein XML-Bericht mit Informationen über Richtlinien für den Zielbenutzer und den Zielcomputer mit Angaben, ob und welche MDM-Gegenstücke verfügbar sind.

   • **MDMMigrationAnalysis.html**   Eine HTML-Darstellung des XML-Berichts (Abbildung 2–2).

   • **MdmMigrationAnalysisTool.log**   Eine Protokolldatei mit Details über die letzte Operation von MMAT.

User Name	Computer Name	OS Version	Report Creation Time	MMAT Version
Administrator	PRODCL.local.com	10.0.16299.0	02/14/2018 15:18:11	v2.1

Computer Policies

(-) SUPPORTED: Security Account Policies

These Security policies are fully supported by MDM. It should be possible to directly migrate these settings to MDM.

Group Policy Name	Group Policy Value	GPO Name	MDM CSP Name	MDM CSP setting URI	Windows OS Version	Feedback?
LockoutBadCount	0	Default Domain Policy	Policy	./Device/Vendor/MSFT/Policy/Config/DeviceLock/EnforceLockScreenAndLogonImage	15063	☐
MaximumPasswordAge	42	Default Domain Policy	Policy	./Device/Vendor/MSFT/Policy/Config/DeviceLock/DevicePasswordExpiration	15063	☐
MinimumPasswordLength	7	Default Domain Policy	Policy	./Device/Vendor/MSFT/Policy/Config/DeviceLock/MinDevicePasswordLength	15063	☐
PasswordComplexity	True	Default Domain Policy	Policy	./Device/Vendor/MSFT/Policy/Config/DeviceLock/PasswordComplexity	15063	☐
PasswordHistorySize	24	Default Domain Policy	Policy	./Device/Vendor/MSFT/Policy/Config/DeviceLock/DevicePasswordHistory	15063	☐

(-) NOT SUPPORTED: Security Account Policies

These Security settings that are configured on the target but not supported by MDM.

Group Policy Name	Group Policy Value	GPO Name	Feedback?
ClearTextPassword	False	Default Domain Policy	☐
MinimumPasswordAge	1	Default Domain Policy	☐
MaxClockSkew	5	Default Domain Policy	☐
MaxRenewAge	7	Default Domain Policy	☐
MaxServiceAge	600	Default Domain Policy	☐
MaxTicketAge	10	Default Domain Policy	☐
TicketValidateClient	True	Default Domain Policy	☐

Abb. 2–2   Beispiel für einen MMAT-Bericht

Microsoft begrüßt Feedback der Kunden zu Richtlinien, die nicht von MDM unterstützt werden, aber für die Migrationspläne einer Organisation wichtig sind. Microsoft wertet dieses Feedback aus und erstellt neue Richtlinien, die von Unternehmen benötigt werden. Das beschleunigt die Einführung von MDM. Senden Sie Feedback zu MMAT an *mmathelp@microsoft.com*.

HINWEIS   MMAT unterstützt nur Gruppenrichtlinien

Das MDM Migration Analysis Tool Version 2.0 wertet nur Gruppenrichtlinien aus. Künftige Versionen von MMAT unterstützen möglicherweise auch andere Technologien wie SCCM, MDM, WMI und PowerShell. Bevor Sie sich zur Prüfung MD-101 anmelden, sollten Sie sich die aktuelle Version von MMAT ansehen und untersuchen, wie es sich verändert hat.

Eine Strategie für die Co-Verwaltung ausarbeiten

Sie haben erfahren, dass die Co-Verwaltung viele Vorteile bietet, besonders in einer gemischten Umgebung aus unterschiedlichen Windows-Versionen, vorhandenen Configuration Manager-Clients und neuen Internet-basierten Geräten.

Einige Vorteile für Geräte bei einer Co-Verwaltung sind:

- Bedingter Zugriff mit Gerätekonformitätsrichtlinien

- Intune-basierte Remotevorgänge, zum Beispiel Neustart, Remotesteuerung oder Rücksetzung auf Werkseinstellungen

- Der Integritätsstatus des Geräts lässt sich zentral beobachten

- Hybrid-Azure AD mit Azure AD Connect

- Benutzer, Geräte und Apps können in der Cloud verwaltet werden

- Moderne Bereitstellung mit Windows AutoPilot

Voraussetzung für die Nutzung der Co-Verwaltung ist, dass ein Gerät sowohl mit Configuration Manager als auch Intune verwaltet wird. Sie wählen eine von zwei Optionen aus, die für Ihre Clients verfügbar sind:

- **Vorhandene Configuration Manager-Clients** Auf Windows 10-Geräten, die vom Configuration Manager verwaltet werden, ist bereits der Configuration Manager-Client installiert. Sobald Sie Hybrid-Azure AD (mit Azure AD Connect) eingerichtet haben, können Sie das Gerät in Intune registrieren.

- **Neue Internet-basierte Geräte** Neue Windows 10-Geräte werden in Azure AD eingebunden und automatisch in Intune registriert. Sie müssen den Configuration Manager-Client installieren, damit ein solches Gerät in die Co-Verwaltung eingebunden werden kann.

> **WEITERE INFORMATIONEN**   **Hybrid-Azure AD für die Co-Verwaltung einrichten**
>
> Wie Sie Windows 10-Geräte, die Mitglieder Ihrer lokalen Domäne sind, mit Azure AD Connect in Hybrid-Azure AD einbinden, beschreibt die Microsoft-Website unter der folgenden Adresse:
>
> *https://docs.microsoft.com/sccm/comanage/quickstart-setup-hybrid-aad*

Tabelle 2–1 beschreibt, welche Voraussetzungen in Ihrem Unternehmen erfüllt sein müssen, damit Sie die Co-Verwaltung implementieren können.

Co-Verwaltungs-Szenario	Anforderungen
Co-Verwaltung für vorhandene Configuration Manager-Clients	Azure-Abonnement (oder kostenloser Test)
	Azure Active Directory Premium P1 oder P2
	Microsoft Intune-Abonnement
	Den Benutzern müssen Lizenzen für Intune und Azure AD Premium zugewiesen sein.
	Azure AD Connect
	System Center Configuration Manager Current Branch
	Intune muss als MDM-Autorität festgelegt sein.
Co-Verwaltung für neue Internet-basierte Geräte	Azure-Abonnement (oder kostenloser Test)
	Azure Active Directory Premium P1 oder P2
	Microsoft Intune-Abonnement
	Den Benutzern müssen Lizenzen für Intune und Azure AD Premium zugewiesen sein.
	Intune ist so konfiguriert, dass es Geräte automatisch registriert.
	System Center Configuration Manager Current Branch, Version 1810 oder neuer
	Intune muss als MDM-Autorität festgelegt sein.
	SSL-Zertifikat eines öffentlichen und global vertrauens- würdigen Zertifikatanbieters

Tab. 2–1 Anforderungen für die Co-Verwaltung

Wenn eine Organisation auf Co-Verwaltung umsteigen will, wird ein mehrstufiger Ansatz emp-fohlen, bei dem Administratoren Features und Funktionen schrittweise auf eine stetig zuneh-mende Zahl von Geräten ausrollen. Bei einem solchen mehrstufigen Rollout kann der Support Probleme und Feedback auswerten, um den Prozess für die nachfolgenden Benutzer- und Ge-rätegruppen zu verbessern.

Sie können Rollout-Gruppen anhand verschiedener Kriterien definieren, zum Beispiel:

- **Pilotgruppe** In die Pilotgruppe für Co-Verwaltung sollten interne IT-Gruppen aufge-nommen werden, die mit Windows 10, Version 1709 oder neuer, arbeiten. Die Benutzer sollten ausreichendes technisches Verständnis haben, um dem Team, das das Rollout koor-diniert, wertvolles Feedback zu liefern.

- **Erweiterte Pilotgruppe** Nach einem erfolgreichen Pilot-Rollout können Sie die Co-Ver-waltung auf eine erweiterte Pilotgruppe ausdehnen. Dieses Rollout berücksichtigt die Ge-räte, Erkenntnisse und Feedback der ursprünglichen Pilotgruppe und beteiligt eine größe-re Zahl von Geräten und Benutzern.

- **Produktivgruppe** Sobald das Pilot-Rollout abgeschlossen ist, sollten Sie damit begin-nen, die Co-Verwaltung für Ihre Produktivgeräte zu konfigurieren.

Ausschlussgruppen Wenn Sie das Rollout für eine Produktivgruppe konfigurieren, ist es vielleicht notwendig, eine Gerätegruppe von der Co-Verwaltung in Ihrer Produktivumgebung auszuschließen, zum Beispiel Computer, die missionskritische Anwendungen ausführen.

Abbildung 2–3 zeigt die verschiedenen Rollout-Gruppen beim Einführen der Co-Verwaltung.

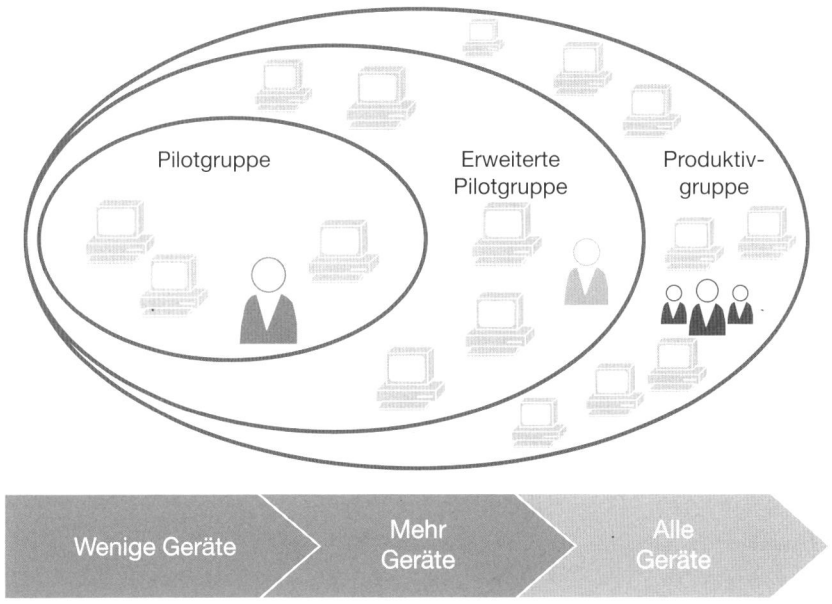

Abb. 2–3 Rollout-Gruppen bei der Co-Verwaltung

System Center Configuration Manager- und Intune-Konsolen können parallel benutzt werden, um die unterschiedlichen Arbeitsauslastungen (oder Geräte und Benutzerszenarien) für dieselben Geräte zu verwalten. Manche Geräte befinden sich dabei vor Ort; andere vielleicht an einem Remotestandort, was für eine Cloud-basierte Verwaltung spricht.

HINWEIS **Hybrid-MDM wurde eingestellt**

Ein früheres Feature namens Hybrid-Mobile Device Management wurde eingestellt. Hybrides MDM ist etwas anderes als Co-Verwaltung. Der Support für Hybrid-MDM endete am 1. September 2019, neue Kunden können keine neue Hybridverbindung mehr aufbauen. Ob Ihre Organisation Hybrid-MDM einsetzt, stellen Sie fest, indem Sie den Administrationsarbeitsbereich der Configuration Manager-Konsole öffnen, *Clouddienste* aufklappen und auf *Microsoft Intune-Abonnements* klicken. Sofern Sie ein Microsoft Intune-Abonnement eingerichtet haben, ist Ihr Mandant für Hybrid-MDM konfiguriert.

Prüfungsziel 2.2: Richtlinien für bedingten Zugriff und Gerätekonformitätsrichtlinien implementieren

Sobald Sie anfangen, Windows 10-Geräte mit Intune zu verwalten, sollten Sie bedingten Zugriff implementieren, um eine differenzierte Zugriffssteuerung für Ihre Unternehmensressourcen einzurichten, zum Beispiel mit kontrollierten Anwendungen für Ihre Daten. Intune arbeitet aktiv mit Azure AD (Azure Active Directory) zusammen, um jedes Mal, wenn auf eine Ressource wie Unternehmens-E-Mail zugegriffen wird, zu prüfen, ob der Status der registrierten Geräte Ihren Richtlinien für bedingten Zugriff entspricht.

Sie müssen wissen, wie Richtlinien für bedingten Zugriff funktionieren, wie sie implementiert werden und wie Sie sie in Ihrer Umgebung verwalten.

Mit Microsoft Intune können Sie festlegen, welche Konformitätsprüfungen Azure AD bei den registrierten Geräten durchführt. Mit Konformitätsrichtlinien erlauben oder verweigern Sie Geräten den Zugriff auf Ihre Unternehmensressourcen. Sie müssen wissen, wie Sie diese Richtlinien so planen, implementieren und verwalten, dass sie die Sicherheitsanforderungen Ihrer Organisation erfüllen.

Dieses Prüfungsziel behandelt folgende Themen:

- Richtlinien für bedingten Zugriff planen
- Richtlinien für bedingten Zugriff implementieren
- Richtlinien für bedingten Zugriff verwalten
- Gerätekonformitätsrichtlinien planen
- Gerätekonformitätsrichtlinien implementieren
- Gerätekonformitätsrichtlinien verwalten

Richtlinien für bedingten Zugriff planen

Intune und Azure AD arbeiten zusammen, um neue Funktionen zur Verfügung zu stellen, die Benutzern, während sie außerhalb der herkömmlichen Büroumgebung arbeiten, den Zugriff auf Ressourcen erleichtern. Bei einer modernen Verwaltung steuern Administratoren alle Geräte, die in Intune registriert sind. Sobald die Registrierung abgeschlossen ist, können Sie steuern, wie Benutzer und Geräte auf Ihre Unternehmensdaten und -Apps zugreifen dürfen. Sie können auch Einschränkungen implementieren, die abhängig von der physischen Position des Geräts wirksam werden. Zum Beispiel können Sie unterschiedlichen Zugriff auf Unternehmensressourcen gewähren, abhängig davon, ob die Benutzer ihre Verbindung aus einem vertrauenswürdigen Netzwerk heraus aufbauen (zum Beispiel aus dem Büro oder dem Haus des Benutzers) oder ob sie sich von einem nicht vertrauenswürdigen Ort aus verbinden, zum Beispiel aus einem Café oder Flughafen.

Wenn ein Clientgerät Zugriff auf Unternehmensressourcen anfordert, zum Beispiel auf Daten in einer kontrollierten Anwendung, prüft Azure AD erst einmal, ob irgendwelche Richtlinien für bedingten Zugriff (engl. conditional access policies) bei Intune aktiv sind und ob eine Richtlinie für bedingten Zugriff eine Bedingung definiert, die nicht erfüllt ist. Falls das Gerät zum Beispiel verschlüsselt sein muss, kann ihm der Zugriff auf die Ressource verweigert werden. Wird die Konfiguration des Geräts so geändert, dass es die Anforderungen erfüllt, erhält es Zugriff.

Der bedingte Zugriff stellt Administratoren ein Werkzeug bereit, mit dem sie komplexe Szenarien einfach verwalten können, zum Beispiel in folgenden Beispielen:

Apps unterstützen, die Mehr-Faktoren-Authentifizierung (MFA) erfordern. Die MFA ist in Azure AD einfach zu konfigurieren und verbessert den Schutz. Wenn bedingter Zugriff MFA für den Zugriff auf bestimmte Apps vorschreibt, ziehen Sie eine zusätzliche Sicherheitsschicht in den Schutz Ihrer Daten ein.

MFA für nicht vertrauenswürdige Netzwerke erzwingen. Wenn ein Benutzer von einem nicht vertrauenswürdigen Ort aus auf Ihre Unternehmensressourcen zugreift (zum Beispiel in einem Flughafen oder einem Internetcafé), können Sie fordern, dass zusätzliche Sicherheitsmaßnahmen implementiert werden. Über bedingten Zugriff können Sie erzwingen, dass Benutzer auf jeden Fall MFA einsetzen, wenn sie von einem nicht vertrauenswürdigen Ort aus eine Verbindung aufbauen.

Office 365-Zugriff nur auf vertrauenswürdigen Geräten erlauben. Wenn Sie all Ihre Daten in Office 365-Dienste wie Exchange Online, OneDrive for Business oder SharePoint Online speichern, kann es sinnvoll sein, den Zugriff auf diese Daten nur von vertrauenswürdigen Geräten aus zu erlauben. Mit bedingtem Zugriff können Sie festlegen, dass nur Geräte, die in Intune registriert sind, und nur PCs, die Mitglieder der lokalen Domäne sind, Zugriff auf Office 365-Apps und -Dienste erhalten.

Richtlinien für bedingten Zugriff definieren Bedingungen (engl. conditions) und Steuerelemente (engl. controls), aus denen sich die Regeln zusammensetzen, die Azure AD auswertet, wenn es über den Zugriff auf Unternehmensressourcen entscheidet. Tabelle 2–2 erklärt diese Begriffe.

Element	Beschreibung
Steuerelemente	Definiert, welche Aktionen erlaubt oder verboten sind, wenn eine Bedingung erfüllt ist. Als Steuerelemente sind verfügbar: Zugriff gewähren Zugriff blockieren Zugriff gewähren, falls zusätzliche Anforderungen erfüllt sind.

→

Element	Beschreibung
Bedingungen	Bezieht sich auf Regeln, die geprüft werden, wenn bedingter Zugriff angefordert wird. Dies können zum Beispiel Geräteverschlüsselung oder Kennwortanforderungen sein. Bedingungen können zum Beispiel auf folgenden Faktoren basieren: ⬚ Verwendete Geräteplattform ⬚ Ort, von dem aus auf die Daten zugegriffen wird ⬚ Client-Apps, mit denen der Zugriff auf die Daten erfolgt

Tab. 2–2   Bedingungen und Steuerelemente

Wie Sie in Tabelle 2–2 sehen, benötigt Intune etliche Informationen über den Status des Geräts, um über den bedingten Zugriff zu entscheiden. Als Element des MDM-Frameworks werden während jeder Synchronisierung ausführliche Informationen über die registrierten Geräte zwischen dem integrierten Geräte-MDM-Agent und Intune ausgetauscht.

Richtlinien für bedingten Zugriff werden erzwungen, nachdem die Authentifizierung auf dem Gerät des Benutzers abgeschlossen ist. Abbildung 2–4 zeigt die Abläufe beim bedingten Zugriff.

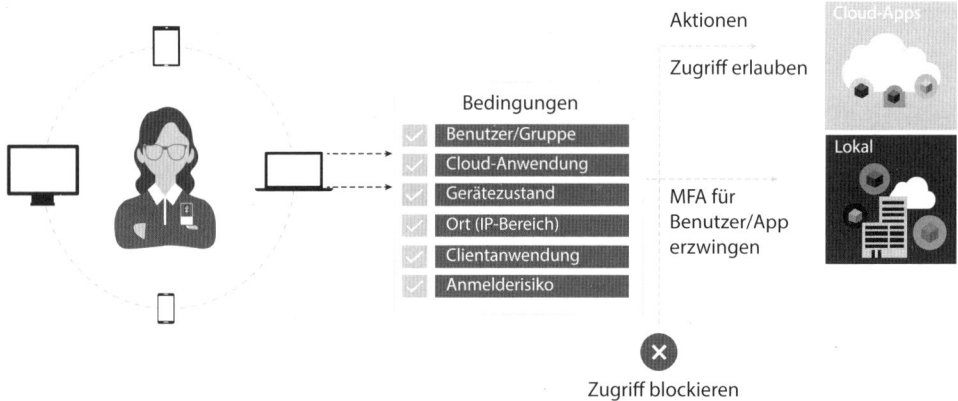

Abb. 2–4   Abläufe beim bedingten Zugriff

Die Gerätedaten können verwendet werden, um in Intune Berichte zu generieren. Außerdem können anhand der Gerätedaten Mitgliedschaftsregeln für dynamische Gruppen erstellt werden, die zum Bereitstellen von Profilen, Richtlinien und Apps an Benutzer und Geräte dienen.

Neben der ausführlichen Liste von Gerätedetails in Tabelle 2–3 kann Intune eine Liste der installierten Apps mit den jeweiligen Versionen zusammenstellen. Diese Liste ist nur für unternehmenseigene Geräte verfügbar und wird alle sieben Tage aktualisiert. Bei unternehmenseigenen Windows 10-Geräten werden nur moderne Apps analysiert.

Detail	Beschreibung	Plattform
Name	Der Name des Geräts	Windows, iOS
Verwaltungsname	Der Gerätename, wie er in der Konsole angezeigt wird. Wenn Sie diesen Namen ändern, ändert sich dadurch nicht der Name auf dem Gerät.	Windows, iOS
UDID	Die eindeutige Gerätekennung	Windows, iOS
Intune-Geräte-ID	Eine GUID, die das Gerät eindeutig identifiziert	Windows, iOS
Seriennummer	Seriennummer des Geräts, vom Hersteller zugewiesen	Windows, iOS
Gemeinsam genutztes Gerät	Falls Ja, teilen sich mehrere Benutzer das Gerät.	Windows, iOS
Benutzergenehmigte Registrierung	Falls Ja, hat das Gerät eine benutzergenehmigte Registrierung, bei der Administratoren bestimmte Sicherheitseinstellungen auf dem Gerät verwalten können.	Windows, iOS
Betriebssystem	Das auf dem Gerät verwendete Betriebssystem	Windows, iOS
Betriebssystemversion	Die Version des Betriebssystems auf dem Gerät	Windows, iOS
Betriebssystemsprache	Die Sprache, die für das Betriebssystem auf dem Gerät eingestellt ist	Windows, iOS
Gesamter Speicherplatz	Der gesamte Speicherplatz auf dem Gerät (in Gigabyte)	Windows, iOS
Freier Speicherplatz	Der unbelegte Speicherplatz auf dem Gerät (in Gigabyte)	Windows, iOS
IMEI	Die International Mobile Equipment Identity des Geräts	Windows, iOS, Android
MEID	Mobile Equipment Identifier des Geräts	Windows, iOS, Android
Hersteller	Der Hersteller des Geräts	Windows, iOS, Android
Modell	Das Modell des Geräts	Windows, iOS, Android
Rufnummer	Die Telefonnummer, die dem Gerät zugewiesen ist	Windows, iOS, Android
Telefondienstanbieter	Der Telefondienstanbieter des Geräts	Windows, iOS, Android
Mobilfunktechnologie	Die vom Gerät benutzte Funktechnologie	Windows, iOS, Android
WLAN-MAC	Media Access Control-Adresse des Geräts	Windows, iOS, Android
ICCID	Integrated Circuit Card Identifier, die eindeutige Kennung einer SIM-Karte	Windows, iOS, Android
Registrierungsdatum	Datum und Uhrzeit, zu der das Gerät in Intune registriert wurde	Windows, iOS, Android
Letzter Kontakt	Datum und Uhrzeit, zu der das Gerät zum letzten Mal mit Intune verbunden war	Windows, iOS, Android

→

Detail	Beschreibung	Plattform
Umgehungscode für Aktivie-rungssperre	Der Code, der eingegeben werden kann, um die Aktivierungssperre zu umgehen	Windows, iOS, Android
In Azure AD registriert	Falls Ja, ist das Gerät in Azure AD registriert.	Windows, iOS, Android
Compliance	Konformitätsstatus des Geräts	Windows, iOS, Android
EAS-aktiviert	Falls Ja, wird das Gerät mit einem Exchange-Postfach synchronisiert.	Windows, iOS, Android
EAS-Aktivierungs-ID	Exchange ActiveSync-Kennung des Geräts	Windows, iOS, Android
Überwacht	Falls Ja, haben Administratoren erweiterte Kontrolle über das Gerät.	Windows, iOS, Android
Verschlüsselt	Falls Ja, sind die auf dem Gerät gespeicherten Daten verschlüsselt.	Windows, iOS, Android

Tab. 2–3   In Intune verfügbare Gerätedaten

Richtlinien für bedingten Zugriff implementieren

Sie können Richtlinien für bedingten Zugriff entweder in Azure AD, Intune oder der Microsoft 365-Geräteverwaltungskonsole implementieren. Mit Richtlinien für bedingten Zugriff können Sie den Zugriff auf Ihre Cloud-Apps und Unternehmensdaten automatisch mit vorher definierten Bedingungen steuern.

Richtlinien für bedingten Zugriff können Sie an folgende Objekttypen zuweisen:

⊠ Benutzer und Gruppen

⊠ Cloud-Apps

⊠ Geräte

Sie können den bedingten Zugriff im Azure AD Admin Center konfigurieren, sofern Sie ein Azure AD Premium-Abonnement haben, oder im Intune-Portal oder der Microsoft 365-Geräteverwaltungskonsole.

Richtlinien für bedingten Zugriff arbeiten parallel zu Konformitätsrichtlinien. Anhand einer Bedingung wird entschieden, ob ein Gerät eine bestimmte Anforderung erfüllt, zum Beispiel ob es verschlüsselt ist. Besteht das Gerät die Konformitätsprüfung, wird die in der Richtlinie für bedingten Zugriff definierte Aktion erlaubt, zum Beispiel der Zugriff auf eine bestimmte App.

Abbildung 2–5 zeigt in einem vereinfachten Ablauf, wie eine Richtlinie für bedingten Zugriff definiert ist.

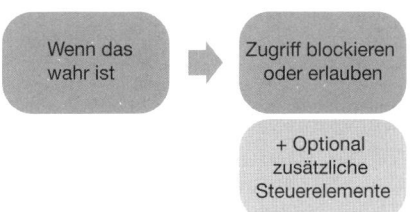

Abb. 2–5   Ablauf beim bedingten Zugriff

Die Felder in Abbildung 2–5 haben folgende Bedeutung:

Wenn das wahr ist   Definiert den Grund, warum die Richtlinie für bedingten Zugriff ausgelöst wird, zum Beispiel muss eine Gruppe von Bedingungen erfüllt sein. Sie können den bedingten Zugriff auf Benutzer (Wer) oder die betroffenen Cloud-Apps (Was) anwenden und dann zusätzliche Bedingungen festlegen, zum Beispiel den Standort. Ein Beispiel: Greifen Mitglieder der Vertriebsabteilung von einem Windows-Gerät aus, das an einem vertrauenswürdigen Ort benutzt wird, auf Microsoft-Teams zu?

Zugriff blockieren oder erlauben   Definiert, was die Richtlinie tun soll. Sie kann den Zugriff auf die Cloud-App blockieren oder erlauben.

Optional zusätzliche Steuerelemente   Wenn die Richtlinie zu einem Ergebnis gelangt ist (Zugriff blockieren oder erlauben), können Sie zusätzliche Anforderungen erzwingen. Sie können zum Beispiel festlegen, dass Mehr-Faktoren-Authentifizierung erzwungen wird oder dass das Gerät in Hybrid-Azure AD eingebunden ist.

Sie können Richtlinien für bedingten Zugriff erstellen, ohne sie zu benutzen. Sie werden auf dem Blatt *Bedingter Zugriff - Richtlinien* aufgelistet. Damit Sie eine Richtlinie für bedingten Zugriff erzwingen können, müssen Sie sie erst einmal aktivieren.

So erstellen Sie eine Richtlinie für bedingten Zugriff:

1. Melden Sie sich als globaler Administrator am Intune-Portal unter *https://devicemanagement.microsoft.com* an.

2. Wählen Sie *Bedingter Zugriff* und klicken Sie auf der Seite *Richtlinien* auf *Neue Richtlinie*.

3. Geben Sie der Richtlinie einen Namen.

4. Klicken Sie unter *Zuweisungen* auf *Benutzer und Gruppen*.

5. Wählen Sie auf der Registerkarte *Einschließen* die Benutzer oder Gruppen aus, auf die Sie diese Richtlinie anwenden wollen. Sie können auch die Registerkarte *Ausschließen* verwenden, wenn Sie bestimmte Benutzer, Rollen oder Gruppen von dieser Richtlinie ausnehmen wollen. Klicken Sie auf *Fertig*.

6. Klicken Sie unter *Zuweisungen* auf *Cloud-Apps oder -aktionen*.

7. Wählen Sie auf der Registerkarte *Einschließen* die Apps und Dienste aus, die Sie mit dieser Richtlinie schützen wollen. Sie können auch die Registerkarte *Ausschließen* verwenden, wenn Sie bestimmte Apps oder Dienste von dieser Richtlinie ausnehmen wollen. Klicken Sie auf *Fertig*.

8. Klicken Sie unter Zuweisungen auf *Bedingungen*.

9. Konfigurieren Sie folgende Optionen:

   - **Anmelderisiko** Ermöglicht Azure AD Identity Protection, das Anmelderisiko zu bewerten.

   - **Geräteplattformen** Legt fest, auf welche Geräteplattformen Sie diese Richtlinie anwenden.

   - **Standorte** Steuert, ob die Richtlinie für alle Standorte, für vertrauenswürdige Netzwerkstandorte unter der Kontrolle Ihrer IT-Abteilung oder für bestimmte Netzwerkstandorte gilt.

   - **Client-Apps** Legt fest, ob die Richtlinie für Browser-Apps, mobile Apps und Desktop-Clients gelten soll. Sie können auch moderne Authentifizierungsclients (etwa Outlook für iOS oder Outlook für Android) und Exchange ActiveSync-Clients auswählen.

   - **Gerätestatus** Steuert, ob bestimmte Gerätezustände ein- oder ausgeschlossen werden.

10. Klicken Sie auf *Fertig*.

11. Wählen Sie unter *Zugriffskontrollen* die Option *Blockzugriff* (missverständlich übersetzte Beschriftung, gemeint ist *Zugriff blockieren*) oder *Zugriff gewähren* aus, um die Steuerung zu erzwingen (Abbildung 2–6). Wenn Sie *Zugriff gewähren* wählen, müssen Sie eine oder mehrere der folgenden Aktionen auswählen:

    - Erfordert mehrstufige Authentifizierung

    - Markieren des Geräts als kompatibel erforderlich

    - Gerät mit Hybrid-Azure-AD-Einbindung erforderlich

    - Genehmigte Client-App erforderlich

    - App-Schutzrichtlinie erforderlich (Vorschau)

12. Wählen Sie unter *Für mehrere Steuerelemente* die Option *Alle ausgewählten Kontrollen anfordern* oder *Eine der ausgewählten Steuerungen anfordern*. Klicken Sie auf *Auswählen*.

13. Stellen Sie den Schalter unter *Richtlinie aktivieren* auf *Ein*, um die Richtlinie zu aktivieren.

14. Klicken Sie auf *Erstellen*.

HINWEIS **Richtlinien für bedingten Zugriff**

Alle Richtlinien für bedingten Zugriff sind standardmäßig deaktiviert. Nachdem Sie die gewünschten Einstellungen konfiguriert haben, müssen Sie die Richtlinie aktivieren, damit sie von Azure AD verarbeitet wird.

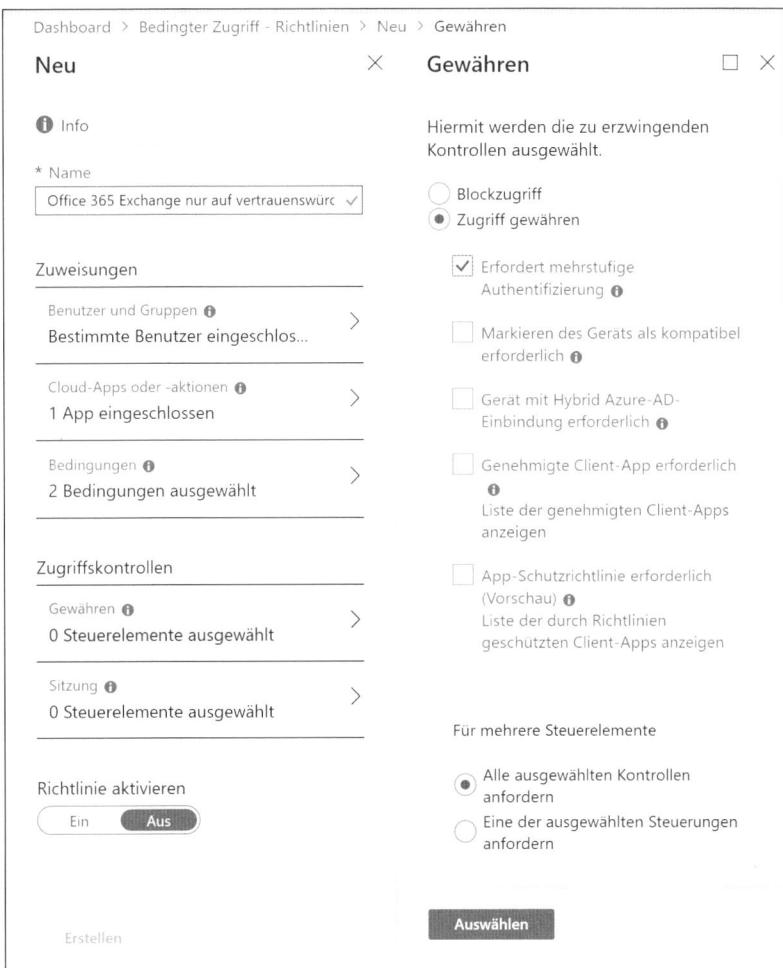

Abb. 2–6 Richtlinie für bedingten Zugriff definieren

Richtlinien für bedingten Zugriff verwalten

Wenn Sie Richtlinien für bedingten Zugriff erstellen und verwenden, sollten Sie jede Richtlinie bei einem ausgewählten Benutzer, einer Gruppe oder einem Gerät testen, um sicherzustellen, dass sie wie vorgesehen funktioniert.

Beim Testen erstellen Sie eine Benutzergruppe außerhalb Ihrer Produktivumgebung, die den Benutzern in Ihrer Organisation ähnelt. So können Sie prüfen, ob Ihre Richtlinien wie erwartet arbeiten. Diese Vorgehensweise verhindert, dass Ihre echten Benutzer den vorhandenen Zugriff auf Apps und Ressourcen verlieren, falls Sie einen Fehler gemacht haben.

Wie bei allen Tests sollten Sie einen Plan ausarbeiten, der den erwarteten Ergebnissen die tatsächlichen Ergebnisse gegenüberstellt. Tabelle 2–4 zeigt einige Beispiele für Testszenarien zum bedingten Zugriff. Die Spalte *Tatsächliches Ergebnis* ist leer, hier tragen Sie ein, was bei jedem Szenario passiert.

Richtlinie	Szenario	Erwartetes Ergebnis	Tatsächliches Ergebnis
Erfordert MFA beim Remotezugriff	Ein autorisierter Benutzer meldet sich an einem vertrauenswürdigen Ort, zum Beispiel im Büro, bei der App an.	Benutzer wird nicht aufgefordert, MFA zu nutzen.	
Erfordert MFA beim Remotezugriff	Ein autorisierter Benutzer meldet sich an einem nicht-vertrauenswürdigen Ort, zum Beispiel in einem Café, bei der App an.	Benutzer wird aufgefordert, MFA zu nutzen, daraufhin kann er sich erfolgreich anmelden.	
Geräteverwaltung	Ein autorisierter Benutzer versucht, sich von einem autorisierten Gerät aus anzumelden.	Zugriff gewährt	
Geräteverwaltung	Ein autorisierter Benutzer versucht, sich von einem nicht autorisierten Gerät aus anzumelden.	Zugriff blockiert	

Tab. 2–4   Testplan für bedingten Zugriff

Wenn Sie überprüft haben, ob Ihre Richtlinien für bedingten Zugriff erwartungsgemäß funktionieren, können Sie eine Richtlinie in der Produktivumgebung bereitstellen, sie eine Weile überwachen und bei Bedarf überarbeiten.

Um den bedingten Zugriff in Ihrem Unternehmen zu verwalten, sollten Sie die Rolle *Administrator für bedingten Zugriff* zugeteilt bekommen. Tabelle 2–5 beschreibt, welche Aufgaben diese Rolle ausführen kann. Benutzer mit der Rolle *Administrator für bedingten Zugriff* erhalten nur die Berechtigungen, Richtlinien für bedingten Zugriff anzusehen, zu erstellen, zu ändern und zu löschen.

Aktionen	Beschreibung
Lesen	Richtlinien für bedingten Zugriff in Azure AD lesen
Ändern	Richtlinien für bedingten Zugriff in Azure AD ändern
Erstellen	Richtlinien für bedingten Zugriff in Azure AD erstellen
Löschen	Richtlinien für bedingten Zugriff in Azure AD löschen

Tab. 2–5   Berechtigungen der Rolle *Administrator für bedingten Zugriff*

> **HINWEIS   Exchange ActiveSync**
>
> Damit ein Benutzer eine Exchange ActiveSync-Richtlinie für bedingten Zugriff in Azure AD bereitstellen kann, muss er ein globaler Administrator sein.

Gerätekonformitätsrichtlinien planen

Viele Organisationen unterliegen behördlichen Regulierungen und müssen Gesetze und Vorschriften einhalten; Tabelle 2–6 zeigt einige Beispiele. Damit die Vorschriften eingehalten werden, müssen Administratoren Geräte und alle darauf gespeicherten Daten so konfigurieren und verwalten, dass die Sicherheits- und Konformitätsanforderungen des Unternehmens berücksichtigt werden. Mit einer modernen Verwaltungslösung können Administratoren Geräte steuern und ihre Nutzung beim Zugriff auf Unternehmensdaten einschränken.

Vorschrift	Region	Anforderung
HIPAA (Health Insurance Portability and Accountability Act of 1996)	USA	Der Zugriff auf Patientendaten und ihre Weitergabe unterliegen zahlreichen Einschränkungen, die IT-Administratoren durch geeignete technische Maßnahmen durchsetzen müssen.
Sarbanes-Oxley Act	USA	CFO (Chief Financial Officer) und CEO (Chief Executive Officer) tragen gemeinsam die Verantwortung für die Finanzdaten. Administratoren müssen Finanzdaten sicher speichern und vor Manipulation, Diebstahl und Löschen schützen.
Gramm-Leach-Bliley Act	USA	Die Verantwortung für Sicherheit liegt beim gesamten Board of Directors. Auch wenn IT-Administratoren nicht direkt den Vorschriften unterliegen, wird die Implementierung und Verwaltung der IT-Sicherheit an sie delegiert.
DSGVO (Datenschutz-Grundverordnung)	EU	Alle Unternehmen müssen die EU-Datenschutzgesetze einhalten, auf die jeder EU-Bewohner ein Recht hat.

Tab. 2–6   Wichtige Vorschriften und ihre Auswirkungen auf Compliance

Mit Microsoft Intune können Sie Gerätekonformitätsrichtlinien (engl. device compliance policies) definieren. Wurde eine solche Richtlinie erstellt, kann sie registrierten Geräten und Gerätegruppen zugewiesen werden. Geräte werden anhand der Konformitätsrichtlinie konfiguriert und sind anschließend richtlinienkonform.

Jedes Mal, wenn ein Gerät versucht, auf Unternehmensressourcen wie eine SharePoint-Team-Site oder Unternehmens-E-Mail zuzugreifen, wird die Richtlinie auf dem Gerät ausgewertet, um den Konformitätsstatus zu analysieren. Nur richtlinienkonforme Geräte erhalten Zugriff auf die Ressourcen.

Um Konformitätsrichtlinien verwenden zu können, braucht die Organisation Azure AD Premium P1- oder -P2-Lizenzen, zusätzlich braucht jedes Gerät eine Intune-Lizenz.

Die folgenden Geräteplattformen können mit Konformitätsrichtlinien verwaltet werden, nachdem sie in Intune registriert wurden:

- Android und Android Enterprise
- iOS und macOS
- Windows 10, Windows 8.1 und Windows Phone 8.1

Wenn Sie untersuchen, welche Maßnahmen notwendig sind, damit Ihre Organisation Compliance erreicht, müssen Sie wahrscheinlich die verfügbaren Features und die Unterstützung für Konformitätsrichtlinien analysieren. Jede Konformitätsrichtlinie in Intune ist plattformspezifisch, und welche Konformitätsrichtlinieneinstellungen verfügbar sind, hängt davon ab, welche Einstellungen der Hersteller der Plattform dem MDM-Framework gegenüber zugänglich macht. Zum Beispiel steht die BitLocker-Verschlüsselung nur auf Windows-Geräten zur Verfügung und Google Play Protect gibt es nur auf der Plattform Android.

Hier einige Beispiele für Konformitätseinstellungen, die Sie für Geräte implementieren können:

- **Kennwort ist für den Zugriff auf Geräte erforderlich**   Zum Beispiel eine PIN oder ein Kennwort.

- **Lokale Datenverschlüsselung**   BitLocker-Verschlüsselung oder ein anderer Systemstartschutz, zum Beispiel sicherer Start.

- **Wurde beim Gerät ein Jailbreak durchgeführt oder ist es gerootet**   Bei manchen Geräten wurde ein Jailbreak durchgeführt oder das Betriebssystem wurde gerootet, was dazu führt, dass es gegen Angriffe von Schadsoftware verwundbar ist.

- **Mindestversion des Betriebssystems**   Verhindert, dass veraltete Software benutzt wird, die möglicherweise Sicherheitslücken aufweist.

- **Maximale Version des Betriebssystems**   Verhindert, dass Software eingesetzt wird, die noch nicht getestet und für den Einsatz im Unternehmen genehmigt wurde.

- **Schutz vor Bedrohungen durch Schadsoftware**   Auf dem Gerät muss eine Antischadsoftware-Lösung aktiviert sein, die Signaturen müssen auf dem neuesten Stand oder der Echtzeitschutz aktiviert sein.

- **Netzwerkstandort**   Blockiert den Zugriff auf ein Unternehmensnetzwerk, falls ein Gerät einen vorgegebenen Standort verlässt.

Nicht konforme Geräte

Wenn ein nicht registriertes Gerät versucht, auf Unternehmensressourcen zuzugreifen, wird es als nicht konform eingestuft (das heißt, dass es die Konformitätsanforderungen nicht erfüllt) und der Zugriff wird blockiert. Falls ein Benutzer das Gerät später in Intune registriert und erneut versucht, auf Unternehmensressourcen zuzugreifen, werden die Intune-Konformitätsrichtlinien erneut ausgewertet. Abhängig von den aktuell gültigen Richtlinien bekommt das Gerät dann Zugriff gewährt oder nicht.

Das Ergebnis für nicht konforme, aber registrierte Geräte sieht üblicherweise so aus, dass der Zugriff auf Unternehmensressourcen blockiert wird. Sie können allerdings bestimmte Aktionen konfigurieren, die bei Verstößen gegen die Konformität ausgelöst werden:

- **E-Mail an Endbenutzer senden**   Sie können eine E-Mail-Nachricht entwerfen, die an den Endbenutzer geschickt wird. Sie können dabei die Empfänger, den Betreff und den Nachrichtentext anpassen. Außerdem können Sie ein Unternehmenslogo und Kontaktdaten hinzufügen. Schließlich können Sie eine Anleitung anfügen, die dem Benutzer erklärt, wie er sein Gerät konform macht.

Das nicht konforme Gerät remote sperren   Geräte, die nicht konform sind, können im Remotezugriff gesperrt werden. Der Benutzer muss eine PIN oder ein Kennwort eingeben, um das Gerät zu entsperren.

Das Gerät als nicht konform markieren   Dem nicht konformen Gerät kann Zugriff auf Unternehmensressourcen gewährt werden, sofern es innerhalb einer bestimmten Frist richtlinienkonform gemacht wird. Ist die Frist abgelaufen, wird ein nicht konformes Gerät blockiert. Stattdessen kann die Frist auf null gesetzt werden, damit die Aktion sofort wirksam wird.

So konfigurieren Sie eine Vorlage für die Benachrichtigungs-E-Mail:

1. Melden Sie sich als globaler Administrator am Intune-Portal unter *https://devicemanagement.microsoft.com* an.

2. Klicken Sie auf *Gerätekompatibilität* und dann unter *Verwalten* auf *Benachrichtigungen*.

3. Klicken Sie auf *Benachrichtigung erstellen*.

4. Tragen Sie auf dem Blatt *Benachrichtigung erstellen* die gewünschten Texte in die Felder *Name*, *Betreff* und *Nachricht* ein (Abbildung 2–7).

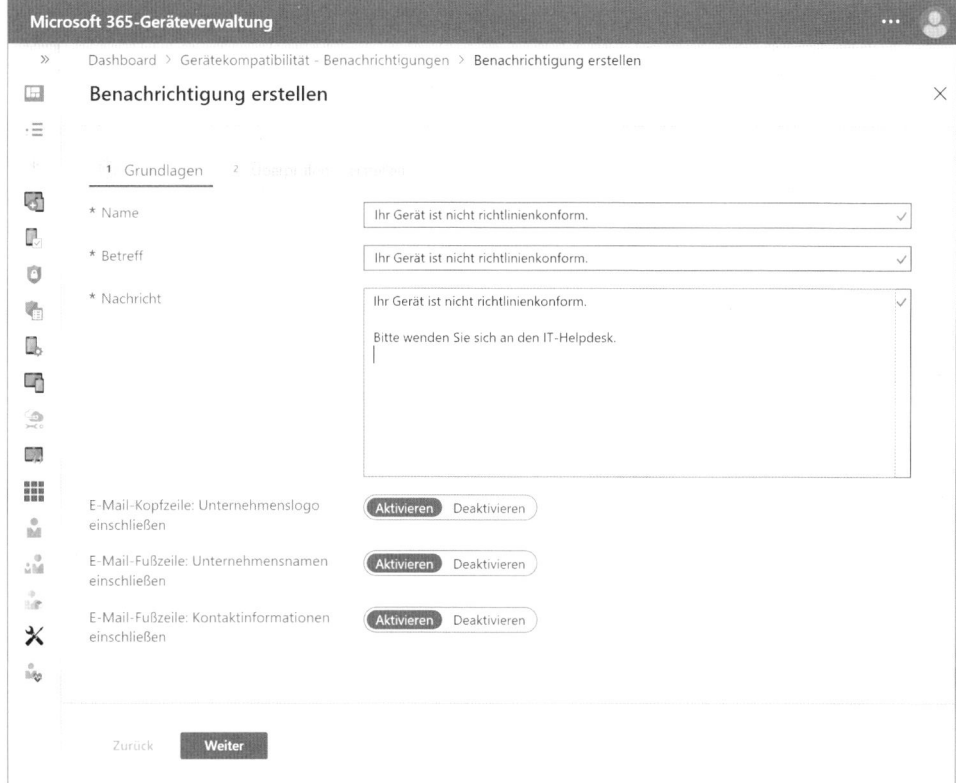

Abb. 2–7   Benachrichtigungs-E-Mail konfigurieren

5. Wählen Sie für die Einstellung *E-Mail-Kopfzeile: Unternehmenslogo einschließen* die Option *Aktivieren* oder *Deaktivieren*.

6. Wählen Sie für die Einstellung *E-Mail-Fußzeile: Unternehmensnamen einschließen* die Option *Aktivieren* oder *Deaktivieren*.

7. Wählen Sie für die Einstellung *E-Mail-Fußzeile: Kontaktinformationen einschließen* die Option *Aktivieren* oder *Deaktivieren*.

8. Klicken Sie auf *Weiter* und dann auf *Erstellen*.

HINWEIS **Unternehmenslogo und Branding in Intune**

Sie können Ihr Unternehmenslogo, Branding und Supportinformationen zur Benachrichtigungs-E-Mail hinzufügen, damit die Benutzer nützliche Hinweise erhalten. Wählen Sie im Intune-Dashboard *Client-Apps*. Klicken Sie unter *Setup* auf *Branding und Anpassung* und konfigurieren Sie die gewünschten Einstellungen.

Netzwerkstandortbasierte Konformitätsrichtlinie

Die Verwaltung von Geräten ist einfach, wenn sie auf eine herkömmliche Büroumgebung beschränkt sind. Administratoren stellen oft fest, dass sich die Probleme gewaltig häufen, sobald Mobilgeräte außerhalb des Büros im Einsatz sind und Zugriff auf Unternehmensressourcen benötigen.

Im Büro erhalten die Geräte über Kabelethernet und geschützte WLAN-Verbindungen ihren Netzwerkzugriff. Der Zugriff auf Unternehmensressourcen über Bürogeräte wird streng kontrolliert und überwacht, alle Benutzeraktivitäten mit Cloud-Apps und Webverkehr werden durch Firewalls gefiltert und anhand von Sicherheits- und Konformitätsrichtlinien des Unternehmens beschränkt.

Mit MDM können Administratoren den Zugriff auf ein Unternehmensnetzwerk, eine App oder eine Ressource sogar dann blockieren, wenn ein Gerät außerhalb des Büros benutzt wird. Sie müssen zuerst in Intune einen Standort definieren, um diese Funktion zu ermöglichen.

So erstellen Sie eine netzwerkstandortbasierte Konformitätsrichtlinie (auch als Network Fencing, also »Netzwerkeinzäunung«, bezeichnet):

1. Melden Sie sich als globaler Administrator am Intune-Portal unter *https://devicemanagement.microsoft.com* an.

2. Klicken Sie auf *Gerätekompatibilität* und dann unter *Verwalten* auf *Speicherorte* (missverständliche Übersetzung der deutschen Benutzeroberfläche, gemeint ist »Standorte«).

3. Klicken Sie auf der Seite *Gerätekompatibilität - Speicherorte* auf *Erstellen*.

4. Tragen Sie auf dem Blatt *Standort erstellen* (Abbildung 2–8) die folgenden Eigenschaften ein. Beachten Sie, dass einige Eigenschaften notwendig sind, andere optional.

   • Geben Sie einen Namen für den Standort ein, zum Beispiel **Firmenzentrale**. (Erforderlich)

   • Geben Sie einen IPv4-Bereich in CIDR-Notation (Classless Interdomain Routing) ein, zum Beispiel **10.0.1.0/22**. Falls das Gerät eine dieser IPv4-Adressen hat, wird es als richtlinienkonform eingestuft. (Optional)

Abb. 2–8   Standort erstellen

- Geben Sie die IPv4-Gatewayadresse ein, zum Beispiel **10.0.1.254**. (Optional)

- Geben Sie die Adresse des IPv4-DHCP-Servers ein, zum Beispiel **10.0.1.10**. (Optional)

- Geben Sie eine Liste der IPv4-DNS-Serveradressen ein, zum Beispiel **10.0.10.1**. Falls das Gerät eine dieser IPv4-DNS-Serveradressen benutzt, wird es richtlinienkonform. (Optional)

- Geben Sie eine Liste der DNS-Suffixe ein, zum Beispiel **cycleshare.com**. Falls das Gerät eines dieser DNS-Suffixe verwendet, wird es richtlinienkonform. (Optional)

5. Klicken Sie auf *Speichern*.

Wenn Sie einen oder mehrere Standorte definiert haben, können Sie eine Richtlinie erstellen, dass Geräte mit einem vertrauenswürdigen Arbeitsplatznetzwerk verbunden sein müssen, um als richtlinienkonform zu gelten. Die Richtlinie können Sie mit Richtlinien für bedingten Zugriff verwenden, um nur dann Zugriff auf Unternehmensressourcen zu gewähren, wenn das Gerät mit dem Arbeitsplatznetzwerk verbunden ist, das als Standort definiert wurde. Wird das Gerät vom Arbeitsplatznetzwerk entfernt, ist es nicht mehr richtlinienkonform und verliert den Zugriff auf Unternehmensressourcen.

Sie können eine eigenständige Konformitätsrichtlinie erstellen, die erzwingt, dass Geräte mit Ihrem Unternehmensnetzwerk verbunden sind, und diese Richtlinie dann an ein Gerät oder eine Gerätegruppe zuweisen; sie wird dann unabhängig ausgewertet. Stattdessen können Sie auch eine vorhandene Konformitätsrichtlinie verwenden und einen vorher definierten Standort in den Richtlinieneigenschaften auswählen.

So fügen Sie einen Standort zu einer vorhandenen Konformitätsrichtlinie hinzu:

1. Melden Sie sich als globaler Administrator am Intune-Portal unter *https://devicemanagement.microsoft.com* an.

2. Klicken Sie auf *Gerätekompatibilität* und dann unter *Verwalten* auf *Richtlinien*.

3. Wählen Sie auf dem Blatt *Gerätekompatibilität* eine vorhandene Konformitätsrichtlinie aus.

4. Klicken Sie unter *Verwalten* auf *Eigenschaften*.

5. Klicken Sie auf dem Blatt *Eigenschaften* auf *Speicherorte*.

6. Klicken Sie auf dem Blatt *Speicherorte* auf *Speicherorte auswählen*.

7. Wählen Sie in der Liste auf dem Blatt *Speicherorte auswählen* Ihren Standort aus und klicken Sie auf *Auswählen*.

8. Klicken Sie auf *Speichern* und dann auf der Eigenschaftenseite der Richtlinie ebenfalls auf *Speichern*.

Wenn Sie einen Standort zu einer Konformitätsrichtlinie hinzugefügt haben, wird ein Gerät sofort als nicht konform eingestuft, wenn es nicht mit den ausgewählten Standorten verbunden ist.

Gerätekonformitätsrichtlinien implementieren

Gerätekonformitätsrichtlinien können mit oder ohne Richtlinien für bedingten Zugriff genutzt werden. Sie führen zu einem der folgenden Ergebnisse:

- **Mit bedingtem Zugriff** Richtlinienkonforme Geräte können auf Unternehmensressourcen zugreifen. Bei Geräten, die nicht konform sind, wird der Zugriff auf Unternehmensressourcen blockiert.

- **Ohne bedingten Zugriff** Diese Richtlinien werten nur den Konformitätsstatus eines Geräts aus. Separat genutzt schränkt eine Konformitätsrichtlinie den Zugriff auf Unternehmensressourcen nicht ein.

Sie können Konformitätsrichtlinien ohne Richtlinien für bedingten Zugriff einsetzen, um den Status Ihrer Geräte zu ermitteln. Das gibt Ihnen die Möglichkeit, Berichte über die Plattformmerkmale der Geräte zu erstellen, zum Beispiel mit folgenden Angaben:

Die Zahl der Geräte, die keine Konformitätsrichtlinien haben

Die Zahl der Geräte, die nicht verschlüsselt sind

Ob Geräte mit Jailbreak oder gerootete Geräte vorhanden sind

Status des Bedrohungs-Agents

Abbildung 2–3 weiter vorne in diesem Kapitel enthält eine Liste der Geräteattribute, über die ein Bericht erstellt werden kann.

Erstellen einer Gerätekonformitätsrichtlinie

Bevor Sie eine Gerätekonformitätsrichtlinie erstellen, sollten Sie eine Konformitätsbenachrichtigung anlegen, damit Intune weiß, wie es auf richtlinienkonforme und nicht konforme Geräte reagieren soll. Im vorherigen Abschnitt wurde das Erstellen einer Konformitätsbenachrichtigung beschrieben. Durch das Definieren der Benachrichtigung haben Sie festgelegt, was passiert, falls ein Gerät nicht konform ist.

Gehen Sie folgendermaßen vor, um eine Intune-Konformitätsrichtlinie zu erstellen, die erzwingt, dass auf registrierten Android-Geräten ein Kennwort mit bestimmter Länge eingegeben wird, bevor der Zugriff auf Unternehmensressourcen gewährt wird:

1. Melden Sie sich als globaler Administrator am Intune-Portal unter *https://devicemanagement.microsoft.com* an.

2. Klicken Sie auf *Gerätekompatibilität* und dann unter *Verwalten* auf *Richtlinien*.

3. Klicken Sie auf dem Blatt *Gerätekompatibilität* auf *Richtlinie erstellen*.

4. Geben Sie **Android-Kennwortkonformität** in das Feld *Name* ein und fügen Sie eine Beschreibung hinzu.

5. Wählen Sie in der Dropdownliste *Plattform* den Eintrag *Android-Geräteadministrator* aus.

6. Klicken Sie auf *Einstellungen* und dann auf dem Blatt *Android compliance policy* auf *Systemsicherheit*.

7. Setzen Sie auf dem Blatt *Systemsicherheit* die Option *Hiermit fordern Sie ein Kennwort zum Entsperren mobiler Geräte an* auf *Anfordern*.

8. Wählen Sie in der Dropdownliste *Erforderlicher Kennworttyp* den Eintrag *Mindestens numerisch* aus (Abbildung 2–9).

9. Tippen Sie **6** in das Feld *Mindestlänge für Kennwort* ein.

10. Sehen Sie sich die übrigen Sicherheitseinstellungen an.

11. Klicken Sie zweimal auf *OK* und dann auf *Erstellen*, um die Richtlinie zu erstellen.

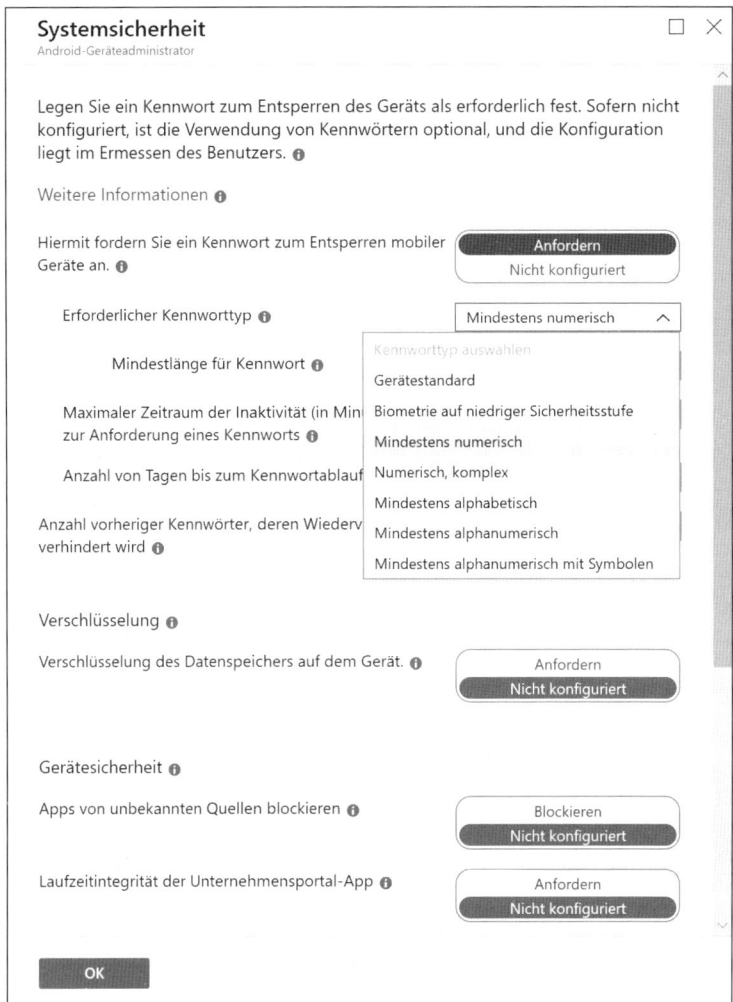

Abb. 2–9   Konformitätsrichtlinie konfigurieren

12. Klicken Sie unter *Verwalten* auf *Zuweisungen*.

13. Wählen Sie unter *Zuweisen zu* das Android-Gerät oder die Gerätegruppe aus, an die Sie die Richtlinie zuweisen wollen, klicken Sie auf *Auswählen* und dann auf *Speichern*.

Wenn Sie die Konformitätsrichtlinie erfolgreich erstellt und zugewiesen haben, erscheint sie in Ihrer Liste der Gerätekonformitätsrichtlinien.

Gerätekonformitätsrichtlinien verwalten

Nachdem Sie Konformitätsrichtlinien in MDM erstellt haben, können Sie den Schutz Ihrer Unternehmensdaten durchsetzen, indem Sie erzwingen, dass Benutzer und Geräte die Anforderungen des Unternehmens erfüllen. Sie haben gesehen, dass eine große Auswahl von Regeln und Einstellungen verfügbar ist; werden sie mit bedingtem Zugriff kombiniert, erlauben sie es den Administratoren, Benutzer und Geräte zu blockieren, die ihre Regeln nicht einhalten.

Wenn einem Gerät eine Konformitätsrichtlinie zugewiesen ist, wird sein Konformitätsstatus ermittelt. Tabelle 2–7 zeigt, welche Werte der Status haben kann.

Status	Schweregrad
Unbekannt	1
Nicht anwendbar	2
Kompatibel	3
In Toleranzperiode	4
Nicht kompatibel	5
Fehler	6

Tab. 2–7 Konformitätsrichtlinienstatus

Wie Sie sehen, nimmt der Schweregrad zu, wenn das Gerät in einem Fehlerzustand oder nicht konform ist. Der Schweregrad wird an Microsoft Intune gemeldet und benutzt, um über den Zugriff auf Ihre Unternehmensdaten zu entscheiden.

Sind einem Gerät mehrere Richtlinien zugewiesen, kann es vorkommen, dass es unterschiedliche Konformitätsstatuswerte hat. In solchen Situationen berechnet Intune einen einzigen Sammelkonformitätsstatus, der dem größten Schweregrad aller Richtlinien entspricht, die dem Gerät zugewiesen sind.

> **HINWEIS Richtlinienkonflikte**
>
> Falls zwei Richtlinien auf ein Gerät angewendet werden und es bezüglich der einen konform ist, bezüglich der anderen aber nicht konform, wird der Status des Geräts auf nicht konform gesetzt.

Intervalle für die Richtlinienaktualisierung

Geräte verbinden sich regelmäßig mit Intune, wobei der Konformitätsstatus überprüft wird. Die Aktualisierungsintervalle sind dieselben wie bei Konfigurationsprofilen, sie sind in Tabelle 2–8 aufgeschlüsselt. Wie Sie sehen, läuft die Konformitätsprüfung häufiger, wenn ein Gerät erst vor Kurzem registriert wurde.

Plattform	Intervall nach der Registrierung	Normales Aktualisierungsintervall
iOS	6 Stunden lang alle 15 Minuten und danach alle 6 Stunden	6 Stunden
macOS	6 Stunden lang alle 15 Minuten und danach alle 6 Stunden	6 Stunden
Android	15 Minuten lang alle 3 Minuten, danach 2 Stunden lang alle 15 Minuten, ab dann alle 8 Stunden	8 Stunden
Windows 10 (als Gerät registriert)	30 Minuten lang alle 3 Minuten, danach alle 8 Stunden	8 Stunden
Windows 8.1	15 Minuten lang alle 5 Minuten, dann 2 Stunden lang alle 15 Minuten, ab dann alle 8 Stunden	8 Stunden

Tab. 2–8   Intervalle für die Aktualisierung von Konformitätsrichtlinien

Wenn ein Benutzer die Unternehmensportal-App auf seinem Gerät öffnet, kann er es synchronisieren, um sofort nach neuen oder aktualisierten Richtlinien zu suchen. Die Unternehmensportal-App zeigt auch den Konformitätsstatus des verwalteten Geräts an. In Fällen, in denen dringende Konformitätsaktionen wie Löschen, Sperren, Zugangscode-Rücksetzung, Bereitstellung neuer Apps, Bereitstellung neuer Profile oder Bereitstellung neuer Richtlinien notwendig sind, fordert Intune sofort die Geräte auf, eine Synchronisierung auszuführen.

Prüfungsziel 2.3: Geräteprofile konfigurieren

Administratoren können MDM-Funktionen (Mobile Device Management) mit Microsoft Intune oder etwas eingeschränkt mit MDM für Office 365 implementieren. Neben der Verwaltung von Einstellungen auf iOS- und Android-Mobilgeräten können Sie mit MDM Richtlinien konfigurieren, die Einstellungen auf allen Windows 10-Geräten wie Desktop-PCs und Notebooks steuern.

Administratoren können jetzt über die Cloud Geräte mit einer MDM-Lösung wie Intune verwalten. Weil MDM die herkömmlichen domänenbasierten Einschränkungen überflüssig macht, die Geräten oft auferlegt werden, bietet es Zugang zu neuen Verwaltungs- und Gerätefunktionen. Sie müssen wissen, wie Geräte in Azure Active Directory registriert werden und wie Intune über die Cloud verwaltet wird. Außerdem müssen Sie wissen, wie Sie Profile und Richtlinien einsetzen, um Geräte zu konfigurieren, den Benutzerzugriff zu steuern und Geräteeinstellungen so zu konfigurieren, dass die Sicherheits- und Konformitätsrichtlinien des Unternehmens eingehalten werden.

Dieses Prüfungsziel behandelt folgende Themen:

■ Geräteprofile planen

■ Geräteprofile implementieren

■ Geräteprofile verwalten

Geräteprofile planen

Wenn Sie den Einsatz von MDM zum Verwalten der Geräte in Ihrer Organisation planen, sollten Sie sich mehrere Bereiche genauer ansehen.

Intune greift für die Authentifizierung auf Azure AD (Azure Active Directory) zurück. Wenn Sie bereits eine lokale AD DS-Umgebung (Active Directory Domain Services) betreiben, können Sie die beiden Identitätsdienste über ein Tool namens *Azure AD Connect* verbinden. Im Abschnitt »Prüfungsziel 2.1: Co-Verwaltung planen und implementieren« (Seite 105) weiter vorne in diesem Kapitel haben Sie erfahren, dass Sie die Co-Verwaltung mit System Center Configuration Manager (SCCM) und Intune für Ihre Geräte einrichten können.

Die beiden zentralen Elemente bei der modernen Verwaltung sind Ihre Benutzer und die Geräte, mit denen sie arbeiten. In einer herkömmlichen Umgebung behält ein Administrator uneingeschränkten Zugriff über die Computerumgebung eines Benutzers, auch über den Desktop des Benutzers; dazu werden SCCM oder Gruppenrichtlinien verwendet. Das kann für den Benutzer eine Einschränkung bedeuten, für den Administrator bietet es aber die umfassendste Kontroll- und Steuermethode. Mit Intune lässt sich ein ähnliches Kontrollniveau erreichen. Der Cloud-basierte Ansatz von Intune ist besonders für Geräte nützlich, die nicht dem Verwaltungsbereich von Gruppenrichtlinien unterliegen, zum Beispiel in folgenden Szenarien:

- Geräte, die keine Domänenmitglieder sind
- Smartphones
- Windows 10-Geräte, die nur in Azure AD eingebunden sind
- Geräte, die ausschließlich im Remotezugriff benutzt werden und keinen Zugriff auf VPN-Lösungen haben

Intune stellt leistungsfähige Features zum Verwalten von Geräten bereit, die sich mit Ihren Unternehmensdaten verbinden; über diese Funktionen können Sie sicherstellen, dass die Sicherheits- und Konformitätsanforderungen des Unternehmens eingehalten werden. Alle registrierten Geräte können gezwungen werden, die definierten Gerätekonfigurationsrichtlinien einzuhalten.

MDM ist ein plattformunabhängiges Geräteverwaltungsprotokoll, das von Smartphones, Tablets und PCs unterstützt wird. Intune umfasst Einstellungen und Features, die Sie auf einer Vielzahl von Mobilgeräten aktivieren oder deaktivieren können. Microsoft hat den MDM-Funktionsumfang in PCs integriert, die unter Windows 10 laufen. Dank des integrierten MDM-Clients in Windows 10 ist Intune in der Lage, Windows 10 so zu verwalten, als wäre es ein Mobilgerät. Intune unterstützt über die Geräteregistrierung folgende Plattformen:

- Apple iOS 9.0 und neuer
- macOS X 10.9 und neuer
- Android 4.4 und neuer, inklusive Samsung Knox 4.4 und neuer sowie Android for Work
- Windows Phone 8.1, Windows RT 8.1 und Windows 8.1 (Sustaining Mode)
- Windows 10 und Windows 10 Mobile
- Windows 10 IoT Enterprise und Windows 10 IoT Mobile Enterprise

Aufgrund der Vielzahl von Plattformen und Geräten können nicht alle Einstellungen und Features auf jeder Geräteplattform konfiguriert werden. Prüfen Sie, welche Einstellungen und Features Sie zu einem Konfigurationsprofil für die unterschiedlichen Geräte und Plattformen hinzufügen können, die in Ihrer Organisation im Einsatz sind (oder deren Anschaffung geplant ist).

Tabelle 2–9 listet die am häufigsten verwendeten Geräteprofile auf. Ein »X« bedeutet, dass eine Profilfunktion auf den entsprechenden Geräten unterstützt wird.

Zahl und Umfang der integrierten Geräteeinstellungen, die von Intune unterstützt werden, steigen immer weiter, während mehr Organisationen Feedback an Microsoft melden und Unterstützung für neue Szenarien anfordern. In jeder neuen Windows 10-Version wird der integrierte MDM-Client durch neue MDM-Funktionen ergänzt, damit er neue Features beherrscht, die in der jeweiligen Windows 10-Version verfügbar sind.

Die letzte Zeile in Tabelle 2–9 bezieht sich auf das Erstellen benutzerdefinierter OMA-URI-Profile (Open Mobile Alliance Uniform Resource Identifier). Mit benutzerdefinierten Profilen können Sie Geräteeinstellungen und Features verwenden, die nicht nativ in Intune integriert sind. Wird eine Einstellung oder ein Feature auf Geräten in Ihrer Organisation unterstützt, müsste es Ihnen gelingen, ein benutzerdefiniertes Profil zu erstellen, das die jeweilige Funktion mit OMA-URI-Einstellungen auf jedem Gerät identisch konfiguriert.

Profiltyp	Beschreibung	Android	Android Enterprise	iOS	macOS	Windows 10
Email (E-Mail)	Verwaltet Exchange Active-Sync-Einstellungen auf Geräten.	X	X	X		X
Device restrictions (Geräteeinschränkungen)	Verhindert bestimmte Gerätenutzungsarten, zum Beispiel Deaktivieren der integrierten Kamera, von Bluetooth-Verbindungen oder eines Smartphonedatentarifs.	X	X	X	X	X
Wi-Fi (WLAN)	Verwaltet die Funknetzwerkeinstellungen für Benutzer und Geräte. In Windows 10 können Sie Einstellungen für Benutzer konfigurieren, um ihnen die Verbindung zum Unternehmens-WLAN zu ermöglichen, ohne die Verbindung von Hand konfigurieren zu müssen. Stattdessen können die Benutzer eine Konfiguration importieren, die vorher auf einem anderen Gerät exportiert wurde.	X	X	X	X	X

→

Profiltyp	Beschreibung	Android	Android Enterprise	iOS	macOS	Windows 10
Administrative templates (Administrative Vorlagen)	Verwaltet Hunderte von Einstellungen für Internet Explorer, OneDrive, Remotedesktop, Word, Excel und andere Office-Programme für Windows 10-Geräte. Der Profiltyp *Administrative templates (preview)* enthält eine vereinfachte Ansicht der Einstellungen, ähnlich wie bei Gruppenrichtlinien. Erfordert Windows 10, Version 1703 oder neuer.					X
Kiosk	Konfiguriert ein Gerät so, dass es eine oder mehrere Apps ausführt, zum Beispiel einen Webbrowser. Dieses Feature unterstützt Windows 10; Kioskeinstellungen sind außerdem als Geräteeinschränkungen für Android-, Android Enterprise- und iOS-Geräte verfügbar.	X	X	X		X
VPN	Konfiguriert VPN-Einstellungen für Geräte. Dieses Feature unterstützt folgende Plattformen: Android Android Enterprise iOS macOS Windows Phone 8.1 Windows 8.1 Windows 10 oder neuer	X	X	X	X	X
Education	Konfiguriert Optionen für die »Take a Test«-App in Windows 10. iOS verwendet die iOS-Classroom-App.			X		X
Certificates (Zertifikate)	Konfiguriert Vertrauens- und andere Zertifikate, die für WLAN-, VPN- und E-Mail-Profile benutzt werden.	X	X	X		X
Edition upgrade	Erlaubt Benutzern das Upgrade bei bestimmten Windows 10-Versionen.					X

→

Profiltyp	Beschreibung	Android	Android Enterprise	iOS	macOS	Windows 10
Endpoint protection (Endpunktschutz)	Konfiguriert Einstellungen für BitLocker und Windows Defender.					X
Windows Information Protection	Konfiguriert Windows Information Protection, um Datenweitergabe zu verhindern.					X
Custom (Benutzerdefiniert)	Mit benutzerdefinierten Einstellungen können Administratoren Geräteeinstellungen zuweisen, die nicht in Intune integriert sind. Dabei werden OMA-URI-Werte (Open Mobile Alliance Uniform Resource Identifier) für Android- und Windows-Geräte festgelegt. Für iOS-Geräte können Sie eine Konfigurationsdatei importieren, die Sie mit Apple Configurator oder Apple Profile Manager erstellt haben.	X	X	X	X	X

Tab. 2–9   Wichtige Intune-Gerätekonfigurationsprofile

Geräteprofile implementieren

Mit einem Geräteprofil können Sie Einstellungen hinzufügen und konfigurieren, um sie anschließend auf Geräten bereitzustellen, die in der Verwaltungslösung Ihrer Organisation registriert sind. Sobald das Gerät Ihr Geräteprofil empfangen hat, werden die Features und Einstellungen automatisch angewendet.

So erstellen Sie ein Geräteprofil für Windows 10-Geräte, das die BitLocker-Laufwerkverschlüsselung für registrierte Geräte konfiguriert:

1. Melden Sie sich als globaler Administrator am Intune-Portal unter *https://devicemanagement.microsoft.com* an.

2. Klicken Sie auf *Gerätekonfiguration*.

3. Klicken Sie unter *Verwalten* auf *Profile* und dann auf *Profil erstellen*.

4. Tragen Sie auf dem Blatt *Profil erstellen* die folgenden Eigenschaften ein:

   - **Name**   Geben Sie dem Profil einen aussagekräftigen Namen.

   - **Beschreibung**   Tragen Sie eine Beschreibung für das Profil ein.

   - **Plattform**   Wählen Sie die Geräteplattform aus.

- **Profiltyp** Wählen Sie den Typ der Einstellungen aus, die Sie konfigurieren wollen. Eine Liste der wichtigsten Konfigurationstypen finden Sie in Tabelle 2–9. (Welche Konfigurationstypen aufgelistet werden, hängt von der ausgewählten Plattform ab.) Wählen Sie *Endpoint protection* aus.

5. Klicken Sie unter *Einstellungen* auf *Konfigurieren*.

6. Klicken Sie auf dem Blatt *Endpoint protection* auf *Windows-Verschlüsselung*.

7. Das Blatt *Windows-Verschlüsselung* öffnet sich. Stellen Sie im Abschnitt *Windows-Einstellungen* die Option *Geräte verschlüsseln* auf *Anfordern* (Abbildung 2–10).

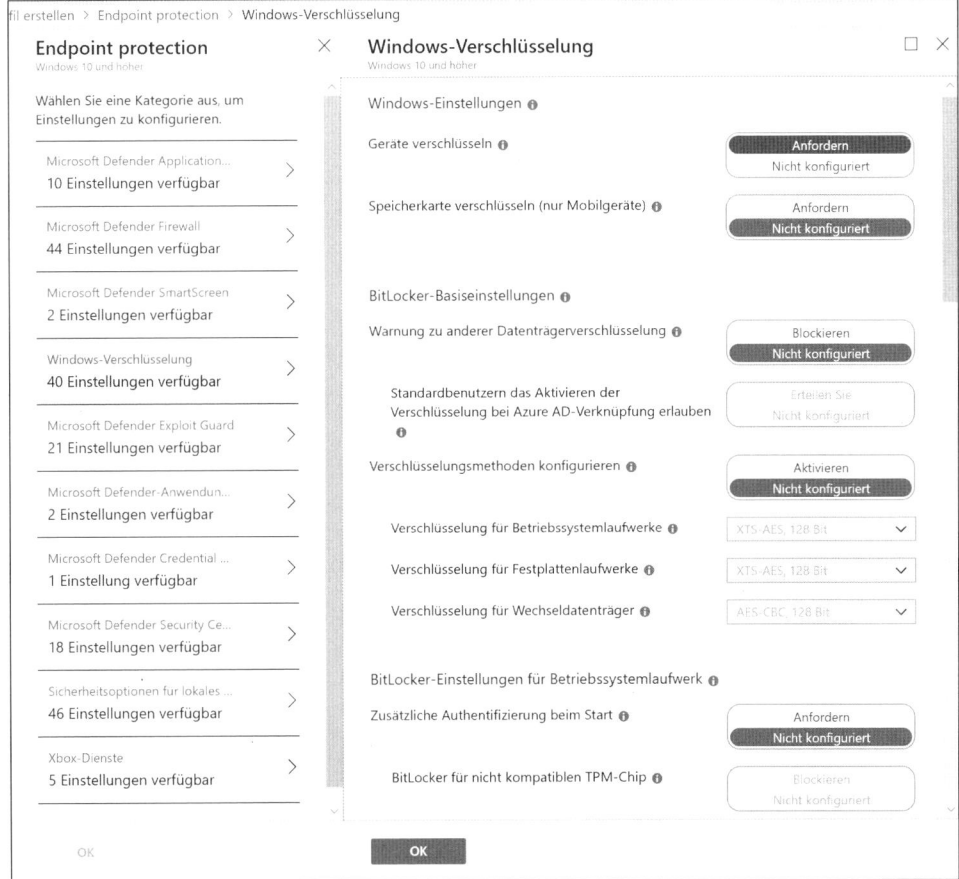

Abb. 2–10   Geräteprofile erstellen

8. Sehen Sie sich die anderen Einstellungen auf diesem Blatt durch und klicken Sie auf *OK*.

9. Sehen Sie sich die anderen Einstellungen auf dem Blatt *Endpoint protection* durch und klicken Sie auf *OK*.

10. Klicken Sie auf dem Blatt *Profil erstellen* auf *Erstellen*.

Sie weisen die neue Richtlinie an Benutzer, Geräte oder Gruppen zu, indem Sie auf dem Blatt *Gerätekonfiguration - Profile* unter *Verwalten* auf *Zuweisungen* klicken.

Profile für administrative Vorlagen bereitstellen

Neben den integrierten Konfigurationsprofilen und benutzerdefinierten Profilen bietet Windows 10, Version 1703 und neuer, Ihnen die Möglichkeit, die aktuelle Sammlung integrierter Richtlinien mit administrativen Vorlagen für Gruppenrichtlinien (ADMX-definierte Richtlinien) zu erweitern. Mit ADMX-definierten Richtlinien können Administratoren Gruppenrichtlinieneinstellungen sowohl für Benutzer als auch Geräte über Intune implementieren. Diese Funktion erweitert Intune um über 250 häufig verwendete Einstellungen.

So erstellen Sie ein Konfigurationsprofil für ein Windows 10-Gerät, das mit administrativen Vorlagen arbeitet:

1. Melden Sie sich als globaler Administrator am Intune-Portal unter *https://devicemanagement.microsoft.com* an.

2. Klicken Sie auf *Gerätekonfiguration*.

3. Klicken Sie unter *Verwalten* auf *Profile* und dann auf *Profil erstellen*.

4. Tragen Sie auf dem Blatt *Profil erstellen* die folgenden Eigenschaften ein:

   - **Name**   Geben Sie dem Profil einen aussagekräftigen Namen.

   - **Beschreibung**   Tragen Sie eine Beschreibung für das Profil ein.

   - **Plattform**   Wählen Sie *Windows 10 und höher* aus.

   - **Profiltyp**   Wählen Sie *Administrative Templates* aus.

5. Klicken Sie auf *Erstellen*.

6. Klicken Sie auf dem Blatt *ADMX - Einstellungen* unter *Verwalten* auf *Einstellungen*.

7. Tippen Sie den Namen einer Einstellung in die Suchleiste oben auf dem Blatt ein oder blättern Sie die Liste der Einstellungen durch.

8. Wählen Sie eine Einstellung aus, zum Beispiel *Remoteverbindungen für Benutzer mithilfe der Remotedesktopdienste zulassen* (Abbildung 2–11). Wählen Sie *Aktiviert*, *Deaktiviert* oder lassen Sie die Einstellung auf *Nicht konfiguriert* (Standardeinstellung).

9. Klicken Sie auf *OK*, um Ihre Änderungen zu speichern.

10. Schließen Sie das Blatt *ADMX - Einstellungen*.

11. Das Profil erscheint nun in der Liste der Profile.

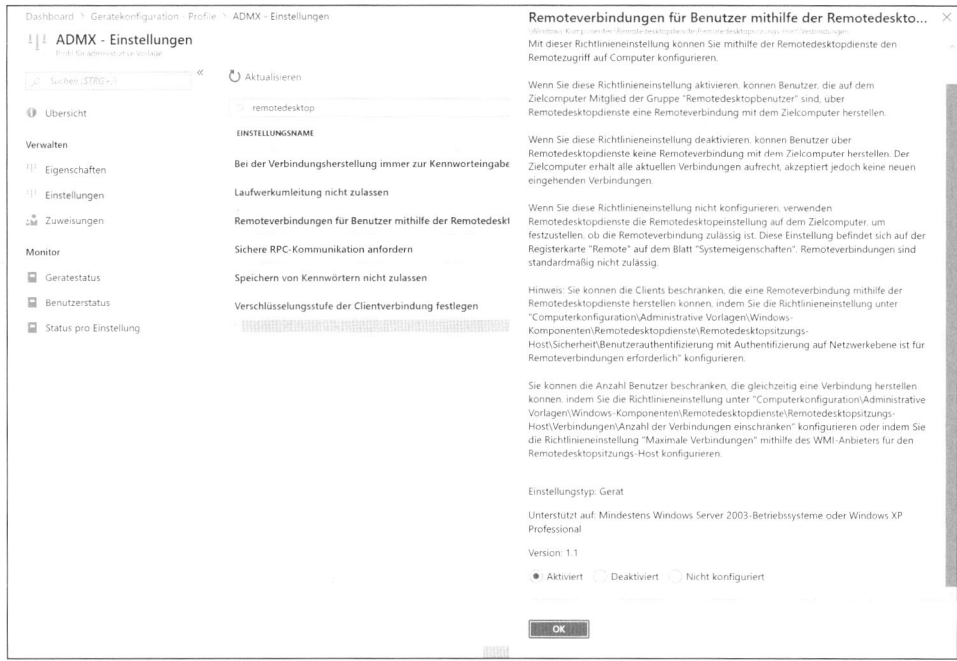

Abb. 2–11   Profile für administrative Vorlagen konfigurieren

Damit Ihr neues Profil auf ein registriertes Gerät angewendet wird, müssen Sie es über Azure AD-Gruppen an Benutzer oder Geräte zuweisen. Dies wird im Abschnitt »Geräteprofile verwalten« (Seite 141) weiter hinten in diesem Kapitel beschrieben.

WEITERE INFORMATIONEN   **Grundlagen von ADMX-definierten Richtlinien**

Der folgende Artikel auf der Microsoft-Website erklärt die Arbeit mit ADMX-definierten Richtlinien:

https://docs.microsoft.com/Windows/client-management/mdm/understanding-admx-backed-policies

---

PowerShell-Skripts in Intune bereitstellen

Für Windows 10-Geräte, die unter der Version 1607 oder neuer laufen, können Sie in Intune PowerShell-Skripts hochladen, die auf den Windows 10-Geräten ausgeführt werden sollen. Intune enthält eine Verwaltungserweiterung, mit der Sie PowerShell-Skripts hinzufügen können. Neben der richtigen Windows 10-Version muss auch die Voraussetzung erfüllt sein, dass Sie die automatische MDM-Registrierung in Azure AD aktiviert haben und die Geräte automatisch bei Intune registriert werden. Die Bereitstellung von PowerShell-Skripts mit Intune wird für alle registrierten Windows 10-Geräte unterstützt, die in Azure AD oder eine Hybrid-Azure AD-Domäne eingebunden sind oder mit Co-Verwaltung verwaltet werden.

Tabelle 2–10 beschreibt die drei Skripteinstellungen, die Sie konfigurieren können, wenn Sie ein PowerShell-Skript über Intune ausführen.

Einstellung	Beschreibung
Dieses Skript mit den Anmelde-informationen des angemeldeten Benutzers ausführen	In der Standardeinstellung läuft das Skript im Systemkontext. Optional können Sie festlegen, dass es stattdessen unter den Anmeldeinformationen des Benutzers auf dem Gerät ausge-führt wird.
Skriptsignaturprüfung erzwingen	In der Standardeinstellung wird die Signaturprüfung nicht er-zwungen. Falls die Signatur des Skripts auf jeden Fall verifiziert werden soll, können Sie die Signaturprüfung erzwingen; dann muss das Skript von einem vertrauenswürdigen Herausgeber signiert sein.
Skript in 64-Bit-PowerShell-Host ausführen	In der Standardeinstellung wird das Skript in einem 32-Bit-PowerShell-Host ausgeführt. Auf einem 64-Bit-Client können Sie das Skript optional in einem 64-Bit-PowerShell-Host aus-führen.

Tab. 2–10   Laufzeiteinstellungen für PowerShell-Skripts

Zum Beispiel können Sie ein PowerShell-Skript erstellen, das eine Win32-Anwendung auf Ihren Windows 10-Geräten installiert. Diese Aufgabe umfasst folgende Phasen:

- Sie schreiben ein PowerShell-Skript, das die Win32-Anwendung installiert.

- Sie laden das Skript als Gerätekonfigurationsprofil auf Intune hoch.

- Sie konfigurieren die Laufzeiteinstellungen für das Skript.

- Sie weisen das Skript an eine Azure AD-Gruppe mit Benutzern oder Geräten zu.

- Das Skript läuft bei der Gruppe, der es zugewiesen wurde.

- Sie überwachen in Intune den Ausführungsstatus des Skripts.

So erstellen Sie eine PowerShell-Skript-Richtlinie:

1. Melden Sie sich als globaler Administrator am Intune-Portal unter *https://devicemanage-ment.microsoft.com* an.

2. Klicken Sie auf *Gerätekonfiguration*.

3. Klicken Sie unter *Verwalten* auf *PowerShell-Skripts*.

4. Klicken Sie auf dem Blatt *Gerätekonfiguration - PowerShell-Skripts* auf *Hinzufügen*.

5. Geben Sie einen Namen und eine Beschreibung für das PowerShell-Skript ein und klicken Sie auf *Weiter*.

6. Wählen Sie die Datei mit dem PowerShell-Skript aus. Das Skript muss kleiner als 200 KB sein.

7. Wählen Sie auf der Registerkarte *Skripteinstellungen* die gewünschten Laufzeiteinstellungen für das PowerShell-Skript aus (Abbildung 2–12).

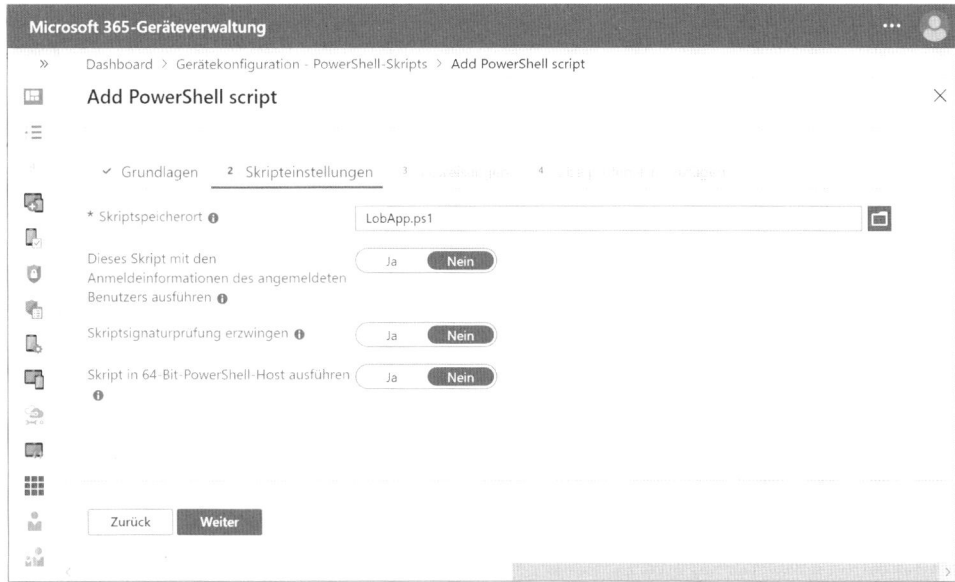

Abb. 2–12   PowerShell-Skript hinzufügen

8. Klicken Sie zweimal auf *Weiter* und dann auf *Hinzufügen*.

Sofern Sie die Richtlinie nicht gleich beim Erstellen an Benutzer, Geräte oder Gruppen zugewiesen haben, können Sie auf dem Blatt des Profils auf *Eigenschaften* klicken und dann im Abschnitt *Zuweisungen* auf *Bearbeiten* klicken.

Sobald Sie ein PowerShell-Skript auf Intune hochgeladen haben, sucht der Verwaltungserweiterungs-Client bei Intune nach neuen PowerShell-Skripts oder Änderungen an vorhandenen Skripts; diese Prüfung wird einmal pro Stunde und nach jedem Neustart wiederholt. Nachdem das PowerShell-Skript einmal auf einem Zielgerät ausgeführt wurde, läuft es nur dann erneut, wenn sich etwas am Skript oder der Richtlinie verändert.

HINWEIS   PowerShell-Berechtigungen

Wenn Sie PowerShell-Skripts über Intune bereitstellen, kann ein Skript unabhängig davon ausgeführt werden, ob ein Benutzer am Gerät angemeldet ist oder nicht. PowerShell-Skripts können an Azure AD-Gerätesicherheitsgruppen und Azure AD-Benutzersicherheitsgruppen zugewiesen werden.

Geräteprofile verwalten

Damit ein Geräteprofil auf ein registriertes Gerät angewendet wird, müssen Sie das Profil mit Azure AD-Gruppen an die gewünschten Benutzer oder Geräte zuweisen.

So weisen Sie ein Geräteprofil an Azure AD-Gruppen zu:

1. Melden Sie sich als globaler Administrator am Intune-Portal unter *https://devicemanagement.microsoft.com* an.
2. Klicken Sie auf *Gerätekonfiguration*.
3. Klicken Sie unter *Verwalten* auf *Profile*. Wurde ein Profil zugewiesen, sehen Sie in der Spalte *Zugewiesen* der Profilliste den Status *Ja*.
4. Wählen Sie auf dem Blatt *Gerätekonfiguration - Profile* das Profil aus, das Sie zuweisen wollen.
5. Klicken Sie auf der Gerätekonfigurationsprofilseite Ihres Profils unter *Verwalten* auf *Zuweisungen*.
6. Wählen Sie entweder die Registerkarte *Einschließen* oder *Ausschließen*, wählen Sie in der Dropdownliste *Zuweisen an* den Eintrag *Ausgewählte Gruppen* und wählen Sie dann die Azure AD-Gruppen aus (Abbildung 2–13). Sie können mehrere Gruppen gleichzeitig auswählen. Stattdessen können Sie auch eine von drei vordefinierten Gruppen verwenden:

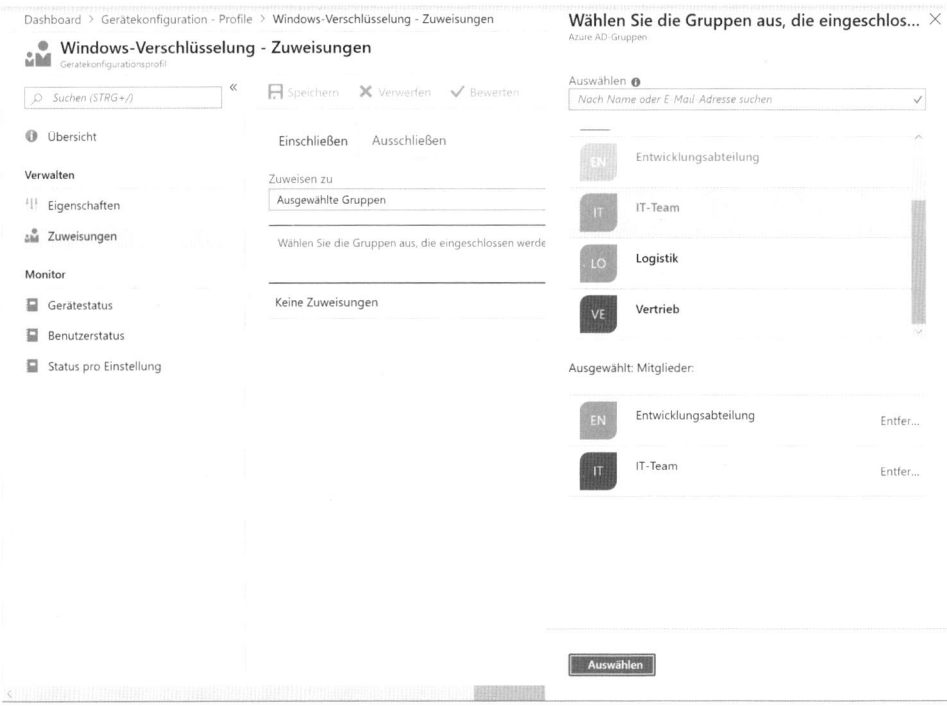

Abb. 2–13   Ein Geräteprofil an Azure AD-Gruppen zuweisen

- Alle Benutzer und alle Geräte
- Alle Geräte
- Alle Benutzer

7. Klicken Sie auf *Auswählen*.
8. Klicken Sie in der Menüleiste auf *Speichern*.

Auf der Registerkarte *Ausschließen* können Sie auch Gruppen von der Richtlinienzuweisung ausnehmen. Prüfen Sie sorgfältig, ob die Zuweisung wie gewünscht funktioniert. Sie können dafür in der Menüleiste die Option *Bewerten* anklicken, woraufhin ausgewertet wird, wie viele Benutzer von der Auswahl betroffen sind.

Intervalle für die Richtlinienaktualisierung

Die Aktualisierungsintervalle für Gerätekonfigurationsrichtlinien sind dieselben wie bei Konformitätsprofilen. Tabelle 2–11 schlüsselt die Intervalle für jede Plattform auf.

Plattform	Intervall nach der Registrierung	Normales Aktualisierungsintervall
iOS	6 Stunden lang alle 15 Minuten und danach alle 6 Stunden	6 Stunden
macOS	6 Stunden lang alle 15 Minuten und danach alle 6 Stunden	6 Stunden
Android	15 Minuten lang alle 3 Minuten, danach 2 Stunden lang alle 15 Minuten, ab dann alle 8 Stunden	8 Stunden
Windows 10 (als Gerät registriert)	30 Minuten lang alle 3 Minuten, danach alle 8 Stunden	8 Stunden
Windows Phone	15 Minuten lang alle 5 Minuten, dann 2 Stunden lang alle 15 Minuten, ab dann alle 8 Stunden	8 Stunden
Windows 8.1	15 Minuten lang alle 5 Minuten, dann 2 Stunden lang alle 15 Minuten, ab dann alle 8 Stunden	8 Stunden

Tab. 2–11   Intervalle für die Aktualisierung von Gerätekonfigurationsrichtlinien

Bereichsmarkierungen

Während Sie Intune-Richtlinien erstellen und nachdem Sie Einstellungen hinzugefügt haben, können Sie eine Bereichsmarkierung (engl. scope tag) zum Profil hinzufügen. Bereichsmarkierungen dienen dazu, Richtlinien an ausgewählte Gruppen zuzuweisen und zu filtern, zum Beispiel an Ihr Marketingteam oder die Buchhaltungsmitarbeiter.

Sie können Bereichsmarkierungen auch verwenden, um Administratoren die passende Zugriffsebene für Objekte in Intune zu gewähren. In diesem Fall kombinieren Sie die rollenbasierte Zugriffssteuerung (Role-Based Access Control, RBAC) von Azure AD mit Bereichsmarkierungen. Die Rolle entscheidet darüber, welchen Zugriff Administratoren auf welche Objekte erhalten, und die Bereichsmarkierungen legen fest, welche Objekte die Administratoren angezeigt bekommen.

Bevor Sie eine Bereichsmarkierung zu einer Richtlinie hinzufügen, müssen Sie die Markierung erstellen. So fügen Sie eine Bereichsmarkierung hinzu:

1. Melden Sie sich als globaler Administrator am Intune-Portal unter *https://devicemanagement.microsoft.com* an.
2. Klicken Sie auf *Rollen*.

3. Klicken Sie unter *Verwalten* auf *Bereich (Markierungen)*.

4. Klicken Sie auf dem Blatt *Intune-Rollen - Bereich (Markierungen)* auf *Erstellen*.

5. Geben Sie auf dem Blatt *Bereichsmarkierung erstellen* einen Namen für Ihre Markierung und optional eine Beschreibung ein.

6. Klicken Sie auf *Erstellen*.

7. Die Bereichsmarkierung wird erstellt und erscheint in der Liste.

Eine Bereichsmarkierung zu einem Konfigurationsprofil hinzufügen

Sobald Sie eine oder mehrere Bereichsmarkierungen erstellt haben, können Sie sie folgendermaßen zu Ihrem Gerätekonfigurationsprofil hinzufügen:

1. Melden Sie sich als globaler Administrator am Intune-Portal unter *https://devicemanagement.microsoft.com* an.

2. Klicken Sie auf *Gerätekonfiguration*.

3. Klicken Sie unter *Verwalten* auf *Profile*.

4. Wählen Sie auf dem Blatt *Gerätekonfiguration - Profile* ein Profil aus.

5. Klicken Sie auf dem Blatt des Gerätekonfigurationsprofils auf *Eigenschaften*.

6. Klicken Sie auf *Bereich (Markierungen)* und dann auf dem Blatt *Tags* auf *Hinzufügen*.

7. Wählen Sie auf dem Blatt *Markierungen auswählen* die Markierungen aus, die Sie zum Profil hinzufügen wollen (Abbildung 2–14).

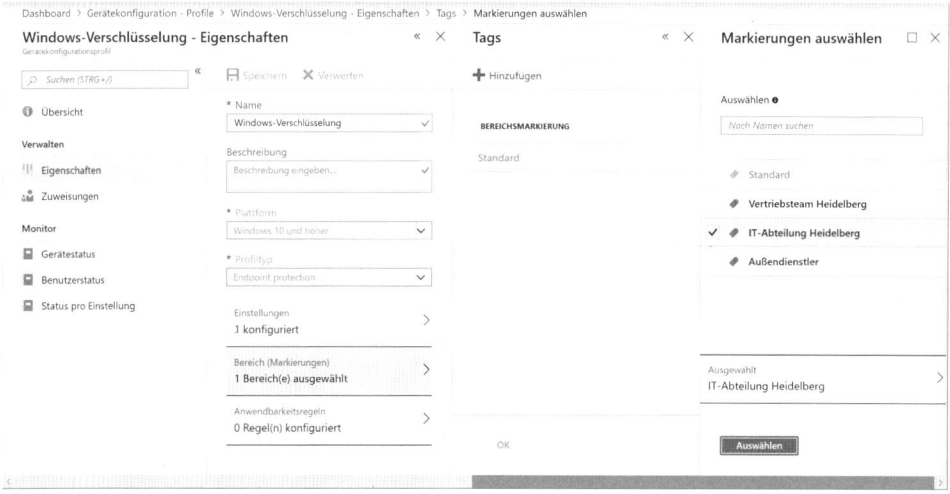

Abb. 2–14   Bereichsmarkierungen hinzufügen

8. Klicken Sie auf *Auswählen* und dann auf *OK*.

9. Klicken Sie auf dem Blatt des Gerätekonfigurationsprofils auf *Speichern*.

Die Intune-Rollen *Dienstadministrator* und *Globaler Administrator* haben administrativen Vollzugriff auf alle Intune-Features, unabhängig davon, welche Bereichsmarkierungen konfiguriert wurden.

Problembehandlung

Einige häufige Probleme im Bereich von Intune-Richtlinien und -Profilen werden durch Profilkonflikte und die Azure AD-Registrierung verursacht.

Werden zwei Profileinstellungen auf dasselbe Gerät angewendet, wird der am stärksten eingeschränkte Wert wirksam. Alle Einstellungen, die in beiden Richtlinien gleich sind, werden wie konfiguriert angewendet.

Falls eine Richtlinie vorher auf einem Gerät bereitgestellt wurde und aktiv ist, wenn eine zweite Richtlinie bereitgestellt wird, hat die erste Richtlinie Vorrang und bleibt angewendet. Alle widersprüchlichen Einstellungen werden auf die am stärksten eingeschränkten Werte gesetzt.

Sie sollten sich auch ansehen, wie unterschiedliche Richtlinientypen sich aufeinander auswirken:

   Konformitätsrichtlinieneinstellungen haben Vorrang vor Konfigurationsprofileinstellungen.

   Falls eine Konformitätsrichtlinie dieselbe Einstellung wie eine andere Konformitätsrichtlinie enthält, wird die am stärksten eingeschränkte Konformitätsrichtlinieneinstellung angewendet.

   Falls eine Konfigurationsrichtlinieneinstellung einen Konflikt mit derselben Einstellung in einer anderen Konfigurationsrichtlinie verursacht, wird der Konflikt in Intune angezeigt. Sie müssen ihn dann von Hand auflösen.

Wenn Sie benutzerdefinierte Richtlinien konfigurieren, muss Ihnen bewusst sein, dass Intune die Nutzdaten einer OMA-URI-Richtlinie (Open Mobile Alliance Uniform Resource Identifier) nicht auswertet. Intune liefert die Richtlinie ohne Verweis auf andere Richtlinien aus, und das kann unter Umständen Konflikte auslösen.

Sie sollten prüfen, ob die in einer benutzerdefinierten Richtlinie konfigurierten Einstellungen Konflikte mit Konformitäts-, Konfigurations- oder anderen benutzerdefinierten Richtlinien verursachen. Gibt es zum Beispiel einen Konflikt mit benutzerdefinierten iOS-Richtlinieneinstellungen, ist nicht vorherzusagen, welche Einstellungen tatsächlich angewendet werden.

Falls auf einem bestimmten Gerät die Intune-Richtlinien nicht angewendet oder mit Intune bereitgestellte PowerShell-Skripts nicht ausgeführt werden, sollten Sie auf dem Client eine Problembehandlung durchführen. Starten Sie erst das Gerät neu, indem Sie die Taste ⌂ gedrückt halten, während Sie im Startmenü den Befehl *Herunterfahren* auswählen. Nach dem Neustart des Geräts müsste der in Windows 10 integrierte Intune-Client prüfen, ob sich irgendwelche Richtlinien verändert haben oder neu hinzugekommen sind.

Geben Sie den Geräten etwas Zeit, bis sie sich nach dem Neustart mit Intune synchronisiert und alle Änderungen empfangen haben. Die Synchronisierung kann mehrere Minuten dauern, fassen Sie sich also in Geduld.

Geräte erhalten keine Richtlinien, wenn sie nicht automatisch in Azure AD registriert wurden. So überprüfen Sie, ob ein Gerät automatisch registriert wurde:

1.   Öffnen Sie auf dem Clientgerät die Einstellungen-App.

2.   Klicken Sie auf *Konten*.

3. Klicken Sie unter *Konten* auf die Registerkarte *Auf Arbeits- oder Schulkonto zugreifen*.

4. Wählen Sie das Einbindungskonto aus und klicken Sie auf *Info*.

5. Klicken Sie im Abschnitt *Erweiterter Diagnosebericht* auf *Bericht erstellen*.

6. Öffnen Sie die Berichtsdatei MDMDiagReport in einem Webbrowser und blättern Sie zum Abschnitt *Enrolled configuration sources and target resources* (registrierte Konfigurations-quellen und Zielressourcen).

7. Falls Sie die Eigenschaft *MDMDeviceWithAAD* nicht finden, wurde das Gerät nicht automatisch registriert und muss registriert werden, damit es die Richtlinien erhält.

Prüfungsziel 2.4: Benutzerprofile verwalten

Sofern Sie ein Gerät nicht ausschließlich als Kioskgerät oder interaktive Anzeige ohne Benutzeranmeldung einsetzen, müssen Sie die verschiedenen Benutzerprofiltypen kennen, die auf Windows 10-Geräten verwendet werden. Benutzerprofile enthalten Informationen und Einstellungen für den Gerätebenutzer und ermöglichen es, ihm eine einheitliche und an seine Vorlieben angepasste Bedienoberfläche anzuzeigen.

Es können unterschiedliche Profiltypen konfiguriert werden, und Sie müssen wissen, für welche Situationen sich jeder Typ eignet. Außerdem sollten Sie wissen, wie Daten im Profil gespeichert werden. Moderne Geräte sind in zunehmendem Maß mit Microsoft-Clouddiensten verbunden und in Azure Active Directory registriert. Die Cloud-Anbindung ermöglicht es Geräten, ihre Profildaten zwischen mehreren Geräten zu übertragen und somit die Benutzer- und App-Einstellungen zwischen allen Geräten zu synchronisieren, an denen der Benutzer arbeitet. Dieses Feature wird als *Enterprise State Roaming* bezeichnet. Sie müssen wissen, wie Sie Enterprise State Roaming konfigurieren und wann der Einsatz dieses Features in einer Organisation sinnvoll ist.

Weil die Internetkonnektivität am modernen Arbeitsplatz allgegenwärtig ist, wollen immer mehr Unternehmen verhindern, dass Mitarbeiter Daten lokal auf den Geräten speichern. Sie müssen wissen, wie Sie Daten von den Geräten verlagern und auf Cloud-Speicher wie OneDrive for Business umleiten.

Dieses Prüfungsziel behandelt folgende Themen:

- Benutzerprofile konfigurieren

- Synchronisierungseinstellungen konfigurieren

- Ordnerumleitung implementieren

- Umleitung bekannter Ordner für OneDrive implementieren

- Enterprise State Roaming in Azure AD konfigurieren

Benutzerprofile konfigurieren

Die Benutzerprofiltypen, die in älteren Windows-Versionen verfügbar waren, sind auch in Windows 10 noch vorhanden. Wenn ein Benutzer sich zum ersten Mal an einem Gerät anmeldet, wird ein Benutzerprofil erstellt, das auf dem Standardprofil im Ordner *Benutzer* basiert.

Bei künftigen Anmeldungen des Benutzers lädt das System dieses Benutzerprofil, damit die Umgebung und die Systemkomponenten so konfiguriert sind, wie es im Profil eingestellt ist.

Ein Benutzerprofil umfasst zwei Elemente.

Registrierungsstruktur   Jedes Benutzerprofil enthält die Datei *Ntuser.dat*. Wenn ein Benutzer sich an Windows anmeldet, lädt das System diese Datei in die Registrierung und weist sie der Registrierungsunterstruktur HKEY_CURRENT_USER zu. Die USER-Abschnitte der Registrierung enthalten Benutzereinstellungen, zum Beispiel Desktophintergrund und Bildschirmschoner.

Ein Satz von Profilordnern, die im Dateisystem gespeichert sind   Jedes von Windows erstellte Benutzerprofil hat einen eigenen Unterordner mit dem Namen des Benutzers. Dieser Benutzerordner enthält einen Satz von Benutzereinstellungen, Anwendungseinstellungen und Benutzerdaten in verschiedenen Unterordnern, zum Beispiel *AppData*, *Desktop*, *Downloads* und *Documents*.

Es gibt mehrere Benutzerprofiltypen: lokale, servergespeicherte, verbindliche, superverbindliche und temporäre Benutzerprofile:

Lokale Benutzerprofile   Ein lokales Benutzerprofil (engl. local user profile) wird auf der lokalen Festplatte des Computers gespeichert. Alle Änderungen am lokalen Benutzerprofil betreffen den Benutzer und den Computer, auf dem die Änderungen vorgenommen werden.

Servergespeicherte Benutzerprofile   Ein servergespeichertes Benutzerprofil (engl. roaming user profile) ist eine Kopie des lokalen Profils, die im Netzwerk gespeichert wurde, zum Beispiel in einer Serverfreigabe. Jedes Mal, wenn sich der Benutzer an einem Gerät im Netzwerk anmeldet, wird dieses Profil verwendet. Falls sich das Profil seit der letzten Anmeldung auf dem aktuellen Gerät verändert hat, lädt Windows das neueste Profil aus dem Netzwerkspeicherort herunter. Änderungen am servergespeicherten Benutzerprofil werden mit der Netzwerkkopie des Profils synchronisiert, sobald sich der Benutzer abmeldet. Mit servergespeicherten Benutzerprofilen erhält der Benutzer auf jedem Computer, an dem er in einem Netzwerk arbeitet, seine individuell angepassten Umgebungs- und Systemeinstellungen. Einer der Nachteile bei diesem Profiltyp ist, dass die Anmeldung des Benutzers an seinem Computer sehr lange dauern kann, wenn er ein umfangreiches Profil hat, weil er zum Beispiel viele große Dateien auf dem Desktop speichert. Wenn servergespeicherte Benutzerprofile verwendet werden, werden Ordner wie *Temporary Internet Files* oder *AppData\Local* nicht synchronisiert.

- **Verbindliche Benutzerprofile** Ein verbindliches Benutzerprofil (engl. mandatory user profile) ist ein unveränderliches Profil. Alle Änderungen, die der Benutzer an den Desktopeinstellungen durchführt, gehen verloren, sobald er sich abmeldet. Dieser Profiltyp wird normalerweise schnell geladen. Administratoren können den Benutzern damit eine einheitliche, wenn auch unflexible Umgebung zur Verfügung stellen. Andere Szenarien, in denen verbindliche Benutzerprofile eingesetzt werden, sind Kioskgeräte oder Bildungseinrichtungen. Nur Systemadministratoren können verbindliche Benutzerprofile ändern. Um ein verbindliches Benutzerprofil zu erstellen, sollte ein Administrator erst ein servergespeichertes Benutzerprofil konfigurieren, dann die Profileinstellungen nach Bedarf anpassen und schließlich die Datei *NTuser.dat* (die Registrierungsstruktur) in *Ntuser.man* umbenennen. Die Dateierweiterung *.man* kennzeichnet ein schreibgeschütztes verbindliches Profil; Änderungen, die der Benutzer am Profil vornimmt, werden grundsätzlich nicht gespeichert.

- **Superverbindliche Benutzerprofile** Ein superverbindliches Profil (engl. super-mandatory profile) entsteht, wenn ein Administrator die Erweiterung *.man* an den Ordnernamen des servergespeicherten Benutzerprofils anhängt. Verbindliche und superverbindliche Benutzerprofile verhalten sich ähnlich, beide verwerfen Änderungen des Benutzers. Der Vorteil eines superverbindlichen Profils ist, dass ein Benutzer kein temporäres Profil erhält. Falls die Netzwerkkopie eines servergespeicherten verbindlichen Profils nicht verfügbar ist, bekommt der Benutzer ein temporäres Profil. Wenn ein Benutzer mit einem temporären Profil Zugriff auf ein Gerät erhält, verstößt das möglicherweise gegen die Sicherheitsrichtlinie der Organisation. Um ein superverbindliches Benutzerprofil für den Benutzer *User1* zu erstellen, sollte ein Administrator zuerst ein verbindliches Benutzerprofil konfigurieren, das im Ordner *\\Server\Profiles\User1.V6* gespeichert wird, dann die Erweiterung *.man* an den Ordnernamen anhängen und das Profil unter *\\Server\Profiles\User1.man.V6* speichern.

- **Temporäre Benutzerprofile** Wenn ein Fehler verhindert, dass das normale Profil eines Benutzers geladen wird, wird ein temporäres Profil erstellt. Dieses Profil wird am Ende jeder Sitzung gelöscht, somit gehen bei der Abmeldung des Benutzers alle Änderungen verloren, die er vorgenommen hat.

> ***WEITERE INFORMATIONEN*** **Verbindliche Benutzerprofile**
>
> Wie Sie verbindliche Benutzerprofile erstellen, erklärt die Microsoft-Website unter:
>
> *https://docs.microsoft.com/Windows/client-management/mandatory-user-profile*

Windows 10-Profile werden in einem freigegebenen Ordner auf einem Netzwerkserver gespeichert, jeweils ein Ordner pro Benutzer. Der Benutzerprofilordner enthält Anwendungseinstellungen und Einstellungen für andere Systemkomponenten. Sofern der Profilordner nicht umgeleitet wird, enthält das Profil auch benutzerspezifische Daten, zum Beispiel die Desktop-, Startmenü- und Dokumentordner des Benutzers.

Die Einstellungen im Benutzerprofil werden für jeden Benutzer und jede Windows-Version separat verwaltet. Wenn Sie ein servergespeichertes oder verbindliches Profil erstellen, muss die Datei in einem freigegebenen Ordner mit der richtigen Erweiterung für das Betriebssystem gespeichert werden, auf das die Einstellungen angewendet werden. Zum Beispiel liegt das Profil von *User1* für die Arbeit unter Windows 10, Version 1809, in einem Ordner namens *\\Server\Profiles\User1.v6*. Tabelle 2–12 listet die Erweiterungen für die letzten Betriebssystemversionen auf.

Betriebssystemversion	Profilerweiterung
Windows 7	v2
Windows 8.1	v4
Windows 10, Versionen 1507 und 1511	v5
Windows 10, Versionen 1607, 1703, 1709, 1803 und 1809	v6

Tab. 2–12   Erweiterungen für verbindliche Profile

In manchen Szenarien sind verbindliche Profile sehr nützlich. Allerdings verwenden viele Organisationen servergespeicherte Benutzerprofile für all ihre Benutzer. Benutzerprofile ermöglichen es, Benutzern dieselben Einstellungen bereitzustellen, die sie bei der letzten Abmeldung konfiguriert hatten. In einer Umgebung mit gemeinsam genutzten Computern erhält jeder Benutzer nach der Anmeldung seinen angepassten Desktop.

Daten und Einstellungen, die in den Profilordnern eines Benutzers gespeichert wurden, stehen nur dem Benutzer selbst zur Verfügung, andere Benutzer können nicht darauf zugreifen oder etwas ändern. Änderungen, die auf einem gemeinsam genutzten Computer vorgenommen werden, werden im Profil des Benutzers gespeichert; sie haben keine Auswirkung auf die Computereinstellungen, die für andere Benutzer gelten. Ändert zum Beispiel ein Benutzer die Standardschriftgröße in Word, hat das keine Auswirkung auf andere Benutzer, die sich später am selben Computer anmelden.

Größe des Benutzerprofils minimieren

Ein Nachteil bei der Verwendung von servergespeicherten Benutzerprofilen, die den Benutzerzustand (mit Ordnern, Anwendungseinstellungen und Einstellungen für andere Systemkomponenten) enthalten, besteht darin, dass Profile sehr groß werden und dass sich der Anmeldeprozess für die Benutzer deswegen eine Weile hinzieht.

Benutzer haben Schreibberechtigungen für die Dateien und Ordner im Benutzerprofil. Daher kann das Profil in der Standardeinstellung recht groß werden, besonders wenn Benutzer umfangreiche CAD- oder Mediendateien in ihrem Profilordner speichern. Sie haben bereits erfahren, dass Administratoren verbindliche Benutzerprofile implementieren können, bei denen die Benutzer ihr Benutzerprofil nicht verändern können. Dieser Ansatz eignet sich allerdings nur für wenige Umgebungen.

Administratoren haben folgende Methoden zur Auswahl, wenn sie die Größe eines Profils beschränken wollen. Dazu wird der physische Speicherplatz für die Benutzerprofile begrenzt.

- **Kontingente** Sie können Dateikontingente anwenden, um den Platz zu begrenzen, der einem Benutzer auf einem Volume oder in einem freigegebenen Ordner, in dem ein servergespeichertes Benutzerprofil liegt, zur Verfügung steht. Auf dem lokalen Computer können Sie das Datenträgerkontingent in den Volumeeigenschaften konfigurieren. Werden Profile auf einem Dateiserver gespeichert, können Sie in Windows Server 2019 den Knoten *Kontingentverwaltung* im Ressourcen-Manager für Dateiserver verwenden, um den Platz für Ordner zu begrenzen, die servergespeicherte Benutzerprofile oder umgeleitete Ordner enthalten. Im Ressourcen-Manager für Dateiserver können Sie die auf Dateiservern gespeicherten Daten verwalten und klassifizieren, Sie können hier unter anderem Kontingente für Ordner festlegen. Außerdem können Sie im Ressourcen-Manager für Dateiserver Berichte erstellen, mit denen Sie die Speichernutzung überwachen.

- **Umleitung der Profilordner** Sie können bestimmte Ordner, zum Beispiel den Ordner *Dokumente*, so umleiten, dass sie außerhalb des Benutzerprofils gespeichert werden. Das Ziel kann ein freigegebener Ordner auf einem Dateiserver oder OneDrive for Business sein. Für Domänenbenutzer können Sie über Gruppenrichtlinien die Ordnerumleitung mit verschiedenen Einstellungen (zum Beispiel durch Festlegen von Kontingenten) konfigurieren, um die Größe der umgeleiteten Ordner zu begrenzen.

- **Größe des Benutzerprofils mit Gruppenrichtlinien begrenzen** Sie können die Größe von lokalen oder servergespeicherten Benutzerprofilen einschränken, indem Sie die Gruppenrichtlinie *Profilgröße beschränken* aktivieren (Abbildung 2–15). In dieser Richtlinie legen Sie die maximale Profilgröße sowie eine Nachricht fest, die den Benutzern angezeigt wird, falls ihr Profil das Kontingent überschreitet.

WEITERE INFORMATIONEN **Kontingentverwaltung**

Wie Sie mit dem Ressourcen-Manager für Dateiserver Kontingente verwalten, erklärt die Microsoft-Website unter:

https://docs.microsoft.com/Windows-server/storage/fsrm/quota-management

---

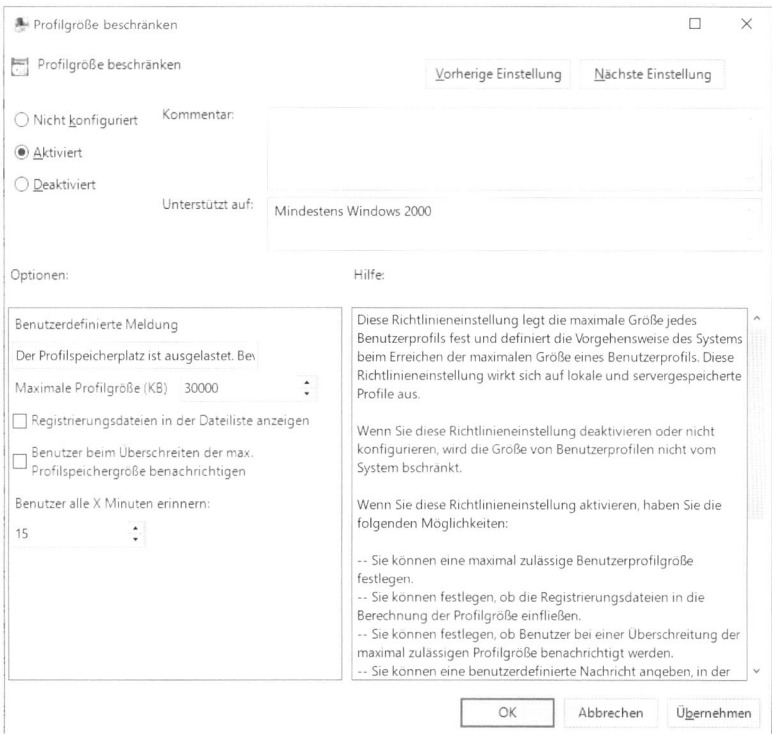

Abb. 2–15 Profilgröße beschränken

Synchronisierungseinstellungen konfigurieren

Ein Feature von Windows 10 ermöglicht Ihnen, eine Kopie Ihrer Geräteeinstellungen geschützt in Ihrem Microsoft-Konto zu speichern. Dieses Feature wurde erstmals in Windows 8 eingeführt. Wenn sich ein Benutzer mit seinem Microsoft-Konto an einem Gerät anmeldet, werden die Einstellungen aus dem Cloud-Konto heruntergeladen und auf das Gerät angewendet. Die Einstellungen bleiben synchronisiert und alle Änderungen am Profil, zum Beispiel ein neues Design oder ein anderer Desktophintergrund, werden auf anderen Geräten sichtbar, sobald sich der Benutzer dort anmeldet.

Benutzer schätzen die einheitliche Benutzeroberfläche auf all ihren Windows-Geräten, sie brauchen nicht auf jedem Gerät ihre bevorzugten Einstellungen zu konfigurieren. Das spart eine Menge Zeit und Aufwand und steigert die Produktivität der Mitarbeiter; trotzdem verursacht diese Lösung nur minimalen Verwaltungsaufwand.

Auf einem neu installierten Gerät (oder nachdem Sie zum ersten Mal Ihr Microsoft-Konto zum Gerät hinzufügen) bekommen Sie in der Einstellungen-App unter Umständen eine Warnmeldung wie die folgende angezeigt, wenn Sie versuchen, die Synchronisierungseinstellungen zu aktivieren:

```
Ihre Kennwörter werden erst synchronisiert, nachdem Sie Ihre Identität auf diesem
Gerät bestätigt haben.
```

Um Kennwörter zu synchronisieren, müssen Sie Ihre Identität mit einem alternativen E-Mail-Konto bestätigen, das Sie vorher eingerichtet haben; das ist ein Schutzmechanismus für Ihr Microsoft-Konto.

Wenn Sie die Synchronisierung aktiviert haben, synchronisiert Windows die von Ihnen vorgenommenen Einstellungen über alle Windows 10-Geräte hinweg, an denen Sie sich mit Ihrem Microsoft-Konto anmelden.

HINWEIS **Enterprise State Roaming**

Über ein Feature namens Enterprise State Roaming können Sie Benutzer- und App-Einstellungen auch für ein Arbeits- oder Schulkonto synchronisieren. Diese Möglichkeit muss von einem Administrator aktiviert werden, und die Benutzer müssen sich dabei mit einem Azure AD-Konto statt mit einem Microsoft-Konto anmelden. Enterprise State Roaming wird weiter hinten in diesem Kapitel im Abschnitt »Enterprise State Roaming in Azure AD konfigurieren« (Seite 162) behandelt.

So aktivieren Sie die Gerätesynchronisierungseinstellungen:

1. Öffnen Sie die Einstellungen-App.

2. Wählen Sie *Konten*.

3. Stellen Sie im Abschnitt *Ihre Infos* sicher, dass Sie sich mit einem Microsoft-Konto angemeldet haben. Ist das nicht der Fall, können Sie auf den Link klicken und sich mit Ihrem Microsoft-Konto anmelden.

4. Wählen Sie unter *Konten* den Abschnitt *Einstellungen synchronisieren*.

5. Schalten Sie die Option *Synchronisierungseinstellungen* ein (Abbildung 2–16).

6. Im Abschnitt *Einzelne Synchronisierungseinstellungen* können Sie folgende Einstellungen ein- oder ausschalten:

   * Design

   * Kennwörter

   * Spracheinstellungen

   * Erleichterte Bedienung

   * Weitere Windows-Einstellungen

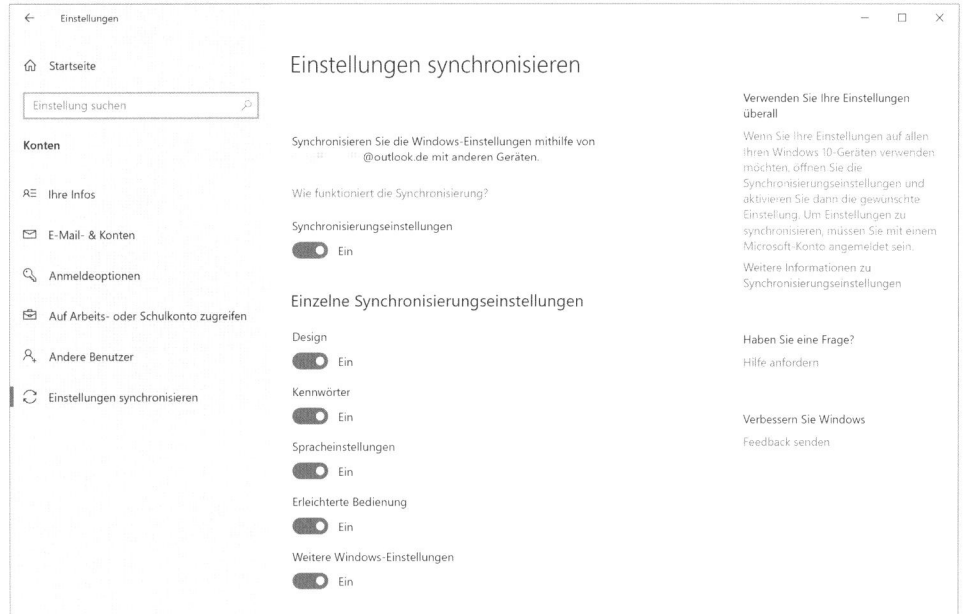

Abb. 2–16 Windows-Einstellungen synchronisieren

Die synchronisierten Einstellungen sind umfangreich und können den Aufwand zum Konfigurieren weiterer Geräte deutlich verringern. Tabelle 2–13 listet einige der Kategorien und wichtige Einstellungen auf, die auf einem Windows 10-Desktopgerät synchronisiert werden.

Gruppe von Einstellungen	Einstellung
Weitere Windows-Einstellungen	**Maus:** ⬚ Größe des Mauszeigers ändern ⬚ Farbe des Mauszeigers ändern
Design	**Konten:** Kontobild **Desktoppersonalisierung:** ⬚ Desktopdesign (Hintergrund, Systemfarbe, Standardsystemsounds und Bildschirmschoner) ⬚ Diashow-Hintergrund ⬚ Taskleisteneinstellungen (Position, automatisch ausblenden und so weiter)
Kennwörter	**Anmeldeinformationen:** Anmeldeinformationstresor **WLAN:** WLAN-Profile (nur WPA)
App-spezifisch	**App-Daten:** Einzelne Apps können Daten synchronisieren **Eingabeaufforderung:** Standardeinstellungen für Eingabeaufforderung

→

Gruppe von Einstellungen	Einstellung
Microsoft Edge-Browser	⠿ Leseliste ⠿ Favoriten ⠿ Top-Websites ⠿ Eingetippte URLs ⠿ Favoritenleisteneinstellungen ⠿ Startschaltfläche anzeigen ⠿ Pop-ups blockieren ⠿ Bei jedem Download nach dem Speicherort fragen ⠿ Speichern der Kennwörter anbieten ⠿ »Do Not Track«-Anforderungen senden ⠿ Formulareinträge speichern ⠿ Such- und Websitevorschläge während der Eingabe anzeigen ⠿ Cookie-Einstellungen ⠿ Websites das Speichern geschützter Medienlizenzen auf meinem Gerät erlauben ⠿ Einstellungen für Sprachausgabe
Internet Explorer-Browser	⠿ Offene Registerkarten (URL und Titel) ⠿ Leseliste ⠿ Eingetippte URLs ⠿ Browserverlauf ⠿ Favoriten ⠿ Ausgeschlossene URLs ⠿ Startseiten ⠿ Domänenvorschläge
Erleichterte Bedienung	**Hoher Kontrast:** Ein oder Aus, Designeinstellungen **Tastatur:** Benutzer können: ⠿ Bildschirmtastatur ein-/ausschalten ⠿ Einrastfunktion aktivieren (standardmäßig aus) ⠿ Anschlagverzögerung aktivieren (standardmäßig aus) ⠿ Umschalttasten aktivieren (standardmäßig aus) **Bildschirmlupe:** ⠿ Farbinvertierung ein- oder ausschalten (standardmäßig aus) ⠿ Lupe folgt dem Tastaturfokus ⠿ Lupe folgt dem Mauszeiger ⠿ Nach der Anmeldung des Benutzers starten (standardmäßig aus) **Sprachausgabe:** ⠿ Schnellstartleiste ⠿ Tonhöhe der Stimme ändern ⠿ Tipps zum Interagieren mit Steuerelementen und Schaltfläche hören (standardmäßig an) ⠿ Zeichen bei der Eingabe hören (standardmäßig an) ⠿ Wörter bei der Eingabe hören (standardmäßig an)

$\rightarrow$

Gruppe von Einstellungen	Einstellung
	Texteinfügemarke soll dem Sprachausgabecursor folgen (standardmäßig an)
	Sprachausgabecursor auf dem Bildschirm anzeigen (standardmäßig an)
	Audiohinweise ausgeben (standardmäßig an)
	Tasten auf der Bildschirmtastatur aktivieren, wenn ich meinen Finger von der Tastatur nehme (standardmäßig aus)
	Erleichterte Bedienung:
	Cursorbreite ändern
	Desktophintergrundbild nicht anzeigen (standardmäßig aus)
Sprache	**Datum, Uhrzeit und Region:**
	Uhrzeit automatisch festlegen (Internet-Zeitsynchronisierung)
	24-Stunden-Uhr
	Datum und Uhrzeit
	Sommer-/Winterzeit
	Land/Region
	Erster Tag der Woche
	Regionale Formatierung
	Kurzes Datum
	Langes Datum
	Kurze Uhrzeit
	Lange Uhrzeit
	Sprache:
	Sprachprofil
	Rechtschreibprüfung (automatische Korrektur und Hervorheben von Fehlern)
	Liste der Tastaturen
	Eingabe:
	Rechtschreibwörterbuch
	Rechtschreibfehler automatisch korrigieren
	Rechtschreibfehler hervorheben
	Wortvorschläge bei der Eingabe anzeigen
	Nach Auswahl eines Textvorschlags Leerzeichen einfügen
	Nach Doppeltippen auf die Leertaste Punkt einfügen
	Ersten Buchstaben in jedem Satz zum Großbuchstaben machen
	Bei Doppeltipp auf die Umschalttaste nur Großbuchstaben verwenden
	Beim Tippen Tastensounds ausgeben
	Personalisierungsdaten für Bildschirmtastatur

Tab. 2–13   Synchronisierte Windows-Einstellungen

Folgende Geräteeinstellungen werden nicht geräteübergreifend synchronisiert:

- Konten: weitere Kontoeinstellungen
- Alle Bluetooth-Einstellungen
- Desktoppersonalisierung: Startseitenlayout
- Alle Sperrbildschirmeinstellungen
- Maus: alle anderen Einstellungen
- Alle Energie- und Stromspareinstellungen

Im Microsoft Edge-Browser können Benutzer die Synchronisierungseinstellungen direkt in der App anpassen. So aktivieren oder deaktivieren Sie die Synchronisierung der Microsoft Edge-Einstellungen:

1. Klicken Sie in Microsoft Edge auf *Einstellungen und mehr* (das Symbol mit den drei Punkten).
2. Wählen Sie *Einstellungen* (mit dem Zahnradsymbol).
3. Schalten Sie auf der Registerkarte *Allgemein* im Abschnitt *Konto* die Option *Synchronisieren Sie Ihre Microsoft Edge-Favoriten, die Leseliste, häufig besuchte Websites und weitere Einstellungen auf allen Geräten* ein oder aus.
4. Klicken Sie irgendwo auf die Webseite, um das Flyout-Menü *Einstellungen* auszublenden.

In Windows 10, Version 1803 und neuer, können die Benutzer die Synchronisierung von Internet Explorer-Einstellungen direkt im Internet Explorer folgendermaßen aktivieren oder deaktivieren:

1. Klicken Sie im Internet Explorer-Menü auf *Extras* (Zahnradsymbol).
2. Klicken Sie auf *Internetoptionen*.
3. Wählen Sie die Registerkarte *Erweitert*.
4. Aktivieren oder deaktivieren Sie in der Liste *Einstellungen* unter der Rubrik *Browsen* das Kontrollkästchen *Synchronisierung von Internet Explorer-Einstellungen und -Daten aktivieren*.
5. Klicken Sie auf *OK*.

Mit den folgenden Schritten beenden Sie die Synchronisierung Ihrer Einstellungen zwischen allen Ihren Geräten und löschen das Cloud-Backup Ihrer persönlichen Einstellungen:

1. Schalten Sie auf allen Geräten, die mit Ihrem Microsoft-Konto verknüpft sind, die Synchronisierung der Einstellungen in der Einstellungen-App aus.
2. Öffnen Sie einen Webbrowser und melden Sie sich mit Ihrem Microsoft-Konto bei *https://account.microsoft.com/devices* an.
3. Wählen Sie das Gerät aus, das Sie verwalten wollen, und klicken Sie auf *Verwalten*.
4. Klicken Sie oben auf der Geräteseite auf *Weitere Aktionen* und dann auf *Entfernen der Cloudsicherung für persönliche Einstellungen*.

5. Falls der Befehl *Entfernen der Cloudsicherung für persönliche Einstellungen* nicht sichtbar ist, müssen Sie sicherstellen, dass die Synchronisierung für alle aufgelisteten Geräte ausgeschaltet ist.

So löschen Sie ein Gerät aus Ihrer Geräteliste:

1. Öffnen Sie einen Webbrowser und melden Sie sich mit Ihrem Microsoft-Konto bei *https://account.microsoft.com/devices* an.

2. Gehen Sie zu *Gerätelimits verwalten* und suchen Sie das Gerät, das Sie entfernen wollen.

3. Wählen Sie *Entfernen*, um das Gerät zu löschen.

Ordnerumleitung implementieren

Damit keine zu großen Datenmengen auf einem Gerät gespeichert werden (oft im Profil eines Benutzers), können Administratoren Gruppenrichtlinien konfigurieren, die einzelne Profilordner an einen anderen Speicherort umleiten. Dieser Speicherort ist üblicherweise ein Ordner, der auf einem Dateiserver im Netzwerk liegt.

Nach der Konfiguration wird der Inhalt des umgeleiteten Ordners vom lokalen Gerät auf den neuen Speicherort verschoben, wo die Dateien für die Benutzer verfügbar sind. Falls die Ordnerumleitung für ein servergespeichertes Benutzerprofil eingerichtet wird, kann der Benutzer von jedem Gerät aus, an dem er sich anmeldet, auf seine Dateien und Ordner zugreifen. Die Benutzer bemerken gar nicht, dass die Umleitung aktiv ist, weil es keine sichtbaren Änderungen an der Benutzeroberfläche des Windows-Explorers gibt.

Dateien und Ordner bleiben in der Netzwerkdateifreigabe und stehen standardmäßig als Offlinedateien zur Verfügung, damit ein Benutzer auch dann auf seine Dateien Zugriff hat, wenn das Gerät vom Netzwerk getrennt ist. Dabei werden Dateien, an denen der Benutzer arbeitet, auf dem Gerät zwischengespeichert und mit der Netzwerkdateifreigabe synchronisiert.

Sie konfigurieren die Ordnerumleitung, indem Sie die entsprechenden Gruppenrichtlinieneinstellungen aktivieren:

1. Starten Sie den Gruppenrichtlinienobjekt-Editor, öffnen Sie das gewünschte Gruppenrichtlinienobjekt und wechseln Sie zum Knoten *Benutzerkonfiguration > Richtlinien > Windows-Einstellungen > Ordnerumleitung*.

2. Klicken Sie mit der rechten Maustaste auf einen Ordner, den Sie umleiten wollen (zum Beispiel *Dokumente*), und wählen Sie den Befehl *Eigenschaften*.

3. Wählen Sie im Eigenschaftendialogfeld in der Dropdownliste *Einstellung* den Eintrag *Standard - Leitet alle Ordner auf den gleichen Pfad um* (Abbildung 2–17).

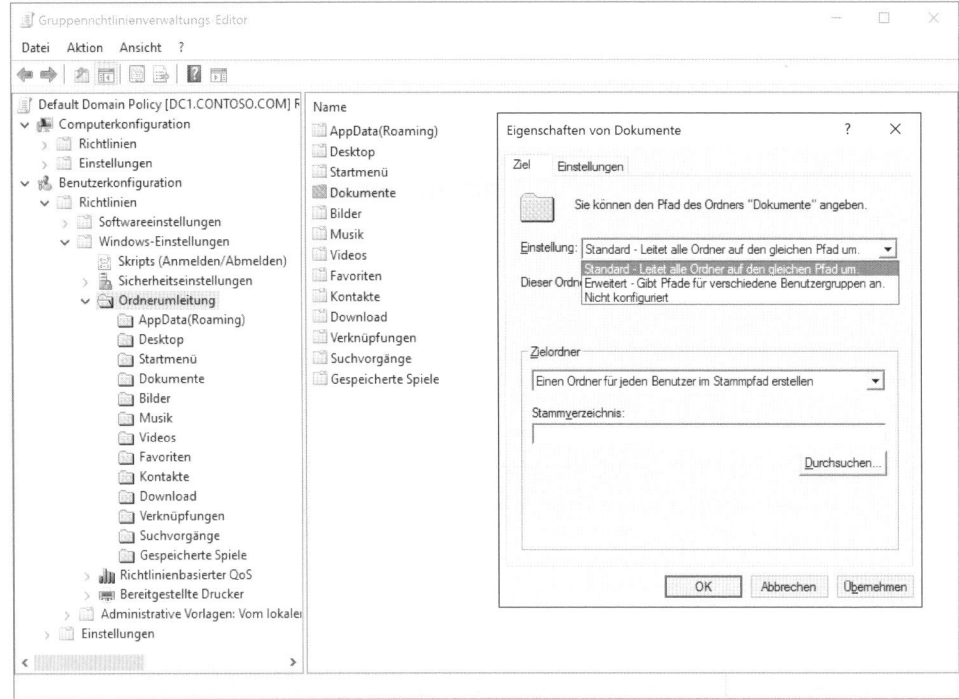

Abb. 2–17   Ordnerumleitung

4. Wählen Sie in der Dropdownliste *Zielordner* den Eintrag *Einen Ordner für jeden Benutzer im Stammpfad erstellen*.

5. Tippen Sie den Pfad der Dateifreigabe, in der die umgeleiteten Ordner gespeichert werden sollen, in das Feld *Stammverzeichnis* ein; zum Beispiel könnte der Pfad **\\LON-DC1.adatum.com\Users$** lauten.

6. Wählen Sie die Registerkarte *Einstellungen* und sehen Sie sich die verfügbaren Einstellungen an.

7. Optional können Sie auf der Registerkarte *Einstellungen* im Abschnitt *Entfernen der Richtlinie* die Option *Ordner nach Entfernen der Richtlinie zurück an den Speicherort des lokalen Benutzerprofils umleiten* auswählen.

8. Klicken Sie auf *OK*.

9. Bestätigen Sie die Warnmeldung, sofern eine erscheint, indem Sie auf *Ja* klicken.

Die Ordnerumleitung bietet einer Organisation drei Vorteile:

▪ **Geringere Gefahr von Datenverlust**   Die Daten sind nicht mehr auf einem lokalen Gerät gespeichert.

▪ **Zentral gesicherte Daten**   Ein Backup der Daten lässt sich zentral auf dem vernetzten Dateiserver anfertigen.

Festgelegte Kontingente   Administratoren können ganz einfach den Festplattenplatz begrenzen, der zum Speichern von umgeleiteten Dateien und Ordnern verwendet wird. Optional können Administratoren außerdem einschränken, welche Dateitypen in Benutzerprofilen gespeichert werden dürfen.

WEITERE INFORMATIONEN   **Ordnerumleitung bereitstellen**

Wie Sie die Ordnerumleitung bereitstellen, erklärt der folgende Artikel auf der Microsoft-Website:

https://docs.microsoft.com/Windows-server/storage/folder-redirection/deploy-folder-redirection

---

Umleitung bekannter Ordner für OneDrive implementieren

OneDrive for Business stellt Ihren Mitarbeitern persönlichen Onlinespeicherplatz zur Verfügung. Sie können dort Arbeitsdateien speichern und schützen, und mit ihren Azure AD-Anmeldeinformationen können sie von mehreren Geräten aus darauf zugreifen. Die Umleitung bekannter Windows-Ordner (Windows Known Folder Move, KFM) für OneDrive ist ein Feature, das die persönlichen Ordner und wichtige Dateien der Benutzer automatisch auf ihr OneDrive for Business-Konto umleitet, das in der Microsoft Cloud gespeichert wird. Dank dieser Umleitung können die Benutzer von unterschiedlichen Geräten und Anwendungen aus auf ihre Dateien zugreifen.

Während immer mehr Organisationen auf die Cloud umsteigen, sinkt wahrscheinlich die Verfügbarkeit lokaler, netzwerkbasierter Dateispeicher. Wird vor einem Migrationsprojekt KFM auf den Geräten aktiviert, erhalten die Benutzer auf dem neuen oder aktualisierten Windows 10-PC sofort einen sicheren Zugang zu ihren Dateien. Alle in OneDrive for Business gespeicherten Daten sind während der Speicherung und während der Übertragung verschlüsselt. Mit Gruppenrichtlinien können Sie festlegen, dass die Synchronisierung fast unmerklich im Hintergrund abläuft.

Folgende Windows-Ordner werden häufig mit KFM umgeleitet:

Desktop

Dokumente

Bilder

Bildschirmfotos

Eigene Aufnahmen

Die Benutzer brauchen ihre Arbeitsabläufe nicht zu verändern, wenn die Organisation bekannte Windows-Ordner auf OneDrive umleitet; auf ihren Computern sieht vor, während und nach der Synchronisierung alles gleich aus.

Alle in OneDrive gespeicherten Dateien können für Kollegen freigegeben werden, und die Angestellten können in Echtzeit mit Office-Desktop, Web und mobilen Apps an Office-Dokumenten zusammenarbeiten.

Folgende Lizenzpläne für OneDrive for Business-Abonnements umfassen persönlichen Cloud-Speicher (für Abonnements ab fünf Benutzern):

▯ SharePoint Online Plan 2

▯ OneDrive for Business Plan 2

▯ Office 365 A1, A3, A5, E3, E5, G3 und G5

▯ Microsoft 365 A3, A5, E3, E5, G3 und G5

HINWEIS **Speicherplatz in OneDrive for Business vergrößern**

In der Standardeinstellung erhält jeder OneDrive for Business-Kunde 1 TB Cloud-Speicher. Hat ein Benutzer 90 Prozent seines 1 TB großen Speichers gefüllt, kann ein Administrator den Platz für diesen Benutzer auf 5 TB erhöhen. Füllt ein Benutzer 90 Prozent seines erweiterten, 5 TB großen Speichers, kann ein Administrator sich an den technischen Support von Microsoft wenden, der den Speicherplatz daraufhin auf 25 TB pro Benutzer vergrößert. Weiterer Speicherplatz jenseits von 25 TB wird einzelnen Benutzern bei Bedarf in Form von SharePoint-Teamsites zur Verfügung gestellt.

Damit Sie die Umleitung bekannter Ordner für OneDrive einrichten können, müssen folgende Voraussetzungen erfüllt sein:

▯ Auf den Clientgeräten muss mindestens Build 18.111.0603.0004 des OneDrive-Synchronisierungsclients installiert sein.

▯ Alle vorhandenen Gruppenrichtlinieneinstellungen für eine Windows-Ordnerumleitung in der Domäne müssen gelöscht werden.

▯ Sie haben die OneNote-Notizbücher der Benutzer aus den bekannten Ordnern heraus verschoben, weil bekannte Ordner, zu denen OneNote-Notizbücher gehören, nicht verschoben werden.

Tabelle 2–14 beschreibt die Gruppenrichtlinien, mit denen Unternehmen die Umleitung bekannter Ordner für OneDrive in einer Umgebung konfigurieren können, die Active Directory-Domänendienste einsetzt.

Gruppenrichtlinieneinstellung	Beschreibung
Benutzer zum Verschieben bekannter Windows-Ordner auf OneDrive auffordern	Diese Richtlinie legt fest, dass Benutzer eine Benachrichtigung angezeigt bekommen (Abbildung 2–18), die erklärt, dass sie ihre Dateien schützen sollen, indem sie ihre bekannten Windows-Ordner automatisch auf OneDrive verschieben lassen. Falls Benutzer den Hinweis ignorieren, erscheint eine Erinnerung im Info-Center, bis die Umleitung abgeschlossen ist. Falls ein Benutzer seine Ordner bereits auf ein anderes OneDrive-Konto umgeleitet hat, wird er aufgefordert, die Ordner auf das OneDrive-Konto der Organisation umzuleiten.
Bekannte Windows-Ordner automatisch auf OneDrive verschieben	Leitet bekannte Ordner ohne irgendeine Benutzerinteraktion auf OneDrive um. Sobald diese Richtlinie konfiguriert ist, werden die Inhalte bekannter Ordner auf OneDrive umgeleitet.
Benutzer am Umleiten ihrer bekannten Windows-Ordner auf ihren PC hindern	Diese Richtlinie hindert Benutzer daran, die Einstellung zu verändern. Somit werden die Benutzer gezwungen, ihre bekannten Ordner auf OneDrive umzuleiten. Wenn diese Richtlinie aktiviert ist, legt sie den folgenden Registrierungsschlüssel fest: `[HKLM\SOFTWARE\Policies\Microsoft\OneDrive]"KFMBlockOptOut"="dword:00000001"`
Benutzer am Verschieben ihrer bekannten Windows-Ordner auf OneDrive hindern	Hindert Benutzer daran, ihre bekannten Windows-Ordner auf OneDrive zu verschieben.

Tab. 2–14   Gruppenrichtlinien für das Umleiten bekannter Windows-Ordner

Die *.adml*- und *.admx*-Dateien mit den Gruppenrichtlinieneinstellungen für die Umleitung bekannter Windows-Ordner finden Sie auf einem Windows 10-Client, der mindestens den Build 18.111.0603.0004 des OneDrive-Synchronisierungsclients installiert hat, im Pfad *%localappdata%\Microsoft\OneDrive\<OneDrive-Version>\adm*.

Um die OneDrive-Gruppenrichtlinien zu verwenden, müssen Sie die *.adml*- und *.admx*-Dateien von einem Client importieren und zum zentralen Gruppenrichtlinienspeicher Ihrer Domäne im Pfad *\SYSVOL\domain\Policies\PolicyDefinitions* hinzufügen.

Sobald Sie die *.admx*- und *.adml*-Dateien importiert haben, können Sie sich diese Richtlinien im Gruppenrichtlinien-Editor im Knoten *Computerkonfiguration > Richtlinien > Administrative Vorlagen > OneDrive* ansehen.

WEITERE INFORMATIONEN **Gruppenrichtlinieneinstellungen für den OneDrive-Synchronisierungsclient**

Wie Sie den OneDrive-Synchronisierungsclient in einer Windows Server-Unternehmensumgebung verwalten, beschreibt die Microsoft-Website unter:

https://docs.microsoft.com/onedrive/use-group-policy

Abb. 2–18   Aufforderung an den Benutzer, seine Ordner auf OneDrive umzuleiten

Enterprise State Roaming in Azure AD konfigurieren

Windows 10-Benutzer, die ein Microsoft-Konto verwenden, können ihre Benutzereinstellungen, Edge Browser-Kennwörter und Anwendungseinstellungen zwischen allen Geräten synchronisieren, auf denen sie mit demselben Microsoft-Konto angemeldet sind.

Für Unternehmensbenutzer stellt Azure Active Directory eine Roaming-Funktion zur Verfügung. Administratoren können ein Unternehmensfeature namens *Enterprise State Roaming* aktivieren, damit Azure AD die Windows-Einstellungen, Kennwörter und UWP-App-Einstellungen (Universal Windows Platform) und -Daten der Benutzer über alle Windows-Geräte hinweg synchronisiert. Sind die Profileinstellungen in der Cloud gespeichert, werden die Einstellungen sofort nach der Anmeldung automatisch auf ein neues Gerät angewendet.

Neben den Einstellungen, die als Element der Benutzereinstellungen synchronisiert werden, bietet Enterprise State Roaming folgende Features:

- **Trennung von Unternehmens- und privaten Daten**   Die Unternehmensdaten werden nicht mit privaten Daten vermischt. Jedes Cloud-Konto speichert die Daten separat.

- **Verbesserte Sicherheit**   Weil Azure Rights Management zum Einsatz kommt, sind die Daten stets verschlüsselt, sowohl während der Übertragung als auch während der Speicherung.

- **Bessere Verwaltung und Überwachung**   Im Azure AD-Portal konfigurieren und überwachen Sie, welche Benutzer und Geräte ihre Einstellungen synchronisiert haben.

- **Datenaufbewahrung**   Enterprise State Roaming-Daten, die mit Azure synchronisiert wurden, werden für eine Frist zwischen 90 und 180 Tagen nach dem letzten Zugriff aufbewahrt.

Wenn eine Organisation Enterprise State Roaming nutzen will, müssen folgende Voraussetzungen erfüllt sein:

Windows 10, Version 1511 oder neuer, ist mit den neuesten Updates auf dem Gerät installiert.

Geräte müssen in Azure AD oder Hybrid-Azure AD eingebunden sein.

Enterprise State Roaming muss für den Mandanten in Azure AD aktiviert sein.

Den Benutzern muss bereits eine Azure AD Premium- oder EMS-Lizenz (Enterprise Mobility + Security) zugewiesen sein.

Geräte müssen neu gestartet werden, nachdem Enterprise State Roaming aktiviert wurde.

Benutzer müssen sich mit einer Azure AD-Identität anmelden.

Wenn das Enterprise State Roaming aktiviert ist, erhält die Organisation eine kostenlose Lizenz für die eingeschränkte Nutzung von Azure Rights Management innerhalb von Azure Information Protection. Diese Lizenz beschränkt sich auf die Verschlüsselung und Entschlüsselung der Unternehmenseinstellungen und Anwendungsdaten, die über Enterprise State Roaming synchronisiert werden.

So aktivieren Sie Enterprise State Roaming in Azure:

1. Melden Sie sich mit einem globalen Administratorkonto im Azure Admin Center an.
2. Klicken Sie auf *Azure Active Directory* und dann unter *Verwalten* auf *Geräte*.
3. Klicken Sie auf dem Blatt *Geräte - Alle Geräte* unter *Verwalten* auf *Enterprise State Roaming*.
4. Konfigurieren Sie auf dem Blatt *Geräte - Enterprise State Roaming* die Option *Benutzer können Einstellungen und App-Daten geräteübergreifend synchronisieren*; Sie können das Roaming für alle Benutzer oder lediglich für eine ausgewählte Gruppe von Benutzern aktivieren (Abbildung 2–19). Klicken Sie auf *Speichern*.

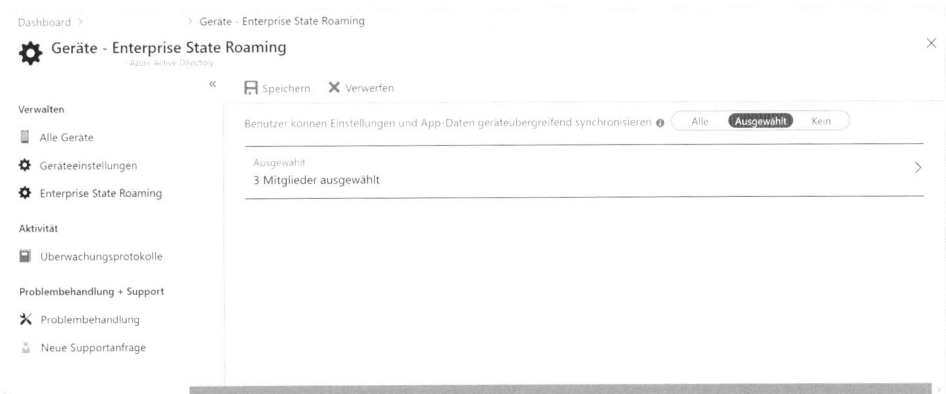

Abb. 2–19   Enterprise State Roaming konfigurieren

Sobald die Azure AD-Einstellungen konfiguriert sind, müssen Ihre Windows 10-Geräte neu gestartet werden und die Benutzer müssen sich mit ihrer primären Anmeldeidentität authentifizieren.

Tabelle 2–15 beschreibt, wie lange die Benutzereinstellungen und Anwendungseinstellungen, die über Enterprise State Roaming mit der Microsoft-Cloud synchronisiert werden, aufbewahrt werden.

Aktion	Aufbewahrungsdauer
Explizite Löschung	**Gelöschter Benutzer** Wenn ein Azure AD-Benutzerkonto gelöscht wird, werden die zugehörigen Roaming-Daten nach 90 bis 180 Tagen gelöscht. **Gelöschtes Verzeichnis** Wird ein gesamtes Verzeichnis in Azure AD ge-löscht, werden alle Einstellungsdaten, die mit diesem Verzeichnis verknüpft sind, nach 90 bis 180 Tagen gelöscht. **Löschungsanforderung** Ein Azure AD-Administrator kann sich an den Azure-Support wenden, um die Daten eines bestimmten Benutzers oder bestimmte Einstellungsdaten löschen zu lassen.
Löschen veralteter Daten	Roaming-Daten für ein Benutzerkonto, auf das seit einem Jahr nicht zuge-griffen wurde, werden als veraltet (engl. stale) eingestuft und werden unter Umständen aus der Microsoft-Cloud gelöscht. Die Aufbewahrungsdauer kann sich ändern, sie fällt aber nie unter 90 Tage. Ob Daten als veraltet ein-gestuft werden, hängt von folgenden Kriterien ab: • Falls kein Gerät auf eine Einstellungssammlung zugreift, zum Beispiel die Einstellungen einer bestimmten App oder das Windows 10-Design, wird diese Sammlung veraltet, sobald die Aufbewahrungsdauer abge-laufen ist, und wird möglicherweise gelöscht. • Falls ein Benutzer die Synchronisierung von Einstellungen auf seinem Gerät deaktiviert, werden alle Einstellungsdaten dieses Benutzers veraltet und werden möglicherweise gelöscht, sobald die Aufbewahrungsdauer abgelaufen ist. • Falls das Enterprise State Roaming für das gesamte Verzeichnis deakti-viert wird, endet die Synchronisierung der Einstellungen. Alle Einstel-lungdaten für alle Benutzer werden veraltet und werden möglicher-weise gelöscht, sobald die Aufbewahrungsdauer abgelaufen ist.
Wiederherstellen ge-löschter Daten	Die Aufbewahrungsrichtlinie für Enterprise State Roaming-Daten ist nicht kon-figurierbar. Wurden die Synchronisierungsdaten gelöscht, können sie nicht mehr wiederhergestellt werden. Die Daten werden nur in der Microsoft-Cloud gelöscht, nicht auf dem Gerät des Benutzers. Verbindet sich ein Gerät später wieder mit dem Enterprise State Roaming-Dienst, werden die gerätebasierten Einstellungen synchronisiert und in der Microsoft-Cloud gespeichert.

Tab. 2–15   Aufbewahrungsfristen für Enterprise State Roaming-Daten

Gedankenexperimente

In diesen Gedankenexperimenten wenden Sie an, was Sie über die in diesem Kapitel behandelten Themen wissen. Die Antworten auf die Fragen der Gedankenexperimente finden Sie im nächsten Abschnitt.

Szenario 1

Contoso hat 2000 Arbeitsstationen, die momentan unter Windows 10 Enterprise laufen und mit Gruppenrichtlinien und SCCM verwaltet werden. Die Firmenleitung hat vor Kurzem Microsoft 365-Lizenzen gekauft und die IT-Abteilung beauftragt, die in Microsoft 365 enthaltene MDM-Funktion zu implementieren. Die meisten Benutzer arbeiten in der Firmenzentrale, etwa 50 Mitarbeiter außerhalb.

Beantworten Sie als Consultant für Contoso folgende Fragen:

1. Welches in Microsoft 365 enthaltene Softwaretool verwenden Sie, um die Co-Verwaltung für die Organisation zu implementieren?
2. Welches Tool stellen Sie auf verwalteten Geräten bereit, um Richtlinien zu bewerten und auf MDM zu migrieren?
3. Die Organisation will ihre lokalen Active Directory-Domänenbenutzer mit Azure AD synchronisieren. Welches Tool muss die Organisation als Vorbereitung installieren, um die Benutzer mit der Cloud zu synchronisieren?
4. Die Firmenleitung möchte so bald wie möglich die Co-Verwaltung für alle Geräte implementieren. Empfehlen Sie eine Strategie, wie die Organisation die Co-Verwaltung einführen sollte.

Szenario 2

Contoso beschäftigt 500 Remotemitarbeiter, die sich über das ganze Land verteilen. Diese Angestellten arbeiten in ihrem Homeoffice und verwenden Surface Book-Geräte. Sie müssen in der Lage sein, eine webbasierte Branchen-App zu nutzen, der Zugriff auf das Unternehmensnetzwerk erfolgt dabei über ein sicheres VPN. Contoso hat vor Kurzem Microsoft 365 angeschafft und will die Sicherheits- und Konformitätsanforderungen des Unternehmens mit MDM bei den Remotearbeitern erzwingen. Das Unternehmens-VPN will Contoso so bald wie möglich außer Betrieb nehmen.

Beantworten Sie Ihrem Manager folgende Fragen:

1. Wenn Mitarbeiter auf die Branchen-App zugreifen, soll das auf sichere Weise geschehen. Welchen Bedingungstyp sollten Sie in eine implementierte Richtlinie für bedingten Zugriff aufnehmen?

2. Welchen Bedingungstyp sollten Sie in eine Richtlinie für bedingten Zugriff aufnehmen, mit der Sie die ausgehende VPN-Verbindung für Remotemitarbeiter ersetzen?

3. Welche Informationen brauchen Sie von den Mitarbeitern, um Ihre Lösung zu implementieren?

4. Ihr Manager hat Sie beauftragt, Ihre Richtlinien für bedingten Zugriff für die Remotemitarbeiter zu implementieren. Was sollten Sie tun, bevor Sie die Richtlinien für die Remotemitarbeiter bereitstellen?

Szenario 3

Ihre Organisation verwendet momentan eine Mischung verschiedener Betriebssysteme auf ihren Geräten, darunter Windows 7 Professional und Windows 10 Pro. Das Unternehmen hat 500 Surface Book-Geräte mit Windows 10 Pro gekauft, die die Hälfte der Windows 7-Geräte ersetzen sollen. Sie haben eine neue Azure AD-Gruppe namens *Surface Book-Geräte* angelegt und eine Regel für dynamische Mitgliedschaft definiert, die alle Surface Book-Geräte zu dieser Gruppe hinzufügt. Das Unternehmen hat vor Kurzem Microsoft 365 Enterprise gekauft und möchte die neuen Geräte ausschließlich mit MDM verwalten.

Beantworten Sie Ihrem Manager folgende Fragen:

1. Sie müssen eine ältere Win32-Anwendung bereitstellen, die für eine bestimmte Abteilung unverzichtbar ist. Wie stellen Sie die Anwendung mit möglichst geringem Verwaltungsaufwand bereit?

2. Die Sicherheitsrichtlinie des Unternehmens verbietet es den Benutzern, Microsoft-Konten auf Unternehmensgeräten zu verwenden. Wie sollten Sie die Unternehmensrichtlinie durchsetzen?

3. Sie haben ein Gerätekonfigurationsprofil bereitgestellt, mit dem Sie das Startmenülayout anpassen. Am nächsten Tag melden Surface Book-Benutzer, dass das einheitliche Startmenülayout auf ihren Geräten nicht implementiert wurde. Sie prüfen, ob die Einstellungen im Konfigurationsprofil und die Bereichsmarkierungen richtig sind. Die entsprechenden Geräte wurden zur dynamischen Gruppe *Surface Book-Geräte* hinzugefügt. Was sollten Sie außerdem prüfen?

4. Sie wollen Gerätekonfigurationsprofile auf den Windows 7 Professional-Geräten bereitstellen. Sie erstellen ein neues Gerätekonfigurationsprofil, aber in der Dropdownliste *Plattform* wird Windows 7 nicht aufgelistet. Warum nicht?

5. Sie sollen alle Geräte über MDM verwalten. Was sollten Sie tun? Ihr Ansatz sollte keine zusätzlichen Kosten verursachen.

Szenario 4

Adatum Corporation verwendet Microsoft 365 Enterprise und hat Windows 10 Enterprise auf allen Geräten implementiert. Die Organisation setzt Co-Verwaltung für die Geräte ein, die in der Firmenzentrale als Domänenmitglieder eingerichtet wurden. Remotemitarbeiter werden über Microsoft Intune verwaltet.

Beantworten Sie Ihrem Manager folgende Fragen:

1. Mitarbeiter der Designabteilung in der Firmenzentrale beschweren sich, dass sie morgens zehn Minuten brauchen, um sich an ihren Geräten anzumelden. Sie untersuchen die Angelegenheit und stellen fest, dass in der Firmenzentrale servergespeicherte Benutzerprofile verwendet werden. Welche zwei Möglichkeiten sollten Sie vorschlagen, um die Anmeldung zu beschleunigen? Ihre Lösungen sollten keine zusätzlichen Kosten verursachen.

2. Sie wollen auf den Geräten mehrerer Remotemitarbeiter die Synchronisierung von Windows-Einstellungen aktivieren, damit Browsereinstellungen wie Kennwörter, Favoriten, Top-Websites und eingetippte URLs zwischen den Geräten der Benutzer synchron gehalten werden. Die Pilotgruppe mit Remotemitarbeitern meldet, dass die Synchronisierung nicht funktioniert. Sie sollen das Problem lediglich für die Pilotgruppe beseitigen. Wie gehen Sie vor?

3. Sie haben Enterprise State Roaming für alle Remotemitarbeiter aktiviert, aber ein Benutzer meldet, dass die Microsoft Edge-Einstellungen nicht zwischen seinen Geräten synchronisiert werden. Sie prüfen, ob Enterprise State Roaming in Azure AD korrekt konfiguriert wurde, und überzeugen sich, dass andere Einstellungen für den Benutzer synchronisiert werden. Wie beseitigen Sie das Problem?

4. Contoso implementiert die Ordnerumleitung für die Profildateien und -ordner der Benutzer. Das Management will den Festplattenplatz nicht einschränken, aber auf dem Dateiserver in der Firmenzentrale wird der freie Speicherplatz knapp. Welche Lösung, die keine zusätzlichen Kosten verursacht, sollten Sie empfehlen?

5. Manche Benutzer haben ein sehr großes Profil und beschweren sich, dass die Anmeldung lange dauert. Contoso verwendet die Ordnerumleitung auf einen Dateiserver in der Firmenzentrale. Als Sie das Problem untersuchen, stellen Sie fest, dass mehrere Benutzer Musik- und Videodateien in ihren Profilen speichern. Wie können Sie den Anmeldeprozess beschleunigen und verhindern, dass Benutzer mehr als 500 MB an Musik- und Videodateien in ihrem Profil speichern?

Antworten zu den Gedankenexperimenten

Dieser Abschnitt enthält die Lösungen zu den Fragen, die in den Gedankenexperimenten gestellt wurden.

Szenario 1

1. Microsoft Intune ist in Microsoft 365 enthalten.

2. Das MDM Migration Analysis Tool (MMAT) wertet aus, welche Gruppenrichtlinien für einen Zielbenutzer beziehungsweise ein Zielgerät konfiguriert wurden, und stellt sie seiner integrierten Liste unterstützter MDM-Richtlinien gegenüber.

3. Azure AD Connect.

4. Die IT-Abteilung sollte Rollout-Gruppen für die phasenweise Einführung der Co-Verwaltung zusammenstellen. Als Gruppen sind eine Pilotgruppe mit wenigen Geräten und eine größere Produktivgruppe sinnvoll. Rollout-Gruppen helfen dabei, Probleme aufzudecken und zu beseitigen, die bei der Implementierung auftreten.

Szenario 2

1. Bei unterstützten Cloud-basierten Apps können Sie Richtlinien für bedingten Zugriff verwenden, die Mehr-Faktoren-Authentifizierung erzwingen.

2. Sie sollten eine Richtlinie für bedingten Zugriff implementieren, die eine standortbasierte Bedingung umfasst.

3. Die Mitarbeiter müssen Ihnen die IP-Adresse ihres Heimnetzwerks mitteilen.

4. Sie sollten einen Testplan für den bedingten Zugriff entwerfen. Dann testen Sie die Richtlinien außerhalb der Produktivumgebung oder bei einer Pilotgruppe der Remotemitarbeiter und stellen sicher, dass die Richtlinien die erwarteten Ergebnisse liefern, wie im Testplan dokumentiert.

Szenario 3

1. Sie können Win32-Anwendungen mit PowerShell auf den Windows 10-Geräten bereitstellen. Das PowerShell-Skript wird von Intune im Remotezugriff ausgeführt, woraufhin die Win32-Anwendung installiert wird.

2. Erstellen Sie ein Windows 10-Gerätekonfigurationsprofil, das Geräteeinschränkungen definiert und die Verwendung von Microsoft-Konten blockiert, und wenden Sie dieses Profil auf alle Geräte an.

3. Sie sollten sicherstellen, dass das Gerätekonfigurationsprofil korrekt an die Sicherheitsgruppe *Surface Book-Geräte* zugewiesen wurde.

4. Gerätekonfigurationsprofile unterstützen nicht die Plattform Windows 7.

5. Mit einem Microsoft 365 Enterprise-Abonnement verfügen Sie über die Lizenz, bei Windows 7-Geräten ein Upgrade auf Windows 10 vorzunehmen; dafür fallen keine zusätzlichen Kosten an.

Szenario 4

1. Es sind mehrere Ansätze möglich. Sie können mit einem Kontingent die Größe der servergespeicherten Benutzerprofile auf dem Dateiserver beschränken, der die Profile hostet. Sie können auch Ordnerumleitung einsetzen, um bestimmte Profilordner auf einen Speicherort im Netzwerk umzuleiten. Die Größe eines servergespeicherten Benutzerprofils sinkt, weil die in umgeleiteten Ordnern gespeicherten Dateien nicht in das servergespeicherte Benutzerprofil aufgenommen werden.

2. Die Synchronisierung von Einstellungen steht für Windows 10-Benutzer zur Verfügung, die Microsoft-Konten verwenden. Es ist unwahrscheinlich, dass Benutzer in einer Unternehmensumgebung sich mit Microsoft-Konten anmelden. Daher sollten Sie Enterprise State Roaming empfehlen. Dazu erstellen Sie eine Azure AD-Sicherheitsgruppe und fügen ihr die Remotemitarbeiter hinzu, die an der Pilotphase teilnehmen. Anschließend aktivieren Sie das Enterprise State Roaming für die Azure AD-Sicherheitsgruppe dieser Remotemitarbeiter.

3. Wahrscheinlich sind in Microsoft Edge die Optionen zum Synchronisieren von Microsoft Edge-Favoriten, Leseliste, Top-Websites und weiteren Einstellungen ausgeschaltet. Schalten Sie diese Optionen ein, um das Problem zu beseitigen.

4. Im Rahmen eines Microsoft 365 Enterprise-Abonnements erhält jeder Benutzer unbegrenzten persönlichen Speicher in OneDrive for Business. Sie sollten dem Unternehmen empfehlen, die Umleitung bekannter Ordner für OneDrive zu konfigurieren und OneDrive for Business-Speicher zu verwenden.

5. Sie können auf einem Windows-Server in der Firmenzentrale den Rollendienst *Ressourcen-Manager für Dateiserver* implementieren, um die Daten, die auf Dateiservern gespeichert sind, zu verwalten und zu klassifizieren. Nach seiner Aktivierung kann der Ressourcen-Manager für Dateiserver die Dateien automatisch klassifizieren und auf Basis dieser Klassifizierungen Aktionen ausführen, zum Beispiel Kontingente für Ordner festlegen und Berichte zur Überwachung der Speichernutzung erstellen. Außerdem sollten Sie die Benutzer darüber informieren, dass die Größe von Dateien im Benutzerprofil künftig eingeschränkt wird.

Zusammenfassung des Kapitels

- Co-Verwaltung bedeutet, dass Sie Geräte sowohl mit System Center Configuration Manager als auch Microsoft Intune verwalten.

- Seit Windows 10, Version 1803, kann Intune den Vorrang für Richtlinien erhalten, wenn sowohl Gruppenrichtlinien als auch entsprechende Intune-Richtlinien auf das Gerät angewendet werden.

- Das MDM Migration Analysis Tool wertet aus, welche Gruppenrichtlinien für einen Zielbenutzer beziehungsweise ein Zielgerät angewendet wurden, und stellt sie seiner integrierten Liste unterstützter MDM-Richtlinien gegenüber.

- Mit Richtlinien für bedingten Zugriff steht Administratoren ein Werkzeug zur Verfügung, über das Azure AD prüfen kann, ob bestimmte Bedingungen erfüllt sind, bevor es den Zugriff auf Unternehmensressourcen gewährt (zum Beispiel auf überwachte Apps).

- Richtlinien für bedingten Zugriff definieren Bedingungen und Steuerelemente, aus denen Regeln zusammengesetzt werden, die Azure AD auswertet.

- Wenn Sie Richtlinien für bedingten Zugriff implementieren, sollten Sie einen Testplan entwickeln.

- Konformitätsrichtlinien stellen sicher, dass Geräte die Konformitätsanforderungen erfüllen, das heißt zum Beispiel, dass sie verschlüsselt sind, dass kein Jailbreak durchgeführt wurde und dass ein Kennwort für den Gerätezugriff eingegeben werden muss.

- Der Zugriff nicht konformer Geräte auf Ressourcen kann blockiert werden oder die Benutzer können Hinweise erhalten, wie sie ihr Gerät richtlinienkonform machen.

- Sind einem Gerät mehrere Gerätekonformitätsrichtlinien zugewiesen, berechnet Intune einen Konformitätsstatus auf Basis des höchsten Schweregrads aller zugewiesenen Richtlinien.

- Geräte prüfen ihren Konformitätsstatus regelmäßig bei Intune; das passiert bei Apple-Geräten alle sechs Stunden, bei Android- und Windows-Geräten alle acht Stunden.

- Intune-Gerätekonfigurationsrichtlinien werden benutzt, um Geräteeinstellungen über MDM zu konfigurieren.

- Intune kann über eine MDM-Erweiterung PowerShell-Skripts auf Windows-Geräte bereitstellen. So können Administratoren bei Bedarf Win32-Anwendungen bereitstellen.

- Bereichsmarkierungen dienen dazu, Intune-Richtlinien für spezifische Azure AD-Gruppen zuzuweisen und zu filtern.

- Sie können mit Intune benutzerdefinierte Richtlinien konfigurieren, indem Sie eine OMA-URI-Richtlinie (Open Mobile Alliance Uniform Resource Identifier) zusammenstellen.

- Ein Benutzerprofil enthält den Benutzerzustand mit Anwendungseinstellungen und Einstellungen anderer Systemkomponenten sowie benutzerspezifische Daten wie Desktop-, Startmenü- und Dokumente-Ordner des Benutzers.

- Es gibt lokale, servergespeicherte, verbindliche, superverbindliche und temporäre Benutzerprofile.

- Falls servergespeicherte Benutzerprofile zu groß werden, kann die Anmeldung der Benutzer sehr lange dauern.

Ein Benutzer kann wichtige Windows-Einstellungen wie Kennwörter, Designs und Browser-einstellungen mit der Cloud synchronisieren, damit sie auf alle Geräte angewendet werden, bei denen sich der Benutzer unter demselben Microsoft-Konto anmeldet.

Administratoren können die Ordnerumleitung aktivieren, um einzelne Profilordner in einem Netzwerkordner zu speichern.

Über die Umleitung bekannter Ordner für OneDrive werden Ordner und wichtige Dateien der Benutzer auf ihre OneDrive for Business-Konten umgeleitet und in der Microsoft-Cloud gespeichert.

Administratoren können Enterprise State Roaming aktivieren, damit Azure AD die Windows-Einstellungen und UWP-App-Einstellungen (Universal Windows Platform) auf sichere Weise über alle Windows-Geräte der Benutzer hinweg synchronisiert.

KAPITEL 3

Geräte verwalten und schützen

Eine wichtige Aufgabe bei der Arbeit eines Administrators für moderne Desktops (Modern Desktop Administrator, MDA) ist es, die Geräte der Benutzer zu verwalten und zu schützen. Als MDA greifen Ihnen etliche Windows 10-Komponenten in Kombination mit Microsoft Intune-Features unter die Arme, um die Verwaltung der Geräte Ihrer Organisation zu vereinfachen. Dieses Kapitel beschreibt diese Komponenten und Features.

In diesem Kapitel abgedeckte Prüfungsziele:

▦ Prüfungsziel 3.1: Windows Defender verwalten

▦ Prüfungsziel 3.2: Intune-Geräteregistrierung und -Inventar verwalten

▦ Prüfungsziel 3.3: Geräte überwachen

Prüfungsziel 3.1: Windows Defender verwalten

Komponenten der Windows Defender-Familie von Sicherheits-Apps sind etliche als Features in Windows 10 integriert. Es ist wichtig, dass Sie mit all diesen Features vertraut sind, ihre Aufgabengebiete kennen, wissen, wie sie beim Schutz der Geräte Ihrer Organisation helfen, und in der Lage sind, die Features zu aktivieren und zu konfigurieren.

Dieses Prüfungsziel behandelt folgende Themen:

▦ Windows Defender Credential Guard implementieren und verwalten

▦ Windows Defender Exploit Guard implementieren und verwalten

▦ Windows Defender Application Guard implementieren und verwalten

▦ Windows Defender Advanced Threat Protection implementieren

▦ Windows Defender Application Control integrieren

▦ Windows Defender Antivirus verwalten

▦ Endpunktschutz in Microsoft Intune konfigurieren

Windows Defender Credential Guard implementieren und verwalten

Wenn sich ein Benutzer an einer AD DS-Domäne (Active Directory Domain Services) anmeldet, übergibt er seine Anmeldeinformationen an einen Domänencontroller. Sofern die Authentifizierung erfolgreich ist, stellt der authentifizierende Domänencontroller daraufhin Kerberos-Tickets für den Computer des Benutzers aus. Der Computer des Benutzers verwendet diese Tickets, um Sitzungen mit Servern aufzubauen, die zur selben AD DS-Gesamtstruktur gehören. Wenn ein Server eine Sitzungsanforderung erhält, prüft er, ob das Kerberos-Ticket gültig ist. Sofern es in allen Aspekten gültig ist und von einer vertrauenswürdigen Authentifizierungsautorität ausgestellt wurde (zum Beispiel einem Domänencontroller in derselben AD DS-Gesamtstruktur), wird die Sitzung erlaubt.

Diese Kerberos-Tickets und zugehörige Sicherheitstokens (zum Beispiel NTLM-Hashwerte) werden in der lokalen Sicherheitsautorität (Local Security Authority, LSA) gespeichert, einem Prozess, der auf Windows-Computern läuft und den Austausch von Informationen zwischen dem lokalen Computer und Autoritäten steuert, die Informationen anfordern. Es ist allerdings möglich, dass sich Schadsoftware Zugriff auf diesen Sicherheitsprozess verschafft. Und dann wäre sie in der Lage, die gespeicherten Tickets und Hashwerte zu nutzen.

Anforderungen

Um sich vor dieser Gefahr zu schützen, haben die 64-Bit-Versionen von Windows 10 Enterprise und Windows 10 Education ein Feature namens Windows Defender Credential Guard, das die sogenannte *virtualisierungsbasierte Sicherheit* (engl. virtualization-assisted security) implementiert. Dank dieser Technik kann der Windows Defender Credential Guard den Zugriff auf Anmeldeinformationen blockieren, die in der lokalen Sicherheitsautorität gespeichert sind.

Um Windows Defender Credential Guard zu implementieren, muss nicht nur eine der genannten 64-Bit-Editionen von Windows 10 verwendet werden, sondern es müssen auch folgende Voraussetzungen erfüllt sein:

- Unterstützung für virtualisierungsbasierte Sicherheit
- Unified Extensible Firmware Interface (UEFI) 2.3.1 oder neuer
- Sicherer Start (secure boot)
- TPM 2.0, entweder separat oder in Firmware
- UEFI-Sperre (Firmware)
- Virtualisierungsfeatures: Intel VT-x oder AMD-V; SLAT muss aktiviert sein.
- Eine Intel-VT-d- oder AMD-Vi-IOMMU (Input Output Memory Management Unit)

Windows Defender Credential Guard aktivieren

Sofern Ihr Computer die Anforderungen erfüllt, können Sie Windows Defender Credential Guard in einer AD DS-Umgebung mithilfe von Gruppenrichtlinien aktivieren. Öffnen Sie dazu auf dem Domänencontroller das gewünschte GPO zum Bearbeiten und wechseln Sie in den Zweig *Computerkonfiguration* > *Richtlinien* > *Administrative Vorlagen* > *System* > *Device Guard*. Aktivieren Sie die Richtlinie *Virtualisierungsbasierte Sicherheit aktivieren* (Abbildung 3–1).

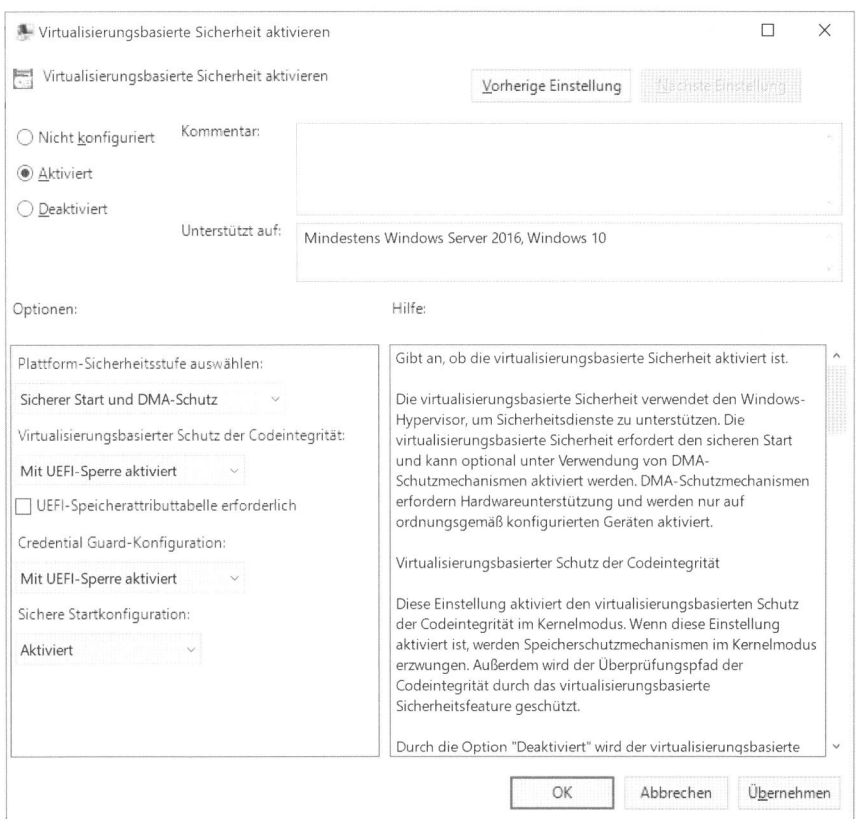

Abb. 3–1   Windows Defender Credential Guard aktivieren

WEITERE INFORMATIONEN **Windows Defender Credential Guard verwalten**

Detaillierte Informationen über die Arbeitsweise von Windows Defender Credential Guard finden Sie auf der Microsoft-Website unter:

https://docs.microsoft.com/Windows/security/identity-protection/credential-guard/credential-guard-manage

Windows Defender Exploit Guard implementieren und verwalten

Sie können Windows Defender Exploit Guard, eine Komponente von Windows Defender Advanced Threat Protection, aktivieren, um die Angriffsfläche für die Apps Ihrer Benutzer zu verkleinern. Windows Defender Exploit Guard umfasst vier Komponenten:

- **Exploit-Schutz (engl. exploit protection)**   Greift auf Windows Defender Antivirus oder Antivirensoftware anderer Hersteller (sofern installiert) zurück, um Exploit-Techniken abzuwehren, die in Angriffen auf die Apps Ihrer Organisation eingesetzt werden.

- **Regeln zur Verringerung der Angriffsfläche (engl. attack surface reduction rules)**   Blockiert mit Regeln bestimmte Angriffsvektoren, die über Skript-, E-Mail- und Office-basierte Schadsoftware laufen. Basiert auf Windows Defender Antivirus.

- **Netzwerkschutz (engl. network protection)**   Erweitert den Windows Defender SmartScreen-Schutz in Microsoft Edge auf andere Anwendungen, um Zugriff auf Internet-Domänen zu verhindern, die möglicherweise Phishing-Betrug, Exploits und andere böswillige Inhalte hosten. Setzt voraus, dass Windows Defender Antivirus mit Cloud-basiertem Schutz aktiviert ist.

- **Überwachter Ordnerzugriff (engl. controlled folder access)**   Schützt gegen Ransomware und Schadsoftware, indem er Änderungen an Dateien in geschützten Ordnern verhindert, falls die App, die derartige Änderungen vorzunehmen versucht, böswillig agiert oder verdächtiges Verhalten zeigt. Setzt ebenfalls Windows Defender Antivirus voraus.

> **HINWEIS**   **Windows Defender Test Ground-Website**
>
> Auf der folgenden Microsoft-Website können Sie diese Features im Einsatz beobachten:
>
> *https://demo.wd.microsoft.com/?ocid=cx-wddocs-testground*

Sie verwalten Windows Defender Exploit Guard in der App *Windows-Sicherheit* (Abbildung 3–2).

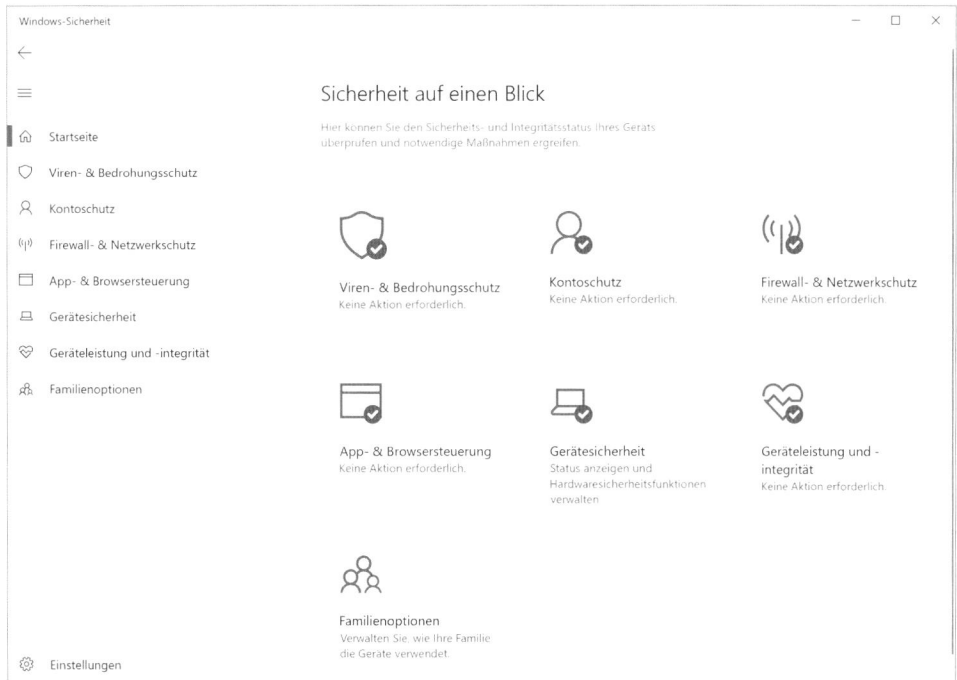

Abb. 3–2   App *Windows-Sicherheit*

Tabelle 3–1 schlüsselt auf, welche Features von Windows Defender Exploit Guard in den verschiedenen Windows 10-Editionen zur Verfügung stehen.

Windows 10-Edition	Unterstützte Features
Windows 10 Home	Exploit-Schutz Überwachter Ordnerzugriff
Windows 10 Pro	Exploit-Schutz Überwachter Ordnerzugriff
Windows 10 Enterprise E3 & Windows 10 Education E3	Exploit-Schutz Überwachter Ordnerzugriff Netzwerkschutz
Windows 10 Enterprise E5 & Windows 10 Education E5	Exploit-Schutz Überwachter Ordnerzugriff Netzwerkschutz Regeln zur Verringerung der Angriffsfläche

Tab. 3–1   Features von Windows Defender Exploit Guard

Exploit-Schutz implementieren

Der Exploit-Schutz schützt die Geräte Ihrer Benutzer vor Schadsoftware, die versucht, sich über Exploits in Ihrer Organisation auszubreiten. Der Exploit-Schutz umfasst mehrere Abwehrmaßnahmen, die Sie getrennt voneinander aktivieren und konfigurieren.

In der Standardeinstellung aktiviert der Exploit-Schutz bereits mehrere Abwehrmaßnahmen für das Betriebssystem und ausgewählte Apps. Gehen Sie folgendermaßen vor, um diese und andere Abwehrmaßnahmen zu konfigurieren:

1. Öffnen Sie die App *Windows-Sicherheit*.

2. Wählen Sie die Registerkarte *App- & Browsersteuerung* aus.

3. Blättern Sie nach unten und klicken Sie auf den Link *Einstellungen für Exploit-Schutz*.

4. Konfigurieren Sie auf der Seite *Exploit-Schutz* (Abbildung 3–3) die gewünschten Einstellungen. Tabelle 3–2 enthält eine Übersicht über die verfügbaren Einstellungen.

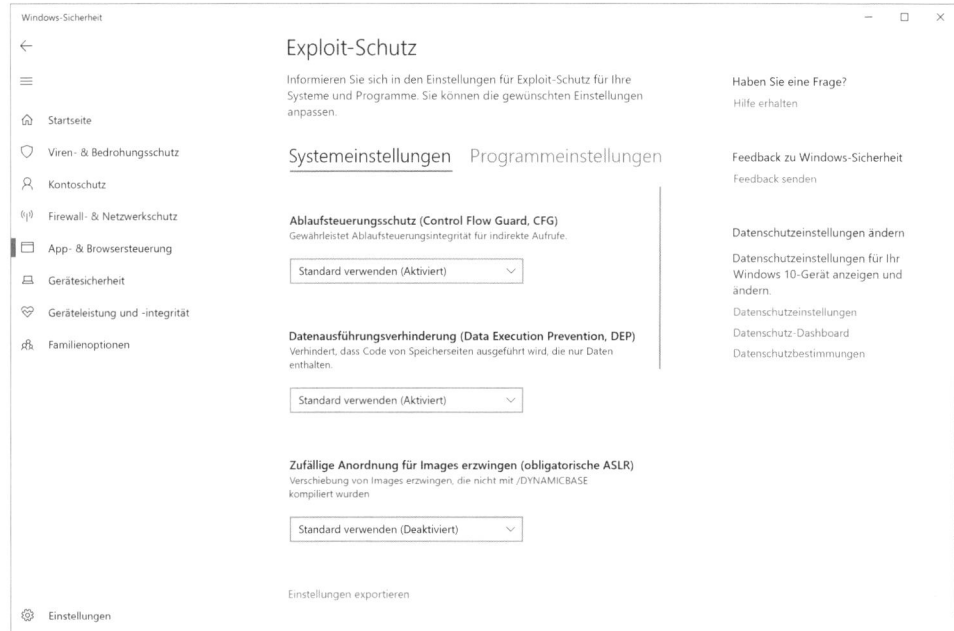

Abb. 3–3   Einstellungen für den Exploit-Schutz konfigurieren

5. Klicken Sie auf den Link *Einstellungen exportieren*, um die Einstellungen in eine XML-Datei zu exportieren.

6. Verteilen Sie die XML-Datei über Gruppenrichtlinienobjekte an andere Geräte.

Abwehrmaßnahme	Explanation
Ablaufsteuerungsschutz/Control Flow Guard (CFG)	Bildet einen Schutz gegen Verwundbarkeiten aufgrund von überschriebenem Arbeitsspeicher.
Datenausführungsverhinderung/Data Execution Prevention (DEP)	Verhindert, dass ausführbarer Code von Seiten ausgeführt wird, die Daten enthalten.
Zufällige Anordnung für Images erzwingen (obligatorische ASLR)/Force Randomization for Images (mandatory ASLR)	Verhindert Angriffe, indem Prozesse auf zufällige Stellen im Arbeitsspeicher verteilt werden.
Speicherbelegungen zufällig anordnen (ASLR aufsteigend)/Randomize Memory Allocations (Bottom-Up ASLR)	Verhindert Angriffe, indem Prozesse auf zufällige Stellen im Arbeitsspeicher verteilt werden.
Ausnahmeketten überprüfen (SEHOP)/Validate Exception Chains (SEHOP)	Verhindert Angriffe, die über strukturierte Ausnahme-Handler laufen.
Heapintegrität überprüfen/Validate Heap Integrity	Verhindert Angriffe, die versuchen, den Arbeitsspeicher zu beschädigen.

Tab. 3–2   Abwehrmaßnahmen im Exploit-Schutz

HINWEIS   **Überwachungsmodus**

Sie können Abwehrmaßnahmen auch im Überwachungsmodus aktivieren. Auf diese Weise können Sie prüfen, welche Auswirkungen es hat, wenn Sie eine bestimmte Abwehrmaßnahme aktivieren, ohne dabei die Verwendung der Benutzergeräte zu beeinträchtigen.

Neben der Möglichkeit, den Exploit-Schutz in der App *Windows-Sicherheit* zu konfigurieren, können Sie auch die Windows PowerShell-Cmdlets Get-ProcessMitigation und Set-ProcessMitigation verwenden. Zum Beispiel aktiviert der folgende PowerShell-Befehl die Datenausführungsverhinderung für das Programm *MyLOB.exe* im Ordner *C:\Apps\LOB* und verhindert, dass die ausführbare Datei untergeordnete Prozesse erstellt:

```
Set-ProcessMitigation -Name C:\Apps\LOB\MyLOB.exe -Enable DEP, EmulateAtlThunks,
    DisallowChildProcessCreation
```

WEITERE INFORMATIONEN   **Exploit-Schutz anpassen**

Details darüber, wie Sie den Exploit-Schutz aktivieren und konfigurieren, finden Sie auf der Microsoft-Website unter:

https://docs.microsoft.com/Windows/security/threat-protection/microsoft-defender-atp/enable-exploit-protection

---

So verteilen Sie die exportierten Einstellungen über GPOs:

1. Öffnen Sie auf einem Domänencontroller das betreffende GPO zum Bearbeiten.

2. Wechseln Sie im Gruppenrichtlinienobjekt-Editor zum Zweig *Computerkonfiguration > Richtlinien > Administrative Vorlagen > Windows-Komponenten > Windows Defender Exploit Guard > Exploit-Schutz*.

3. Öffnen Sie die Einstellung *Allgemeine Einstellungen für Exploit-Schutz verwenden*.

4. Klicken Sie auf *Aktiviert* und tippen Sie einen gültigen UNC-Pfad der XML-Datei mit den Einstellungen ein (Abbildung 3–4).

5. Klicken Sie auf *OK* und schließen Sie den Gruppenrichtlinienobjekt-Editor.

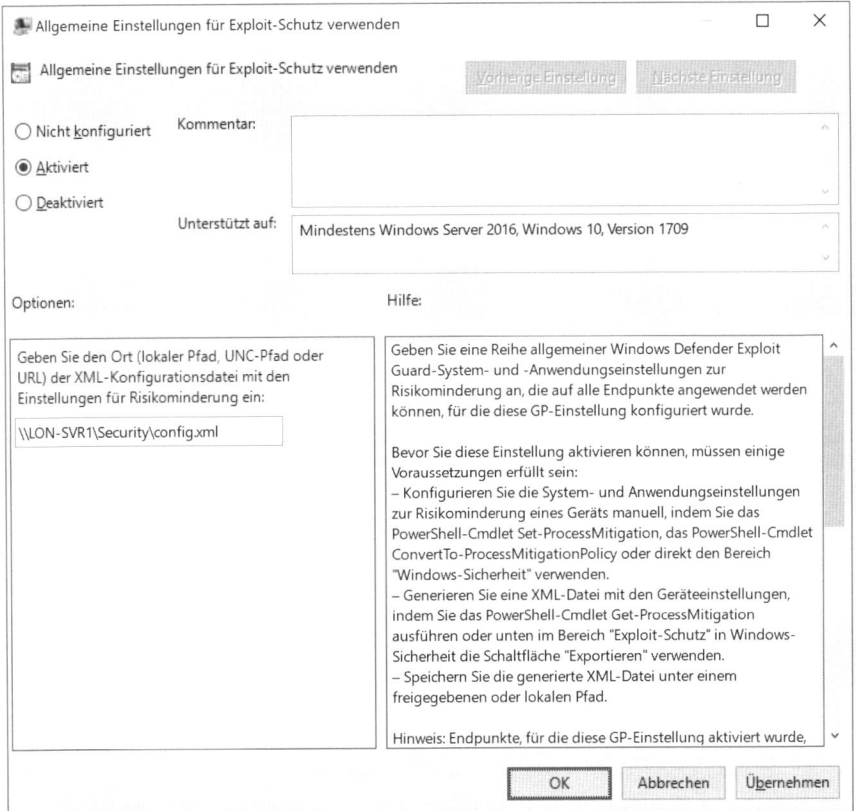

Abb. 3–4 Mit Gruppenrichtlinien einheitliche Einstellungen für den Exploit-Schutz konfigurieren

Regeln zur Verringerung der Angriffsfläche implementieren

Regeln zur Verringerung der Angriffsfläche blockieren Aktionen und Apps, die häufig von Schadsoftware missbraucht werden, um die Geräte Ihrer Organisation zu infizieren. Jede Regel wird durch eine GUID eindeutig identifiziert. Tabelle 3–3 beschreibt die verfügbaren Regeln zur Verringerung der Angriffsfläche und listet die entsprechenden GUIDs auf.

Regel und Beschreibung	GUID
Ausführbare Dateien aus E-Mail-Clients und Webmail blockieren	be9ba2d9-53ea-4cdc-84e5-9B1eeee46550
Alle Office-Anwendungen daran hindern, untergeordnete Prozesse zu erstellen	d4f940ab-401b-4efc-aadc-ad5f3c50688a
Office-Anwendungen daran hindern, ausführbare Dateien zu erstellen	3b576869-a4eC-4529-8536-b80a7769e899
Office-Anwendungen daran hindern, Code in andere Prozesse einzuschleusen	75668c1f-73b5-4Cf0-bb93-3ecf5cb7cc84
JavaScript oder VBScript daran hindern, heruntergeladene ausführbare Dateien zu starten	d3e037e1-3eb8-44c8-a917-57927947596d
Ausführung potenziell verschleierter Skripts verhindern	5beb7efe-fd9A-4556-801d-275e5ffc04cc
Win32-API-Aufrufe von Office-Makros aus blockieren	92e97fa1-2edf-4476-bdd6-9dd0B4dddc7b
Die Ausführung ausführbarer Dateien verhindern, sofern sie nicht bestimmte Kriterien bezüglich Verbreitung, Alter oder Eintragung in einer Liste vertrauenswürdiger Elemente erfüllen	01443614-cd74-433a-b99e-2ecdc07bfc25
Erweiterten Schutz gegen Ransomware aktivieren	c1db55ab-c21a-4637-bb3f-a12568109d35
Ausspähen von Anmeldeinformationen aus dem lokalen Sicherheitsautoritätssubsystem von Windows (*lsass.exe*) verhindern	9e6c4e1f-7d60-472f-ba1a-a39ef669e4b2
Prozesserstellung über PSExec- und WMI-Befehle verhindern	d1e49aac-8f56-4280-b9ba-993a6d77406c
Verhindern, dass nicht vertrauenswürdige und unsignierte Prozesse von USB-Laufwerken ausgeführt werden	b2b3f03d-6a65-4f7b-a9c7-1c7ef74a9ba4
Office-Kommunikationsanwendungen daran hindern, untergeordnete Prozesse zu erstellen	26190899-1602-49e8-8b27-eb1d0a1ce869
Adobe Reader daran hindern, untergeordnete Prozesse zu erstellen	7674ba52-37eb-4a4f-a9a1-f0f9a1619a2c

Tab. 3–3   Regeln zur Verringerung der Angriffsfläche

Sie können GPOs oder Windows PowerShell verwenden, um bestimmte Regeln zur Verringerung der Angriffsfläche zu aktivieren. Gehen Sie folgendermaßen vor, um mit Gruppenrichtlinien Regeln zur Verringerung der Angriffsfläche zu verwalten:

1. Öffnen Sie auf einem Domänencontroller das betreffende GPO zum Bearbeiten.

2. Wechseln Sie im Gruppenrichtlinienobjekt-Editor zum Zweig *Computerkonfiguration > Richtlinien > Administrative Vorlagen > Windows-Komponenten > Windows Defender Antivirus > Windows Defender Exploit Guard > Verringerung der Angriffsfläche*.

3. Öffnen Sie die Einstellung *Regeln zur Verringerung der Angriffsfläche konfigurieren*.

4. Klicken Sie auf *Aktiviert* (Abbildung 3–5).

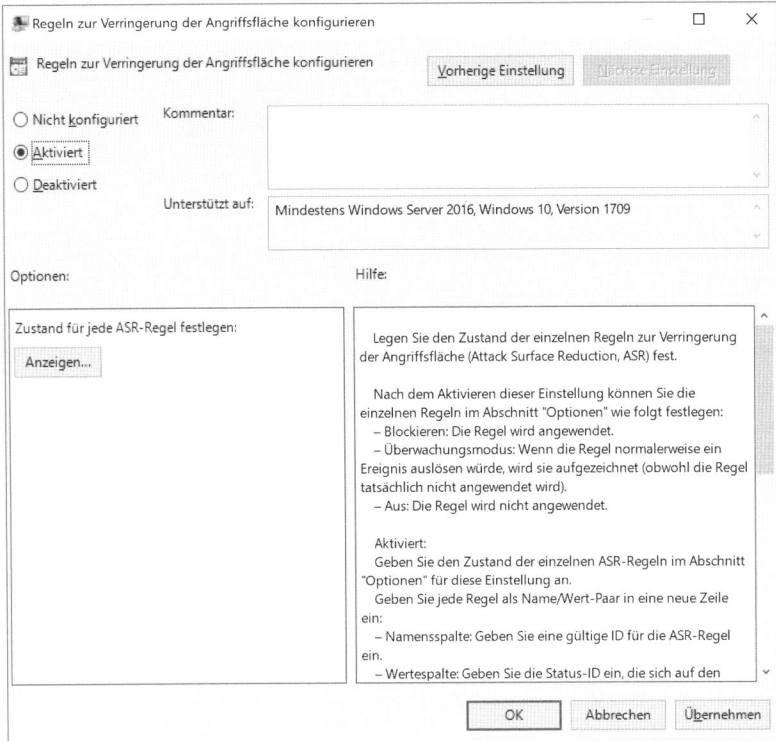

Abb. 3–5   Regeln zur Verringerung der Angriffsfläche konfigurieren

5. Klicken Sie auf *Anzeigen*. Tippen Sie im Dialogfeld *Inhalt anzeigen* die gewünschte GUID in das Feld *Wertname* ein (Abbildung 3–6). Tabelle 3–3 listet die verfügbaren GUIDs auf.

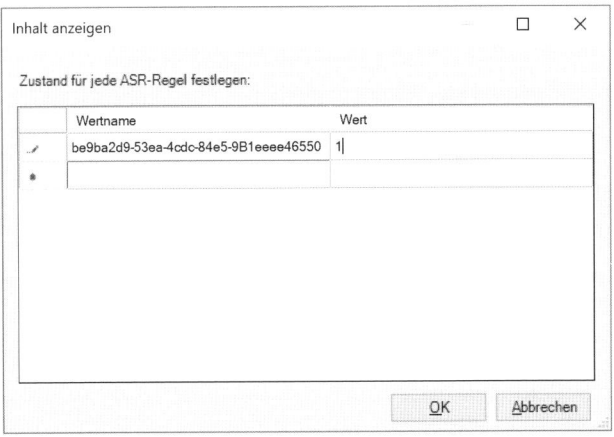

Abb. 3–6   Eine Regel zur Verringerung der Angriffsfläche aktivieren

6. Geben Sie eine der folgenden Ziffern in das Feld *Wert* ein:

   - **0**   Deaktiviert die Regel.

   - **1**   Aktiviert den Sperrmodus.

   - **2**   Aktiviert den reinen Überwachungsmodus.

7. Klicken Sie zweimal auf *OK* und schließen Sie den Gruppenrichtlinienobjekt-Editor.

Wenn Sie diese Regeln mit Windows PowerShell (im Administratormodus) konfigurieren wollen, können Sie das Cmdlet Set-MpPreference verwenden. Der folgende Codeausschnitt zeigt ein Beispiel:

```
Set-MpPreference -AttackSurfaceReductionRules_Ids <Regel-ID>
   -AttackSurfaceReductionRules_Actions Enabled
```

WEITERE INFORMATIONEN **Regeln zur Verringerung der Angriffsfläche aktivieren**

Detaillierte Informationen über das Konfigurieren von Regeln zur Verringerung der Angriffsfläche finden Sie auf der Microsoft-Website unter:

https://docs.microsoft.com/Windows/security/threat-protection/microsoft-defender-atp/configure-attack-surface-reduction

---

Netzwerkschutz implementieren

Der Netzwerkschutz verhindert, dass Ihre Benutzer mit Apps auf Internetdomänen zugreifen, die möglicherweise Schadsoftware, Betrugsversuche oder andere böswillige Inhalte verbreiten. Sie können den Netzwerkschutz mit GPOs, MDM-Richtlinien (Mobile Device Management) oder Windows PowerShell aktivieren. So gehen Sie vor, wenn Sie Gruppenrichtlinien verwenden:

1. Öffnen Sie auf einem Domänencontroller das betreffende GPO zum Bearbeiten.

2. Wechseln Sie im Gruppenrichtlinienobjekt-Editor zum Zweig *Computerkonfiguration > Richtlinien > Administrative Vorlagen > Windows-Komponenten > Windows Defender Antivirus > Windows Defender Exploit Guard > Netzwerkschutz*.

3. Öffnen Sie die Einstellung *Benutzer- und App-Zugriff auf gefährliche Websites verhindern*.

4. Klicken Sie auf *Aktiviert* und wählen Sie eine der folgenden Optionen aus:

   - **Blockieren**   Benutzer können nicht auf böswillige Sites zugreifen.

   - **Deaktivieren**   Der Netzwerkschutz ist abgeschaltet.

   - **Überwachungsmodus**   Zeichnet Aktivitäten auf, blockiert aber nicht den Zugriff auf böswillige Sites.

5. Klicken Sie auf *OK* und schließen Sie den Gruppenrichtlinienobjekt-Editor.

Wenn Sie diese Regeln mit Windows PowerShell (im Administratormodus) konfigurieren wollen, können Sie das Cmdlet Set-MpPreference verwenden. Zum Beispiel aktiviert der folgende Befehl den Netzwerkschutz im Überwachungsmodus:

```
Set-MpPreference -EnableNetworkProtection AuditMode
```

Verfügbare Optionen sind Disabled, AuditMode und Enabled.

WEITERE INFORMATIONEN   **Netzwerkschutz aktivieren**

Detaillierte Informationen über das Aktivieren und Konfigurieren des Netzwerkschutzes finden Sie auf der Microsoft-Website unter:

https://docs.microsoft.com/Windows/security/threat-protection/microsoft-defender-atp/network-protection

---

Überwachten Ordnerzugriff implementieren

Der überwachte Ordnerzugriff hilft dabei, die Ausbreitung von Schadsoftware zu verhindern. Konkret schützt der überwachte Ordnerzugriff wertvolle Daten, die in bestimmten Ordnern gespeichert sind. Sie können Windows PowerShell, GPOs oder MDM einsetzen, um den überwachten Ordnerzugriff zu konfigurieren.

So verwalten Sie den überwachten Ordnerzugriff mit Gruppenrichtlinien:

1. Öffnen Sie auf einem Domänencontroller das betreffende GPO zum Bearbeiten.

2. Wechseln Sie im Gruppenrichtlinienobjekt-Editor zum Zweig *Computerkonfiguration > Richtlinien > Administrative Vorlagen > Windows-Komponenten > Windows Defender Antivirus > Windows Defender Exploit Guard > Überwachter Ordnerzugriff*.

3. Klicken Sie doppelt auf die Einstellung *Überwachten Ordnerzugriff konfigurieren* und klicken Sie auf *Aktiviert* (Abbildung 3–7).

4. Wählen Sie in der Dropdownliste *Feature zum Überwachen eigener Ordner konfigurieren* eine der folgenden Optionen:

   - **Deaktivieren**   Schaltet den überwachten Ordnerzugriff aus.

   - **Blockieren**   Verdächtige oder böswillige Software kann an geschützten Ordnern keine Änderungen vornehmen.

   - **Überwachungsmodus**   Zeichnet Änderungen an geschützten Ordnern auf, verhindert sie aber nicht.

   - **Nur Datenträgeränderungen blockieren**   Verhindert, dass nicht vertrauenswürdige Apps in Datenträgersektoren schreiben.

   - **Nur Datenträgeränderungen überwachen**   Zeichnet auf, wenn nicht vertrauenswürdige Apps in Datenträgersektoren schreiben.

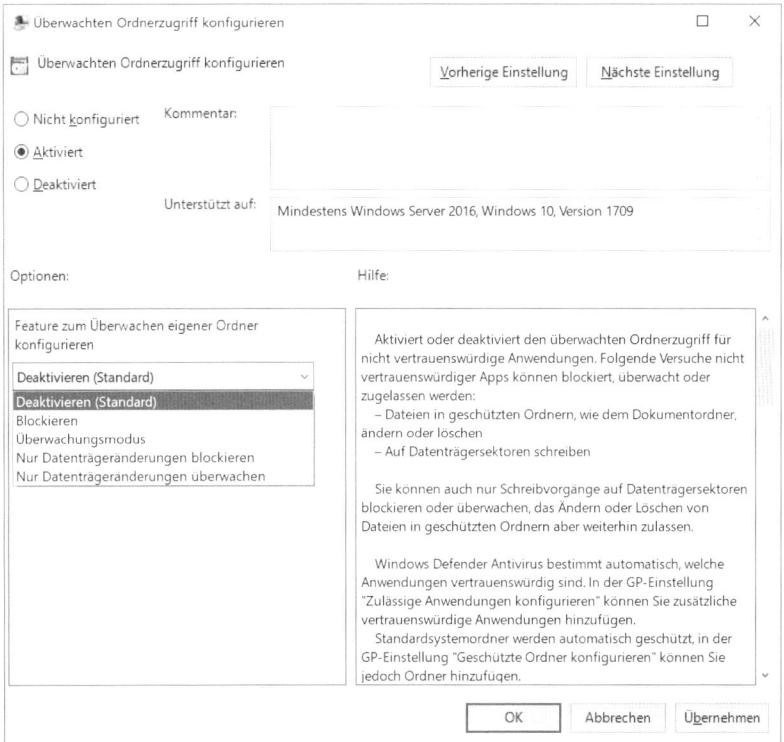

Abb. 3–7   Überwachten Ordnerzugriff aktivieren

5. Klicken Sie auf *OK* und schließen Sie den Gruppenrichtlinienobjekt-Editor.

Wenn Sie diese Regeln mit Windows PowerShell (im Administratormodus) konfigurieren wollen, können Sie das Cmdlet `Set-MpPreference` verwenden. Zum Beispiel aktiviert der folgende Befehl den überwachten Ordnerzugriff:

```
Set-MpPreference -EnableControlledFolderAccess Enabled
```

Verfügbare Optionen sind `Disabled`, `AuditMode` und `Enabled`.

Nachdem Sie den überwachten Ordnerzugriff aktiviert haben, müssen Sie zusätzlich die Einstellungen für vertrauenswürdige Apps und geschützte Ordner konfigurieren. In der Standardeinstellung schützt Windows mehrere Ordner, darunter Systemordner und Standardspeicherorte wie *Dokumente*, *Bilder*, *Videos* und *Desktop*.

Zusätzliche Ordner können Sie in der App *Windows-Sicherheit*, mit GPOs, Windows PowerShell und MDM konfigurieren. So fügen Sie Ordner in der App *Windows-Sicherheit* hinzu:

1. Öffnen Sie die App *Windows-Sicherheit* und wählen Sie die Registerkarte *Viren- & Bedrohungsschutz* aus.

2. Klicken Sie auf den Link *Ransomware-Schutz verwalten*.

3. Schalten Sie den überwachten Ordnerzugriff ein.

4. Klicken Sie auf den Link *Geschützte Ordner*.

5. Klicken Sie auf *Geschützten Ordner hinzufügen* (Abbildung 3–8). Wählen Sie den Ordner aus, den Sie schützen wollen.

Abb. 3–8   Geschützte Ordner hinzufügen

6. Klicken Sie auf *Zurück*.

7. Klicken Sie auf den Link *App durch überwachten Ordnerzugriff zulassen*, um vertrauenswürdige Apps zu konfigurieren.

8. Klicken Sie auf *Zulässige App hinzufügen*. Wählen Sie die Apps aus, denen Sie vertrauen, und klicken Sie auf *Öffnen*.

9. Schließen Sie die App *Windows-Sicherheit*.

So fügen Sie mit GPOs zusätzliche Ordner und Apps zum überwachten Ordnerzugriff hinzu:

1. Öffnen Sie auf einem Domänencontroller das betreffende GPO zum Bearbeiten.

2. Wechseln Sie im Gruppenrichtlinienobjekt-Editor zum Zweig *Computerkonfiguration > Richtlinien > Administrative Vorlagen > Windows-Komponenten > Windows Defender Antivirus > Windows Defender Exploit Guard > Überwachter Ordnerzugriff*.

3. Öffnen Sie die Einstellung *Geschützte Ordner konfigurieren* und klicken Sie auf *Aktiviert*. Klicken Sie auf *Anzeigen* und geben Sie die Namen der Ordner ein.

4. Klicken Sie auf *OK*.

5. Öffnen Sie die Einstellung *Zulässige Anwendungen konfigurieren* und klicken Sie auf *Aktiviert*. Klicken Sie auf *Anzeigen* und geben Sie Pfad und Namen jeder App ein.

6. Klicken Sie auf *OK*.

7. Schließen Sie den Gruppenrichtlinien-Editor.

Verwenden Sie das Cmdlet Add-MpPreference, um mit Windows PowerShell geschützte Ordner hinzuzufügen. Zum Beispiel schützen Sie mit dem folgenden Befehl einen Ordner namens *C:\MyDATA*:

```
Add-MpPreference -ControlledFolderAccessProtectedFolders "C:\MyDATA"
```

Auch um mit Windows PowerShell vertrauenswürdige Apps hinzuzufügen, verwenden Sie das Cmdlet Add-MpPreference. Zum Beispiel markiert der folgende Befehl die App *C:\Apps\LOB\MyAPP.exe* als vertrauenswürdig:

```
Add-MpPreference -ControlledFolderAccessAllowedApplications "C:\Apps\LOB\MyAPP.exe"
```

> **WEITERE INFORMATIONEN**   **Überwachten Ordnerzugriff aktivieren**
>
> Detaillierte Informationen über das Konfigurieren des überwachten Ordnerzugriffs finden Sie auf der Microsoft-Website unter:
>
> *https://docs.microsoft.com/Windows/security/threat-protection/microsoft-defender-atp/customize-controlled-folders*

Windows Defender Application Guard implementieren und verwalten

Windows Defender Application Guard isoliert Browsersitzungen vom lokalen Gerät, indem es diese Sitzungen in einem virtuellen Computer ausführt; diese Maßnahme kann verhindern, dass böswillige Apps oder Inhalte auf das lokale Gerät zugreifen.

Anforderungen

Windows Defender Application Guard stellt folgende Anforderungen:

- 64-Bit-Version von Windows 10 Enterprise, Education oder Pro

- 8 GB physischer Arbeitsspeicher empfohlen

- Unterstützung für virtualisierungsbasierte Sicherheit

- UEFI 2.3.1 oder neuer

- Sicherer Start (secure boot)

- TPM 2.0, entweder separat oder in Firmware

- UEFI-Sperre (Firmware)

- Virtualisierungsfeatures: Intel VT-x oder AMD-V; SLAT muss aktiviert sein.

- Eine Intel-VT-d- oder AMD-Vi-IOMMU (Input Output Memory Management Unit)

Windows Defender Application Guard konfigurieren

Sie können Windows Defender Application Guard in einem von zwei Modi konfigurieren:

- **Eigenständiger Modus**   Im eigenständigen Modus können Benutzer ihre eigenen Geräteeinstellungen verwalten.

- **Unternehmensmodus**   Im Unternehmensmodus konfiguriert ein Administrator geeignete Geräteeinstellungen über GPOs, MDM oder Windows PowerShell.

So aktivieren Sie Windows Defender Application Guard:

1. Öffnen Sie die Systemsteuerung.
2. Klicken Sie auf *Programme*.
3. Klicken Sie auf *Windows-Features aktivieren oder deaktivieren*.
4. Blättern Sie nach unten und aktivieren Sie das Kontrollkästchen *Windows Defender Application Guard* (Abbildung 3–9).

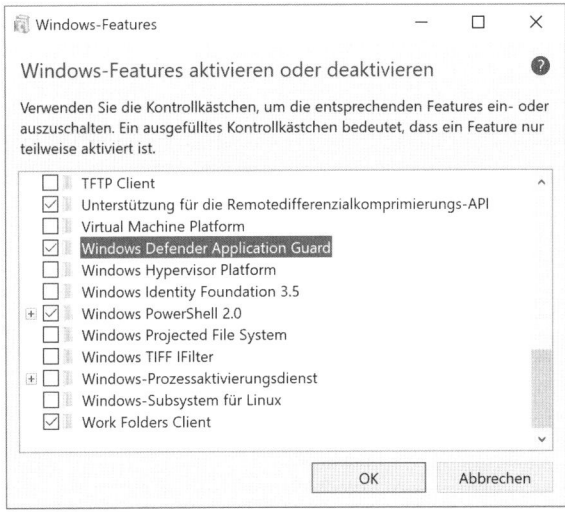

Abb. 3–9   Windows Defender Application Guard aktivieren

5. Klicken Sie auf *OK*. Sie werden jetzt aufgefordert, Ihren Computer neu zu starten.

Sie verwenden Windows Defender Application Guard im eigenständigen Modus, indem Sie in Microsoft Edge auf die Schaltfläche *Einstellungen und mehr* und dann auf *Neues Application Guard-Fenster* klicken (Abbildung 3–10). Der Windows Defender Application Guard-Dienst startet und öffnet eine neue Instanz von Microsoft Edge.

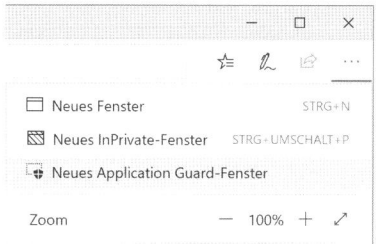

Abb. 3–10   Ein neues Application Guard-Fenster öffnen

> **WEITERE INFORMATIONEN**   **Windows Defender Application Guard-Richtlinien konfigurieren**
>
> **Wie Sie Windows Defender Application Guard-Richtlinien konfigurieren, beschreibt die Microsoft-Website unter:**
>
> *https://docs.microsoft.com/Windows/security/threat-protection/Windows-defender-application-guard/configure-wd-app-guard*

Windows Defender Advanced Threat Protection implementieren

Windows Defender Advanced Threat Protection (ATP) ist eine in Windows 10 eingebaute Sicherheitsplattform, die zusätzlich in die Cloud-basierten Microsoft-Sicherheitsdienste integriert ist. Tabelle 3–4 beschreibt einige der Fähigkeiten, die Windows Defender ATP zur Verfügung stellt.

Fähigkeit	Beschreibung
Verringerung der Angriffsfläche	Verkleinert die Angriffsfläche eines Computers, seiner Anwendungen und der verarbeiteten Daten, indem es mehrere Windows Defender ATP-Features implementiert.
Endpunkterkennung und -reaktion	Überwacht die Endpunkte Ihrer Organisation dauerhaft auf mögliche Angriffe gegen Geräte oder Netzwerke in Ihrer Organisation und stellt Ihnen Features zur Verfügung, mit denen Sie Bedrohungen eindämmen und Schäden beseitigen können.
Automatisierte Untersuchung und Wartung	Bietet Fähigkeiten für die automatische Untersuchung und Wartung, damit ein Administrator weniger Warnungen durchlesen und Aktionen ausführen muss, um Angriffsschäden zu reparieren.
Sicherheitsbewertung	Bewertet das Sicherheitsniveau Ihrer Organisation, identifiziert Geräte, deren Konfiguration problematisch ist, und gibt Empfehlungen zu Aktionen, mit denen Sie das Punkteergebnis verbessern können.
Verwaltung und APIs	Stellt Werkzeuge zur Verfügung, die es Ihnen ermöglichen, über APIs mit der Plattform zu interagieren.

Tab. 3–4   Fähigkeiten von Windows Defender ATP

Um Ihre Geräte zu schützen, integriert Windows Defender ATP viele Sicherheitsfeatures, die bereits in den vorherigen Abschnitten vorgestellt wurden.

Anforderungen

Um Windows Defender ATP verwenden zu können, brauchen Sie eine der folgenden Microsoft-Volumenlizenzen:

- Windows 10 Enterprise E5

- Windows 10 Education E5

- Microsoft 365 E5

Das Portal

Im Windows Defender Security Center-Portal verwalten Sie Windows Defender ATP-Einstellungen und sehen sich Berichte und Warnungen an. Sie finden dieses Portal unter *https://security-center.Windows.com*.

Windows Defender Application Control integrieren

Mit Windows Defender Application Control (WDAC) können Sie detailliert festlegen, welche Apps Ihre Benutzer ausführen dürfen; dazu blockiert das Feature alle unsignierten Apps und Skripts. Sie konfigurieren Windows Defender Application Control mit Richtlinien, die festlegen, ob Code, der im Kernelmodus läuft (zum Beispiel Gerätetreiber oder Apps), ausgeführt werden darf.

Eine Richtlinie umfasst üblicherweise Regeln, die folgende Eigenschaften haben:

- Sie steuern Optionen, zum Beispiel ob der Überwachungsmodus aktiviert ist.

- Sie legen fest, ob UMCI (User Mode Code Integrity) aktiviert ist.

- Sie steuern, auf welcher Ebene Apps identifiziert und als vertrauenswürdig eingestuft werden.

Für jedes Windows 10-Gerät ist eine einzige Windows Defender Application Control-Richtlinie definiert. Normalerweise konfigurieren Sie diese Richtlinie in einer AD DS-Umgebung mit GPOs oder mit MDM für registrierte Geräte. In beiden Fällen wird sie als lokale Datei mit dem Namen *SIPolicy.p7b* im Ordner *C:\Windows\System32\CodeIntegrity* gespeichert; auf UEFI-basierten Computern lautet der Dateipfad *<EFI-Systempartition>\Microsoft\Boot*.

Apps signieren

Damit Sie Windows Defender Device Application Control in Ihrer Organisation aktivieren können, müssen Sie alle vertrauenswürdigen Apps, die Sie auf Ihren Geräten erlauben wollen, digital signieren. Dafür stehen unterschiedliche Methoden zur Verfügung:

Veröffentlichen Sie Ihre Apps im Microsoft Store. Alle Apps im Microsoft Store werden automatisch mit Signaturen einer vertrauenswürdigen Zertifizierungsstelle signiert.

Verwenden Sie Ihr eigenes digitales Zertifikat oder Ihre eigene PKI. Sie können die Apps mit einem Zertifikat signieren, das von einer Zertifizierungsstelle in Ihrer eigenen PKI (Public Key Infrastructure) ausgestellt wurde.

Verwenden Sie eine Nicht-Microsoft-Zertifizierungsstelle. Sie können eine vertrauenswürdige andere Zertifizierungsstelle beauftragen, Ihre eigenen Windows-Desktop-Apps zu signieren.

Verwenden Sie das Windows Defender Application Control-Signaturportal. Im Microsoft Store für Unternehmen können Sie einen Microsoft-Webdienst nutzen, um Ihre Windows-Desktop-Apps zu signieren.

Eine Windows Defender Application Control-Standardrichtlinie erstellen

Um eine Standardrichtlinie zu erstellen, richten Sie erst einen Referenzcomputer ein, der frei von Viren und Schadsoftware ist und die Sammlung von Apps enthält, die Ihre Benutzer brauchen. Unter Umständen müssen Sie mehrere Referenzcomputer einrichten, jeweils für eine andere typische Gerätekonfiguration in Ihrer Organisation. Zum Beispiel richten Sie ein Standardgerät für die Forschungsabteilung ein und ein Kioskgerät für den Einsatz in der Bibliothek.

Ist der Referenzcomputer fertig, melden Sie sich daran an und gehen so vor:

1. Öffnen Sie eine administrative Windows PowerShell-Eingabeaufforderung.

2. Definieren Sie die Variablen für den Prozess, indem Sie drei Befehle ausführen:

```
$CIPolicyPath=$env:userprofile+"\Desktop\"
$InitialCIPolicy=$CIPolicyPath+"InitialScan.xml"
$CIPolicyBin=$CIPolicyPath+"DeviceGuardPolicy.bin"
```

3. Durchsuchen Sie das System mit dem Cmdlet New-CIPolicy nach installierten Apps:

```
New-CIPolicy -Level PcaCertificate -FilePath $InitialCIPolicy
  -UserPEs 3> CIPolicyLog.txt
```

4. Konvertieren Sie die WDAC-Richtlinie mit dem Cmdlet `ConvertFrom-CIPolicy` in ein binäres Format (für den Import):

```
ConvertFrom-CIPolicy $InitialCIPolicy $CIPolicyBin
```

Windows Defender Application Control aktivieren

Wenn Sie eine WDAC-Standardrichtlinie erstellt haben, können Sie die nötigen Einstellungen mit GPOs verteilen. Gehen Sie dazu folgendermaßen vor:

1. Öffnen Sie auf einem Domänencontroller die Gruppenrichtlinienverwaltung.

2. Öffnen Sie das gewünschte GPO zum Bearbeiten und wechseln Sie zum Zweig *Computerkonfiguration > Richtlinien > Administrative Vorlagen > System > Device Guard*.

3. Klicken Sie doppelt auf die Einstellung *Windows Defender-Anwendungssteuerung bereitstellen*.

4. Klicken Sie im Dialogfeld *Windows Defender-Anwendungssteuerung bereitstellen* auf *Aktiviert*.

5. Tragen Sie den Dateipfad der Codeintegritätsrichtlinie ein und klicken Sie auf *OK*. Die Datei muss als UNC-Pfad angegeben werden. Unabhängig davon, welchen Namen die ausgewählte Datei trägt, wird sie nach dem Herunterladen auf den Client in *SIPolicy.p7b* umbenannt.

6. Schließen Sie den Gruppenrichtlinienobjekt-Editor.

WEITERE INFORMATIONEN **Den Windows Defender Application Control-Bereitstellungsprozess planen und durchführen**

Detaillierte Informationen über das Bereitstellen von Windows Defender Application Control finden Sie auf der Microsoft-Website unter:

https://docs.microsoft.com/Windows/security/threat-protection/Windows-defender-application-control/Windows-defender-application-control-deployment-guide

---

Windows Defender Antivirus verwalten

Schadsoftware kann vieles auf Ihrem Computer anrichten, zum Beispiel unautorisierten Personen den Remotezugriff auf Ihren Computer erlauben oder persönliche, manchmal vertrauliche Informationen aufzeichnen und an Fremde übermitteln. Wichtige Typen von Schadsoftware sind:

- **Viren** Schadsoftwarecode, der sich selbst vervielfältigt. Wird normalerweise über E-Mail-Anhänge oder Dateien verbreitet.

- **Würmer** Schadsoftware, die sich automatisch über Netzwerke vervielfältigt.

- **Trojanische Pferde (oder kurz Trojaner)** Bringen den Benutzer durch Täuschung dazu, einem Angreifer Remotezugriff auf den infizierten Computer zu verschaffen.

- **Ransomware** Verschlüsselt Benutzerdaten. Die Programmierer der Schadsoftware fordern dann ein Lösegeld (engl. ransom), damit die Daten wiederhergestellt werden.

- **Spyware** Spionagesoftware, die an Fremde berichtet, wie ein Computer benutzt wird.

Das häufigste Einfallstor für Schadsoftware ist immer noch die E-Mail, allerdings nehmen auch Angriffe über Websites, gecrackte Software sowie Video- und Musikdateien immer mehr zu.

Sie verringern die Gefahr einer Infektion durch Schadsoftware, wenn Sie sich an folgende Richtlinien halten:

- Jegliche Software sollte aus einer seriösen Quelle stammen.
- Alle Software- und Betriebssystemupdates werden angewendet.
- Installieren und aktivieren Sie Antischadsoftware auf Ihren Geräten. Windows Defender ist automatisch aktiviert.
- Halten Sie die Definitionen der Antischadsoftware auf dem neuesten Stand.
- Verwenden Sie keine gecrackte Software und besuchen Sie keine unlizenzierten Sites, auf denen Filme oder Musik getauscht oder gestreamt werden.
- Seien Sie bei ungewöhnlichen E-Mail-Anhängen misstrauisch und öffnen Sie keine Links in Spam- oder Phishing-E-Mails.

Zwar bietet keine Antischadsoftwarelösung hundertprozentige Sicherheit, aber moderne Lösungen können die Gefahr einer Infektion deutlich verringern.

Windows Defender Antivirus hilft dabei, Ihr Gerät zu schützen, indem es aktiv nach Spyware, Schadsoftware und Viren im Betriebssystem und in Windows 10-Systemen sucht, die in virtuellen Hyper-V-Computern installiert sind. Windows Defender Antivirus läuft im Hintergrund und installiert neue Definitionen automatisch, sobald sie veröffentlicht werden (oft täglich).

Sie können mit Windows Defender von Hand prüfen, ob sich Schadsoftware auf Ihrem System befindet. Dazu stehen verschiedene Überprüfungsoptionen zur Verfügung, die in Tabelle 3–5 beschrieben werden.

Überprüfungsoption	Beschreibung
Schnell	Überprüft die wahrscheinlichsten Bereiche, die häufig von Schadsoftware (etwa Viren oder Spyware) infiziert werden.
Vollständig	Prüft alle Dateien auf Ihrer Festplatte sowie alle laufenden Programme.
Benutzerdefiniert	Der Benutzer kann bestimmte Laufwerke und Ordner durchsuchen, zum Beispiel einen Wechseldatenträger, um spezielle Bereiche des Computers gezielt zu prüfen.
Überprüfung durch Windows Defender Offline	Ermöglicht es, schwierig zu entfernende Schadsoftware aufzuspüren und zu beseitigen. Das System muss dazu neu starten, die Überprüfung kann rund 15 Minuten dauern.

Tab. 3–5   Überprüfungsoptionen in Windows Defender Antivirus

Den Computer auf Schadsoftware überwachen

Sie sollten Ihr System regelmäßig auf Schadsoftware untersuchen. Falls Ihr System infiziert wird oder Sie den Verdacht haben, dass sich Schadsoftware auf Ihrem System befindet, können Sie eine vollständige Überprüfung ausführen.

So konfigurieren und verwenden Sie Windows Defender Antivirus:

1. Öffnen Sie die App *Windows-Sicherheit* (Abbildung 3–11).

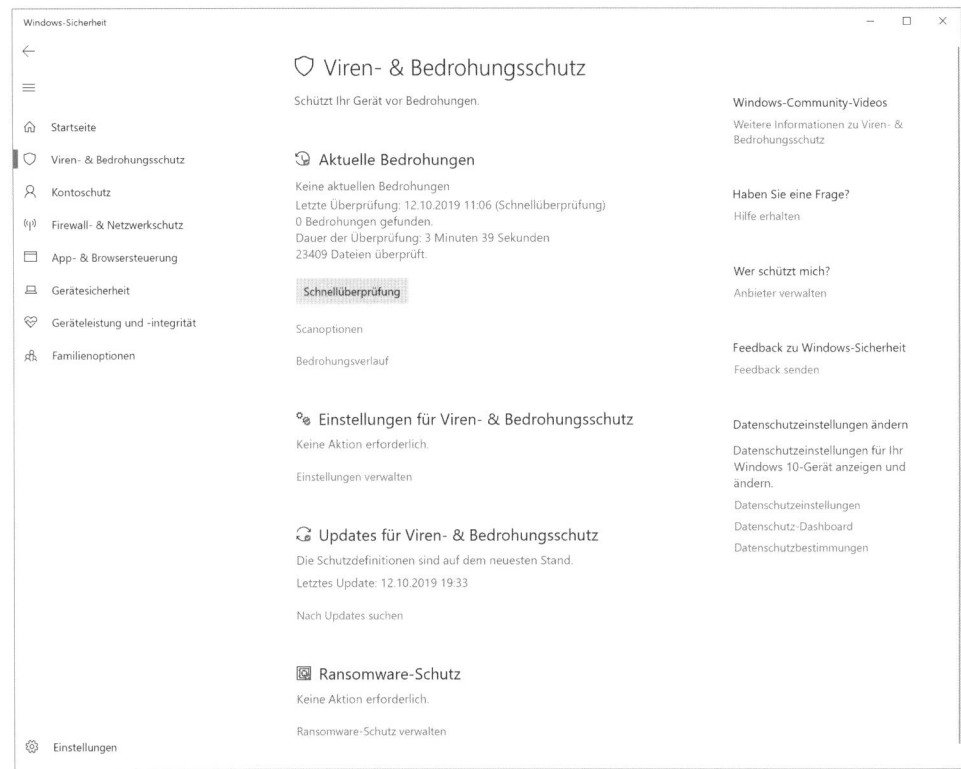

Abb. 3–11   Einstellungen für Viren- & Bedrohungsschutz anzeigen

2. Klicken Sie am linken Rand auf das Symbol *Startseite* und stellen Sie sicher, dass Ihr Gerät geschützt wird, dass der Viren- & Bedrohungsschutz aktiv ist (zu erkennen an einem Häkchen auf grünem Hintergrund) und dass die Bedrohungsdefinitionen auf dem neuesten Stand sind.

3. Klicken Sie am linken Rand auf das Schildsymbol und sehen Sie sich im Überprüfungsverlauf an, welches Ergebnis die letzte Überprüfung hatte und wie viele Dateien untersucht wurden.

4. Klicken Sie unter *Updates für Viren- & Bedrohungsschutz* auf den Link *Nach Updates suchen* und überzeugen Sie sich, dass die Definitionen auf dem neuesten Stand sind. Sollte

das nicht der Fall sein, müssen Sie prüfen, ob die Internetverbindung in Ordnung ist; klicken Sie dann auf die Schaltfläche *Nach Updates suchen*.

5. Klicken Sie unter *Aktuelle Bedrohungen* auf den Link *Bedrohungsverlauf*. Hier werden aktuelle, unter Quarantäne gestellte und zulässige Bedrohungen aufgelistet. Sehen Sie sich die Ergebnisse aller unter Quarantäne gestellten oder zulässigen Elemente an, die auf Ihrem PC gefunden wurden.

6. Klicken Sie auf *Alle entfernen*, wenn Sie alle unter Quarantäne gestellten Bedrohungen löschen wollen.

7. Sie können auch jedes Element auswählen und *Entfernen* (um ein einzelnes Element zu löschen) oder *Wiederherstellen* anklicken (um die Datei wiederherzustellen, falls Sie überzeugt sind, dass es sich nicht um Schadsoftware handelt).

8. Wenn Sie ein Element entfernen, wird die zugehörige Datei gelöscht und die Liste der erkannten Bedrohungen ist wieder leer.

9. Schließen Sie die App *Windows-Sicherheit*.

Windows Defender Antivirus konfigurieren

Windows Defender Antivirus kann Details verdächtiger oder böswilliger Aktivitäten auf Geräten weltweit erkennen und direkt an Microsoft melden. So entsteht ein wirksames Frühwarnsystem, das Windows Defender Antivirus in die Lage versetzt, neue Bedrohungen praktisch sofort zu erkennen und abzublocken. Die Telemetrie von Windows Defender Antivirus wird automatisch versendet und kann Beispiele für böswilligen Code enthalten. Dieser Code wird dann analysiert und hilft dabei, die Gefahr von sogenannten Zero-Day-Exploits zu bannen, die unter Umständen Millionen von Benutzern auf der ganzen Welt gefährden. Microsoft kann solche Aktivitäten erkennen und viel schneller reagieren als mit herkömmlichen Benachrichtigungswegen, bei denen manuelle Eingriffe nötig wären, um Beispiele der Schadsoftware zu übermitteln.

Sie können diese Option anpassen und verhindern, dass das Feature Daten an Microsoft sendet. Dazu können Sie in den Einstellungen folgendermaßen die Telemetrieoption ausschalten:

1. Öffnen Sie die App *Windows-Sicherheit*.

2. Klicken Sie am linken Rand auf das Symbol *Viren- & Bedrohungsschutz*.

3. Klicken Sie im Abschnitt *Einstellungen für Viren- & Bedrohungsschutz* auf den Link *Einstellungen verwalten*.

4. Schalten Sie die Option im Abschnitt *Cloudbasierter Schutz* aus, um zu verhindern, dass Windows automatisch Beispiele der Schadsoftware an Microsoft sendet.

Sie können diese Einstellungen auch mit Gruppenrichtlinien konfigurieren. Die Einstellungen befinden sich im Knoten *Computerkonfiguration > Richtlinien > Administrative Vorlagen > Windows-Komponenten > Windows Defender Antivirus > MAPS*.

Microsoft Active Protection Service (MAPS) ist der Clouddienst, mit dem Microsoft wichtige Telemetrieereignisse und verdächtige Schadsoftwareabfragen von Computern, die unter Windows Vista oder neuer laufen, sammelt und analysiert. Der Dienst liefert den Clientgeräten auch sofortige Blockierungsanweisungen für verdächtige Elemente zurück, die nicht durch veröffentlichte Definitionen abgedeckt sind. Als Clouddienst greift es auf verteilte Ressourcen und maschinelles Lernen zurück, um die Endgeräte zu schützen. Das Ergebnis ist eine Analyse und Beseitigung von Schadsoftware, bei der Signaturupdates viel schneller als mit herkömmlichen Methoden an die Endbenutzer ausgeliefert werden.

Sie verwalten Einstellungen für Windows Defender Antivirus entweder lokal, mit GPOs, mit MDM-Endpunktschutzrichtlinien oder über Windows PowerShell.

Endpunktschutz in Microsoft Intune konfigurieren

In diesem Prüfungsziel haben Sie erfahren, wie Sie die verschiedenen Sicherheitsfeatures und Komponenten von Windows Defender aktivieren und konfigurieren. Dabei haben wir uns auf Gruppenrichtlinien und Windows PowerShell konzentriert. Sie können allerdings auch das Microsoft 365-Geräteverwaltungsportal verwenden (Abbildung 3–12).

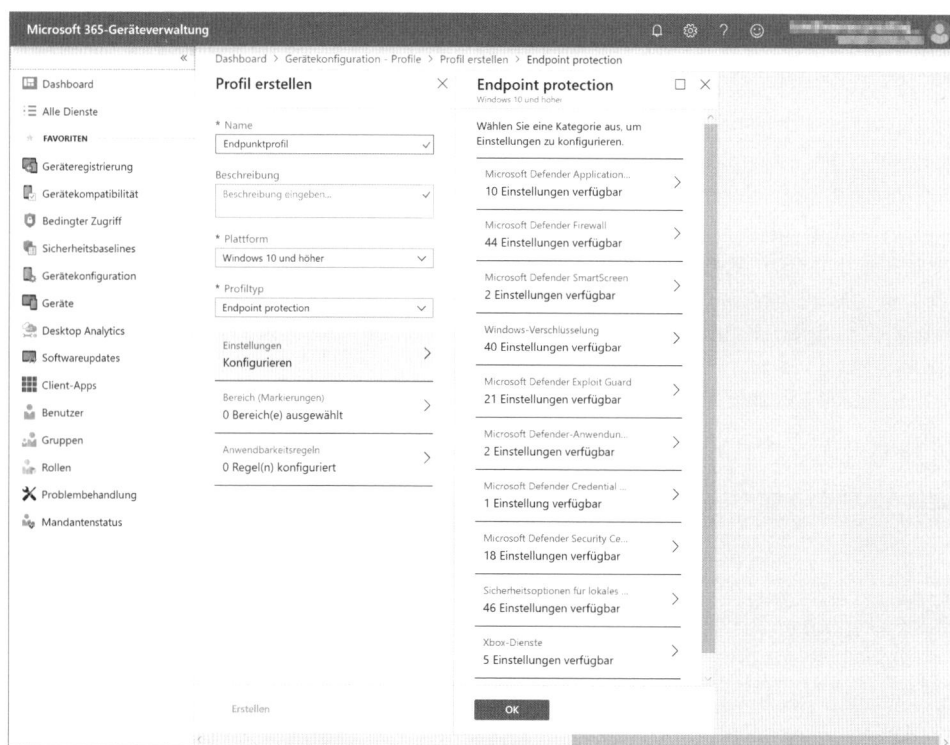

Abb. 3–12   Endpunktschutzprofile im Microsoft 365-Geräteverwaltungsportal erstellen

Normalerweise verwalten Sie registrierte Geräte Ihrer Organisation mit Intune und dem Microsoft 365-Geräteverwaltungsportal; diese Geräte sind keine Mitglieder Ihrer lokalen AD DS-Gesamtstruktur.

So erstellen und bearbeiten Sie Windows Defender-Einstellungen im Microsoft 365-Geräteverwaltungsportal:

1. Öffnen Sie das Microsoft 365-Geräteverwaltungsportal.
2. Melden Sie sich unter dem Konto eines globalen Administrators an.
3. Klicken Sie im Navigationsbereich auf *Gerätekonfiguration*.
4. Klicken Sie auf *Profile*.
5. Klicken Sie auf *Profil erstellen*.
6. Geben Sie einen Namen und eine Beschreibung ein und wählen Sie in der Dropdownliste *Plattform* den Eintrag *Windows 10 und höher* aus.
7. Wählen Sie in der Dropdownliste *Profiltyp* den Eintrag *Endpoint protection* aus.
8. Konfigurieren Sie auf dem Blatt *Endpoint protection* folgende Einstellungen:
    - Windows Defender Application Guard
    - Windows Defender Firewall
    - Windows Defender SmartScreen
    - Windows-Verschlüsselung
    - Windows Defender Exploit Guard
    - Windows Defender-Anwendungssteuerung
    - Windows Defender Credential Guard
    - Windows Defender Security Center
    - Sicherheitsoptionen für lokales Gerät
    - Xbox-Dienste
9. Klicken Sie auf *OK*, wenn Sie die gewünschten Einstellungen konfiguriert haben, und dann auf *Erstellen*.
10. Weisen Sie die Richtlinie an die gewünschten Gerätegruppen zu.

Im nächsten Prüfungsziel sehen wir uns Intune und das Microsoft 365-Geräteverwaltungsportal genauer an.

Prüfungsziel 3.2: Intune-Geräteregistrierung und -Inventar verwalten

MDM ermöglicht die Administration von Mobilgeräten im Remotezugriff und über mehrere Plattformen hinweg. Microsoft Intune unterstützt MDM für die Remoteverwaltung von Mobilgeräten. Bevor Sie Geräte verwalten können, müssen Sie sie allerdings in Intune registrieren. Sobald das geschehen ist, können Sie mit Intune verschiedene Verwaltungsaufgaben für Ihre Mobilgeräte erledigen (Tabelle 3–6).

Kategorie	Details
App-Verwaltung	▥ App-Bereitstellung ▥ App-Einschränkungen ▥ Verwaltung mobiler Anwendungen
Gerätesicherheit und -konfiguration	▥ Konfigurationsrichtlinien ▥ Kennwortverwaltung ▥ Löschen und Sperren im Remotezugriff ▥ Benutzerdefinierte Richtlinien
Zugriff auf Unternehmensressourcen	▥ VPN-Profile ▥ WLAN-Profile ▥ E-Mail-Profile ▥ Zertifikatprofile ▥ Profile für bedingten Zugriff
Inventar und Berichterstellung	▥ Hardwareinventar ▥ Anwendungsinventar ▥ Berichterstellung
Endpunktschutz	▥ Windows Defender Application Guard ▥ Windows Defender Firewall ▥ Windows Defender SmartScreen ▥ Windows-Verschlüsselung ▥ Windows Defender Exploit Guard ▥ Windows Defender Application Control ▥ Windows Defender Security Center ▥ Windows Defender Advanced Threat Protection ▥ Windows Information Protection

Tab. 3–6   Verwaltungsaufgaben

In diesem Prüfungsziel erfahren Sie, wie Sie die Geräteregistrierung konfigurieren und aktivieren. Außerdem sehen wir uns an, wie Sie mit Intune verschiedene Gerätetypen in MDM registrieren.

Dieses Prüfungsziel behandelt folgende Themen:

▥ Einstellungen für die Geräteregistrierung konfigurieren

▥ Geräteregistrierung aktivieren

▥ Automatische Intune-Registrierung konfigurieren

▥ Windows-Geräte registrieren

▥ Nicht-Windows-Geräte registrieren

▥ Benutzerdefinierte Geräteinventarberichte generieren und das Geräteinventar prüfen

---

Einstellungen für die Geräteregistrierung konfigurieren

Sie aktivieren MDM für Geräte, indem Sie sie darin registrieren. Der Registrierungsprozess verläuft bei jeder Plattform anders, und jede Plattform stellt bestimmte Anforderungen, wie in Tabelle 3–7 beschrieben.

Geräteplattform	Anforderungen für eine Registrierung
Apple iOS 9.0 und neuer Mac OS X 10.9 und neuer	Fordern Sie ein Apple Push Notification-Dienstzertifikat an. So kann Microsoft Intune auf sichere Weise mit iOS-Geräten kommunizieren.
Android 4.4 und neuer (inklusive Samsung KNOX Standard 4.4 und neuer) Android for Work	Laden Sie auf jedem Gerät die Microsoft Intune-Unternehmensportal-App aus dem Google Play Store herunter.
Windows 10 (Home, S, Pro, Education und Enterprise) Windows 10 Mobile Geräte, die unter Windows 10 IoT Enterprise (x86, x64) laufen Geräte, die unter Windows 10 IoT Mobile Enterprise laufen Windows Holographic & Windows Holographic Enterprise Windows Phone 8.1, Windows 8.1 RT, PCs mit Windows 8.1 (Sustaining Mode)	Falls eine direkte Registrierung nicht möglich ist (zum Beispiel bei älteren Windows-Versionen), können Sie den Microsoft Intune-Softwareclient aus dem Intune-Classic-Portal installieren. Über den Intune-Softwareclient können Sie PCs mit Windows 7 und neueren Versionen verwalten (außer Windows 10 Home Edition).

Tab. 3–7   Anforderungen für die Registrierung

Bei Windows-Geräten gibt es eine vorhandene Vertrauensstellung zwischen dem Betriebssystem des Geräts und Intune, daher können Sie die automatische Registrierung direkt konfigurieren und aktivieren. Die folgende Liste fasst den Registrierungsprozess für jede Plattform zusammen:

Windows 7 und Windows 8   Installieren Sie den Microsoft Intune-Client. Die Unternehmensportal-App ist nicht verfügbar.

Windows 8.1 oder Windows RT 8.1   Klicken Sie auf dem Gerät auf *Einstellungen* > *PC-Einstellungen* > *Netzwerk* > *Arbeitsplatz*, geben Sie Ihre Anmeldeinformationen ein und klicken Sie auf *Einbinden*. Schalten Sie die Geräteverwaltung an.

Windows 10   Wenn sich die Benutzer mit ihrem Arbeitskonto am Gerät anmelden, wird ihr Konto zu Azure AD (Azure Active Directory) hinzugefügt und das Gerät wird künftig mit Intune verwaltet.

iOS auf iPads, iPhones und Mac-Computern im BYOD-Modell (Bring Your Own Device)   Es wird ein MDM-Push-Zertifikat benötigt, damit Intune iOS- und Mac-Geräte verwalten kann. Installieren Sie die Unternehmensportal-App aus dem App Store, öffnen Sie die App und folgen Sie den Anweisungen des Registrierungsassistenten.

⦀ **iOS auf unternehmenseigenen Geräten** Um zahlreiche Geräte auf einmal zu registrieren, stehen folgende Methoden zur Verfügung:

- Apple Device Enrollment Program (DEP)
- Apple School Manager
- Registrierung mit Apple Configurator Setup Assistant
- Direkte Registrierung mit Apple Configurator
- Konto beim Intune-Geräteregistrierungs-Manager

⦀ **Android- und Samsung Knox Standard-Geräte** Benutzer müssen ihre Geräte registrieren, indem sie die Intune-Unternehmensportal-App von Google Play herunterladen.

HINWEIS **Jährliche Zertifikaterneuerung**

Das Apple-MDM-Push-Zertifikat ist ein Jahr lang gültig und muss jährlich erneuert werden, damit die iOS- und macOS-Geräteverwaltung einsatzfähig bleibt. Falls Ihr Zertifikat abläuft, ist kein Kontakt mit registrierten Apple-Geräten möglich und sie können nicht verwaltet werden.

Bevor Sie die Registrierung konfigurieren, müssen Sie Intune zu Ihrer MDM-Autorität machen. Das braucht nur ein einziges Mal erledigt zu werden. So aktivieren Sie Intune als Ihre MDM-Autorität:

1. Öffnen Sie Microsoft Edge und rufen Sie *https://devicemanagement.microsoft.com* auf.
2. Melden Sie sich mit dem Konto eines globalen Administrators für Ihr Microsoft 365-Abonnement an.
3. Klicken Sie in der Microsoft 365-Geräteverwaltung auf *Geräteregistrierung*, wählen Sie unter *MDM-Autorität* die Option *Intune* aus und klicken Sie auf *Auswählen*.
4. Stellen Sie sicher, dass in der rechten oberen Ecke der Detailansicht Intune als MDM-Autorität aufgeführt wird.

Sobald dieser Schritt abgeschlossen ist, können Sie mit dem Konfigurieren von Registrierungseinstellungen beginnen.

WEITERE INFORMATIONEN **Mobile Device Management**

Weitere Informationen über MDM in Microsoft Intune und im Microsoft 365-Geräteverwaltungsportal (mit Hinweisen, wie Sie sich für eine kostenlose Testversion anmelden, Geräte registrieren und die ersten Schritte in Intune machen) finden Sie unter der folgenden Adresse:

https://docs.microsoft.com/intune/introduction-intune

Sie aktivieren die Geräteregistrierung, indem Sie im Navigationsbereich des Microsoft 365-Geräteverwaltungsportals auf *Geräteregistrierung* klicken (Abbildung 3–13).

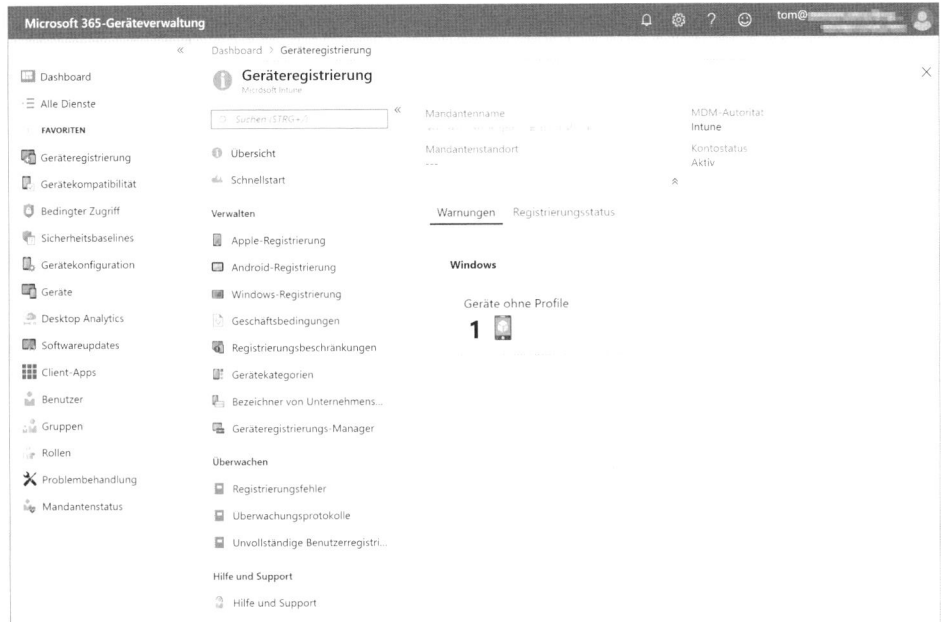

Abb. 3–13   Geräteregistrierung konfigurieren

Wählen Sie *Schnellstart*, um sich durch den Prozess zum Konfigurieren der Geräteregistrierung leiten zu lassen (Abbildung 3–14). Die Seite *Schnellstart* fasst zusammen, mit welchen Schritten Sie die Geräteregistrierung aktivieren und konfigurieren. Wenn Sie auf einen Link klicken, der noch nicht mit einem grünen Häkchen versehen ist, öffnet Intune das entsprechende Konfigurationsblatt.

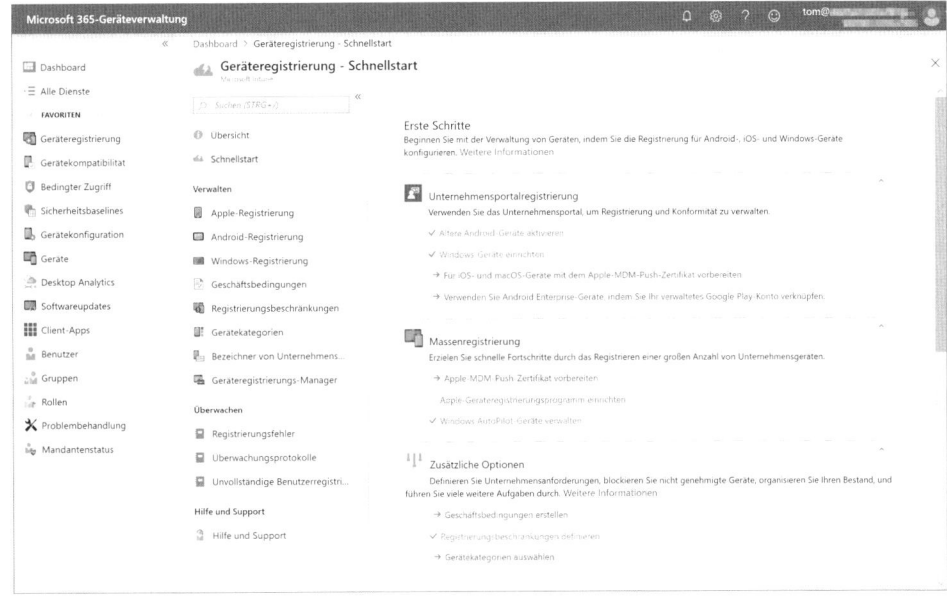

Abb. 3–14   Schnellstart für die Geräteregistrierung

Stattdessen können Sie auch direkt die verfügbaren Optionen im Abschnitt *Verwalten* des Blatts *Geräteregistrierung* auswählen. Tabelle 3–8 beschreibt diese Optionen.

Option	Beschreibung
Apple-Registrierung	In diesem Knoten konfigurieren Sie das Apple-MDM-Push-Zertifikat. Sie können hier auch die Massenregistrierung für iOS-Geräte einleiten.
Android-Registrierung	In der Standardeinstellung können alle Android-Geräte als gewöhnliche Geräte registriert werden. Auf diesem Blatt verknüpfen Sie Ihr verwaltetes Google Play-Konto mit Intune. Sie können hier außerdem Android Enterprise-Einstellungen konfigurieren: ▓ Persönliche Geräte mit Arbeitsprofil ▓ Unternehmenseigene dedizierte Geräte ▓ Unternehmenseigene, vollständig verwaltete Geräte
Windows-Registrierung	Auf diesem Blatt haben Sie Zugriff auf folgende Einstellungen, um die Registrierung von Windows-Geräten zu konfigurieren: ▓ **Automatische Registrierung** Konfigurieren Sie Windows-Geräte so, dass sie sich automatisch registrieren, sobald sie in Azure AD eingebunden oder registriert werden. ▓ **Windows Hello for Business** Ersetzen Sie Kennwörter durch eine zweistufige Authentifizierung. ▓ **CNAME-Validierung** Testen Sie, ob die Registrierung des benutzerdefinierten Domänennamens für Ihr Unternehmen erfolgreich war. ▓ **Seite "Registrierungsstatus"** Konfigurieren Sie, wie Benutzer während des Gerätesetups den App- und Profilinstallationsstatus angezeigt bekommen. ▓ **Bereitstellungsprofile** Konfigurieren Sie, wie die Bereitstellung mit Windows AutoPilot abläuft. ▓ **Geräte** Verwalten und konfigurieren Sie Geräte, die über Windows AutoPilot bereitgestellt werden. ▓ **Intune-Connector für Active Directory** Konfigurieren Sie das Verhalten registrierter und in Hybrid-Azure AD eingebundener Geräte.
Geschäftsbedingungen	Erstellen und konfigurieren Sie Geschäftsbedingungen für registrierte Geräte. Dies sind Meldungen, die den Benutzern während der Geräteregistrierung angezeigt werden.
Registrierungsbeschränkungen	▓ Neue Registrierungsbeschränkung: Es bestehen Einschränkungen bei den Gerätetypen und der Anzahl der Geräte. Es sind Standardbeschränkungen vordefiniert, die sowohl die Gerätetypen als auch die Zahl von Geräten festlegen. ▓ Die Standardbeschränkung für den Gerätetyp erlaubt allen Benutzern, beliebige Gerätetypen zu registrieren. ▓ Die Standardbeschränkung für das Gerätelimit erlaubt allen Benutzern, höchstens 15 Geräte zu registrieren. ▓ Sie können diese beiden Standardeinschränkungen anpassen (aber nicht löschen) oder zusätzliche Einschränkungen definieren. Ein Gerät muss die Registrierungsbeschränkung mit der größten Priorität einhalten, die seinem Benutzer zugewiesen ist. Sie können eine Geräteeinschränkung in der Liste verschieben, um ihre Priorität zu ändern.

→

Option	Beschreibung
Gerätekategorien	Erstellen Sie Gerätekategorien, von denen die Benutzer während der Geräteregistrierung eine auswählen müssen. Sie können Berichte filtern und Azure AD-Gerätegruppen auf Basis der Gerätekategorien erstellen.
Bezeichner von Unternehmens-geräten	Sie können Gerätekennungen der unternehmenseigenen Geräte einge-ben (oder hochladen). Die Kennung kann eine IMEI-Nummer oder eine Seriennummer sein.
Geräteregistrierungs-Manager	Fügen Sie einen oder mehrere Benutzer hinzu, um ihnen die Erlaubnis zu geben, mehrere Geräte zu registrieren.

Tab. 3–8   Optionen für die Geräteregistrierung

Geschäftsbedingungen konfigurieren

Geschäftsbedingungen werden den Benutzern angezeigt, während ihr Gerät registriert wird. Sie konfigurieren eigene Geschäftsbedingungen, indem Sie im Microsoft 365-Geräteverwal-tungsportal den Knoten *Geräteregistrierung* wählen und dann so vorgehen:

1. Klicken Sie auf dem Blatt *Geräteregistrierung* auf *Geschäftsbedingungen*.

2. Klicken Sie auf *Erstellen*.

3. Geben Sie auf dem Blatt *Geschäftsbedingungen erstellen* einen Namen ein.

4. Geben Sie eine aussagekräftige Beschreibung in das Feld *Beschreibung* ein.

5. Klicken Sie auf *Weiter*.

6. Geben Sie einen Titel, eine Zusammenfassung der Nutzungsbedingungen und die Ge-schäftsbedingungen ein (Abbildung 3–15).

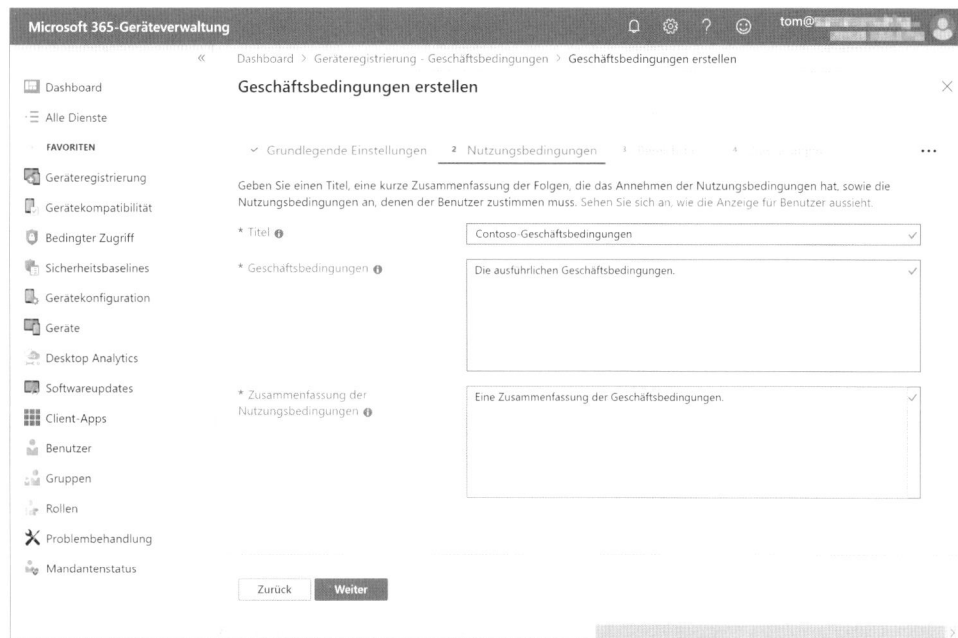

Abb. 3–15   Geschäftsbedingungen für die Registrierung von Geräten festlegen

7. Klicken Sie zweimal auf *Weiter*.

8. Auf der Registerkarte *Zuweisungen* sehen Sie, dass Ihre neuen Geschäftsbedingungen noch nicht zugewiesen wurden. Wählen Sie in der Dropdownliste *Zuweisen zu* entweder den Eintrag *Alle Benutzer* oder *Ausgewählte Gruppen* (Abbildung 3–16).

9. Sofern Sie *Ausgewählte Gruppen* gewählt haben, müssen Sie anschließend die gewünschten Gruppen auswählen.

10. Klicken Sie auf *Weiter* und dann auf *Erstellen*.

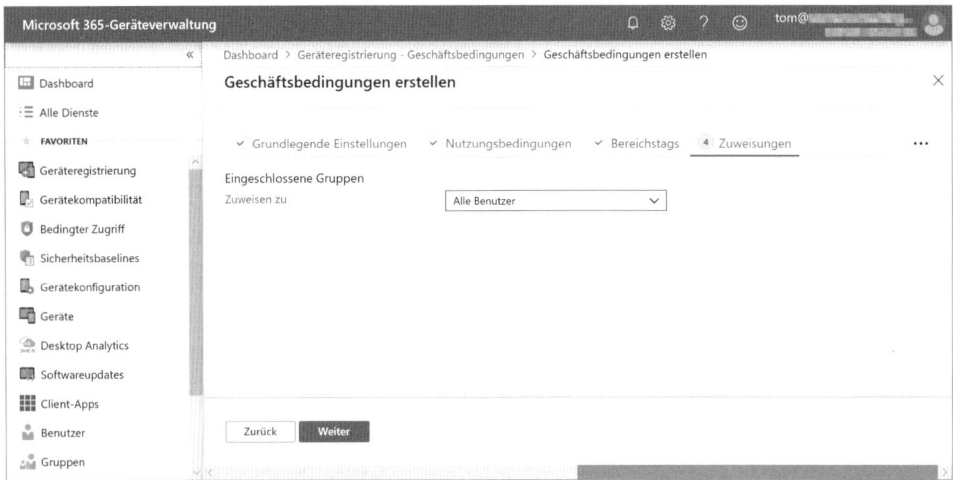

Abb. 3–16   Geschäftsbedingungen an alle Benutzer zuweisen

Ihre Geschäftsbedingungen werden künftig während der Registrierung angezeigt.

Registrierungsbeschränkungen konfigurieren

Registrierungsbeschränkungen legen fest, welche Gerätetypen und wie viele Geräte ein Benutzer in Intune registrieren darf. Sie konfigurieren Registrierungsbeschränkungen, indem Sie im Microsoft 365-Geräteverwaltungsportal den Knoten *Geräteregistrierung* wählen und dann so vorgehen:

1. Klicken Sie auf dem Blatt *Geräteregistrierung* auf *Registrierungsbeschränkungen*.

2. Klicken Sie auf *Einschränkung erstellen* und wählen Sie *Gerätetypeinschränkung* aus.

3. Geben Sie auf der Seite *Einschränkung erstellen* einen Namen und eine Beschreibung ein (Abbildung 3–17).

4. Klicken Sie auf *Weiter*, um zur Registerkarte *Plattformeinstellungen* zu wechseln.

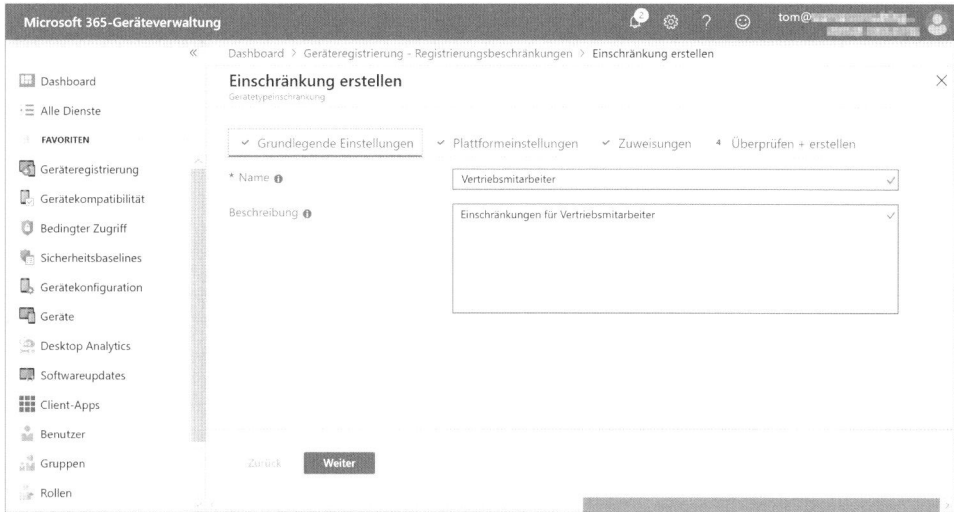

Abb. 3–17   Registrierungsbeschränkung konfigurieren

5. Wählen Sie auf der Seite *Plattformeinstellungen* aus, welche Gerätetypen erlaubt sind (Abbildung 3–18).

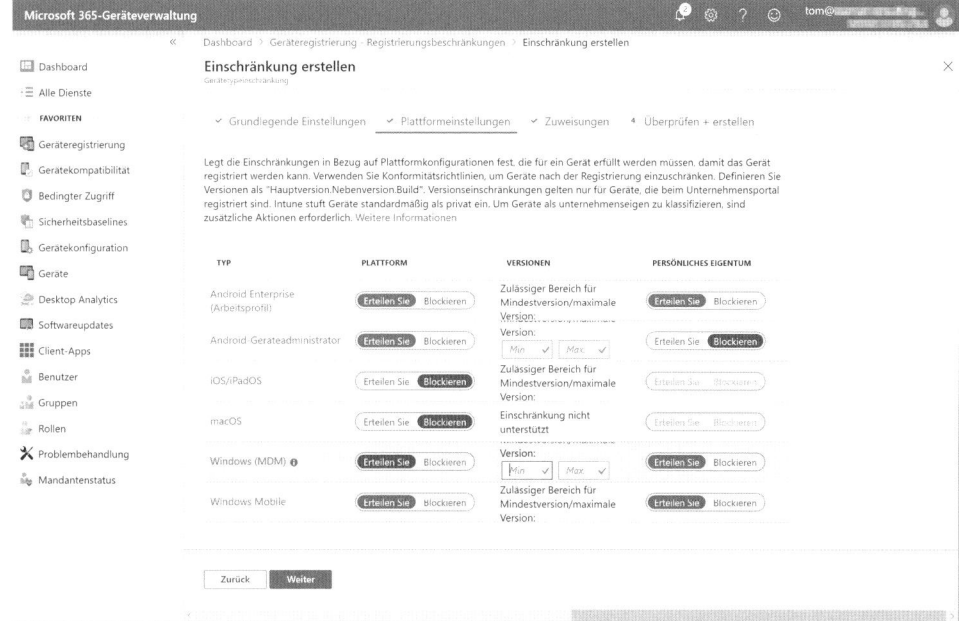

Abb. 3–18   Geräteplattformen für die Registrierung auswählen

6. Legen Sie in der Spalte *Versionen* die minimale beziehungsweise maximale Betriebssystemversion für jeden Gerätetyp fest. Geben Sie Versionen in der Form »Hauptversion.Nebenversion.Build« an. Beachten Sie, dass Versionseinschränkungen nur für Geräte gelten, die mit der Unternehmensportal-App registriert werden.

7. Wählen Sie in der Spalte *Persönliches Eigentum* aus, ob nur Unternehmensgeräte oder auch Privatgeräte erlaubt sind.

8. Klicken Sie auf *Weiter*, um zur Seite *Zuweisungen* zu wechseln.

9. Klicken Sie auf *Wählen Sie die Gruppen aus, die eingeschlossen werden sollen* und legen Sie fest, für welche Gruppen die Beschränkungen gelten sollen. Klicken Sie auf *Weiter* und dann auf *Erstellen*.

Wenn Sie eine Gerätelimiteinschränkung erstellen wollen, beginnen Sie auf dieselbe Weise. Wählen Sie als Beschränkungstyp *Gerätelimiteinschränkung* aus und tragen Sie das Gerätelimit als Zahl zwischen 1 und 15 (Standardwert) ein. Auch diese Beschränkungen müssen Sie einer Gruppe zuweisen, wie in der Anleitung für eine Gerätetypeinschränkung beschrieben.

Wenn Sie mehrere Registrierungsbeschränkungen konfiguriert haben, können Sie ihre Priorität festlegen, indem Sie die Einträge in der Liste verschieben. Denken Sie daran, dass das Gerät die Registrierungsbeschränkung mit der höchsten Priorität einhalten muss, die seinem Benutzer zugewiesen ist.

Gerätekategorien konfigurieren

Kategorien sind nützlich, wenn Sie Berichterstellungstools verwenden. Benutzer wählen während der Registrierung eine passende Kategorie. Sie konfigurieren Gerätekategorien, indem Sie im Microsoft 365-Geräteverwaltungsportal den Knoten *Geräteregistrierung* wählen und dann so vorgehen:

1. Klicken Sie auf dem Blatt *Geräteregistrierung* auf *Gerätekategorien*.

2. Klicken Sie auf *Gerätekategorie erstellen*.

3. Geben Sie auf dem Blatt *Gerätekategorie erstellen* einen Namen in das Feld *Kategorie* ein.

4. Geben Sie eine aussagekräftige Beschreibung Ihrer Kategorie in das Feld *Beschreibung* ein.

5. Klicken Sie auf *Erstellen*.

Nachdem Sie alle gewünschten Gerätekategorien erstellt haben (Abbildung 3–19), müssen die Benutzer beim Registrieren ihrer Geräte eine der aufgelisteten Kategorien wählen.

Sie können diese Kategorien auch verwenden, um dynamische Gruppen in Azure AD zu erstellen. Die Mitgliedschaft in einer dynamischen Gruppe basiert auf dem Ergebnis einer Abfrage. Zum Beispiel können Sie eine dynamische Gruppe namens *Kioskgeräte* erstellen, deren Mitgliederliste auf Basis der folgenden Abfrage zusammengestellt wird:

```
device.deviceCategory -eq "Kioskgerät"
```

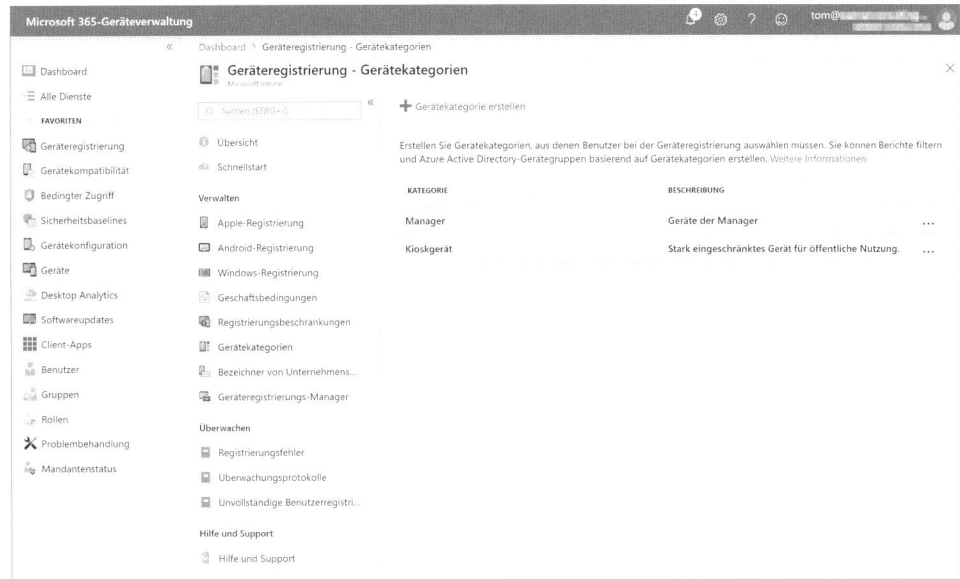

Abb. 3–19   Gerätekategorien definieren

Bezeichner von Unternehmensgeräten konfigurieren

Mit Bezeichnern von Unternehmensgeräten identifizieren Sie bestimmte Geräte als Unternehmenseigentum. Dazu geben Sie die Seriennummer oder IMEI in Intune ein. Sie konfigurieren Bezeichner von Unternehmensgeräten, indem Sie im Microsoft 365-Geräteverwaltungsportal den Knoten *Geräteregistrierung* wählen und dann so vorgehen:

1. Klicken Sie auf dem Blatt *Geräteregistrierung* auf *Bezeichner von Unternehmensgeräten*.
2. Klicken Sie auf *Hinzufügen* und wählen Sie entweder *CSV-Datei hochladen* oder *Manuell eingeben*.
3. Wenn Sie eine CSV-Datei hochladen, müssen die Kennungstypen (Seriennummer oder IMEI) in der CSV-Datei eingetragen sein. Wechseln Sie zum Ordner der CSV-Datei, wählen Sie die CSV-Datei aus und klicken Sie auf *Hinzufügen*.
4. Wenn Sie die Kennungen manuell eingeben wollen, müssen Sie jeweils den Typ wählen (Seriennummer oder IMEI), zu jedem Gerät den Bezeichner und Details eintippen und auf *Hinzufügen* klicken.

Geräteregistrierungs-Manager konfigurieren

Wenn Sie in einer Unternehmensumgebung sehr viele Geräte registrieren wollen, können Sie in Microsoft Intune das Konto eines Geräteregistrierungs-Managers (Device Enrollment Manager, DEM) verwenden. Der DEM ist ein spezielles Konto in Microsoft Intune, das bis zu 1000 Geräte registrieren darf. (Standardbenutzer können höchstens 15 Geräte verwalten und registrieren.)

Aus Sicherheitsgründen sollte der DEM-Benutzer nicht gleichzeitig ein Intune-Administrator sein. Jedes registrierte Gerät braucht eine eigene Intune-Lizenz. In der Standardeinstellung ist in Microsoft Intune kein Benutzer als Geräteregistrierungs-Manager eingetragen.

Üblicherweise werden diese DEM-Konten an IT-Personal zugewiesen. Sie konfigurieren Geräteregistrierungs-Manager, indem Sie im Microsoft 365-Geräteverwaltungsportal den Knoten *Geräteregistrierung* wählen und dann so vorgehen:

1. Klicken Sie auf dem Blatt *Geräteregistrierung* auf *Geräteregistrierungs-Manager*.

2. Klicken Sie auf *Hinzufügen*, tippen Sie den Benutzernamen (zum Beispiel **user@conto-so.com**) in das Feld *Benutzername* ein und klicken Sie auf *Hinzufügen*.

Die vollständige Liste aller Geräteregistrierungs-Manager wird auf dem Blatt *Geräteregistrierung - Geräteregistrierungs-Manager* angezeigt (Abbildung 3–20).

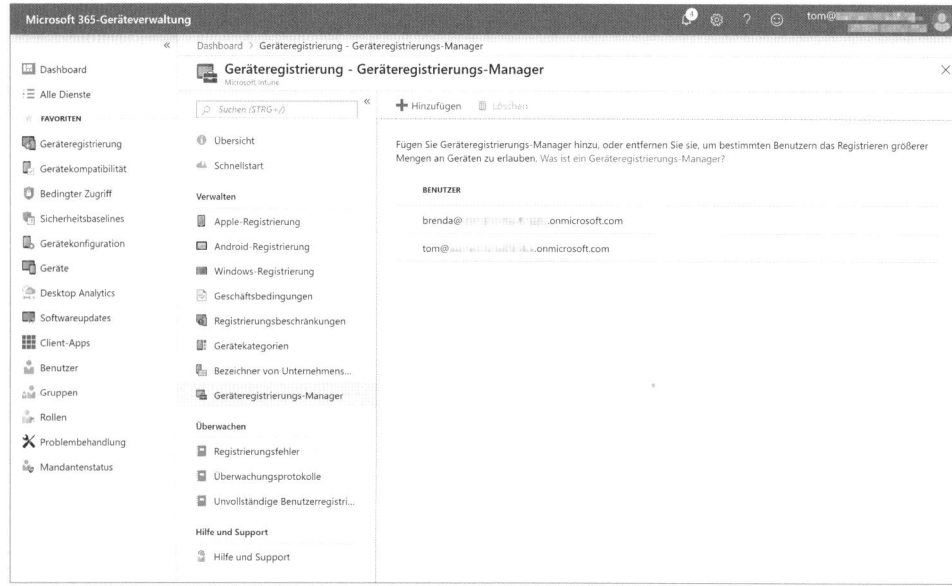

Abb. 3–20   Liste der Geräteregistrierungs-Manager

Geräteregistrierung aktivieren

Wenn Sie die Geräteregistrierungseinstellungen konfiguriert haben, müssen Sie die Geräteregistrierung aktivieren, bevor Sie mit dem Registrieren von Geräten beginnen. Welche Aufgaben Sie dabei genau erledigen müssen, hängt davon ab, welche Gerätetypen registriert werden sollen.

Bei allen Gerätetypen müssen Sie zuerst Intune als Ihr MDM definieren. Dieser Prozess wurde weiter vorne im Abschnitt »Einstellungen für die Geräteregistrierung konfigurieren« (Seite 199) dieses Prüfungsziels beschrieben.

Bei Windows-Geräten können Sie anschließend die automatische Registrierung konfigurieren. Bei Nicht-Windows-Geräten sind zusätzliche Vorbereitungen nötig, die in den nächsten Abschnitten beschrieben werden. Welche vorbereitenden Schritte noch erledigt werden müssen, können Sie sich ansehen, indem Sie im Microsoft 365-Geräteverwaltungsportal die Registerkarte *Geräteregistrierung* und dann den Knoten *Schnellstart* auswählen (Abbildung 3–21).

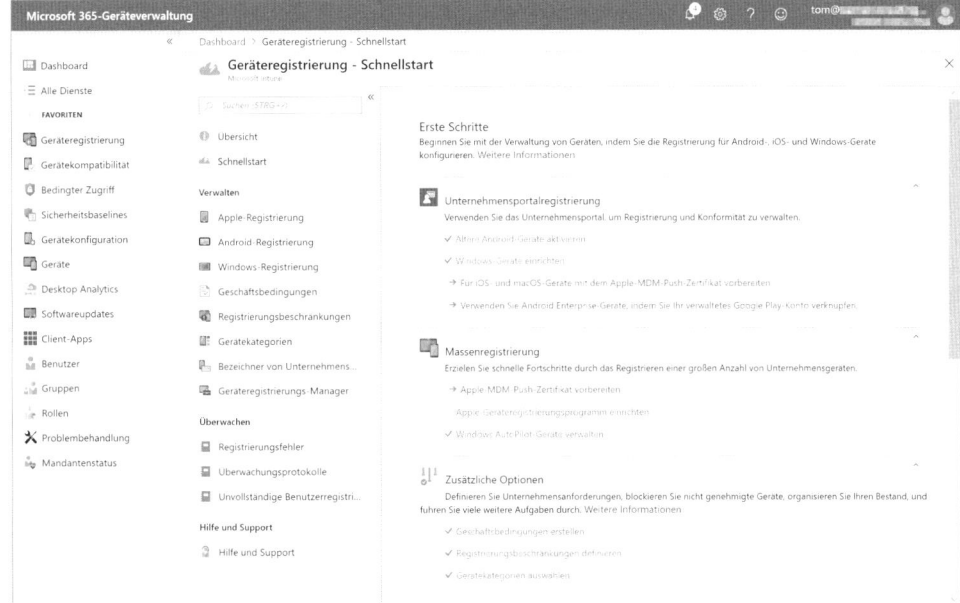

Abb. 3–21   Zusammenfassung der vorbereitenden Schritte auf der Seite *Schnellstart*

Automatische Intune-Registrierung konfigurieren

So konfigurieren Sie im Microsoft 365-Geräteverwaltungsportal die automatische Registrierung für Windows-Geräte:

1. Wählen Sie den Knoten *Geräteregistrierung* aus.

2. Klicken Sie auf *Windows-Registrierung*.

3. Klicken Sie auf dem Blatt *Windows-Registrierung* auf *Automatische Registrierung*.

4. Wählen Sie auf dem Blatt *Konfigurieren* (Abbildung 3–22) einen der folgenden MDM-Benutzerbereiche aus:

   • **Kein**   Verhindert die automatische Registrierung für Windows-Geräte. Dies ist die Standardeinstellung.

   • **Einige**   Legt fest, welche Gruppen Berechtigungen für die automatische Registrierung erhalten.

   • **Alle**   Erlaubt allen Benutzern, ihre Geräte automatisch zu registrieren.

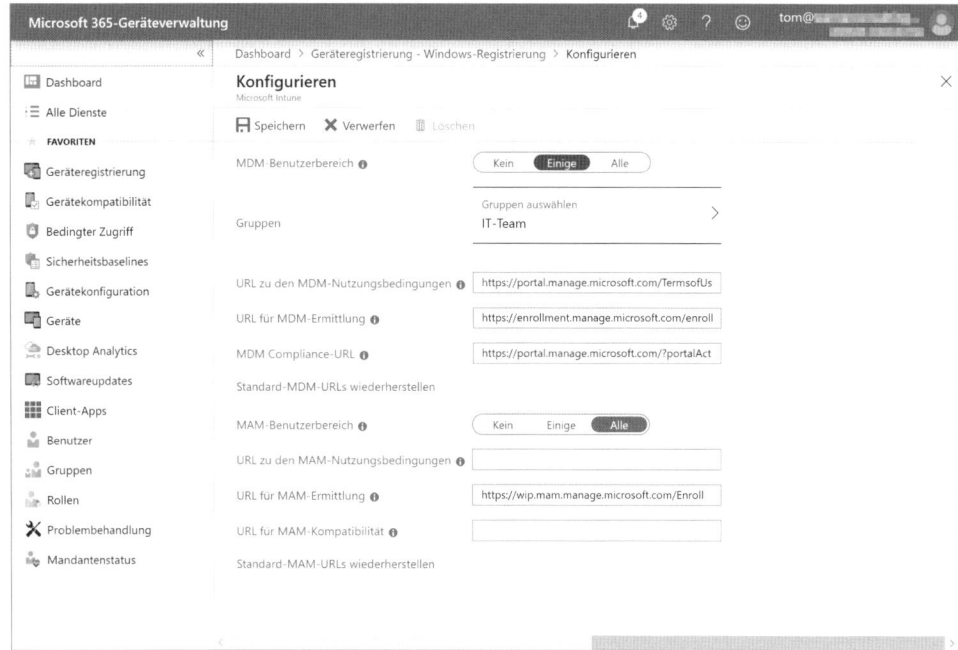

Abb. 3–22   Automatische Windows-Registrierung aktivieren

5.   Falls Sie die Option *Einige* ausgewählt haben, müssen Sie auf *Gruppen auswählen* klicken und die Gruppen angeben, denen die automatische Registrierung erlaubt sein soll.

6.   Klicken Sie auf *Speichern*.

Windows-Geräte registrieren

Es stehen unterschiedliche Methoden zur Auswahl, um Geräte in Intune zu registrieren:

Arbeits- oder Schulkonto hinzufügen   Verwenden Sie diese Methode, um das Gerät in Azure AD zu registrieren oder einzubinden. Wenn Sie ein Azure AD Premium-Abonnement haben und die automatische Windows-Registrierung aktiviert ist, registriert diese Methode das Gerät auch in Intune. Dieser Vorgang wird vom Benutzer eingeleitet.

Nur in MDM registrieren (benutzergesteuert)   Wählen Sie diese Möglichkeit, wenn Sie Ihre Geräte nur in Intune registrieren wollen, ohne sie in Azure AD zu registrieren oder einzubinden. Das ist oft sinnvoll, wenn Ihre Organisation kein Azure AD Premium-Abonnement hat. Dieser Vorgang wird vom Benutzer eingeleitet.

Azure AD-Einbindung während der OOBE-Phase   Diese Methode führt zu einem ganz ähnlichen Ergebnis wie beim Hinzufügen eines Arbeits- oder Schulkontos. Der Prozess wird allerdings während des anfänglichen Setups des Geräts eingeleitet und verwaltet; dieses Setup wird als OOBE-Phase (Out-Of-Box Experience) bezeichnet. Dieser Vorgang wird vom Benutzer eingeleitet.

Azure AD-Einbindung mit Windows AutoPilot   Diese Registrierungsmethode funktioniert ähnlich wie die Azure AD-Einbindung während der OOBE-Phase, allerdings ermöglicht Ihnen die Verwendung von Windows AutoPilot dabei, den OOBE-Prozess für Ihre Benutzer teilweise oder vollständig zu automatisieren. Der Prozess wird auch hier in der OOBE-Phase eingeleitet und verwaltet; Ihre Windows AutoPilot-Einstellungen legen fest, welche Benutzerinteraktionen erforderlich sind. Sie haben die Wahl zwischen dem benutzergesteuerten Modus und der Selbstbereitstellung; diese Optionen werden im Windows AutoPilot-Bereitstellungsprofil konfiguriert. Windows AutoPilot wird in Kapitel 1, »Betriebssysteme bereitstellen und aktualisieren«, beschrieben. Dies ist die bevorzugte Methode für die Registrierung in der OOBE-Phase, weil es ein stärker verwalteter Ansatz ist. Allerdings braucht Ihre Organisation dafür ein Azure AD Premium-Abonnement und Sie müssen die automatische Windows-Registrierung aktivieren.

Nur in MDM registrieren (mit einem Geräteregistrierungs-Manager)   Diese Methode ähnelt dem Hinzufügen eines Arbeits- oder Schulkontos. Aber statt das Gerät unter einem Standardbenutzerkonto im MDM Ihrer Organisation zu registrieren, verwenden Sie das Konto eines Geräteregistrierungs-Managers. Diese Konten können bis zu 1000 Geräte registrieren.

WEITERE INFORMATIONEN   **Geräte mit dem Konto eines Geräteregistrierungs-Managers registrieren**

Weitere Informationen zum Geräteregistrierungs-Manager in Microsoft Intune mit Beispielszenarien und Einschränkungen der Geräte, die über das DEM-Konto registriert wurden, finden Sie unter folgender Adresse:

https://docs.microsoft.com/intune/device-enrollment-manager-enroll

---

Azure AD-Einbindung mit Massenregistrierung   Bei dieser Methode verwenden Sie Bereitstellungspakete, um sehr viele Geräte zu registrieren. Sie erstellen ein Bereitstellungspaket im Windows-Designer für die Imagekonfiguration und wenden es entweder während der OOBE-Phase an oder indem Sie es verteilen und ausführen, nachdem ein Gerät seinen Setupprozess abgeschlossen hat.

Die folgenden Abschnitte beschreiben einige dieser Methoden genauer.

Arbeits- oder Schulkonto hinzufügen

So registrieren Sie ein Windows-Gerät, indem Sie ein Arbeits- oder Schulkonto hinzufügen:

1. Aktivieren Sie die automatische Windows-Registrierung entweder für alle Benutzer oder für eine ausgewählte Gruppe, zu der das gewünschte Konto (das Sie in Schritt 6 verwenden) gehört.

2. Melden Sie sich an Ihrem Windows 10-Computer an und öffnen Sie die Einstellungen-App.

3. Klicken Sie auf *Konten*.

4. Wählen Sie die Registerkarte *Auf Arbeits- oder Schulkonto zugreifen*.

5. Klicken Sie auf *Verbinden*.

6. Führen Sie eine der folgenden Aktionen aus:

   - **Um das Gerät in Azure AD zu registrieren und in Intune zu registrieren**   Tragen Sie im Dialogfeld *Microsoft-Konto* (Abbildung 3–23) Ihre Organisations-E-Mail-Adresse in das Feld *E-Mail-Adresse* ein und klicken Sie auf *Weiter*.

   - **Um das Gerät in Azure AD einzubinden und in Intune zu registrieren**   Klicken Sie im Dialogfeld *Microsoft-Konto* auf den Link *Dieses Gerät in Azure Active Directory einbinden*. Tippen Sie dann auf der Seite *Melden Sie sich an* die Organisations-E-Mail-Adresse ein und klicken Sie auf *Weiter*.

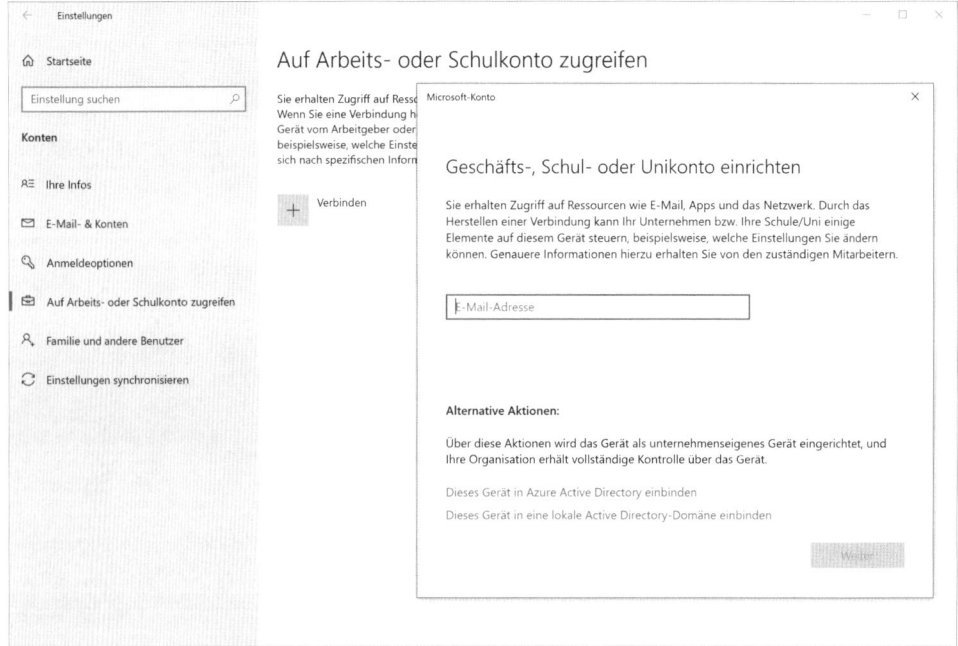

Abb. 3–23   Ein Windows 10-Gerät mit einem Arbeits- oder Schulkonto registrieren

7. Geben Sie das Kennwort ein, wenn Sie dazu aufgefordert werden, und klicken Sie auf *Anmelden*.

8. Richten Sie zusätzliche Kontoüberprüfungsverfahren ein, zum Beispiel eine SMS-Bestätigung, falls Sie dazu aufgefordert werden.

9. Sofern die entsprechende Konfiguration aktiv ist, werden Ihre Geschäftsbedingungen angezeigt. Klicken Sie auf *Annehmen*.

10. Sofern die entsprechende Konfiguration aktiv ist, muss der Benutzer eine Gerätekategorie auswählen.

11. Klicken Sie im Dialogfeld *Stellen Sie sicher, dass dies Ihr Unternehmen ist* auf *Beitreten* (Abbildung 3–24).

Stellen Sie sicher, dass dies Ihr Unternehmen ist.

Stellen Sie sicher, dass dies Ihr Unternehmen ist.

Wenn Sie den Vorgang fortsetzen, können Systemrichtlinien aktiviert oder andere Änderungen an Ihrem PC vorgenommen werden. Ist dies der richtige Arbeitsplatz?

Verbindung wird hergestellt mit: ███████████████.onmicrosoft.com
Benutzername: chris@███████████████.onmicrosoft.com
Benutzertyp: Administrator

Abbrechen   Beitreten

Abb. 3–24   Geräteregistrierung bestätigen

12. Ihr Gerät wird nun in Ihrer Organisation registriert beziehungsweise eingebunden und in Intune registriert. Klicken Sie auf *Fertig*, wenn Sie dazu aufgefordert werden.

Im Microsoft 365-Geräteverwaltungsportal können Sie folgendermaßen prüfen, ob das Gerät richtig registriert wurde:

1. Melden Sie sich als globaler Administrator an und wählen Sie den Knoten *Geräte* aus.

2. Wählen Sie den Knoten *Alle Geräte* aus. Das neue Gerät müsste aufgelistet werden.

3. Wählen Sie den Knoten *Azure AD-Geräte* aus. Das neue Gerät wird entweder als *Azure AD registered* (in Azure AD registriert) oder *Azure AD joined* (in Azure AD eingebunden) aufgelistet (Abbildung 3–25), je nachdem, welche Möglichkeit Sie bei der Registrierung ausgewählt haben.

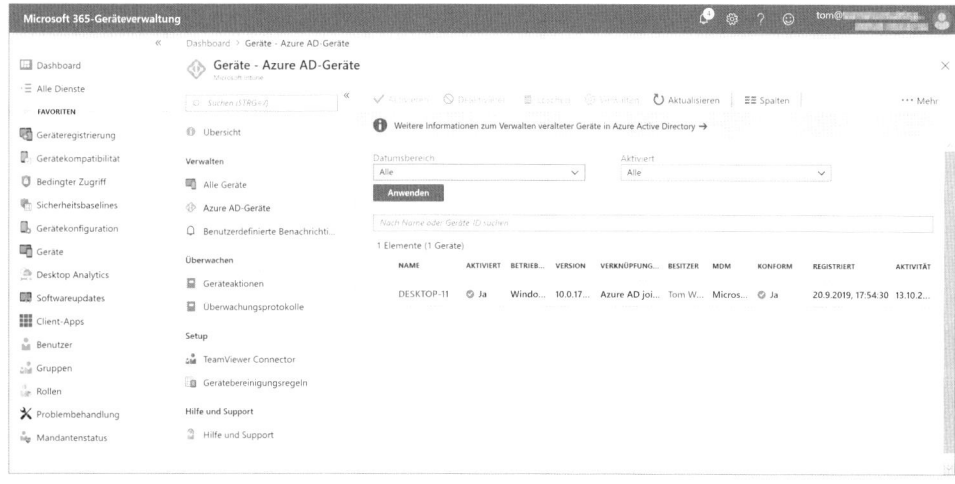

Abb. 3–25   Überprüfen, ob ein neues Gerät registriert wurde

Nur in MDM registrieren

So registrieren Sie ein Windows-Gerät ausschließlich in MDM:

1. Aktivieren Sie die automatische Windows-Registrierung entweder für alle Benutzer oder für eine ausgewählte Gruppe, zu der das gewünschte Konto (das Sie in Schritt 6 verwenden) gehört.

2. Melden Sie sich an Ihrem Windows 10-Computer an und öffnen Sie die Einstellungen-App.

3. Klicken Sie auf *Konten*.

4. Wählen Sie die Registerkarte *Auf Arbeits- oder Schulkonto zugreifen*.

5. Klicken Sie auf der Seite *Auf Arbeits- oder Schulkonto zugreifen* auf *Nur bei Geräteverwaltung registrieren*.

6. Geben Sie im Dialogfeld *Microsoft-Konto* Ihre Organisations-E-Mail-Adresse ein.

7. Das Fenster *Mit einem Dienst verbinden* öffnet sich. Geben Sie das Kennwort für das Benutzerkonto ein und klicken Sie auf *Anmelden*.

8. Klicken Sie im Fenster *Das Gerät wird eingerichtet* auf *Verstanden*.

9. Ihr Gerät ist in Intune registriert.

Im Microsoft 365-Geräteverwaltungsportal können Sie folgendermaßen prüfen, ob das Gerät richtig registriert wurde:

1. Melden Sie sich als globaler Administrator an und wählen Sie den Knoten *Geräte* aus.

2. Wählen Sie den Knoten *Alle Geräte* aus. Das neue Gerät müsste aufgelistet werden.

3. Wählen Sie den Knoten *Azure AD-Geräte* aus. Das neue Gerät wird aufgelistet, aber weil Sie es nicht in Azure AD registriert oder eingebunden haben, ist die Spalte *Verknüpfungstyp* leer.

Azure AD-Einbindung während der OOBE-Phase

So registrieren Sie ein Windows-Gerät, indem Sie es während der OOBE-Phase in Azure AD-einbinden:

1. Schalten Sie das neue Windows-Gerät ein. Die OOBE-Phase startet und führt den Benutzer durch den Konfigurationsprozess für sein Gerät. Dabei wählt er eine Region und Tastaturlayouts aus.

2. Tragen Sie auf der Seite *Bei Microsoft anmelden* (Abbildung 3–26) das Microsoft 365-Konto ein und klicken Sie auf *Weiter*.

3. Geben Sie das Kennwort ein, wenn Sie dazu aufgefordert werden, und klicken Sie auf *Weiter*.

4. Das Setup wird fortgesetzt und Sie werden aufgefordert, weitere Optionen zu konfigurieren, darunter Einstellungen für Datenschutz oder Cortana.

5. Falls Sie dazu aufgefordert werden, müssen Sie zusätzliche Kontoüberprüfungsmethoden hinzufügen, zum Beispiel eine SMS-Nachricht.

Abb. 3–26 Während der OOBE-Phase bei der Organisation anmelden

6. Abhängig von den Sicherheitseinstellungen Ihrer Organisation werden Sie möglicherweise aufgefordert, eine PIN für die Anmeldung festzulegen.

7. Ihr Gerät wird jetzt in Ihrer Organisation registriert oder eingebunden und in Intune registriert. Klicken Sie auf *OK*, wenn Sie dazu aufgefordert werden.

8. Ihr Desktop wird vorbereitet.

Wie in den vorherigen Abschnitten beschrieben, können Sie sich das registrierte Gerät im Microsoft 365-Geräteverwaltungsportal ansehen. Sofern Sie ein Azure AD Premium-Abonnement besitzen und die automatische Windows-Registrierung für Intune aktiviert haben, müsste das Gerät sowohl im Knoten *Geräte* als auch im Knoten *Azure AD-Geräte* auftauchen. Und es müsste als *Azure AD joined* (eingebunden) aufgelistet werden, nicht als *Azure AD registered* (registriert).

Azure AD-Einbindung mit Windows AutoPilot im benutzergesteuerten Bereitstellungsmodus

So registrieren Sie ein Windows-Gerät, indem Sie es im benutzergesteuerten Bereitstellungsmodus mit Windows AutoPilot in Azure AD einbinden:

1. Öffnen Sie das Microsoft 365-Geräteverwaltungsportal und melden Sie sich mit dem Konto eines globalen Administrators an.

2. Wählen Sie den Knoten *Geräteregistrierung* und dann *Windows-Registrierung* aus.

3. Aktivieren Sie die automatische Windows-Registrierung entweder für alle Benutzer oder für eine ausgewählte Gruppe, zu der das gewünschte Konto gehört.

4. Wählen Sie erneut den Knoten *Geräteregistrierung* und dann *Windows-Registrierung* aus. Klicken Sie unter *Windows AutoPilot Deployment-Programm* auf *Geräte* (Abbildung 3–27).

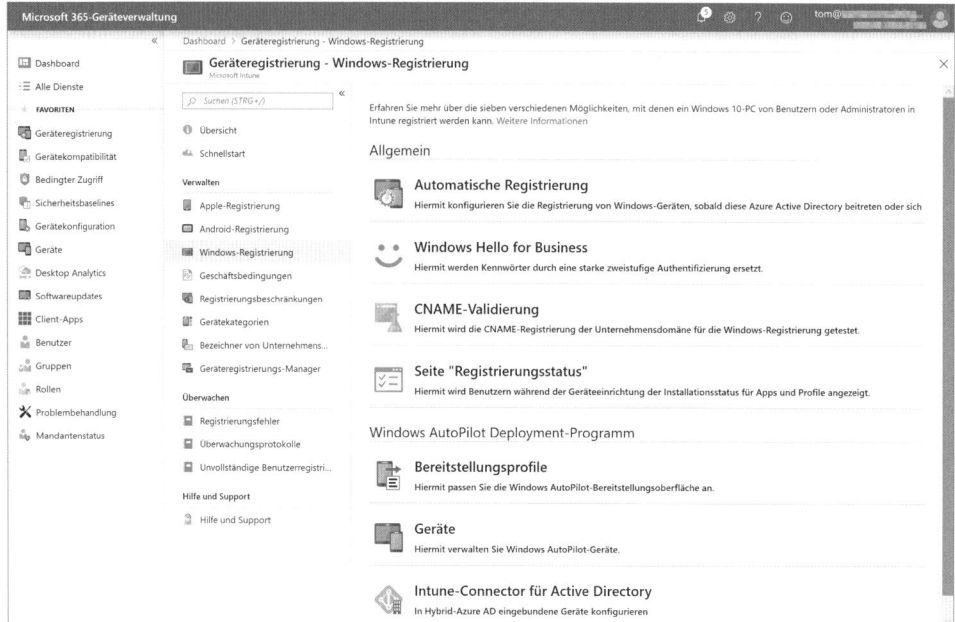

Abb. 3–27 Einstellungen für die Windows-Registrierung in Intune anzeigen

5. Arbeiten Sie die Anleitung aus Kapitel 1, »Betriebssysteme bereitstellen und aktualisieren« (Prüfungsziel 1.2: »Windows 10 mit Windows AutoPilot planen und implementieren«, Abschnitt »Informationen über Gerätehardware in den Cloud-Dienst importieren«), durch, um die Geräte-IDs für die neuen Windows-Geräte Ihrer Organisation hochzuladen.

6. Klicken Sie auf dem Blatt *Geräteregistrierung - Windows-Registrierung* unter *Windows AutoPilot Deployment-Programm* auf *Bereitstellungsprofile*.

7. Arbeiten Sie die Anleitung aus Kapitel 1, »Betriebssysteme bereitstellen und aktualisieren« (Prüfungsziel 1.2: »Windows 10 mit Windows AutoPilot planen und implementieren«, Abschnitt »Bereitstellungsprofile erstellen, überprüfen und zuweisen«), durch, um die erforderlichen Windows AutoPilot-Profile zu erstellen und zu konfigurieren. Beim Konfigurieren Ihres Profils haben Sie die Wahl zwischen benutzergesteuerter Bereitstellung und Selbstbereitstellung (Abbildung 3–28). Bei der benutzergesteuerten Bereitstellung bekommen die Benutzer während der OOBE-Phase eine konfigurierbare Abfolge von Setupbildschirmen angezeigt. Bei der Selbstbereitstellung bekommen die Benutzer während der OOBE-Phase keine Setupbildschirme angezeigt, weil der Prozess vollständig automatisiert abläuft.

8. Weisen Sie die Profile zu.

9. Nachdem Sie die benötigten Windows AutoPilot-Bereitstellungsprofile erstellt, überprüft und zugewiesen haben, können Sie die neuen Windows-Geräte einschalten.

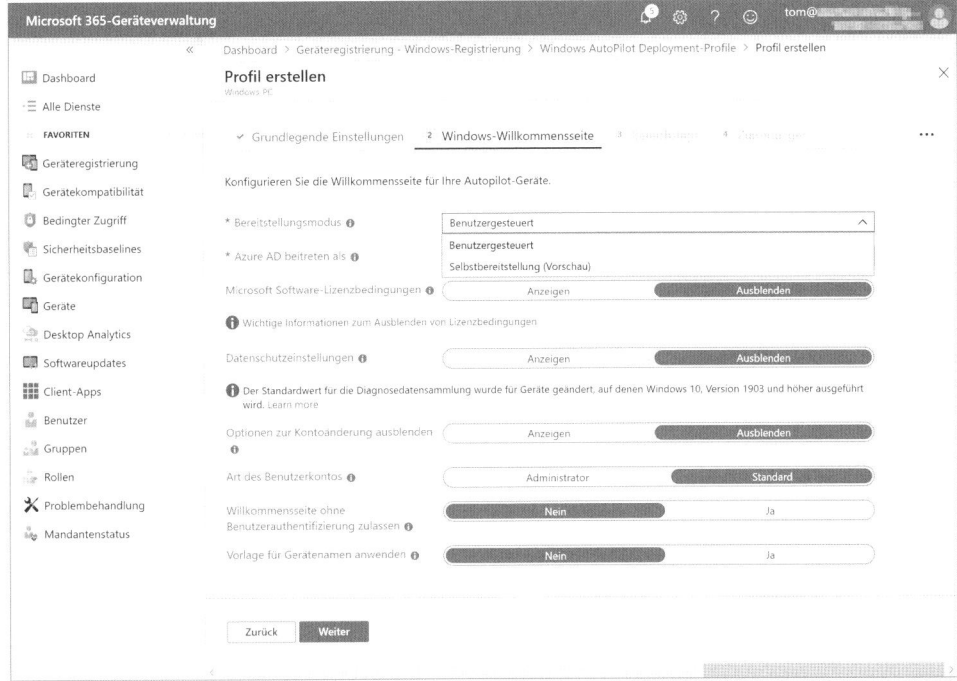

Abb. 3–28   Windows AutoPilot-Bereitstellungsprofil konfigurieren

10. Die OOBE-Phase startet und führt den Benutzer durch den Prozess zum Konfigurieren seines Geräts. Die Details hängen davon ab, wie Sie Ihre Windows AutoPilot-Bereitstellungsprofile konfiguriert haben. Im benutzergesteuerten Modus bekommt der Benutzer einen angepassten Anmeldebildschirm angezeigt. Sobald er die Kontoinformationen eingegeben hat, läuft das Setup bis zu Abschluss durch, wie in den Windows AutoPilot-Profileinstellungen festgelegt.

Nachdem die Bereitstellung abgeschlossen ist, können Sie sich das registrierte Gerät im Microsoft 365-Geräteverwaltungsportal ansehen. Das Gerät müsste sowohl im Knoten *Geräte* als auch im Knoten *Azure AD-Geräte* auftauchen. Und es müsste als *Azure AD joined* (eingebunden) aufgelistet werden, nicht als *Azure AD registered* (registriert).

Nicht-Windows-Geräte registrieren

Die Vorgehensweise beim Registrieren von Nicht-Windows-Geräten ist ähnlich. In diesem Abschnitt sehen wir uns den Prozess für Android und iOS an.

Android-Geräte registrieren

So registrieren Sie Android-Geräte:

1. Öffnen Sie auf dem Android-Gerät den Google Play Store.

2. Suchen und installieren Sie die Intune-Unternehmensportal-App.

3. Starten Sie die Intune-Unternehmensportal-App.

4. Tippen Sie auf *Anmelden* und melden Sie sich mit dem Benutzerkonto aus Ihrem Microsoft 365-Abonnement an.

5. Folgen Sie den Anweisungen im Portal; die genaue Vorgehensweise hängt davon ab, welche Einstellungen in Intune konfiguriert sind. Üblicherweise müssen Sie die neuen Einstellungen auf Ihrem Gerät zulassen. Tippen Sie auf jeder Seite auf *Weiter*, um die Schritte für Setup und Registrierung durchzuarbeiten.

6. Schließlich werden Sie aufgefordert, den Geräteadministrator zu aktivieren. Tippen Sie auf *Aktivieren*. Ihr Gerät ist jetzt registriert.

7. Sofern Gerätekategorien konfiguriert sind, müssen Sie jetzt eine auswählen. Tippen Sie auf *Fertig*.

8. Warten Sie, bis der Prozess abgeschlossen ist, und tippen Sie auf *Fertig*.

Nachdem die Bereitstellung abgeschlossen ist, können Sie sich das registrierte Gerät im Microsoft 365-Geräteverwaltungsportal ansehen. Das Gerät müsste im Knoten *Geräte* auftauchen. Und es müsste als *Azure AD registered* (registriert) aufgelistet werden, nicht als *Azure AD joined* (eingebunden). In der Spalte *Betriebssystem* müsste *Android* stehen.

iOS-Geräte registrieren

Um iOS-Geräte, zum Beispiel iPads, zu registrieren, gehen Sie ähnlich vor wie bei Android. Es ist allerdings ein zusätzlicher Schritt nötig. Sie müssen zuerst ein Apple-MDM-Push-Zertifikat konfigurieren und bereitstellen. Gehen Sie dazu folgendermaßen vor:

1. Öffnen Sie das Microsoft 365-Geräteverwaltungsportal.

2. Wählen Sie *Geräteregistrierung* und dann *Apple-Registrierung* aus.

3. Klicken Sie auf *Apple-MDM-Push-Zertifikat*.

4. Nehmen Sie auf dem Blatt *MDM-Push-Zertifikat konfigurieren* folgende Einstellungen vor:

   • Aktivieren Sie das Kontrollkästchen *Ich erteile Microsoft die Erlaubnis, sowohl Benutzer- als auch Geräteinformationen an Apple zu senden*.

   • Klicken Sie auf den Link *CSR herunterladen*. Klicken Sie auf *Speichern*, wenn Sie dazu aufgefordert werden, um die Datei *IntuneCSR.csr* in einem lokalen Ordner abzulegen.

   • Klicken Sie auf den Link *Eigenes MDM-Push-Zertifikat erstellen*. Eine neue Registerkarte wird geöffnet. Melden Sie sich im Apple-Push-Zertifikate-Portal mit einer Apple-ID an. Normalerweise wird ein Überprüfungscode gefordert. Erstellen Sie ein Zertifikat und laden Sie es herunter.

   • Wechseln Sie zum Browser-Tab mit dem Microsoft 365-Geräteverwaltungsportal und tragen Sie die Apple-ID in das entsprechende Feld ein, um Ihr Apple-MDM-Push-Zertifikat zu erstellen.

   • Wählen Sie das Apple-MDM-Push-Zertifikat aus, das Sie gerade heruntergeladen haben.

5. Klicken Sie auf *Hochladen*.

Sobald Sie diesen Prozess abgeschlossen haben, können Sie ein iOS-Gerät folgendermaßen registrieren:

1. Melden Sie sich auf dem Apple-Gerät am Apple Store an.
2. Suchen und installieren Sie die Intune-Unternehmensportal-App.
3. Starten Sie die Intune-Unternehmensportal-App.
4. Tippen Sie auf *Anmelden* und melden Sie sich mit dem Benutzerkonto aus Ihrem Microsoft 365-Abonnement an.
5. Folgen Sie den Anweisungen im Portal; die genaue Vorgehensweise hängt davon ab, welche Einstellungen in Intune konfiguriert sind.

Nachdem die Bereitstellung abgeschlossen ist, können Sie sich das registrierte Gerät im Microsoft 365-Geräteverwaltungsportal ansehen. Das Gerät müsste im Knoten *Geräte* auftauchen. Und es müsste als *Azure AD registered* (registriert) aufgelistet werden, nicht als *Azure AD joined* (eingebunden). In der Spalte *Betriebssystem* müsste *iOS* stehen.

Benutzerdefinierte Geräteinventarberichte generieren und das Geräteinventar prüfen

Es ist wichtig, dass Sie im Auge behalten, welche Geräte im MDM Ihrer Organisation registriert sind. Wählen Sie im Microsoft 365-Geräteverwaltungsportal den Knoten *Geräte* aus, um sich Geräteinventarberichte anzusehen. Wie in Abbildung 3–29 gezeigt, finden Sie dort eine Übersicht der registrierten Geräte.

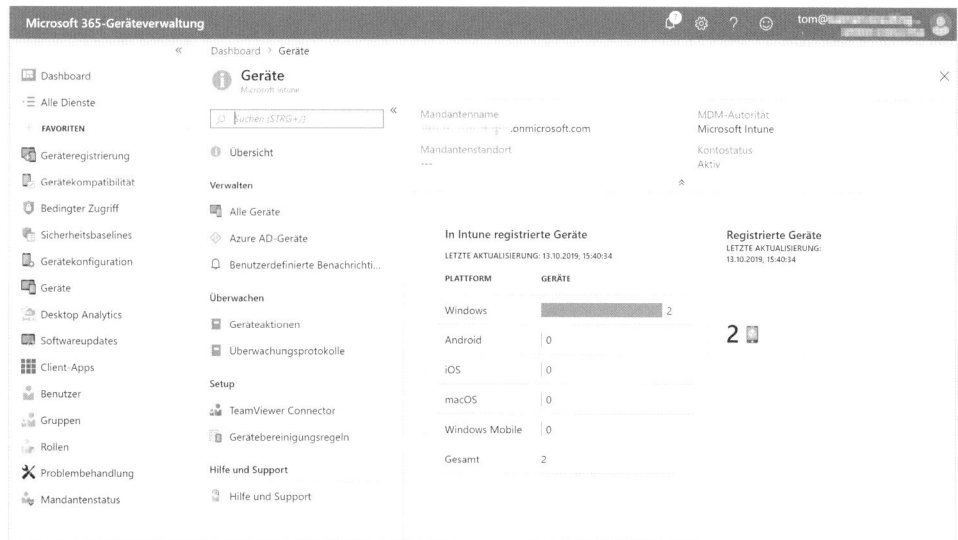

Abb. 3–29   Übersicht der in Intune registrierten Geräte

Weitere Informationen über die registrierten Geräte erhalten Sie, indem Sie die Registerkarte *Alle Geräte* auswählen. Wie Abbildung 3–30 zeigt, sehen Sie hier eine Liste aller Geräte.

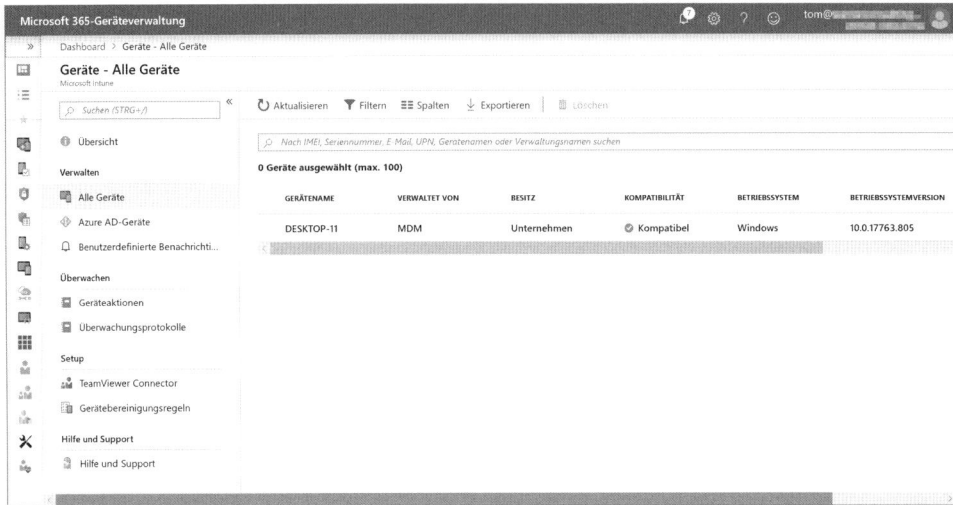

Abb. 3–30 Alle Geräte anzeigen

Spalten auswählen

Mit der Schaltfläche *Spalten* können Sie detailliert festlegen, welche Informationen angezeigt werden (Abbildung 3–31). Wählen Sie eine der verfügbaren Spalten aus und klicken Sie auf *Anwenden*.

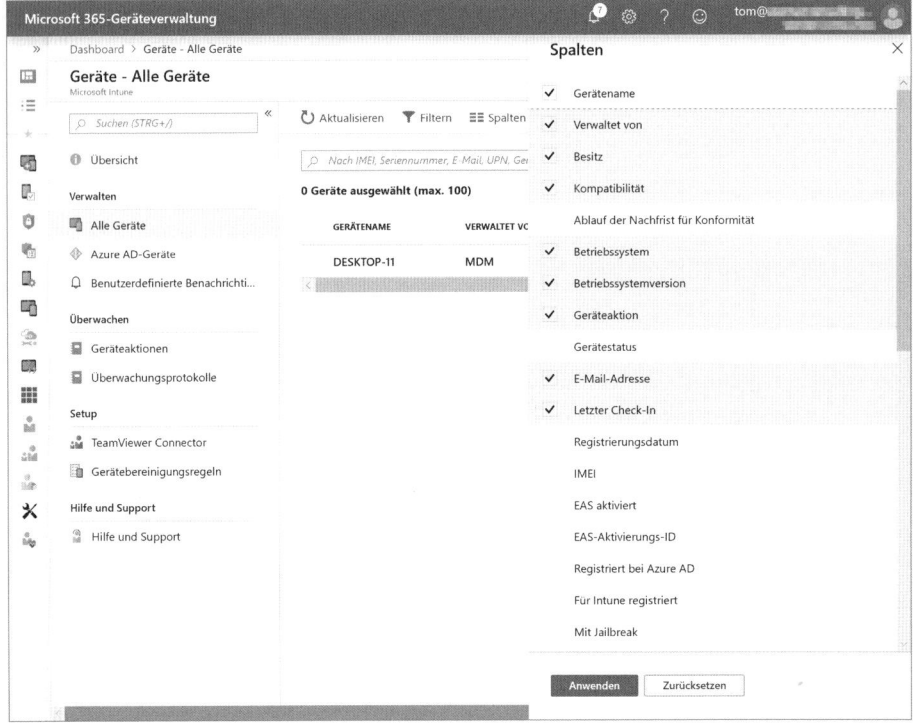

Abb. 3–31 Berichtsspalten für den Knoten *Alle Geräte* auswählen

Verfügbare Optionen sind:

Gerätename	Kategorie
Verwaltet von	Zeitpunkt der letzten EAS-Synchronisierung
Besitz	EAS-Status
Kompatibilität	EAS-Grund
Ablauf der Nachfrist für Konformität	Benutzerprinzipalname
Betriebssystem	Modell
Betriebssystemversion	Hersteller
Geräteaktion	Seriennummer
Gerätestatus	Telefonnummer
E-Mail-Adresse	Anzeigename des Benutzers
Letzter Check-In	Sicherheitspatchebene
Registrierungsdatum	WLAN-MAC
IMEI	MEID
EAS aktiviert	Teilnehmernetzbetreiber
EAS-Aktivierungs-ID	Speicher gesamt
Registriert bei Azure AD	Freier Speicher
Für Intune registriert	Verwaltungsname
Mit Jailbreak	Azure AD-Geräte-ID
Überwacht	

Ergebnisse filtern

Sie können die Liste auch filtern, indem Sie in der Menüleiste auf *Filtern* klicken. Wie Abbildung 3–32 zeigt, stehen zahlreiche Filterkriterien zur Verfügung.

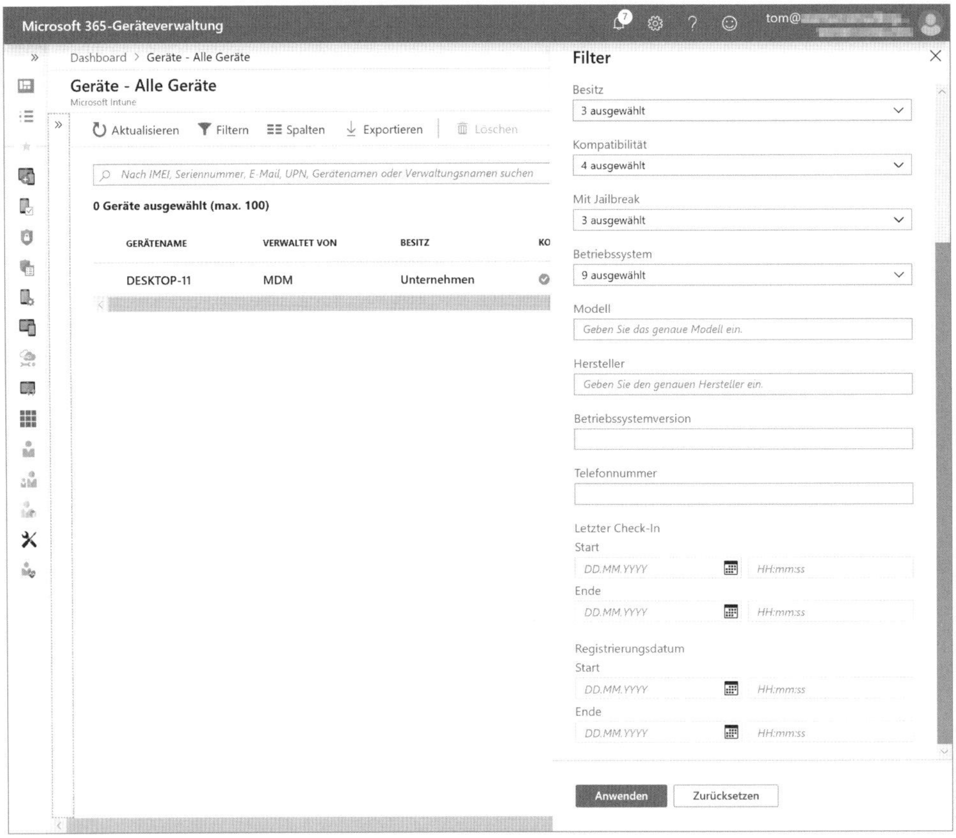

Abb. 3–32   Gefilterte Ergebnisse in der Liste aller Geräte

Diese Filterkategorien sind verfügbar:

- Verwaltet von
- Geräteaktion
- Kategorie
- Besitz
- Kompatibilität
- Mit Jailbreak
- Betriebssystem

- Modell
- Hersteller
- Betriebssystemversion
- Telefonnummer
- Letzter Check-In, Datums- und Uhrzeitbereiche
- Registrierungsdatum, Datums- und Uhrzeitbereiche

Wählen Sie die gewünschten Optionen aus beziehungsweise geben Sie Werte ein und klicken Sie auf *Anwenden*.

Geräteliste exportieren

Wenn Sie die Geräte in der Liste wie gewünscht gefiltert haben, können Sie auf *Exportieren* klicken. Klicken Sie anschließend auf *Speichern*, um eine CSV-Datei zu erstellen (Abbildung 3–33). Die CSV-Datei können Sie in Microsoft Excel öffnen, um sich ihren Inhalt anzusehen.

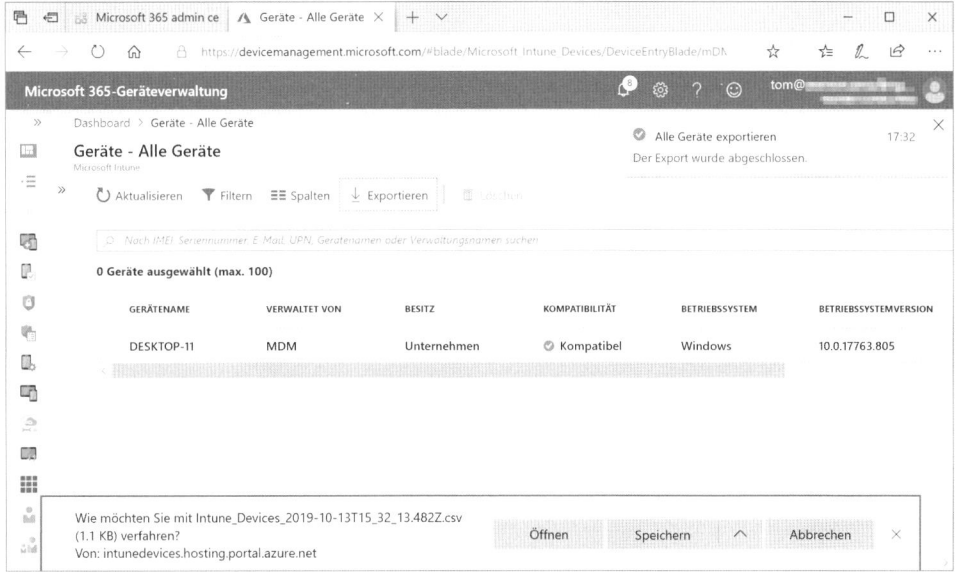

Abb. 3–33   Bericht exportieren

Überwachung und Warnungen konfigurieren

Im klassischen Microsoft Intune-Portal können Sie Ihre verwalteten Geräte überwachen und Berichte erstellen. Das klassische Portal stellt etliche Überwachungs- und Berichterstellungstools bereit.

> **HINWEIS   Klassisches Portal**
>
> **Das klassische Portal benötigt Silverlight, daher müssen Sie es im Internet Explorer aufrufen. Sie öffnen das klassische Portal unter der Adresse:**
>
> *https://admin.manage.microsoft.com*

Sie haben im Wesentlichen zwei Methoden zur Auswahl, um den Status Ihrer Microsoft Intune-Umgebung zu überwachen:

Berichte   Sie können mit Berichten den Status der Geräte überwachen, darunter die erkannte Software und den Geräteverlauf.

Warnungen   Sie können Warnungen verwenden, um sich über Microsoft Intune-Ereignisse oder -Statusparameter informieren zu lassen.

Berichte verwenden

Berichte liefern Informationen über Ereignisse in Microsoft Intune. Sie sind bei der Planung und bei der Überprüfung des aktuellen Zustands der Umgebung hilfreich.

Es gibt in Microsoft Intune zwei Arten von Berichten (Abbildung 3–34):

Abb. 3–34   Der Arbeitsbereich *Berichte* im klassischen Microsoft Intune-Portal

▓ **Berichte zu ermittelter Software**   Diese Berichte zeigen, welche Software auf den Computern Ihrer Organisation installiert ist und um welche Versionen der Software es sich handelt. Sie können die angezeigten Informationen anhand der Softwarehersteller und der Kategorie filtern. Mit einem Klick auf das Pfeilsymbol neben einem Listeneintrag können Sie den Eintrag erweitern, damit zusätzliche Informationen sichtbar werden (zum Beispiel, auf welchen Computern die Software installiert ist).

▓ **Geräteverlaufsberichte**   Zeigt ein Protokoll der Abkopplungen, Rücksetzungs- und Löschaktionen. Mit diesem Bericht können Sie überprüfen, wer solche Aktionen auf Geräten durchgeführt hat.

Nachdem Sie einen Bericht erstellt haben, können Sie ihn speichern, ausdrucken oder exportieren. Sie können die Berichtskriterien aus einem vorher gespeicherten Bericht laden.

Einen Bericht erstellen

1.   Klicken Sie im klassischen Microsoft Intune-Portal auf den Arbeitsbereich *Berichte*.

2.   Wählen Sie den Typ des Berichts aus, den Sie generieren wollen.

3.   Übernehmen Sie auf der Seite *Neuen Bericht erstellen* die Standardeinstellungen oder passen Sie die Einstellungen an, um zu filtern, welche Informationen im Bericht erscheinen sollen. Sie können zum Beispiel festlegen, dass in einem Bericht zu ermittelter Software nur Programme aufgelistet werden, die von Microsoft veröffentlicht wurden.

4.   Klicken Sie auf *Bericht anzeigen*, um den Bericht in einem neuen Fenster anzuzeigen.

Warnungen verwenden

Warnungen liefern Informationen über bestimmte Statusereignisse in Microsoft Intune. Sie können Warnungen in Microsoft Intune auf unterschiedliche Arten verwenden:

Mit der Anzeige der neueren Warnungen verschaffen Sie sich einen Überblick über den Zustand der Geräte.

Sie können bestimmte Probleme erkennen, die sich in Ihrer Umgebung entwickelt haben, erhalten Informationen über den Zeitpunkt und können den Umfang abschätzen.

Sie können Warnungen filtern, um bestimmte Ereignisse oder Probleme in der Umgebung genauer zu untersuchen.

In Microsoft Intune sind verschiedene Warnungskategorien verfügbar:

Hinweise   Diese Warnungen informieren Sie über Konfigurationsaufgaben, die durchgeführt werden müssen (zum Beispiel die Konfiguration von automatischen Genehmigungen für Updates), und über Dienstankündigungen, die auf der Seite *Systemübersicht* angezeigt werden.

System   Diese Warnungen informieren Sie, wenn Bereitstellungen auf Clients fehlgeschlagen sind. Außerdem gibt es eine Unterkategorie für Mobile Device Management, mit der Sie über Probleme auf Mobilgeräten informiert werden, beispielsweise über Schwierigkeiten mit der Exchange-Verbindung.

HINWEIS   **Empfänger-E-Mail-Adresse hinzufügen**

Wenn Sie eine E-Mail erhalten wollen, sobald eine Benachrichtigungsregel zutrifft, müssen Sie im Arbeitsbereich *Admin* eine Empfänger-E-Mail-Adresse im Abschnitt *Empfänger* eintragen.

Eine neue Benachrichtigungsregel erstellen

1. Klicken Sie im klassischen Microsoft Intune-Portal auf den Arbeitsbereich *Admin*.

2. Klicken Sie auf *Warnungen und Benachrichtigungen*, dann auf *Benachrichtigungsregeln* und schließlich auf *Neue Regel erstellen*.

3. Geben Sie im Assistenten zum Erstellen neuer Benachrichtigungsregeln einen Namen für die Benachrichtigungsregel ein.

4. Wählen Sie die Kategorien und den Schweregrad für die Benachrichtigungsregel aus und klicken Sie auf *Weiter*.

5. Wählen Sie bei Bedarf auf der Seite *Gerätegruppen auswählen* die Gerätegruppen aus, für die diese Regel gelten soll, und klicken Sie auf *Weiter*.

6. Sofern Sie vorher einen Benachrichtigungsempfänger hinzugefügt haben, können Sie auf der Seite *E-Mail-Empfänger auswählen* eine E-Mail-Adresse wählen und auf *Speichern* klicken.

7. Schließen Sie den Assistenten.

8. Die Regel wird jetzt in der Liste der Benachrichtigungsregeln aufgeführt.

HINWEIS **Der Support für das klassische Portal endet 2020**

Zum Zeitpunkt, als dieses Buch geschrieben wurde, hat Microsoft angekündigt, dass der Support für das klassische Portal im Jahr 2020 ausläuft.

Prüfungsziel 3.3: Geräte überwachen

Sie müssen stets darüber informiert sein, was auf den Geräten der Benutzer in Ihrer Organisation passiert. Sie müssen Situationen erkennen, in denen Konfigurationsprobleme bei einem Gerät auftreten, die Systemintegrität eines Geräts beeinträchtigt ist oder potenzielle Sicherheitsrisiken für Ihre Organisation bestehen. Intune stellt mehrere Überwachungswerkzeuge zur Verfügung, die Ihnen bei solchen Einschätzungen helfen.

Dieses Prüfungsziel behandelt folgende Themen:

- Systemintegrität von Geräten überwachen

- Gerätesicherheit überwachen

Systemintegrität von Geräten überwachen

Die Systemintegrität von Geräten lässt sich auf unterschiedliche Arten bewerten. Sie können im Microsoft 365-Geräteverwaltungsportal folgende Aufgaben erledigen:

- Geräteaktionen überwachen

- Überwachungsprotokolle für Geräte prüfen

- Log Analytics verwenden

- Windows Analytics verwenden

- Berichte zum Windows-Integritätsnachweis erstellen

Geräteaktionen überwachen

Sie können etliche Aktionen für die registrierten Geräte Ihrer Organisation ausführen, zum Beispiel:

- **Remotesperre** Erzwingt die Sperrung unterstützter Geräte, sogar wenn Sie keinen physischen Zugriff auf das Gerät haben.

- **Passcode zurücksetzen** Zwingt den Benutzer, den Passcode unterstützter Geräte zurückzusetzen.

Synchronisieren Zwingt das ausgewählte Gerät, sofort einen Check-In bei Intune auszuführen und alle ausstehenden Aktionen oder Richtlinien anzuwenden, die ihm zugewiesen wurden.

Abkoppeln/Zurücksetzen Wenn Sie diese Option wählen, haben Sie zwei weitere Optionen zur Auswahl:

- **Selektive Löschung der Daten auf dem Gerät/Unternehmensdaten löschen** Diese Option entfernt nur Unternehmensdaten, die von Microsoft Intune verwaltet werden. Persönliche Daten bleiben erhalten. Welche Art von Unternehmensdaten entfernt wird, hängt von der Plattform ab. Dazu gehören zum Beispiel Profile, Anwendungen, Richtlinien und die Intune Endpoint Protection-Software.

- **Alle Daten auf dem Gerät löschen und Gerät auf Werkseinstellungen zurücksetzen** Diese Option löscht das Gerät und versetzt es in den Zustand zurück, in dem es vom Hersteller ausgeliefert wurde. Alle Daten werden vom Gerät entfernt, einschließlich aller persönlichen Daten.

Löschen Dieser Befehl entfernt das Gerät aus Microsoft Intune, ändert aber keine Einstellungen oder Software auf dem Gerät.

Vollständige Überprüfung Dieser Befehl leitet eine vollständige Überprüfung auf Schadsoftware ein. Das ausgewählte Gerät wird durch die Microsoft Intune Endpoint Protection überprüft.

Schnellüberprüfung Dieser Befehl leitet eine schnelle Überprüfung des ausgewählten Geräts auf Schadsoftware durch die Microsoft Intune Endpoint Protection ein.

Neu starten Dieser Befehl führt auf dem ausgewählten Gerät einen Neustart durch.

Sauberer Start Dieser Befehl entfernt alle Apps, die auf einem Windows 10-PC installiert wurden, und aktualisiert ihn auf die neueste Windows-Version.

Windows Defender-Sicherheitsdefinitionen aktualisieren Dieser Befehl leitet eine Aktualisierung der Schadsoftwaredefinitionen für den Microsoft Intune Endpoint Protection-Client ein.

Richtlinien aktualisieren Dieser Befehl leitet eine Aktualisierung der Clientrichtlinien von der Microsoft Intune-Website ein.

Inventar aktualisieren Dieser Befehl fordert die Übertragung aktualisierter Inventardaten vom Gerät an Microsoft Intune an.

Neue Remoteunterstützungssitzung Startet eine TeamViewer-Remoteunterstützung für einen Benutzer, der den Intune-Softwareclient ausführt.

Welche Aktionen verfügbar sind, hängt vom Gerätetyp und davon ab, ob es ein Privatgerät ist oder dem Unternehmen gehört.

So überwachen Sie, welche Aktionen auf Ihren Geräten durchgeführt wurden:

1. Wählen Sie im Microsoft 365-Geräteverwaltungsportal den Knoten *Geräte* und dann *Alle Geräte* aus.

2. Klicken Sie auf dem Blatt *Geräte* unter *Überwachen* auf *Geräteaktionen*. Abbildung 3–35 zeigt einige Geräteaktionen, die durchgeführt wurden oder ausstehen.

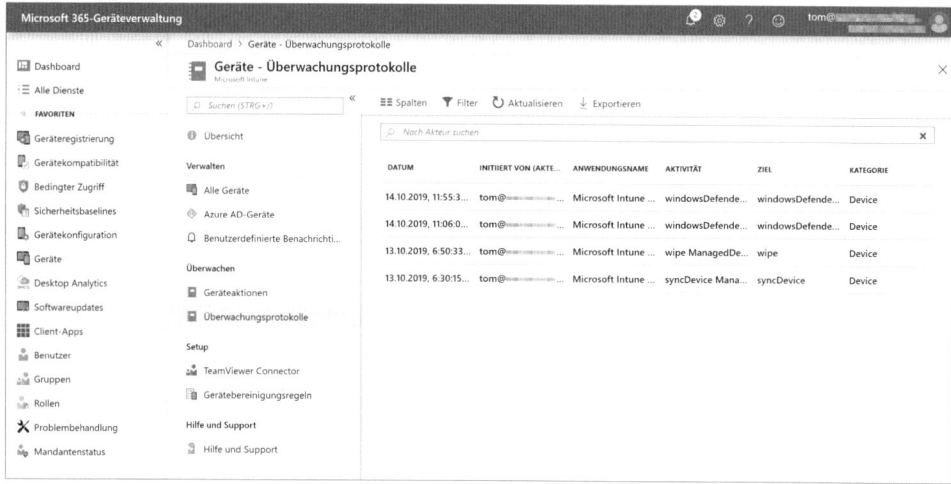

Abb. 3–35 Eine Liste der kürzlich durchgeführten und ausstehenden Geräteaktionen

3. Sie können die Ergebnisse filtern, indem Sie in der Menüleiste auf *Filtern* klicken und die Kriterien festlegen. Es gibt Filter, die auf Aktionen (Abbildung 3–36) oder dem Status basieren (ausstehend, abgeschlossen, Fehler, nicht unterstützt, unbekannt oder alle).

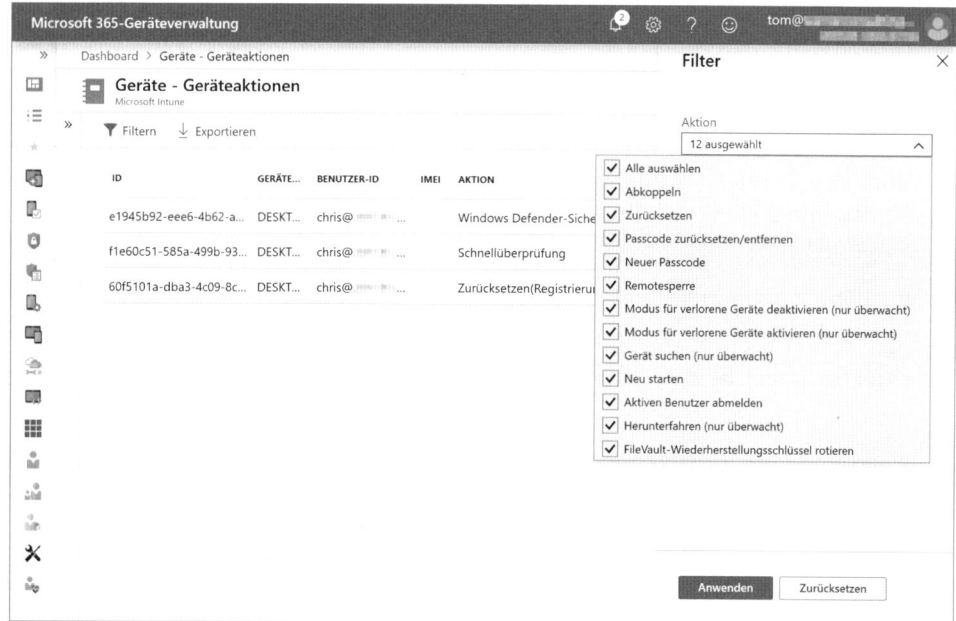

Abb. 3–36 Geräteaktionen filtern

4. Nachdem Sie die Aktionen und Statuskriterien ausgewählt haben, die Sie interessieren, können Sie das Ergebnis zur späteren Analyse in eine CSV-Datei exportieren.

Überwachungsprotokolle für Geräte ansehen

Sie können sich in der Microsoft 365-Geräteverwaltung Geräteüberwachungsprotokolle ansehen und die letzten Geräteaktionen analysieren (Abbildung 3–37).

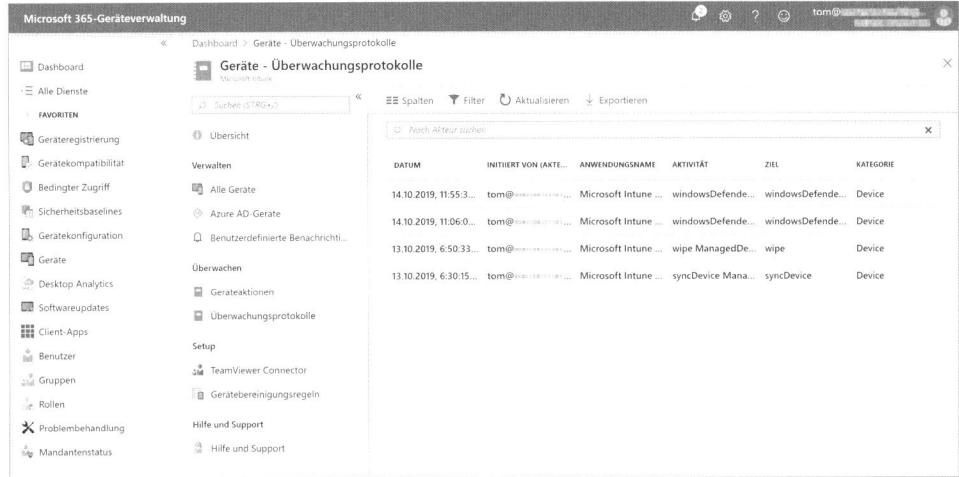

Abb. 3–37   Intune-Überwachungsprotokolle anzeigen

Falls viele Aktionen aufgelistet werden oder Sie sich nur für bestimmte Geräte interessieren, können Sie die Einträge filtern und das Ergebnis exportieren. Filter definieren Sie auf Basis von Kategorie, Aktivität und Zeitbereich.

WEITERE INFORMATIONEN   **Überwachungsprotokolle für Intune-Aktivitäten**

Ausführliche Informationen darüber, wie Sie mit Protokollen die Intune-Aktivitäten analysieren, beschreibt die Microsoft-Website unter:

https://docs.microsoft.com/intune/monitor-audit-logs

Log Analytics verwenden

Das Microsoft 365-Geräteverwaltungsportal bietet zwar einige Analysefunktionen, aber vielleicht genügt Ihnen das nicht. Eine Möglichkeit besteht darin, den Log Analytics-Arbeitsbereich in Intune zu verwenden. Hier können Sie die Protokolldaten aus Intune an den Azure Monitor senden.

Anforderungen

Um Log Analytics zu verwenden, brauchen Sie:

- Ein Azure-Abonnement
- Einen Microsoft Intune-Mandanten in Azure
- Das Konto eines globalen Administrators oder Intune-Dienstadministrators

Zusätzlich brauchen Sie in bestimmten Fällen einen der folgenden Dienste:

▓ Ein Azure-Speicherkonto, am besten ein Speicherkonto des Typs *Allgemein*

▓ Einen Azure Event Hubs-Namespace für die Integration mit Lösungen anderer Hersteller

▓ Einen Azure Log Analytics-Arbeitsbereich, um Protokolle an Log Analytics zu senden

So senden Sie Protokolldaten an Azure Monitor:

1. Öffnen Sie Microsoft Edge und rufen Sie *https://portal.azure.com* auf.

2. Melden Sie sich als globaler Administrator an.

3. Öffnen Sie das Microsoft 365-Geräteverwaltungsportal, indem Sie **Intune** in das Suchfeld eintippen und in der Ergebnisliste auf *Intune* klicken.

4. Klicken Sie im Navigationsbereich unter *Überwachung* auf *Diagnoseeinstellungen* (Abbildung 3–38).

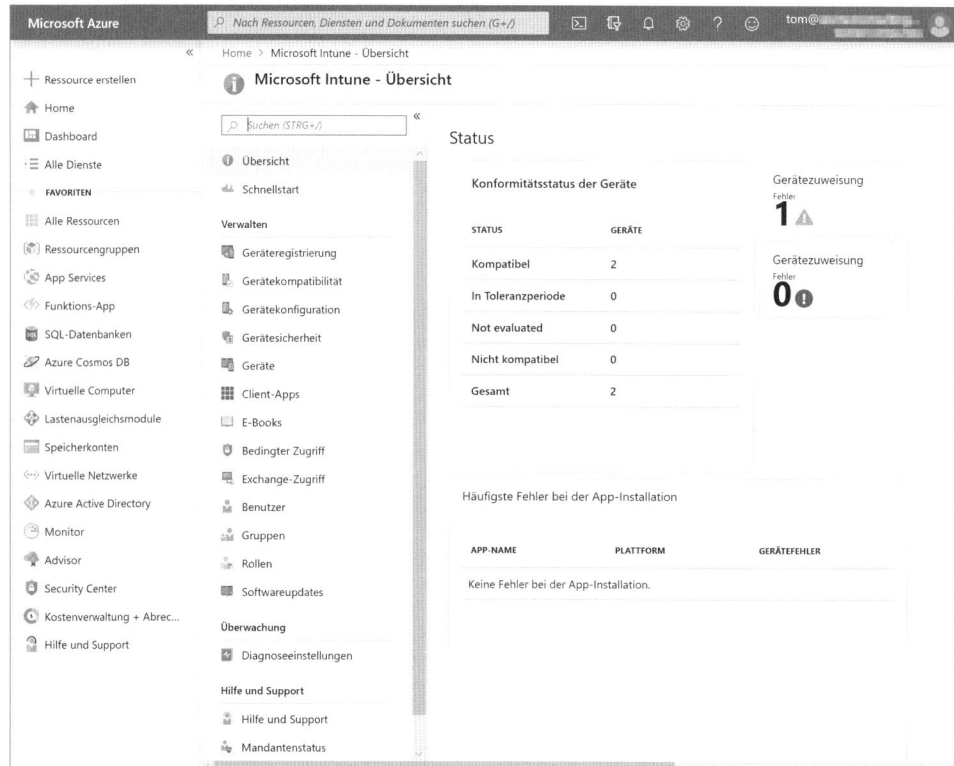

Abb. 3–38   Log Analytics in Intune aktivieren

5. Klicken Sie auf *Diagnose aktivieren* und tragen Sie folgende Eigenschaften ein:

   • Geben Sie einen Namen für die Diagnoseeinstellungen an.

   • Legen Sie fest, ob Sie ein Speicherkonto als Archiv verwenden. Die Protokolldaten werden dann in einem Azure-Speicherkonto abgelegt.

- Wählen Sie aus, ob Sie in einen Azure Event Hub streamen wollen.

- Wählen Sie aus, ob Sie Diagnosedaten an Log Analytics senden. Wenn Sie diese Option aktivieren, werden Daten an Azure Log Analytics übertragen. Nutzen Sie diese Option, wenn Sie Visualisierungen oder Überwachung und Warnungen für Ihre Protokolle brauchen.

- Wählen Sie aus, ob die Intune-Überwachungsprotokolle an Ihr Speicherkonto, Ihren Event Hub oder an Log Analytics gesendet werden.

- Legen Sie fest, ob Betriebsprotokolle (die Erfolg oder Fehler für Aktionen von Benutzern und Geräten aufzeichnen, die sich in Intune registrieren) an Ihr Speicherkonto, Ihren Event Hub oder an Log Analytics gesendet werden.

WEITERE INFORMATIONEN   **Daten aus Intune an Speicherkonten, Event Hubs oder Log Analytics senden**

Ausführliche Informationen über Azure Monitor finden Sie auf der Microsoft-Website unter:

https://docs.microsoft.com/intune/review-logs-using-azure-monitor

---

Windows-Integritätsnachweisbericht

Ein Windows-Integritätsnachweisbericht (engl. health attestation report) in Intune zeigt den Integritätsstatus der registrierten Windows-Geräte an. Für diese Bewertung werden mehrere Faktoren analysiert, darunter die folgenden:

BitLocker

Codeintegrität

Antischadsoftware-Frühstart

Boot-Debugging

Sicherer Start

Datenausführungsverhinderungsrichtlinie

Modus für virtuelle Sicherheit

Start-Manager-Version

Sie zeigen den Windows-Integritätsnachweisbericht im Microsoft 365-Geräteverwaltungsportal an, indem Sie den Knoten *Gerätekompatibilität* und dann *Windows-Integritätsnachweisbericht* auswählen. Wie bei vielen anderen Berichterstellungsfunktionen in Intune können Sie die Ergebnisse filtern und die ungefilterten oder gefilterten Ergebnisse in eine CSV-Datei exportieren.

Windows Analytics verwenden

Windows Analytics ist ein Cloud-basierter Dienst, der drei Lösungen umfasst:

▦ Device Health

▦ Update Compliance

▦ Upgrade Readiness

Windows Analytics Device Health bietet unter anderem folgende Fähigkeiten:

▦ Geräte Ihrer Benutzer identifizieren, die häufig abstürzen

▦ Gerätetreiber identifizieren, die möglicherweise Abstürze verursachen

Abbildung 3–39 zeigt die Ausgabe von Windows Analytics Device Health.

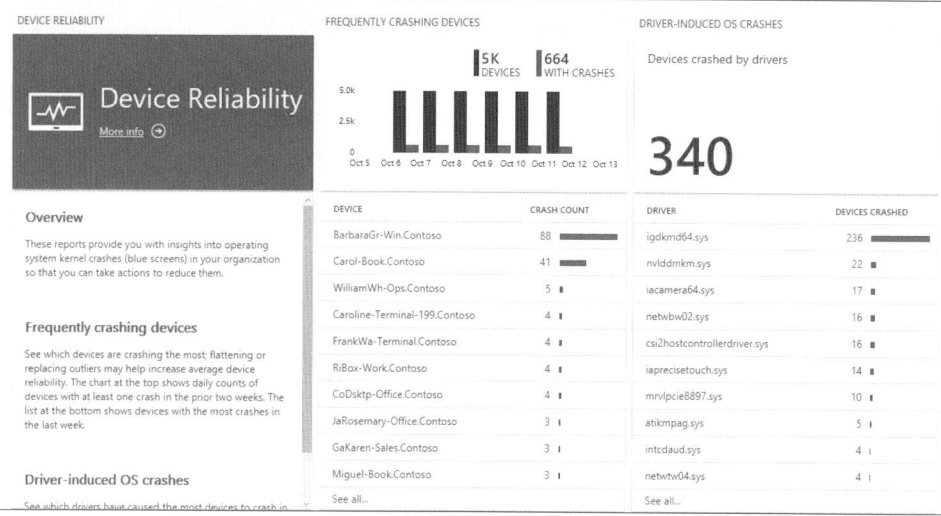

Abb. 3–39 Daten zur Gerätezuverlässigkeit in Device Health

Anforderungen

Um in Windows Analytics die Geräteintegrität zu überwachen, brauchen Sie:

▦ Ein Azure-Abonnement

▦ Eine der folgenden Windows 10-Lizenzoptionen:

   • Windows 10 Education oder Enterprise Edition mit aktiver Software Assurance

   • Windows 10 Enterprise E3 oder E5 im Pro-Gerät- oder Pro-Benutzer-Abonnement

   • Windows 10 Education A3 oder A5

   • Windows VDA E3 oder E5 im Pro-Benutzer- oder Pro-Gerät-Abonnement

Tabelle 3–9 beschreibt, welche Informationen Device Health über die Geräte in Ihrer Organisation anzeigt.

Informationen	Beschreibung
Device Reliability (Gerätezuverlässigkeit)	Identifiziert unzuverlässige Geräte.
	Zeigt den Zuverlässigkeitsverlauf für ein Gerät an.
	Identifiziert Abstürze, die möglicherweise mit Geräten und Treibern zu tun haben.
App Reliability (App-Zuverlässigkeit)	Zeigt Daten zur App-Nutzung und zum App-Verhalten an.
	Identifiziert unzuverlässige Apps.
Login Health (Anmeldeintegrität)	Liefert Daten über Anmeldeversuche in Ihrer Organisation.
	Identifiziert verwendete Anmeldemethoden.
	Identifiziert Intervalle und Muster bei erfolgreichen und fehlgeschlagenen Anmeldeversuchen.
	Liste Gründe auf, warum Anmeldeversuche fehlgeschlagen sind.

Tab. 3–9   Device Health-Informationen

WEITERE INFORMATIONEN   **Erste Schritte mit Device Health**

Ausführliche Informationen über Windows Analytics Device Health finden Sie auf der Microsoft-Website unter:

https://docs.microsoft.com/Windows/deployment/update/device-health-get-started

---

Gerätesicherheit überwachen

Sie müssen sicherstellen, dass alle Geräte Ihrer Benutzer, die auf Ressourcen in Ihrer Organisation zugreifen, die geforderten Sicherheitsstandards einhalten. Für diese Aufgabe können Sie Intune einsetzen.

Gerätekonformität überwachen

In Kapitel 2, »Richtlinien und Profile verwalten«, haben Sie erfahren, wie Sie in Intune Gerätekonformitätsrichtlinien (und Richtlinien für bedingten Zugriff) erstellen und konfigurieren, um auf den registrierten Geräten Sicherheitseinstellungen festzulegen und durchzusetzen.

Als MDA müssen Sie wissen, welche Ihrer Geräte die Sicherheitsrichtlinien Ihrer Organisation einhalten. Für diese Aufgabe können Sie das Microsoft 365-Geräteverwaltungsportal verwenden.

Wählen Sie im Microsoft 365-Geräteverwaltungsportal den Knoten *Gerätekompatibilität* und dann unter *Monitor* den Eintrag *Gerätekompatibilität* aus. Wie in Abbildung 3–40 zu sehen, werden die registrierten Geräte mit ihrem jeweiligen Kompatibilitätsstatus aufgelistet.

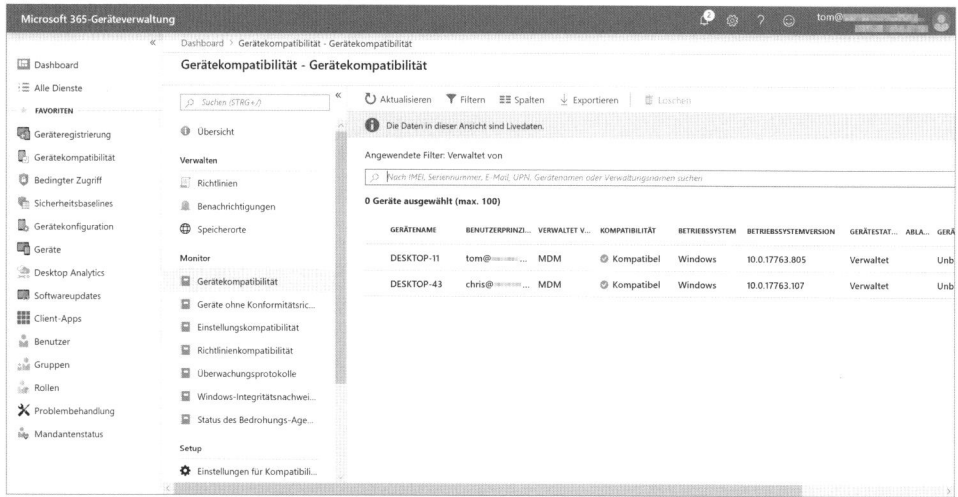

Abb. 3–40   Status der Gerätekompatibilität anzeigen

Sie können die Ausgabe anhand folgender Merkmale filtern:

- Verwaltet von

- Geräteaktion

- Kategorie

- Besitz

- Kompatibilität

- Mit Jailbreak

- Betriebssystem

- Modell

- Hersteller

- Betriebssystemversion

- Telefonnummer

- Letzter Check-In

- Registrierungsdatum

Sie können die Ausgabe auch für eine spätere Analyse in eine CSV-Datei exportieren.

WEITERE INFORMATIONEN **Intune-Gerätekonformitätsrichtlinien**

Wie Sie Konformitätsrichtlinien überwachen, beschreibt die Microsoft-Website unter:

https://docs.microsoft.com/intune/compliance-policy-monitor

Status des Bedrohungs-Agents überwachen

Weiter vorne in diesem Kapitel haben wir uns Windows Defender angesehen. Sie können Intune verwenden, um den aktuellen Windows Defender-Status für Ihre registrierten Geräte zu überwachen. Klicken Sie dazu im Knoten *Gerätekompatibilität* unter *Monitor* auf *Status des Bedrohungs-Agents* (Abbildung 3–41). Hier können Sie den aktuellen Status des Bedrohungs-Agents auf Ihren registrierten Windows-Geräten ansehen und analysieren. Es werden folgende Rubriken aufgelistet:

- Intelligence Security-Aktualisierung ausstehend

- Vollständige Überprüfung steht aus

- Neustart steht aus

- Manuelle Schritte stehen aus

- Offlineüberprüfung steht aus

- Kritische Fehler

- Inaktiver Bedrohungs-Agent

- Unbekannter Bedrohungs-Agent

- Bereinigen (missverständlich übersetzte Beschriftung, gemeint ist *Fehlerfrei*)

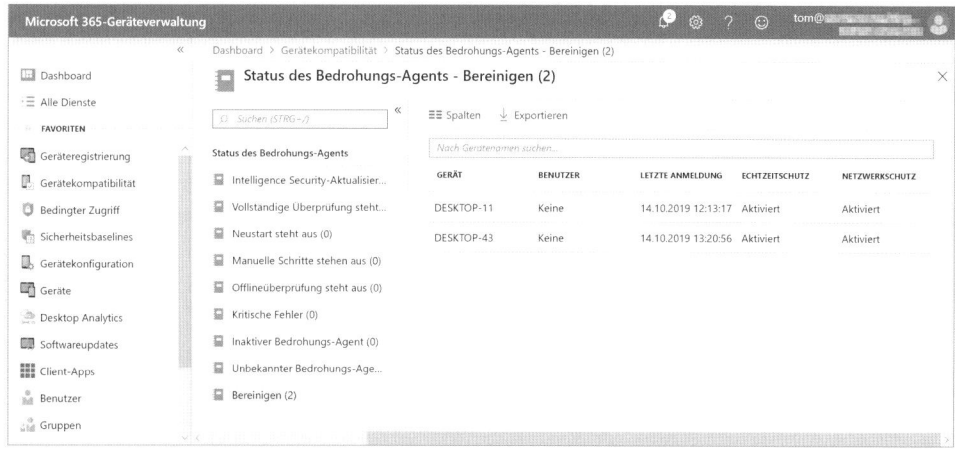

Abb. 3–41   Status des Bedrohungs-Agents anzeigen

Gedankenexperimente

In diesen Gedankenexperimenten wenden Sie an, was Sie über die in diesem Kapitel behandelten Themen wissen. Die Antworten auf die Fragen der Gedankenexperimente finden Sie im nächsten Abschnitt.

Szenario 1

Ihre Organisation beschäftigt 500 Angestellte und hat eine BYOD-Strategie (Bring Your Own Device) implementiert, bei der Benutzer ihre privaten Smartphones und Tablets für berufliche Zwecke einsetzen dürfen, solange die Geräte alle Unternehmensrichtlinien bezüglich Sicherheit und Verwaltungsfunktionen einhalten. Nach einer Umfrage zeigt sich, dass die Benutzer in Ihrer Organisation iOS-, Android- oder Windows 10-Geräte besitzen.

1. Welche Technologie sollten Sie einsetzen, um die Geräte zu verwalten?
2. Sie wollen die Registrierung für die Benutzer von Windows-Geräten einfacher machen. Was sollten Sie tun?
3. Sie wollen iOS-Geräte unterstützen. Welcher zusätzliche Schritt ist dabei notwendig, um MDM zu aktivieren?

Szenario 2

Wie für viele große Organisationen hat auch für Contoso Sicherheit hohe Priorität. Sie entscheiden, MDM mit Intune zu implementieren, um die Geräte Ihrer Benutzer besser verwalten und schützen zu können.

1. Welches Feature von Intune eignet sich, um den aktuellen Status von Windows Defender auf den Windows 10-Geräten Ihrer Benutzer zu überprüfen?
2. Sie wollen Windows Defender Application Guard-Einstellungen für registrierte Windows 10-Geräte konfigurieren. Wie machen Sie das in Intune?
3. Sie wollen verhindern, dass Benutzer irgendwelche Android-Geräte registrieren. Wie setzen Sie diese Einschränkung durch?

Szenario 3

Sie wollen die Intune-Registrierung für die Benutzer von Windows 10-Geräten erleichtern. Wenn die Benutzer einen neuen Computer zum ersten Mal einschalten, soll der Registrierungsprozess automatisch ablaufen.

1. Wie erreichen Sie das?
2. Sie möchten den Registrierungsprozess im Prinzip automatisieren, aber einige Aspekte der Geräteeinstellungen sollen die Benutzer während des Setups selbst konfigurieren. Was sollten Sie tun?

Antworten zu den Gedankenexperimenten

Dieser Abschnitt enthält die Lösungen zu den Fragen, die in den Gedankenexperimenten gestellt wurden.

Szenario 1

1. Microsoft Intune mit aktiviertem MDM (Mobile Device Management).
2. Aktivieren und konfigurieren Sie die automatische Windows-Registrierung.
3. Sie brauchen ein Apple-MDM-Push-Zertifikat für Ihre Organisation.

Szenario 2

1. Sie können den Status des Bedrohungs-Agents überwachen, um zu ermitteln, welchen Status Windows Defender auf den registrierten Windows-Geräten Ihrer Benutzer hat.
2. Sie können das Microsoft 365-Geräteverwaltungsportal öffnen und dort den Knoten *Gerätekonfiguration* wählen. Erstellen Sie ein Profil des Typs *Endpoint Protection* mit den erforderlichen Windows Defender Application Guard-Einstellungen und weisen Sie dieses Profil an die gewünschten Gerätegruppen zu.
3. Wählen Sie im Microsoft 365-Geräteverwaltungsportal den Knoten *Geräteregistrierung*. Erstellen Sie eine Geräteregistrierungsbeschränkung und konfigurieren Sie eine Plattformbeschränkung, die eine Registrierung von Android-Geräten verhindert.

Szenario 3

1. Aktivieren und konfigurieren Sie Windows AutoPilot, um die Registrierung während der OOBE-Phase im Gerätesetup zu automatisieren.
2. Konfigurieren Sie benutzergesteuerte Windows AutoPilot-Profile. Sie können damit die OOBE-Phase teilweise anpassen, und während des Gerätesetups sind einige wenige Benutzereingaben nötig.

Zusammenfassung des Kapitels

- Windows Defender Credential Guard setzt voraus, dass ein TPM vorhanden ist und dass Virtualisierungsfeatures in einer 64-Bit-Edition von Windows 10 Enterprise oder Windows 10 Education aktiviert sind.

- Windows Defender Exploit Guard umfasst vier Komponenten: Exploit-Schutz, Regeln zur Verringerung der Angriffsfläche, Netzwerkschutz und überwachter Ordnerzugriff.

- Windows Defender Application Guard stellt ähnliche Anforderungen wie Credential Guard. Sie können damit neue Browserfenster in einer virtualisierten Umgebung öffnen.

- Mit Windows Defender Application Control legen Sie fest, welche Apps sicher sind und in Ihrer Organisation ausgeführt werden dürfen.

- Die meisten Windows Defender-Features werden über Windows PowerShell, Gruppen- richtlinien und Microsoft Intune verwaltet.

- Der Knoten *Schnellstart* auf dem Blatt *Geräteregistrierung* des Microsoft 365-Geräteverwaltungsportals zeigt, welche Schritte zum Aktivieren der Registrierung für unterschiedliche Gerätetypen bereits abgearbeitet wurden.

- Mit der automatischen Registrierung können Sie Windows-Geräte registrieren, sobald sie in Azure AD registriert oder eingebunden werden.

- Das Konto eines Geräteregistrierungs-Managers darf bis zu 1000 Geräte registrieren.

- Es stehen unterschiedliche Methoden zur Auswahl, um Geräte in Intune zu registrieren:
  - Arbeits- oder Schulkonto hinzufügen
  - Nur in MDM registrieren (benutzergesteuert)
  - Azure AD-Einbindung während der OOBE-Phase
  - Azure AD-Einbindung mit Windows AutoPilot
  - Nur in MDM registrieren (mit einem Geräteregistrierungs-Manager)
  - Azure AD-Einbindung mit Massenregistrierung

- Abhängig davon, wie viel Benutzerinteraktion Sie wünschen, können Sie Windows AutoPilot entweder so konfigurieren, dass es benutzergesteuert ausgeführt wird, oder so, dass es mit Selbstbereitstellung arbeitet.

- Um Android- und iOS-Geräte zu registrieren, können Sie die Unternehmensportal-App aus dem jeweiligen App Store herunterladen und sich mit einem Arbeits- oder Schulkonto bei der App anmelden.

- Sowohl für Windows Analytics als auch für Log Analytics benötigen Sie ein Azure-Abonnement.

- Durch das Überwachen des Status des Bedrohungs-Agents, ermitteln Sie den Status von Windows Defender auf registrierten Geräten.

KAPITEL 4

Apps und Daten verwalten

Mit Microsoft Intune oder dem Microsoft Store für Unternehmen können Sie Apps für die registrierten Geräte Ihrer Organisation bereitstellen und konfigurieren. Mit den MAM-Features (Mobile Application Management, Verwaltung mobiler Anwendungen) von Intune verwalten Sie Apps auf den Geräten Ihrer Benutzer. Außerdem können Sie Features wie Windows Information Protection- (WIP) und Azure Information Protection-Richtlinien implementieren, um Unternehmensdaten auf den Geräten Ihrer Benutzer zu schützen. Dieses Kapitel stellt diese App- und Datenverwaltungsfähigkeiten vor.

In diesem Kapitel abgedeckte Prüfungsziele:

▦ Prüfungsziel 4.1: Anwendungen bereitstellen und aktualisieren

▦ Prüfungsziel 4.2: Verwaltung mobiler Anwendungen implementieren

---

Prüfungsziel 4.1: Anwendungen bereitstellen und aktualisieren

In einer Organisation können Sie lokale Tools wie System Center Configuration Manager (SCCM) und das Microsoft Deployment Toolkit (MDT) einsetzen, um Windows 10-Desktop-Images zu verwalten. Mit diesen Tools integrieren Sie die Anwendungen Ihrer Organisation in Standard-Desktop-Builds. Sie können mit diesen Tools auch weitere Anwendungen bereitstellen und Anwendungsupdates verwalten.

Für Geräte, die keine Mitglieder Ihrer AD DS-Umgebung (Active Directory Domain Services) sind, ist es oft sinnvoll, Apps mit Microsoft Intune bereitzustellen und zu verwalten. Sie können Apps auf Geräten bereitstellen, die unter Windows 10, iOS, Android oder macOS laufen, solange diese Geräte in Intune registriert sind. Der Microsoft Store für Unternehmen bietet eine andere Methode, Apps an die Benutzer in Ihrer Organisation zu verteilen.

Im Windows-Designer für die Imagekonfiguration, einer Komponente im Windows Assessment und Deployment Toolkit, erstellen Sie Bereitstellungspakete für Ihre Windows 10-Geräte. Sie verwenden diese Pakete, um Anwendungen auf den Windows 10-Geräten Ihrer Benutzer hinzuzufügen, zu entfernen und zu konfigurieren.

Apps mit Intune bereitstellen und Apps an Gruppen zuweisen

Öffnen Sie in der Microsoft 365-Geräteverwaltungskonsole den Knoten *Client-Apps* (Abbildung 4–1), um Apps mit Intune bereitzustellen, zu konfigurieren und zu verwalten.

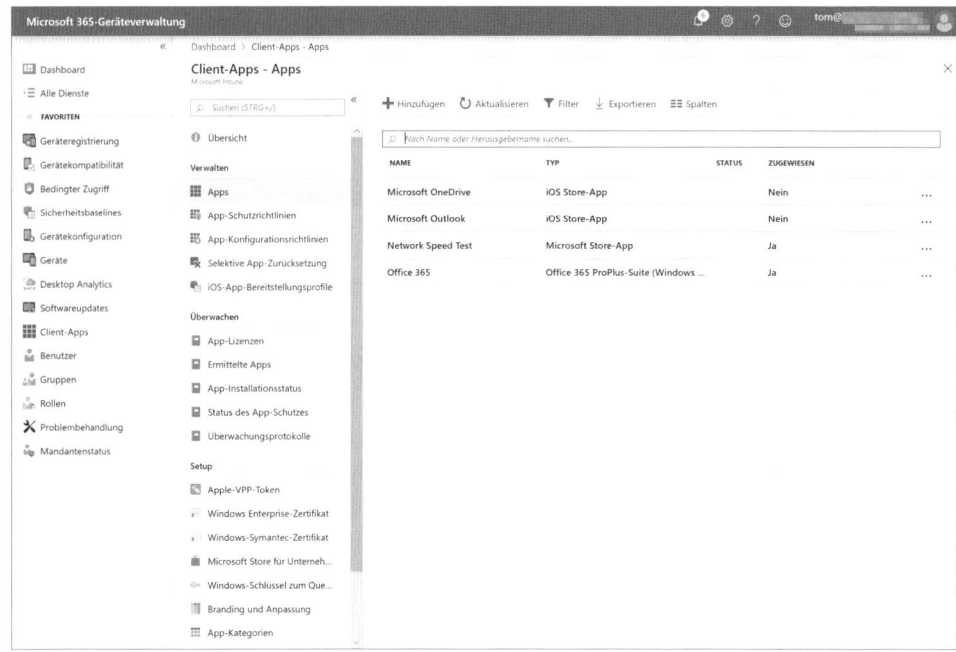

Abb. 4–1   Apps in Microsoft Intune verwalten

Im Knoten *Client-Apps* bietet der Abschnitt *Verwalten* folgende Optionen an:

▦ **Apps**   In diesem Knoten fügen Sie Apps zu Ihren registrierten Geräten hinzu und konfigurieren Zuweisungen.

App-Schutzrichtlinien In diesem Knoten konfigurieren Sie Richtlinien, die Daten der bereitgestellten Apps schützen. In den Einstellungen konfigurieren Sie Datenschutz, Zugriffsanforderungen und den bedingten Start.

App-Konfigurationsrichtlinien Sie können App-Konfigurationsrichtlinien definieren, um Apps auf iOS- und Android-Geräten zu konfigurieren und so die jeweilige App anzupassen.

Selektive App-Zurücksetzung Löscht ausschließlich die Unternehmensdaten aus den Apps des ausgewählten Geräts.

iOS-App-Bereitstellungsprofile Wenn Sie mit Intune Apps auf iOS-Geräten bereitstellen, müssen Sie ein Organisationssignaturzertifikat verwenden. Dieses Zertifikat stellt die Integrität der bereitgestellten Apps sicher, es ist normalerweise drei Jahre gültig. Das Bereitstellungsprofil, mit dem die App bereitgestellt wird, ist allerdings nur ein Jahr gültig. Sie können ein neues App-Bereitstellungsprofil nur zuweisen und verwenden, solange das Zertifikat gültig ist.

Im Abschnitt *Überwachen* finden Sie folgende Optionen:

App-Lizenzen Identifiziert Apps, die über eine Volumenlizenz aus App-Stores gekauft wurden.

Ermittelte Apps Zeigt Informationen über Apps an, die mit Intune zugewiesen oder auf Geräten installiert wurden.

App-Installationsstatus Listet den Status zugewiesener Apps auf.

Status des App-Schutzes Zeigt Informationen über den Status der App-Schutzrichtlinien an.

Überwachungsprotokolle Listet die App-Aktivitäten aller Intune-Administratoren auf.

Der Abschnitt *Setup* enthält diese Optionen:

Apple-VPP-Token Hier können Sie Ihre iOS-VPP-Lizenzen (Volume Purchase Program) ansehen und anwenden.

Windows Enterprise-Zertifikat Hier können Sie Ihr Codesignierungszertifikat ansehen und anwenden. Dieses Zertifikat wird verwendet, um Ihre Branchen-Apps an verwaltete Windows-Geräte zu verteilen.

Windows-Symantec-Zertifikat Hier können Sie ein Symantec-Codesignierungszertifikat ansehen und anwenden. Dieses Zertifikat wird benutzt, um XAP- und WP8.x-appx-Dateien an registrierte Windows 10 Mobile-Geräte zu verteilen. XAP- und WP8.x-appx-Dateien werden benutzt, um Apps an Smartphones zu verteilen, die unter Windows 10 Mobile laufen.

Microsoft Store für Unternehmen In diesem Knoten integrieren Sie Intune in den Microsoft Store für Unternehmen. Wenn Sie die Konfiguration abgeschlossen haben, können Sie die Lizenznutzung für Apps verfolgen, die über den Store verteilt werden.

- **Windows-Schlüssel zum Querladen**   Hier verteilen Sie einen Schlüssel zum Querladen von Apps auf Geräte. Beim Querladen installieren Benutzer Apps, ohne den Microsoft Store zu besuchen.

- **Branding und Anpassung**   Hier passen Sie die Intune-Unternehmensportal-App an. Weil dies oft der erste Bildschirm ist, den Benutzer registrierter Geräte zu sehen bekommen, ist es wichtig, ein ansprechendes Branding zu konfigurieren, das Ihr Organisationsdesign widerspiegelt.

- **App-Kategorien**   Hier definieren Sie Namen für App-Kategorien, die Ihren Benutzern helfen, die gewünschten Apps zu finden.

- **Verwaltetes Google Play**   Hier genehmigen Sie Google Android-Apps für Ihre Organisation.

WEITERE INFORMATIONEN   **Was ist die Microsoft Intune-App-Verwaltung?**

Ausführliche Informationen darüber, wie Sie Intune für die App-Verwaltung einsetzen, finden Sie auf der Microsoft-Website unter:

https://docs.microsoft.com/intune/app-management

Wenn Sie Apps auf Ihren Geräten bereitstellen, bekommen Sie unterschiedliche App-Typen zur Auswahl angeboten (Abbildung 4–2).

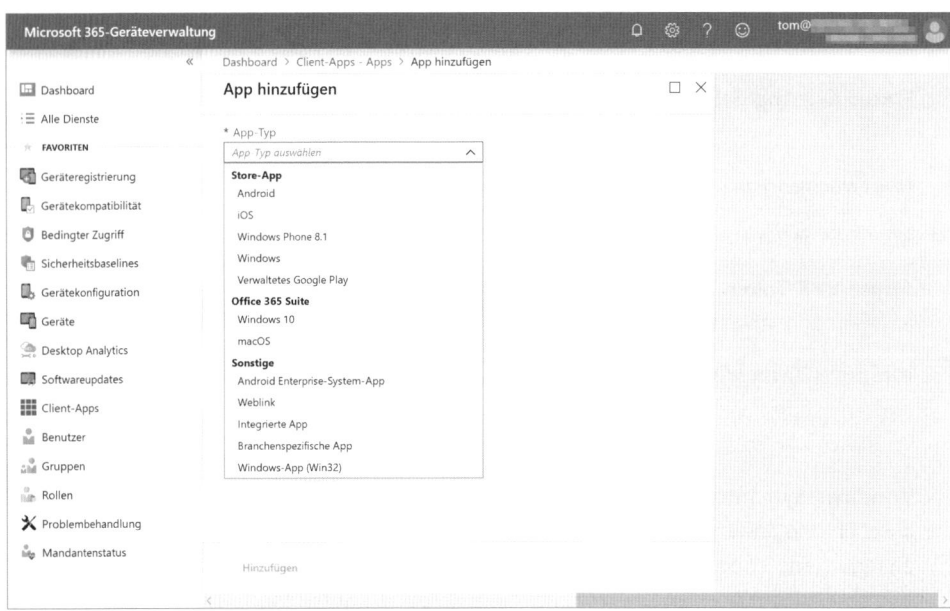

Abb. 4–2   Eine neue Client-App hinzufügen

Es sind folgende App-Typen verfügbar:

Store-App   In dieser Rubrik stellen Sie Apps auf den Geräten Ihrer Benutzer bereit, ohne dass die Benutzer die Apps direkt aus dem entsprechenden Store abrufen. Verfügbare Optionen sind:

- **Android**   Geben Sie die Google Play-App-Store-URL für die App ein und legen Sie die minimale Betriebssystemversion für die App fest.

- **iOS**   Geben Sie einen Suchbegriff ein und suchen Sie direkt im Apple Store nach der gewünschten App. Konfigurieren Sie danach die Anforderungen, zum Beispiel die Betriebssystemversion.

- **Windows Phone 8.1**   Geben Sie die URL der App ein.

- **Windows**   Geben Sie die URL der App ein.

- **Verwaltetes Google Play**   Genehmigen Sie Apps im verwalteten Google Play und weisen Sie danach die Apps zu.

Office 365 Suite   In dieser Rubrik weisen Sie Office 365 ProPlus-Apps an die Geräte Ihrer Benutzer zu. Es sind folgende Optionen verfügbar:

- **Windows 10**   Steuert, welche Apps aus Office 365 ProPlus Sie bereitstellen. Definieren Sie einen Namen für die Softwaresuite und fügen Sie eine Beschreibung und Optionen hinzu, zum Beispiel, ob die App-Suite im Unternehmensportal angezeigt wird. Außerdem müssen Sie die Architektur (32-Bit oder 64-Bit), den Updatekanal (*Monatlich (Ziel)*, *Monatlich*, *Halbjährlich (Ziel)* oder *Halbjährlich*) und andere Optionen auswählen (andere Versionen zwangsweise entfernen, Lizenzvertrag akzeptieren und Betriebssystemsprachen).

- **macOS**   Sie können nicht steuern, welche Apps aus der Suite bereitgestellt werden. Sie müssen aber einen Namen und eine Beschreibung eingeben und festlegen, ob die App im Unternehmensportal angezeigt wird.

Sonstige   Für alle anderen App-Typen. Es sind folgende Optionen verfügbar:

- **Weblink**   Weisen Sie eine Web-App zu, für die Sie eine gültige URL haben. Dies sind Client-/Server-Apps, und die URL identifiziert den Server, auf dem die Web-App liegt.

- **Integrierte App**   Weist ausgewählte Apps an iOS- oder Android-Geräte zu. Nachdem Sie solche Apps zugewiesen haben, erscheinen sie entweder als integrierte iOS-Apps oder integrierte Android-Apps.

- **Branchenspezifische App**   Weist eine Branchen-App (Line-of-Business, LOB) zu. Auf diese Methode können Sie Apps querladen, für die Sie eine Anwendungspaketdatei haben. Windows-Geräte verwenden *.appx*-Pakete. Wählen Sie die Paketdatei aus und konfigurieren Sie zusätzliche Optionen, zum Beispiel Kategorie und Beschreibung.

- **Windows-App (Win32)**   Weist Apps an Windows-Geräte zu. Ähnlich wie bei einer Branchen-App wählen Sie die Paketdatei aus (in diesem Fall eine Datei mit der Dateierweiterung *.intunewin*) und schließen die Konfiguration wie zuvor ab. Um eine Datei mit der richtigen Erweiterung zu erstellen, müssen Sie Ihre Win32-App mit dem *Microsoft*

Win32 Content Prep Tool in das Intune-Format konvertieren. Dieses Tool verpackt eine App zum Hochladen in Intune, Sie finden es unter *https://github.com/Microsoft/Microsoft-Win32-Content-Prep-Tool*.

Eine Windows-Store-App hinzufügen

So fügen Sie eine Store-App für ein Windows-Gerät hinzu:

1. Öffnen Sie die Microsoft 365-Geräteverwaltungskonsole und wählen Sie den Knoten *Client-Apps* aus.

2. Klicken Sie auf *Apps > Hinzufügen*.

3. Wählen Sie auf dem Blatt *App hinzufügen* in der Liste *App-Typ* unter der Rubrik *Store-App* den Eintrag *Windows* (siehe Abbildung 4–2 weiter vorne in diesem Kapitel).

4. Klicken Sie auf *App-Informationen* und geben Sie auf dem Blatt *App-Informationen* (Abbildung 4–3) folgende Daten ein:
   - Name (erforderlich)
   - Beschreibung (erforderlich)
   - Herausgeber (erforderlich)
   - Appstore-URL (erforderlich)

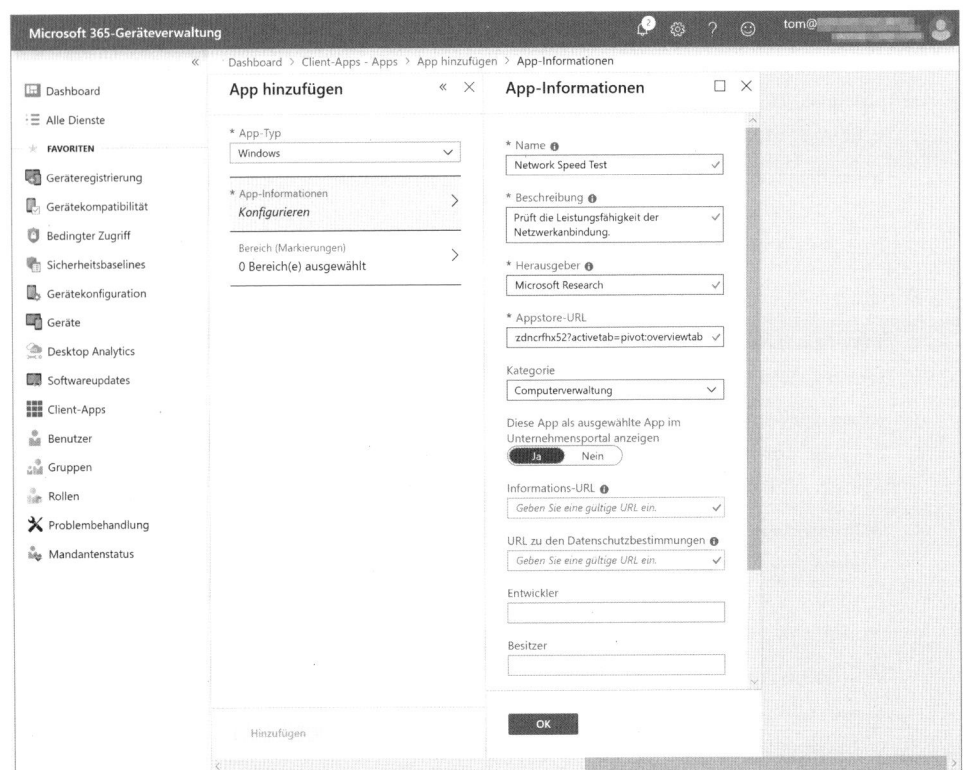

Abb. 4–3   Eine Windows-Store-App hinzufügen

- Kategorie (Business, Produktivität, Fotos & Medien und so weiter)
- Diese App als ausgewählte App im Unternehmensportal anzeigen (Ja/Nein)
- Informations-URL
- URL zu den Datenschutzbestimmungen
- Entwickler
- Besitzer
- Hinweise
- Logo

5. Klicken Sie auf *OK* und dann auf dem Blatt *App hinzufügen* auf *Hinzufügen*.

6. Klicken Sie in den Eigenschaften Ihrer neu hinzugefügten App auf *Zuweisungen* (Abbildung 4–4).

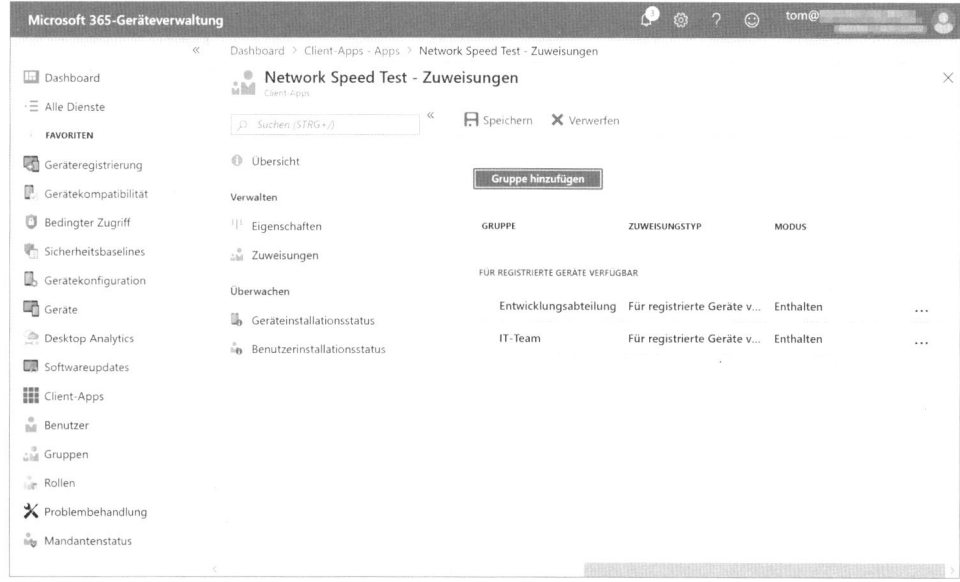

Abb. 4–4 Eine Windows-Store-App zuweisen

7. Klicken Sie auf *Gruppe hinzufügen*.

8. Wählen Sie auf dem Blatt *Gruppe hinzufügen* in der Liste *Zuweisungstyp* den Eintrag *Für registrierte Geräte verfügbar*.

9. Klicken Sie auf *Eingeschlossene Gruppen*.

10. Sie können die App jetzt allen Benutzern zur Verfügung stellen, indem Sie die Option *App für alle Benutzer mit registrierten Geräten verfügbar machen* auf *Ja* stellen. Wenn Sie den Benutzerkreis einschränken wollen, müssen Sie auf *Wählen Sie Gruppen aus, die eingeschlossen werden sollen* klicken.

11. Wählen Sie auf dem Blatt *Gruppen auswählen* eine oder mehrere Gruppen aus und klicken Sie auf *Auswählen*.

12. Klicken Sie auf dem Blatt *Zuweisen* auf *OK*.

13. Sie können bestimmte Gruppen ausschließen, indem Sie auf dem Blatt *Gruppe hinzufügen* auf *Ausgeschlossene Gruppen* klicken und dann auf die beschriebene Weise die Gruppen auswählen.

14. Klicken Sie auf *OK* und dann auf *Speichern*.

Mit den Optionen im Abschnitt *Überwachen* können Sie sich den Geräteinstallationsstatus und den Benutzerinstallationsstatus für die ausgewählte App ansehen. Um Store-Apps für iOS, Android und Windows 8.1 zu installieren, gehen Sie ähnlich wie in dieser Anleitung vor.

Eine App der Office 365-Suite hinzufügen

So fügen Sie eine App aus der Office 365-Suite zu Windows-Geräten hinzu:

1. Öffnen Sie die Microsoft 365-Geräteverwaltungskonsole und wählen Sie den Knoten *Client-Apps* aus.

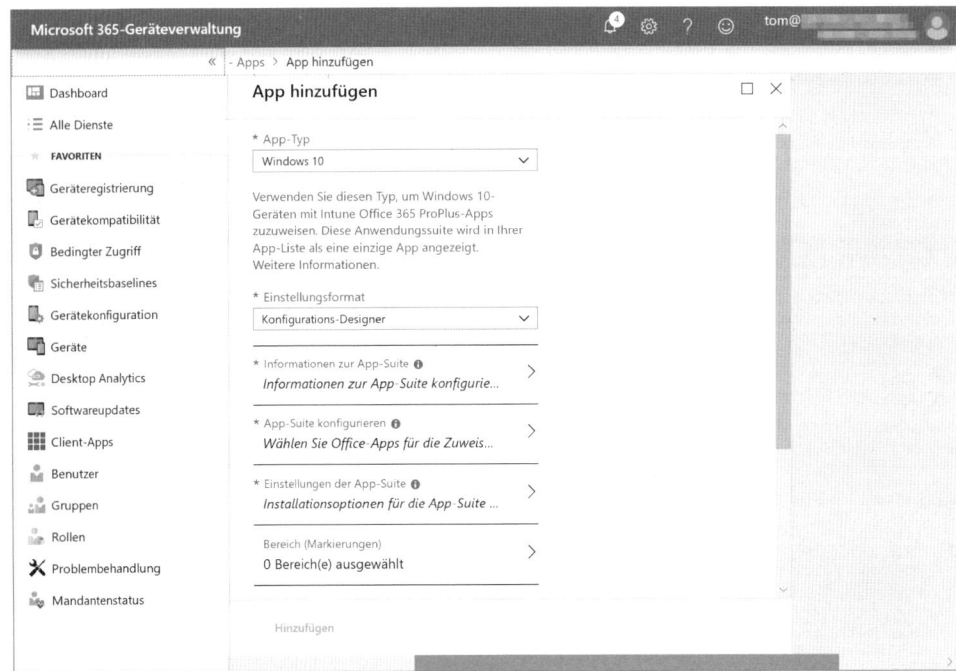

Abb. 4–5   Eine App der Office 365-Suite hinzufügen

2. Klicken Sie auf *Apps > Hinzufügen*.

3. Wählen Sie auf dem Blatt *App hinzufügen* in der Liste *App-Typ* unter der Rubrik *Office 365 Suite* den Eintrag *Windows 10* aus (Abbildung 4–5).

4. Klicken Sie auf *App-Suite konfigurieren* und wählen Sie dann auf dem Blatt *App-Suite konfigurieren* die Office 365-Apps aus, die Sie bereitstellen wollen (Abbildung 4–6). Klicken Sie auf *OK*.

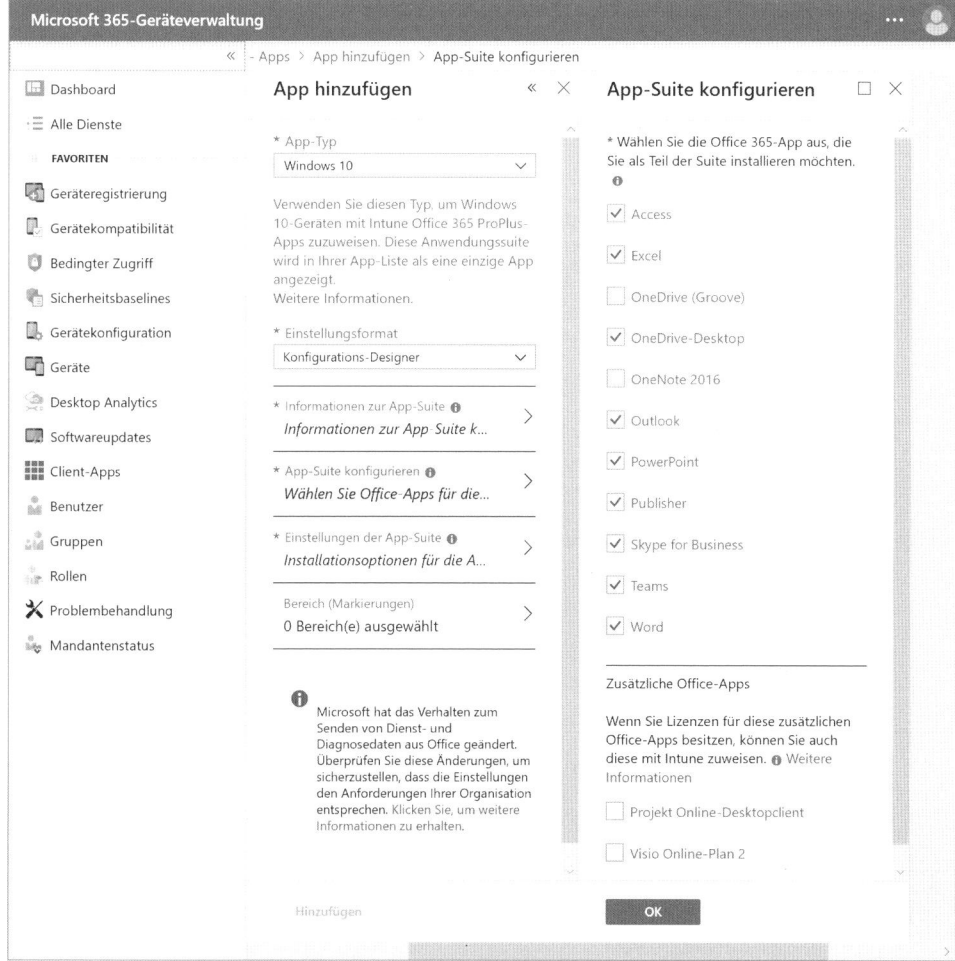

Abb. 4–6   Gewünschte Apps der Office 365-Suite auswählen

5. Klicken Sie auf *Informationen zur App-Suite*.

6. Geben Sie auf dem Blatt *Informationen zur App-Suite* (Abbildung 4–7) die folgenden Informationen ein und klicken Sie auf *OK*:

- Name der Suite (erforderlich)
- Beschreibung der Suite (erforderlich)

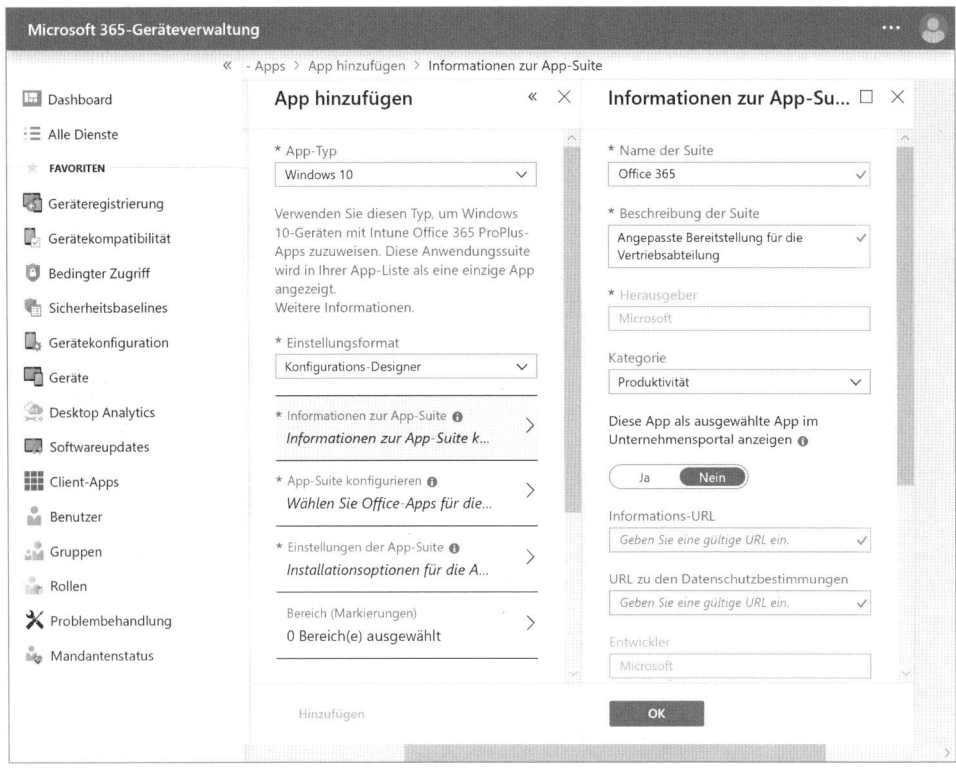

Abb. 4–7   Eigenschaften für eine App der Office 365-Suite konfigurieren

- Herausgeber (vorkonfiguriert)
- Kategorie (Business, Produktivität, Fotos & Medien und so weiter)
- Diese App als ausgewählte App im Unternehmensportal anzeigen (Ja/Nein)
- Informations-URL
- URL zu den Datenschutzbestimmungen
- Entwickler (vorkonfiguriert)
- Besitzer (vorkonfiguriert)
- Hinweise
- Logo (vorkonfiguriert)

7. Klicken Sie auf *Einstellungen der App-Suite*.

8. Wählen Sie die Architektur und den Updatekanal aus (Abbildung 4–8). Beide Einstellungen müssen konfiguriert werden.

9. Konfigurieren Sie folgende Optionen und klicken Sie auf *OK*:

   - **Auf Endbenutzergeräten zu installierende Version**   Verwenden Sie die Option *Neueste* oder wählen Sie eine bestimmte Version aus.

   - **Entfernen Sie andere Versionen von Office (MSI) von Endbenutzergeräten**   Wählen Sie die Option *Ja* oder *Nein*.

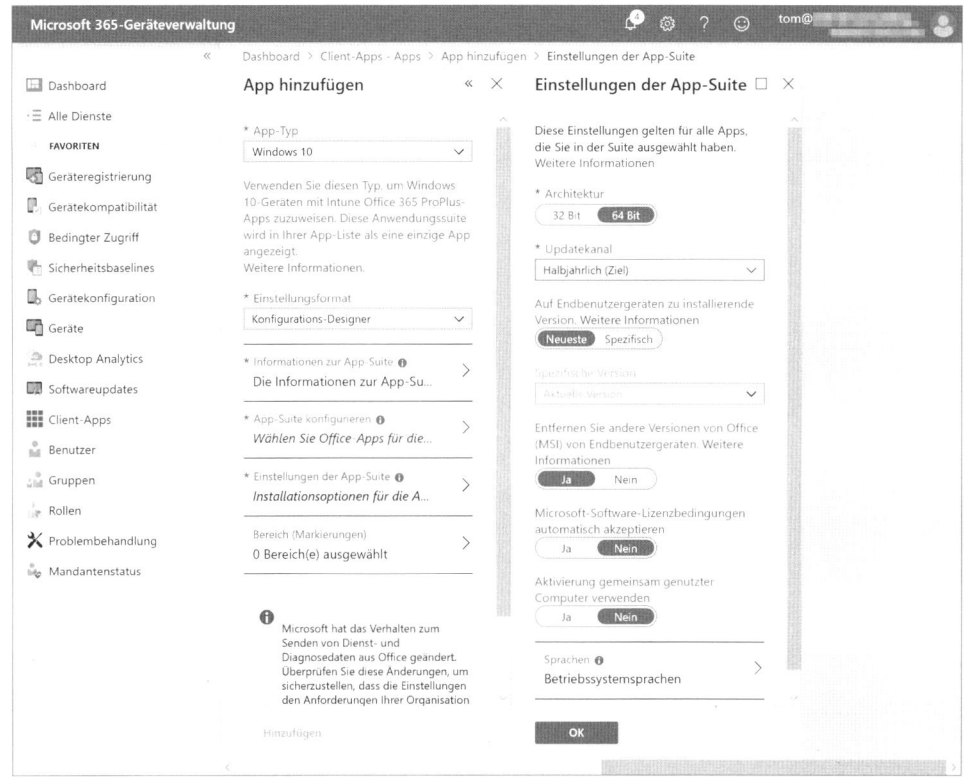

Abb. 4–8   Einstellungen für Office 365-Suite konfigurieren

- **Microsoft-Software-Lizenzbedingungen automatisch akzeptieren**   Wählen Sie die Option *Ja* oder *Nein*.

- **Aktivierung gemeinsam genutzter Computer verwenden**   Wählen Sie die Option *Ja* oder *Nein*.

- **Betriebssystemsprachen**

10. Klicken Sie auf dem Blatt *App hinzufügen* auf *Hinzufügen*.

11. Klicken Sie in den Eigenschaften Ihrer neu hinzugefügten App auf *Zuweisungen*.

12. Klicken Sie auf *Gruppe hinzufügen*.

13. Wählen Sie auf dem Blatt *Gruppe hinzufügen* in der Liste *Zuweisungstyp* eine der folgenden Optionen aus:

    - **Für registrierte Geräte verfügbar**   Die Benutzer können entscheiden, ob sie die App installieren.

    - **Erforderlich**   Alle Benutzer (aus den ausgewählten Gruppen) erhalten die App.

    - **Deinstallieren**   Entfernt die App bei den ausgewählten Gruppen.

14. Klicken Sie auf *Eingeschlossene Gruppen*.

15. Sie können die App jetzt allen Benutzern zur Verfügung stellen, indem Sie die Option *App für alle Benutzer mit registrierten Geräten verfügbar machen* auf *Ja* setzen. Wenn Sie den Benutzerkreis einschränken wollen, müssen Sie auf *Wählen Sie Gruppen aus, die einge-schlossen werden sollen* klicken. Falls Sie den Zuweisungstyp *Deinstallieren* ausgewählt haben, können Sie folgende Optionen konfigurieren:

    - *App für alle Benutzer deinstallieren* (Ja/Nein)
    - *App für alle Geräte deinstallieren* (Ja/Nein)

16. Falls Sie den Zuweisungstyp *Erforderlich* gewählt haben, können Sie folgende Optionen konfigurieren:

    - *App für alle Benutzer als erforderlich festlegen* (Ja/Nein)
    - *App für alle Geräte als erforderlich festlegen* (Ja/Nein)

17. Wählen Sie auf dem Blatt *Gruppen auswählen* eine oder mehrere Gruppen aus und klicken Sie auf *Auswählen*.

18. Klicken Sie auf dem Blatt *Zuweisen* auf *OK*.

19. Sie können bestimmte Gruppen ausschließen, indem Sie auf dem Blatt *Gruppe hinzufügen* auf *Ausgeschlossene Gruppen* klicken und dann auf die beschriebene Weise die Gruppen auswählen.

20. Klicken Sie auf *OK* und dann auf *Speichern*.

Mit den Optionen im Abschnitt *Überwachen* können Sie sich den Geräteinstallationsstatus und den Benutzerinstallationsstatus ansehen. Wenn Sie Office 365 für macOS zuweisen, können Sie nicht auswählen, welche Komponenten von Office bereitgestellt werden; Sie können dabei auch keine Einstellungen für die App-Suite definieren, zum Beispiel Update- und Architektur-einstellungen.

Eine Branchen-App hinzufügen

So fügen Sie eine Branchen-App (Line-of-Business, LOB) für Windows hinzu:

1. Öffnen Sie die Microsoft 365-Geräteverwaltungskonsole und wählen Sie den Knoten *Client-Apps* aus.

2. Klicken Sie auf *Apps > Hinzufügen*.

3. Wählen Sie auf dem Blatt *App hinzufügen* in der Liste *App-Typ* unter der Rubrik *Sonstige* den Eintrag *Branchenspezifische App* aus.

4. Klicken Sie auf dem Blatt *App hinzufügen* (Abbildung 4–9) auf *App-Paketdatei*.

5. Klicken Sie auf die Schaltfläche neben dem Feld *App-Paketdatei*, suchen Sie die Paketdatei der Branchen-App (mit der Dateierweiterung *.appx*) und klicken Sie auf *OK*.

6. Klicken Sie auf *App-Informationen* und geben Sie auf dem Blatt *App-Informationen* folgende Informationen ein:

    - Name (erforderlich)
    - Beschreibung (erforderlich)

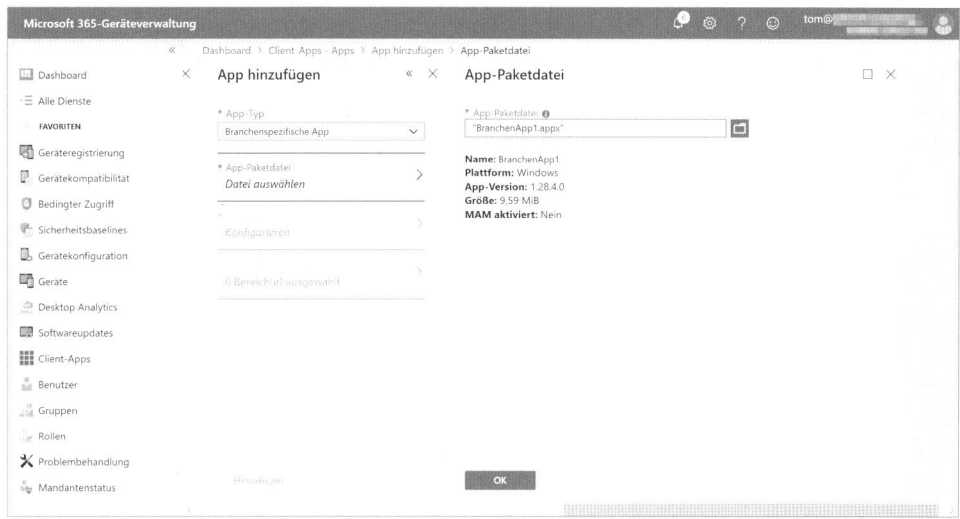

Abb. 4–9   Windows 10-Branchen-App hinzufügen

- Herausgeber (erforderlich)

- Kategorie (Business, Produktivität, Fotos & Medien und so weiter)

- Diese App als ausgewählte App im Unternehmensportal anzeigen (Ja/Nein)

- Informations-URL

- URL zu den Datenschutzbestimmungen

- Entwickler

- Besitzer

- Hinweise

- Logo

7. Klicken Sie auf dem Blatt *App hinzufügen* auf *Hinzufügen*.

8. Klicken Sie auf *Zuweisungen* und weisen Sie die App an die gewünschten Gruppen zu, wie in den vorherigen Abschnitten beschrieben.

WEITERE INFORMATIONEN   **Apps zu Microsoft Intune hinzufügen**

Wie Sie mit Intune Apps zuweisen, beschreibt die Microsoft-Website unter:

https://docs.microsoft.com/intune/apps-add

Apps im Microsoft Store für Unternehmen bereitstellen

Neben Intune können Sie auch den Microsoft Store für Unternehmen verwenden, um Apps auf den Geräten Ihrer Benutzer bereitzustellen. Der Microsoft Store für Unternehmen bietet Ihren Benutzern eine bequeme Möglichkeit, Apps auszusuchen. Mit dem Microsoft Store für Unternehmen richten Sie einen privaten Laden ein, auf den Ihre Benutzer über die Windows 10-Store-App zugreifen.

Anmelden im Microsoft Store für Unternehmen

Bevor Sie Apps über den Microsoft Store für Unternehmen bereitstellen und verwalten, müssen Sie sich erst einmal anmelden. So melden Sie sich beim Microsoft Store für Unternehmen an:

1. Öffnen Sie einen Webbrowser und gehen Sie zu *https://www.microsoft.com/business-store*.
2. Klicken Sie in der rechten oberen Ecke auf *Anmelden*.
3. Geben Sie die Anmeldeinformationen für einen globalen Administrator Ihrer Organisation ein.
4. Klicken Sie auf der Webseite *Microsoft Store für Unternehmen* auf *Verwalten*.
5. Bestätigen Sie den Datenschutzhinweis für den Microsoft Store für Unternehmen.
6. Klicken Sie im Navigationsbereich der Seite *Übersicht* auf *Produkte und Dienste*.

Sobald Ihr Store eingerichtet ist, werden die Apps Sway, OneNote, PowerPoint Mobile, Excel Mobile und Word Mobile aufgelistet. Sie können diese Apps nun für Ihre Benutzer bereitstellen.

> **HINWEIS** Beachten Sie, dass die Bereitstellung bis zu 36 Stunden dauern kann.

Administrative Rollen verwalten

Sie können zwar alles im Microsoft Store für Unternehmen unter Ihrem Konto eines globalen Azure AD-Administrators verwalten, aber es ist sinnvoll, administrative Rollen an bestimmte Benutzer Ihrer Organisation zuzuweisen. Die wichtigsten Rollen sind:

- **Besitzer des Abrechnungskontos** Kann alle Aufgaben erledigen.
- **Mitarbeiter des Abrechnungskontos** Kann das Store-Konto bearbeiten und Vereinbarungen zustimmen.
- **Rechnungskontoleser** Kann sich nur die Kontoinformationen ansehen.
- **Signaturgeber** Kann Vereinbarungen für die Organisation unterzeichnen.
- **Einkäufer** Kann Produkte für Ihre Organisation kaufen und verteilen.
- **Allgemeiner Einkäufer** Kann für sich selbst Produkte kaufen.

Tabelle 4–1 schlüsselt die administrativen Fähigkeiten jeder Rolle auf.

Fähigkeit	Besitzer des Abrech-nungskontos	Mitarbeiter des Abrech-nungskontos	Rechnungs kontoleser	Signatur-geber	Einkäufer	Allgemeiner Einkäufer
Im Microsoft Store einkaufen	Ja				Ja	Ja
Berechtigungen zuweisen	Ja					
Konto bearbeiten	Ja	Ja				

→

Fähigkeit	Besitzer des Abrechnungskontos	Mitarbeiter des Abrechnungskontos	Rechnungs kontoleser	Signatur- geber	Einkäufer	Allgemeiner Einkäufer
Vereinbarungen zustimmen	Ja	Ja		Ja		
Konto ansehen	Ja	Ja	Ja	Ja		
Alle Elemente verwalten	Ja				Ja	
Selbst gekaufte Elemente ver- walten	Ja					Ja

Tab. 4–1   Rollen im Microsoft Store für Unternehmen

So weisen Sie einem Benutzer eine Rolle zu:

1. Klicken Sie im Navigationsbereich des Microsoft Store für Unternehmen auf die Register-karte *Berechtigungen*.

2. Klicken Sie auf der Seite *Berechtigungen* auf die Registerkarte *Rollen* und dann auf *Rollen zuweisen*.

3. Geben Sie den Namen oder die E-Mail-Adresse des Benutzers, dem Sie eine bestimmte Rolle zuweisen wollen, in das Suchfeld ein und drücken Sie ⏎.

4. Wählen Sie die gewünschten Rollen aus (Abbildung 4–10) und klicken Sie auf *Speichern*.

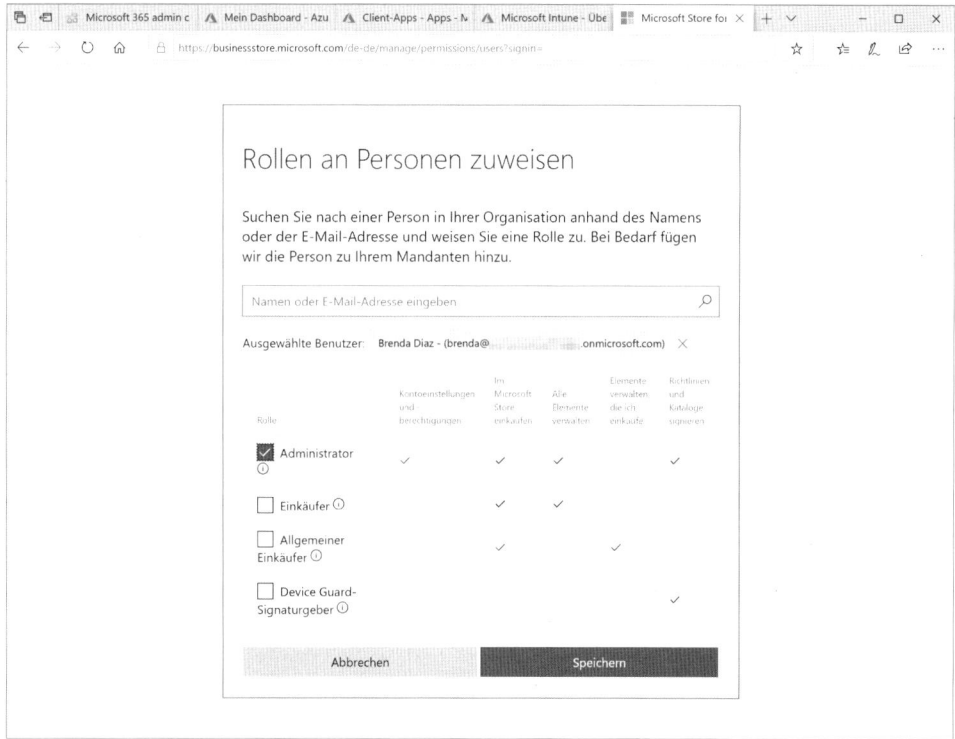

Abb. 4–10   Zuweisen einer Administratorrolle

So weisen Sie eine Einkäuferrolle zu:

1. Klicken Sie im Navigationsbereich des Microsoft Store für Unternehmen auf die Register-karte *Berechtigungen*.

2. Klicken Sie auf der Seite *Berechtigungen* auf die Registerkarte *Einkaufsrollen* und dann auf *Rollen zuweisen*.

3. Geben Sie den Namen oder die E-Mail-Adresse des Benutzers, dem Sie eine bestimmte Rolle zuweisen wollen, in das Suchfeld ein und drücken Sie ⏎.

4. Wählen Sie die gewünschten Rollen aus und klicken Sie auf *Speichern*.

Welche Rollen zugewiesen sind, können Sie sich ansehen, indem Sie auf die Registerkarte *Rollen* beziehungsweise *Einkaufsrollen* klicken (Abbildung 4–11).

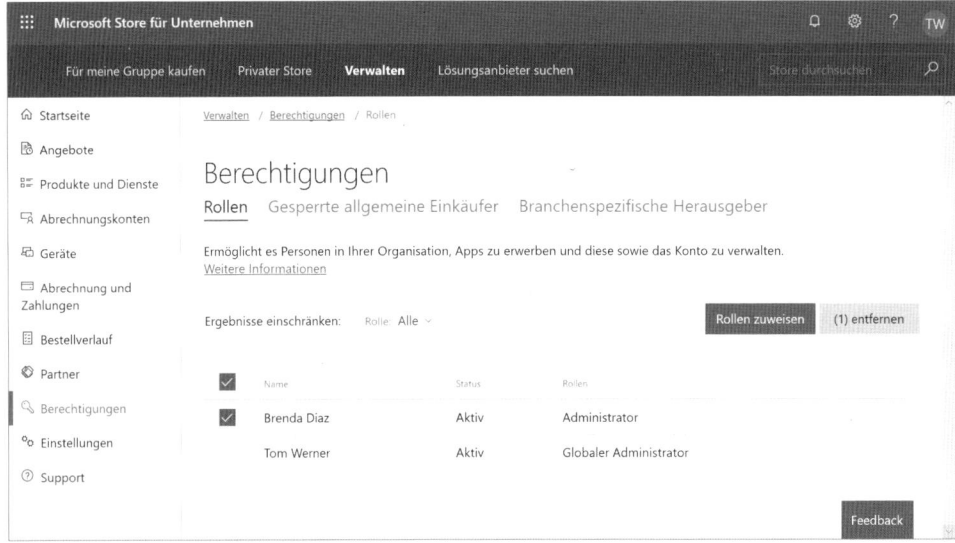

Abb. 4–11   Zugewiesene Rollen ansehen

Den privaten Store aktivieren

Sie können im Microsoft Store für Unternehmen einen privaten Store für Ihre Benutzer einrichten. Wenn Ihre Benutzer die Store-App in Windows 10 öffnen, bekommen sie die Registerkarte *Priva-ter Store* angezeigt. Ihre Organisation kann den eigenen Namen in diese Registerkarte eintragen.

So konfigurieren und aktivieren Sie den privaten Store:

1. Klicken Sie im Microsoft Store für Unternehmen auf *Einstellungen* und dann auf die Regis-terkarte *Verteilen*.

2. Klicken Sie im Abschnitt *Privater Store* auf den Link *Ändern*.

3. Geben Sie im Fenster *Privater Store* den Namen für Ihren privaten Store ein und klicken Sie auf *Speichern*.

4. Der neue Name des Stores wird jetzt im Menü angezeigt (Abbildung 4–12).

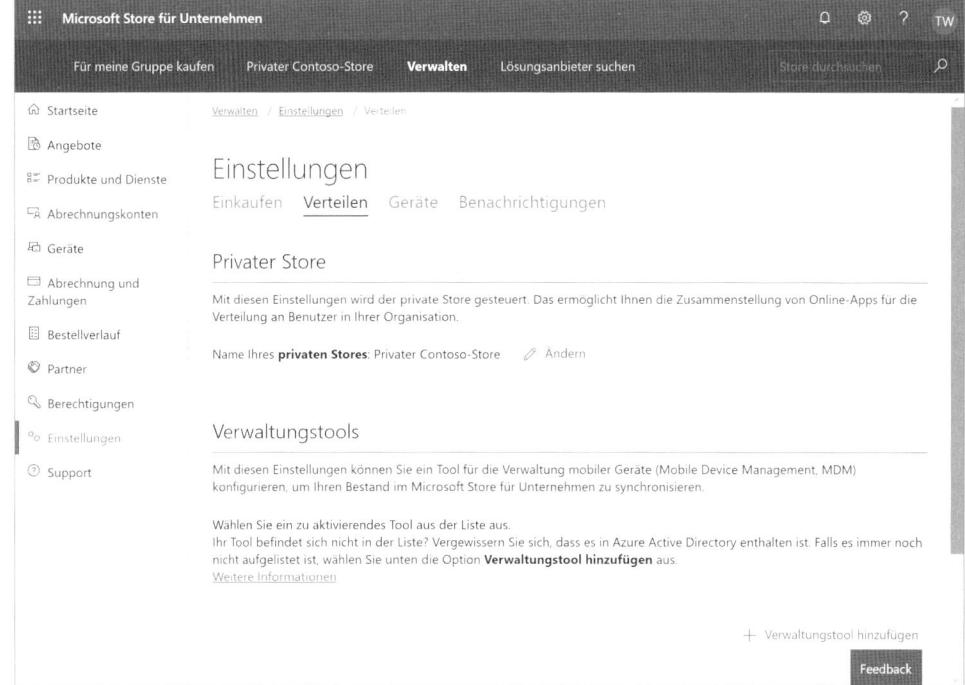

Abb. 4–12   Einstellungen für den privaten Store bearbeiten

5. Klicken Sie in der Menüleiste auf den Link für Ihren privaten Store und dann auf *Aktivieren des privaten Stores*.

6. Bestätigen Sie den Servicevertrag für den Microsoft Store für Unternehmen und Bildungs-einrichtungen.

Der private Store ist jetzt bereitgestellt und aktiviert.

Store-Apps lizenzieren

Damit ein Benutzer eine App installieren und verwenden kann, muss die App lizenziert werden. Der Microsoft Store für Unternehmen unterstützt zwei Methoden zum Lizenzieren von Apps:

Online   Alle Apps im Store unterstützen die Online-Lizenzierung, dies ist der Standardli-zenzierungsmodus. Benutzer brauchen ein Azure AD-Konto und müssen sich beim Store authentifizieren, bevor sie online-lizenzierte Apps kaufen. Sie können online-lizenzierte Apps entweder über den Store oder mit Microsoft Intune oder System Center Configura-tion Manager (SCCM) verteilen.

Offline   Nur bestimmte Apps unterstützen diesen Lizenzierungsmodus. Wenn eine Orga-nisation Offline-Lizenzierung verwendet, kann sie die App kaufen und im Unternehmens-netzwerk installieren, um sie auf die Geräte der Benutzer zu verteilen. Diese Apps können mit Intune oder SCCM bereitgestellt werden, sie können sogar in ein Standard-Windows 10-Desktop-Image eingebunden werden. Um den Offlinemodus nutzen zu können, müssen Sie die erforderlichen Lizenzen vom Softwarehersteller kaufen. In diesem Modus können Sie Apps für Benutzer verfügbar machen, die kein Azure AD-Konto haben oder sich nicht mit dem Store verbinden können.

So legen Sie fest, dass Offline-Apps im Store angezeigt werden:

1. Klicken Sie im Microsoft Store für Unternehmen auf den Knoten *Einstellungen* und dann auf *Einkaufen*.

2. Schalten Sie im Abschnitt *Einkaufserfahrung* die Option *Offline-Apps anzeigen* ein (Abbildung 4–13).

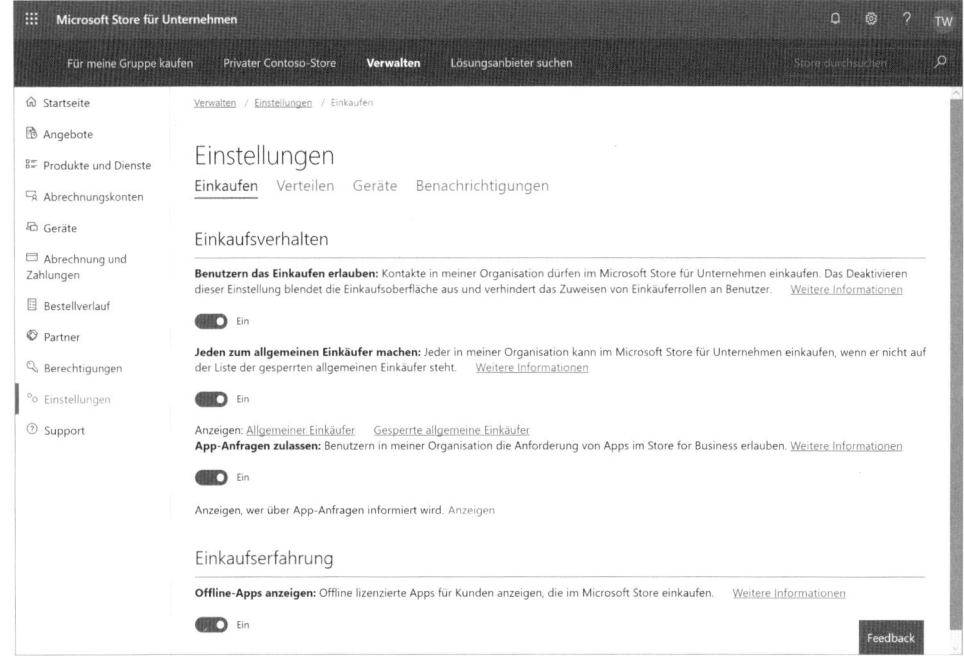

Abb. 4–13   Offline-Apps anzeigen

Apps zum Store hinzufügen

Sobald Sie den Microsoft Store für Unternehmen bereitgestellt und konfiguriert haben, können Sie Apps bereitstellen und verwalten. Dazu müssen Sie Apps zu Ihrem privaten Store hinzufügen. Anschließend legen Sie fest, wie die Apps Ihren Benutzern zur Verfügung gestellt werden. Es stehen drei Ansätze zur Auswahl, um Apps zum Store hinzuzufügen:

▓   **Store verwenden**   Erklären Sie Ihren Benutzern, dass Sie sich am Store anmelden, die Registerkarte für den privaten Store Ihrer Organisation wählen und die gewünschte App suchen und auswählen sollen.

Apps aus dem Store zuweisen   Weisen Sie über den Store Apps zu. Die Benutzer erhalten eine E-Mail, die einen Link auf die App enthält. Benutzer, die dem Link folgen, müssen sich beim Store authentifizieren; anschließend wird die App ohne weitere Aktion des Benutzers bereitgestellt.

Ein Verwaltungstool verwenden   Sie können die App mit Intune oder SCCM bereitstellen. Synchronisieren Sie die Liste der Apps, die Sie für die Bereitstellung in Intune verfügbar machen wollen. Der Intune-Administrator kann die App dann wie jede andere App bereitstellen.

Eine App kaufen und über den privaten Store verteilen

So kaufen Sie eine App und bieten sie im privaten Store an:

1. Melden Sie sich im Microsoft Store für Unternehmen an und suchen Sie nach der gewünschten App.

2. Wählen Sie die App aus (Abbildung 4–14) und klicken Sie auf *App abrufen*.

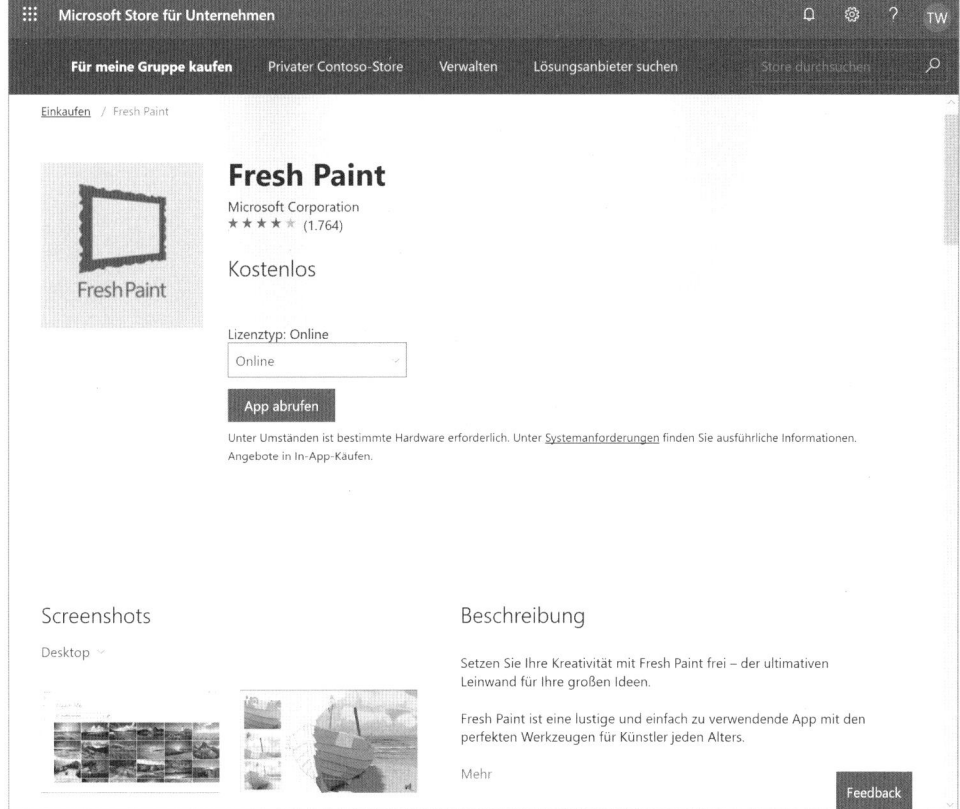

Abb. 4–14   Eine App in den privaten Store übernehmen

3. Klicken Sie im Fenster *Vielen Dank für Ihre Bestellung* auf *Schließen*.

4. Klicken Sie neben der Schaltfläche *Installieren* auf die Schaltfläche mit den drei Punkten und wählen Sie *Verwalten*.

5. Klicken Sie auf *Verfügbarkeit des privaten Stores*.

6. Wählen Sie unter *Personengruppen wählen, die diese App sehen können* die Option *Niemand*, *Jeder* oder *Bestimmte Gruppen*. In Abbildung 4–15 ist *Jeder* ausgewählt; wenn Sie stattdessen *Bestimmte Gruppen* wählen, müssen Sie anschließend die gewünschten Gruppen zuweisen.

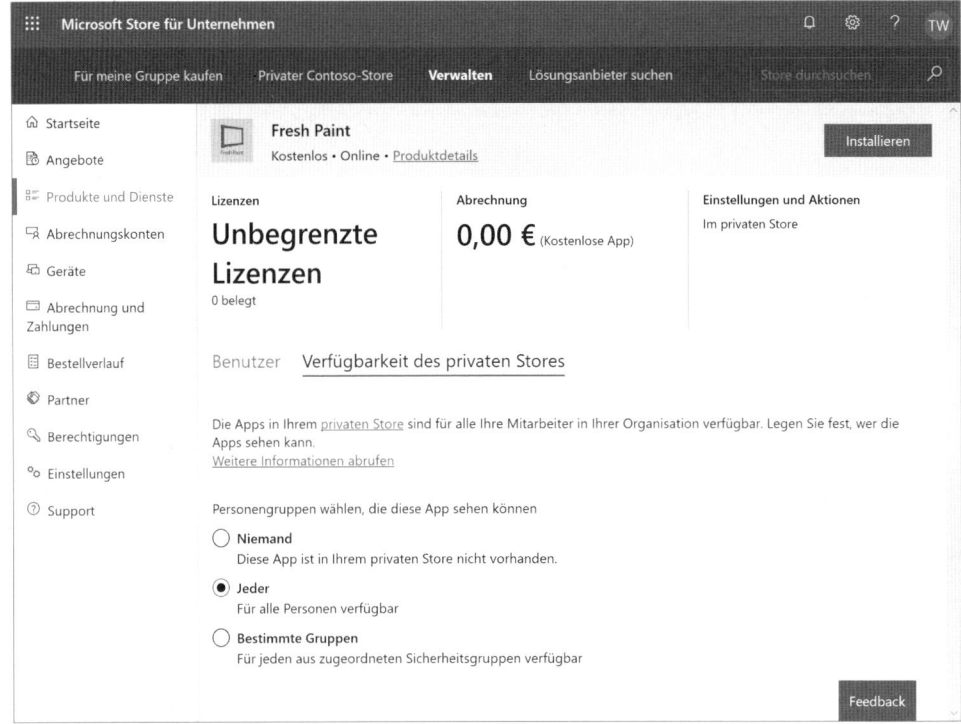

Abb. 4–15   Auswählen, welche Benutzer die App sehen können

7. Überprüfen Sie, ob der private Store aktualisiert wurde, indem Sie in der Menüleiste auf den Link für den privaten Store Ihrer Organisation klicken. Die neu erworbene App müsste dort aufgelistet werden (Abbildung 4–16).

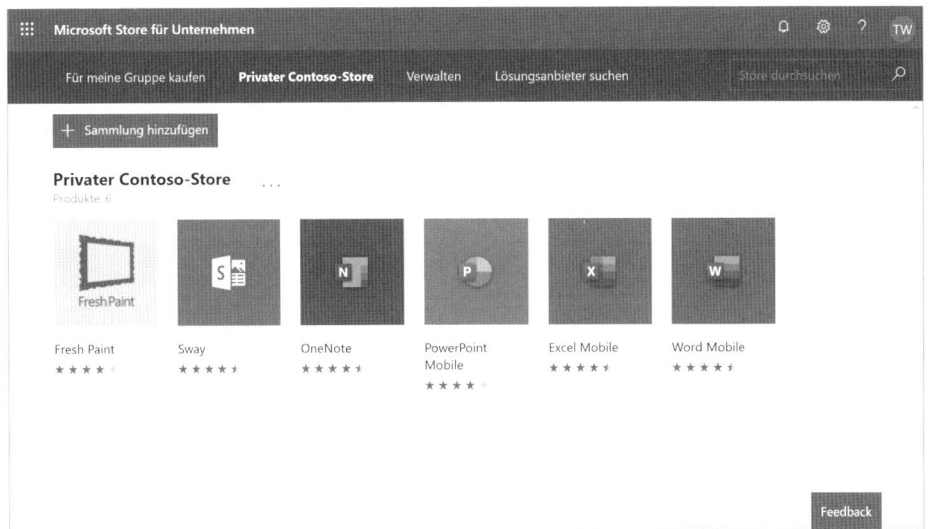

Abb. 4–16   Eine neu hinzugefügte App im privaten Store

Apps aus dem privaten Store zuweisen

So weisen Sie Apps aus dem privaten Store zu:

1. Melden Sie sich am Microsoft Store für Unternehmen an und wählen Sie in der Menüleiste den Befehl *Verwalten*.

2. Wählen Sie im Navigationsbereich *Produkte und Dienste*.

3. Klicken Sie die App an, die Sie zuweisen wollen.

4. Klicken Sie auf der Registerkarte *Benutzer* auf *Benutzern zuweisen* (Abbildung 4–17).

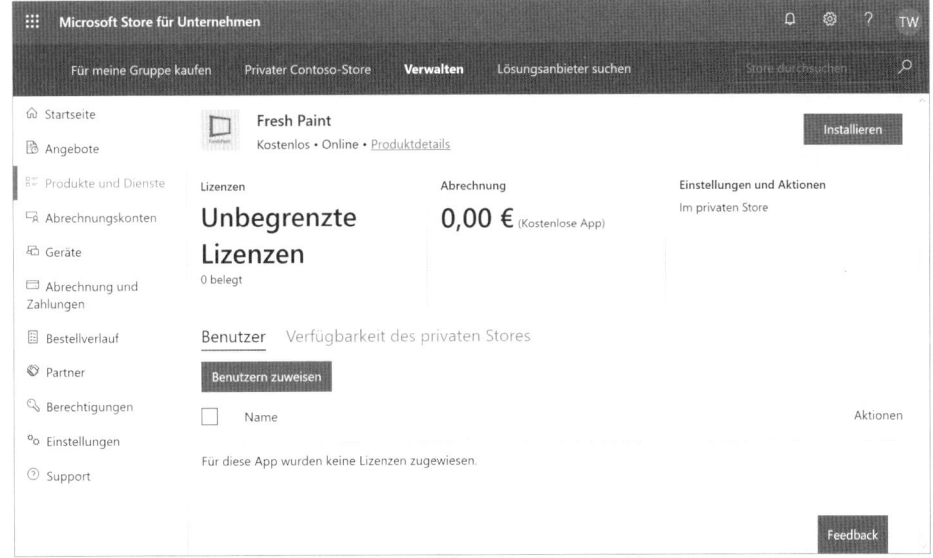

Abb. 4–17   Apps an bestimmte Benutzer zuweisen

5.	Wählen Sie einen oder mehrere Benutzer aus (Abbildung 4–18) und klicken Sie auf *Zuweisen*.

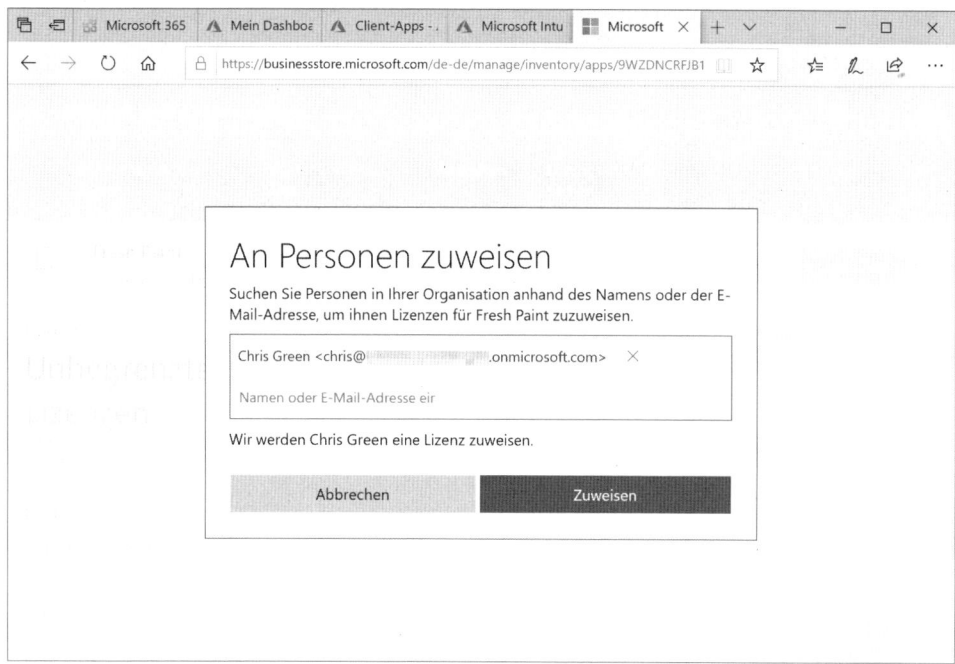

Abb. 4–18   Eine Store-App an Benutzer zuweisen

6.	Klicken Sie auf *Schließen*, sobald der Prozess abgeschlossen ist. Sie können auch auf *Ergebnisse herunterladen* klicken, um sich eine CSV-Datei mit der Aufschlüsselung der Zuweisungen anzusehen.

7.	Zurück auf der Seite der App müssten Sie jetzt sehen, dass die Zahl der Lizenzen um die Zahl der vorgenommenen Zuweisungen gestiegen ist.

Apps mit Intune verteilen

So verteilen Sie eine App mit Intune:

1.	Melden Sie sich am Microsoft Store für Unternehmen an und suchen Sie die gewünschte App.

2.	Melden Sie sich in der Microsoft 365-Geräteverwaltungskonsole an und wählen Sie im Navigationsbereich den Knoten *Client-Apps*.

3.	Wählen Sie unter *Setup* den Knoten *Microsoft Store für Unternehmen* und klicken Sie auf *Aktivieren*.

4.	Klicken Sie auf den Link *Store für Unternehmen öffnen*.

5.	Wählen Sie im Microsoft Store für Unternehmen den Befehl *Verwalten*, dann den Knoten *Einstellungen* und schließlich die Registerkarte *Verteilen*.

6.	Blättern Sie nach unten zum Abschnitt *Verwaltungstools* und klicken Sie neben *Microsoft Intune* auf den Link *Aktivieren* (Abbildung 4–19). Unter Umständen müssen Sie einen Moment warten, bis der Link sichtbar wird.

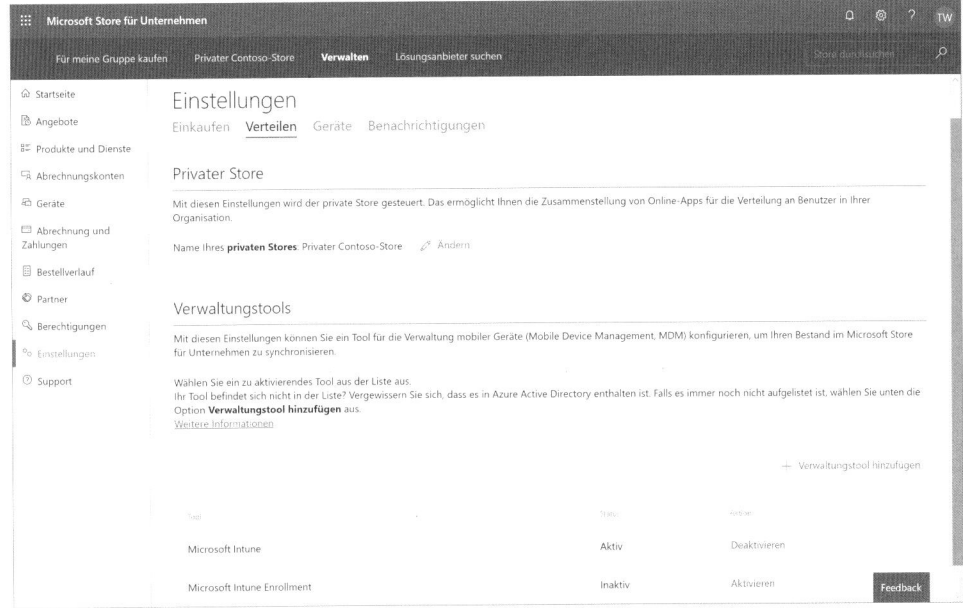

Abb. 4–19   Intune als Verwaltungstool im Microsoft Store für Unternehmen aktivieren

7.   Wechseln Sie zur Microsoft 365-Geräteverwaltung zurück und klicken Sie auf *Speichern*. Aktualisieren Sie die Seite.

8.   Klicken Sie auf *Synchron.* (Abbildung 4–20).

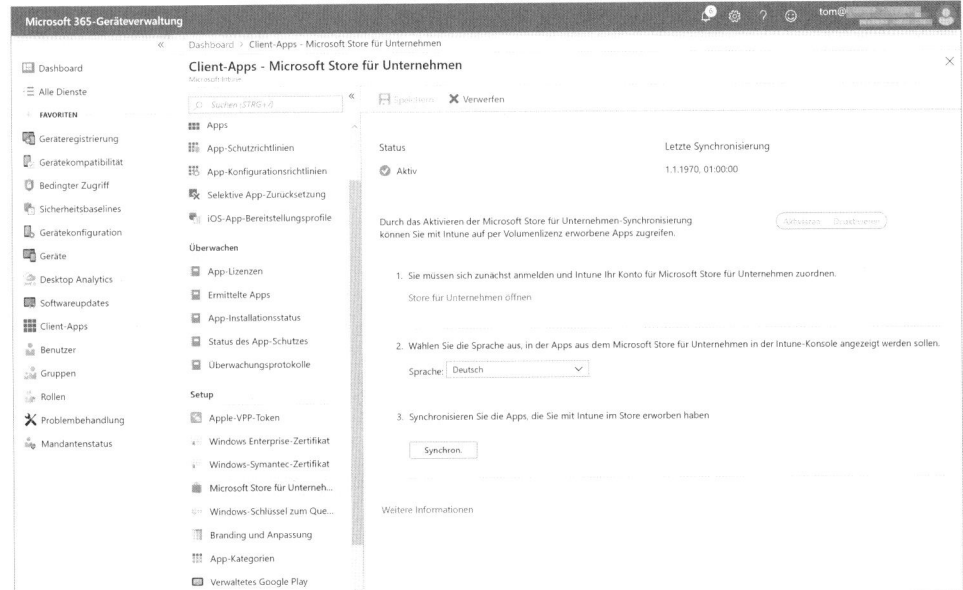

Abb. 4–20   Apps aus dem Microsoft Store für Unternehmen mit Intune synchronisieren

9. Abhängig von der Zahl der Apps kann die Synchronisierung einige Zeit dauern. Wählen Sie den Knoten *Apps* aus, sobald der Prozess abgeschlossen ist. Ihre Store-Apps werden nun aufgelistet (Abbildung 4–21).

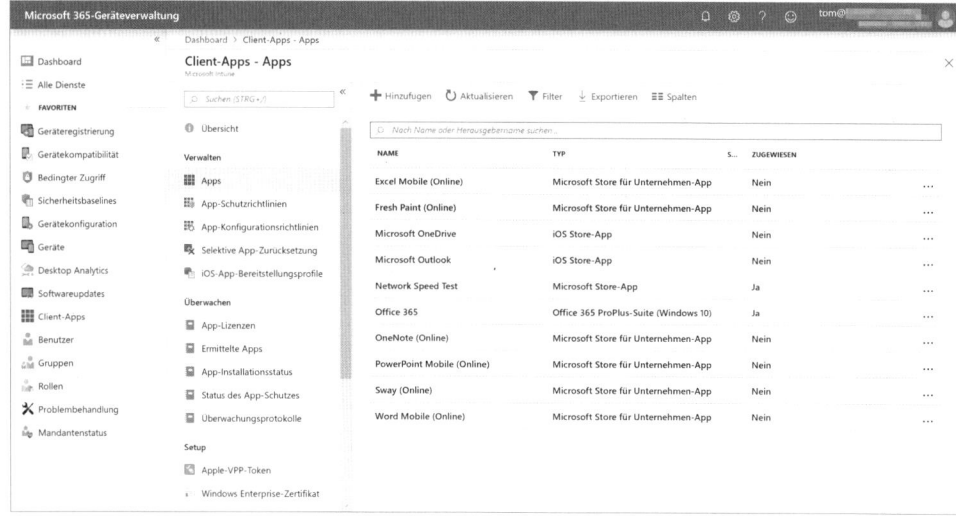

Abb. 4–21 Store-Apps in Intune anzeigen

10. Sie müssen die Apps nun wie gewohnt zuweisen. Wählen Sie dazu eine App aus, klicken Sie auf *Zuweisungen* und legen Sie fest, für welche Benutzer oder Geräte die App bereitgestellt wird. Dieser Prozess wurde im Abschnitt »Eine Windows-Store-App hinzufügen« (Seite 244) weiter vorne in diesem Kapitel beschrieben.

WEITERE INFORMATIONEN **Apps über den Microsoft Store für Unternehmen und Bildungseinrichtungen an Ihre Angestellten verteilen**

Wie Sie Apps mit dem Microsoft Store für Unternehmen bereitstellen, beschreibt die Microsoft-Website unter:

https://docs.microsoft.com/microsoft-store/distribute-apps-to-your-employees-microsoft-store-for-business

---

Gruppen für die App-Zuweisung erstellen und verwalten

Wir haben uns bereits angesehen, wie Sie Apps an Gruppen zuweisen und die Apps so für Benutzer verfügbar machen. Sie müssen aber auch in der Lage sein, Gruppen zu erstellen. Anschließend können Sie Apps an diese Gruppen zuweisen.

In Intune gibt es unterschiedliche Gruppentypen. Die Gruppen werden in Azure AD gespeichert. Es gibt diese Typen:

Sicherheit Diese Gruppen werden verwendet, um Berechtigungen für Office 365-Ressourcen zuzuweisen.

Office 365 Diese Gruppen werden für die Zusammenarbeit zwischen Benutzern verwendet.

In Bezug auf die App-Verteilung ist der einzig wichtige Unterschied, dass Sicherheitsgruppen auch Geräte als Mitglieder enthalten können, während Office 365-Gruppen nur Benutzer umfassen. Oft ist das irrelevant, weil Geräte in vielen Organisationen einem bestimmten Benutzer fest zugeordnet sind.

Nachdem Sie den Typ der Gruppe gewählt haben, müssen Sie den Mitgliedschaftstyp festlegen. Es gibt drei Mitgliedschaftstypen:

Zugewiesen Sie legen die Mitglieder der Gruppe fest, indem Sie Benutzer auswählen.

Dynamischer Benutzer Sie definieren die Mitglieder, indem Sie eine Abfrage formulieren, die Benutzer automatisch auswählt.

Dynamisches Gerät Sie definieren die Mitglieder, indem Sie eine Abfrage formulieren, die Geräte automatisch auswählt (Abbildung 4–22).

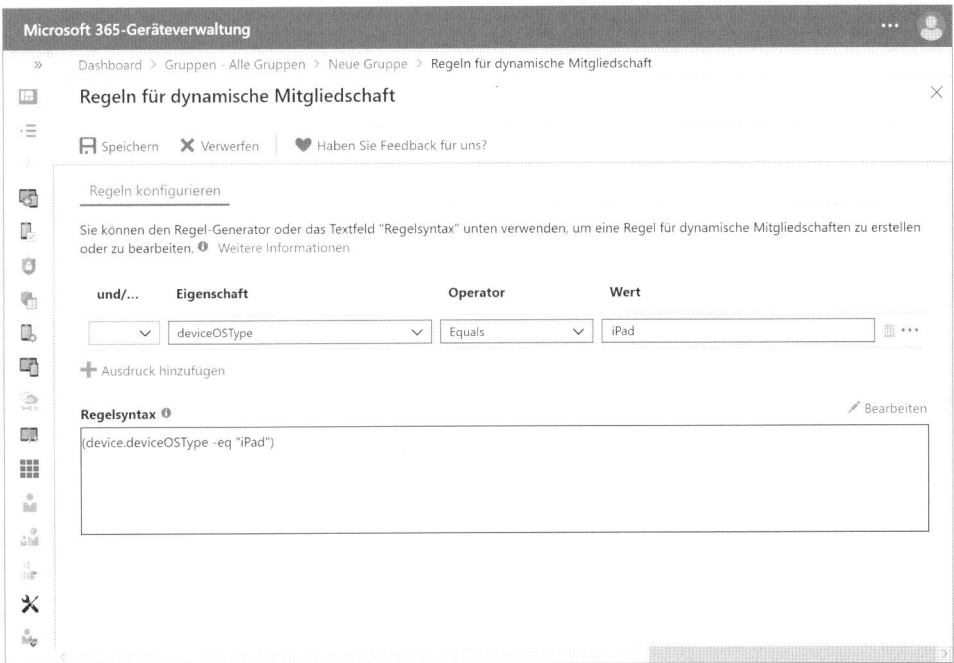

Abb. 4–22 Eine dynamische Gerätegruppe erstellen

Denken Sie daran, dass nur Sicherheitsgruppen Geräte enthalten können. Gehen Sie folgendermaßen vor, um in der Microsoft 365-Geräteverwaltungskonsole Gruppen zu erstellen:

1. Wählen Sie im Navigationsbereich den Knoten *Gruppen* und dann *Alle Gruppen*.
2. Klicken Sie auf *Neue Gruppe*.
3. Wählen Sie den Gruppentyp aus der Liste aus.
4. Geben Sie einen Gruppennamen ein.

5. Geben Sie eine Beschreibung für die Gruppe ein (optional).

6. Wählen Sie den Mitgliedschaftstyp und schließen Sie die Konfiguration abhängig von der gewählten Option folgendermaßen ab:

   - Wenn Sie *Zugewiesen* gewählt haben: Klicken Sie auf den Link *Mitglieder* und fügen Sie die gewünschten Mitglieder zur Gruppe hinzu. Klicken Sie dann auf *Erstellen*.

   - Wenn Sie *Dynamischer Benutzer* gewählt haben: Klicken Sie auf *Dynamische Abfrage hinzufügen*, erstellen Sie eine passende Regel und klicken Sie auf *Speichern*. Klicken Sie dann auf *Erstellen*.

   - Wenn Sie *Dynamisches Gerät* gewählt haben: Klicken Sie auf *Dynamische Abfrage hinzufügen*, erstellen Sie eine passende Regel und klicken Sie auf *Speichern*. Klicken Sie dann auf *Erstellen*.

Nachdem Sie die Gruppe erstellt haben, können Sie ihr Apps zuweisen, wie im Abschnitt »Eine Windows-Store-App hinzufügen« (Seite 244) weiter vorne in diesem Kapitel beschrieben.

WEITERE INFORMATIONEN   **Vergleich der Gruppentypen**

Ausführliche Informationen über Gruppen in Intune finden Sie auf der Microsoft-Website unter:

https://docs.microsoft.com/office365/admin/create-groups/compare-groups?view=o365-worldwide

---

Querladen von Apps in Images aktivieren

Beim Querladen (engl. sideloading) wird eine Branchen-App in Windows 10 installiert, ohne dass ein Store verwendet wird, um die App auf den Geräten der Benutzer bereitzustellen. Die App könnte aus dem Microsoft Store stammen, aber sofern sie Offline-Lizenzierung unterstützt und Sie die passenden Lizenzen erworben haben, können Sie die App querladen.

Manchmal entwickeln Organisationen ihre eigenen Apps. Diese Apps haben dieselben Merkmale wie die UWP-Apps (Universal Windows Platform) im Microsoft Store. Organisationsadministratoren können diese Apps öffentlich verfügbar machen, sofern sie den Microsoft Store-Zertifizierungsprozess durchlaufen, oder sie machen die Apps für die Benutzer über einen Prozess verfügbar, der als Querladen bezeichnet wird. Universelle Apps können außerdem mit Bereitstellungspaketen bereitgestellt werden, die Sie im Windows-Designer für die Imagekonfiguration erstellen.

Querladen in Windows 10 aktivieren

Standardmäßig ist das Querladen in Windows 10 deaktiviert. In den Gruppenrichtlinien können Sie es aktivieren, indem Sie Computer so konfigurieren, dass sie quergeladene Apps, die Sie für Ihre Organisation erstellt haben, akzeptieren und installieren. Öffnen Sie dazu ein GPO zum Bearbeiten, gehen Sie zum Knoten *Computerkonfiguration > Administrative Vorlagen > Windows-Komponenten > Bereitstellung von App-Paketen* und klicken Sie doppelt auf *Installation aller vertrauenswürdigen Apps zulassen*.

Sie können das Querladen auch in der Einstellungen-App aktivieren. Klicken Sie auf *Einstellungen > Update und Sicherheit* und wählen Sie auf der Registerkarte *Für Entwickler* die Option *Apps querladen* (Abbildung 4–23). Klicken Sie in der Warnmeldung auf *Ja*. Sobald das Querladen aktiviert ist, kann jede Microsoft Store-Branchen-App installiert werden, sofern sie von einer Zertifizierungsstelle signiert wurde, der der Computer vertraut.

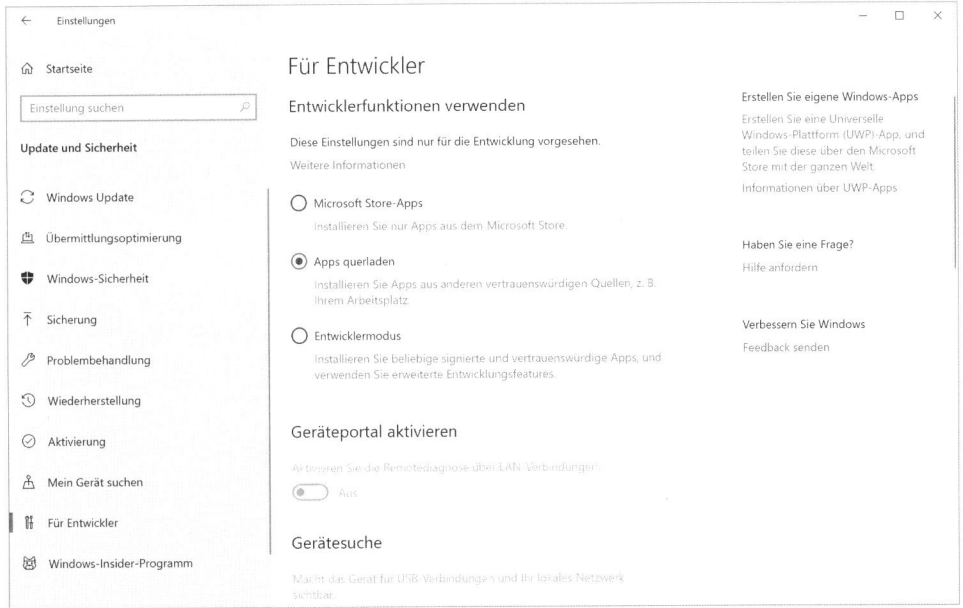

Abb. 4–23   Querladen aktivieren

Eine App querladen

Nachdem Sie das Querladen aktiviert haben, können Sie eine App mit PowerShell-Cmdlets aus dem AppX-Modul querladen. Gehen Sie folgendermaßen vor, um eine App für den momentan angemeldeten Benutzer in der Windows PowerShell-Eingabeaufforderung querzuladen:

1. Tippen Sie **Add-AppxPackage "<Pfad und Name der App>"** ein, um die App hinzuzufügen, und drücken Sie ↵.

2. Wenn Sie App-Abhängigkeiten hinzufügen müssen, lautet der Befehl:

    ```
    Add-AppxPackage C:\MyApp.appx DependencyPath C:\appplus.appx
    ```

Die App wird installiert und ist anschließend für den Benutzer verfügbar. Falls der Computer von mehreren Benutzern verwendet wird, müssen Sie diesen Prozess für jeden Benutzer wiederholen. Das Windows PowerShell-Modul *AppX* enthält einige Cmdlets, mit denen Sie Branchen-Apps aus dem Microsoft Store installieren und verwalten können. Tabelle 4–2 beschreibt die wichtigsten dieser Cmdlets.

Cmdlet	Beschreibung
Add-AppxPackage	Fügt ein signiertes App-Paket zu einem einzelnen Benutzerkonto hinzu.
Get-AppxLastError	Ruft den letzten Fehlereintrag aus den Installationsprotokollen des App-Pakets ab.
Get-AppxLog	Liefert das Installationsprotokoll eines App-Pakets.
Get-AppxPackage	Liefert eine Liste der App-Pakete, die in einem Benutzerprofil installiert sind.
Get-AppxPackageManifest	Liefert das Manifest eines App-Pakets.
Remove-AppxPackage	Entfernt das App-Paket aus einem Benutzerkonto.

Tab. 4–2   Cmdlets im Windows PowerShell-Modul *AppX*

Apps mit DISM in Windows-Images querladen

Wenn Sie Apps in mehreren Computern querladen wollen, sollten Sie mit DISM (Deployment Image Servicing and Management) arbeiten. Mit DISM-Befehlen verwalten Sie die App-Pakete in einem Windows-Image. Wenn Sie App-Pakete mit DISM bereitstellen, werden sie zu einem Windows-Image hinzugefügt und für die gewünschten Benutzer installiert, sobald sie sich das nächste Mal an ihren Computern anmelden.

Sie sollten die Syntax von DISM beherrschen und wissen, wie Sie damit ein Windows-Image bearbeiten, unabhängig davon, ob ein Computer offline oder online ist. Tabelle 4–3 beschreibt einige wichtige Befehle.

Befehl	Beschreibung
DISM.exe {/Image:<Pfad_zum_Image-Ordner> | /Online} [Globale_DISM-Optionen] {Wartungsoption} [<Wartungsargument>]	Bearbeitet ein Windows-Image mit DISM.
DISM.exe /Image:<Pfad_zum_Image-Ordner> [/Get-ProvisionedAppxPackages | /Add-Provisioned-AppxPackage | /Remove-ProvisionedAppxPackage | /Set-ProvisionedAppxDataFile]	Bearbeitet ein App-Paket (*.appx* oder *.appxbundle*) für ein Offline-Image.
DISM.exe /Online [/Get-ProvisionedAppxPackages | /Add-ProvisionedAppxPackage | /Remove-Provi-sionedAppxPackage | /Set-ProvisionedAppxDataFile	Bearbeitet ein App-Paket (*.appx* oder *.appxbundle*) für ein laufendes Betriebssystem.

Tab. 4–3   Aufrufe von DISM

Andere Befehlszeilenparameter sind */Get-ProvisionedAppxPackages*, */FolderPath*, */PackagePath*, */LicensePath* und */Add-ProvisionedAppxPackage*. Es ist wichtig, dass Sie sich mit diesen Parametern vertraut machen, weil in der Prüfung wahrscheinlich Fragen dazu gestellt werden. Über die verfügbaren Parameter und Optionen erfahren Sie mehr unter *https://docs.microsoft.com/previous-versions/Windows/it-pro/Windows-8.1-and-8/hh824882(v=win.10)*. Lesen Sie diesen Artikel und üben Sie, damit Sie die Befehle verstehen, die Ihnen vorgelegt werden. Ein Befehl könnte zum Beispiel diese Form haben:

```
Dism /Online /Add-ProvisionedAppxPackage /FolderPath:C:\Test\Apps\MyUnpackedApp
    /SkipLicense
```

Oder er sieht vielleicht so aus:

```
Dism /Image:C:\Test\offline /Add-ProvisionedAppxPackage
   /FolderPath:c:\Test\Apps\MyUnpackedApp
   /CustomDataPath:c:\Test\Apps\CustomData.xml
```

Apps mit dem Windows-Designer für die Imagekonfiguration bereitstellen

Mit dem Windows-Designer für die Imagekonfiguration (Abbildung 4–24) können Sie Ihre bereitgestellten Windows 10-Geräte neu konfigurieren, indem Sie Bereitstellungspakete erstellen und verteilen.

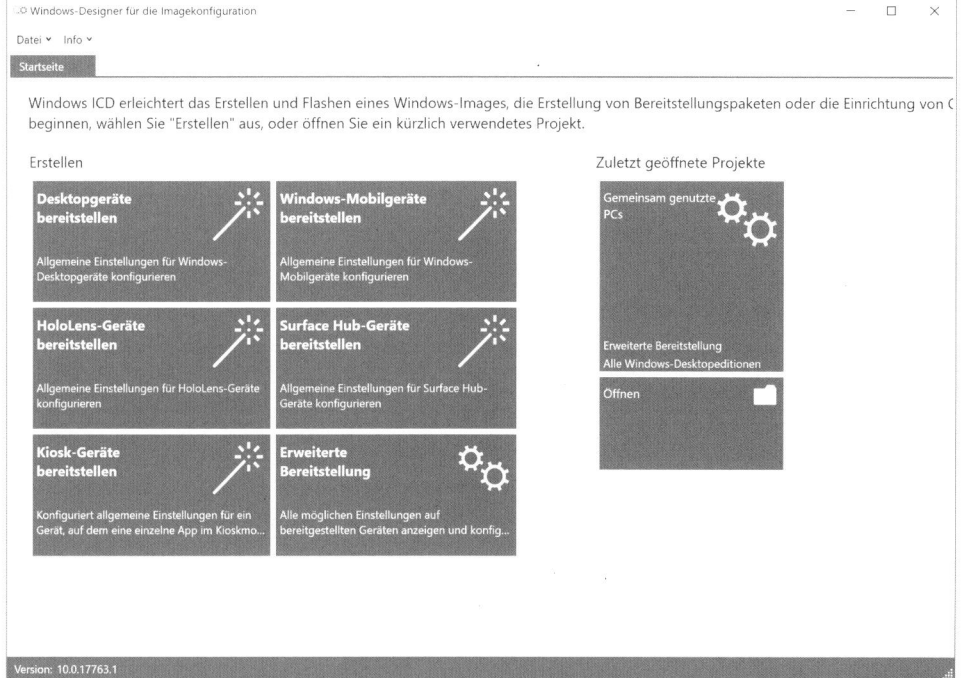

Abb. 4–24   Startseite im Windows-Designer für die Imagekonfiguration

Sie installieren den Windows-Designer für die Imagekonfiguration, indem Sie das Windows ADK herunterladen und installieren.

Bereitstellungspakete zum Bereitstellen von Apps erstellen

Mit Bereitstellungspaketen können Sie eine ganze Reihe von Verwaltungsaufgaben erledigen, darunter auch das Bereitstellen von Apps. Öffnen Sie dazu den Windows-Designer für die Imagekonfiguration. Klicken Sie auf der Startseite auf die Option, die Ihren Bereitstellungstyp am besten beschreibt. Falls Sie unsicher sind, sollten Sie *Erweiterte Bereitstellung* wählen. So erstellen Sie Ihr Bereitstellungspaket zum Bereitstellen einer universellen Branchen-App:

1. Klicken Sie auf *Erweiterte Bereitstellung*.

2. Geben Sie im Assistenten *Neues Projekt* auf der Seite *Projektdetails eingeben* den Namen für Ihr Bereitstellungspaket und eine aussagekräftige Beschreibung ein. Tippen Sie zum Beispiel den Namen **Branchen-Apps** und eine passende Beschreibung ein. Klicken Sie auf *Weiter*.

3. Legen Sie auf der Seite *Einstellungen auswählen, die angezeigt und konfiguriert werden sollen* fest, für welche Editionen Sie das Paket erstellen:

   - Alle Windows-Editionen

   - Nur Windows-Desktopeditionen

   - Nur Windows Mobile-Editionen

   - Nur IoT-Editionen

4. Klicken Sie auf *Weiter*.

5. Klicken Sie auf der Seite *Bereitstellungspaket importieren (optional)* auf *Fertig stellen*. Sie können diese Möglichkeit nutzen, um Einstellungen aus einem vorher konfigurierten Paket zu importieren, das viele, wenn auch nicht alle Ihrer Konfigurationswünsche erfüllt.

6. Wählen Sie auf der Seite *Verfügbare Anpassungen* in der Dropdownliste *Ansicht* das Element *Allgemeine IT Pro-Einstellungen* aus und klappen Sie den Zweig *Laufzeiteinstellungen* auf (Abbildung 4–25).

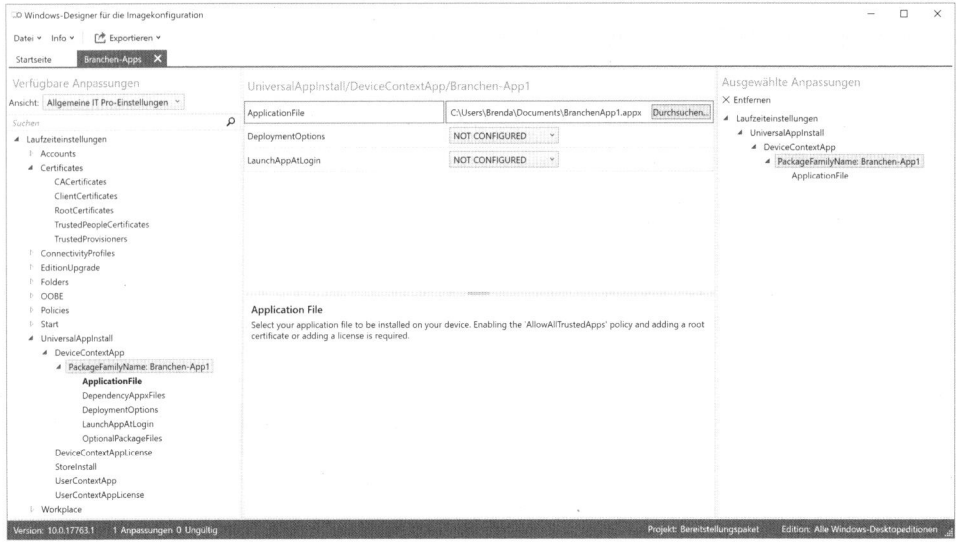

Abb. 4–25   Verfügbare Anpassungen für Ihr Paket

7. Erweitern Sie im Navigationsbereich der Seite *Verfügbare Anpassungen* den Zweig *UniversalAppInstall* und klicken Sie auf *DeviceContextApp*.

8. Geben Sie in der Detailansicht einen Namen für diese Sammlung von Apps in das Feld *PackageFamilyName* ein, zum Beispiel **Branchen-App1**, und klicken Sie auf *Hinzufügen*.

9. Klappen Sie den Zweig *PackageFamilyName: Branchen-App1* auf.

10. Klicken Sie auf den Knoten *ApplicationFile*, klicken Sie neben dem Textfeld *ApplicationFile* auf *Durchsuchen* und wählen Sie die *.appx*-Datei für Ihre App aus.

11. Wählen Sie den Menübefehl *Datei > Speichern*.

Sie haben eine Anpassung für Ihre App erstellt. Jetzt ist alles bereit, um diese Anpassung durch das Anwenden des Bereitstellungspakets bereitzustellen.

Bereitstellungspakete anwenden

Um ein Bereitstellungspaket anzuwenden, müssen Sie es erst einmal exportieren. Dann verteilen Sie das Paket auf die Geräte Ihrer Benutzer. Eine einfache Methode, ein Bereitstellungspaket anzuwenden, besteht darin, doppelt auf die Paketdatei zu klicken. Klicken Sie in der Sicherheitswarnung auf *Ja, hinzufügen* (Abbildung 4–26).

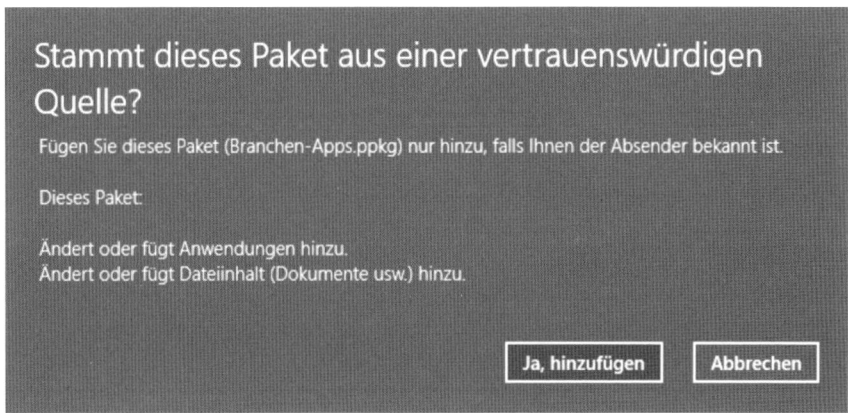

Abb. 4–26   Warnung beim Installieren eines Bereitstellungspakets

In der Einstellungen-App können Sie die installierten Pakete ansehen und zusätzliche Pakete hinzufügen oder entfernen. Wählen Sie dazu *Konten* aus und klicken Sie auf der Seite *Auf Arbeits- oder Schulkonto zugreifen* auf *Bereitstellungspaket hinzufügen oder entfernen*. Die installierten Pakete werden aufgelistet.

Zugewiesenen Zugriff und öffentliche Geräte konfigurieren und implementieren

Viele Organisationen haben spezielle Geräte, die nur eine einzige App ausführen. Solche Geräte werden oft den Besuchern in öffentlich zugänglichen Bereichen verfügbar gemacht. Oder Geräte mit eingeschränktem Funktionsumfang stehen Unternehmensmitarbeitern an besonderen Orten zur Verfügung, zum Beispiel in einer Bibliothek.

Windows 10 unterstützt das Konzept von zugewiesenem Zugriff (engl. assigned access) und öffentlichen Geräten, oft als »Kioskmodus« bezeichnet. Es gibt mehrere Wege, den Kioskmodus zu konfigurieren.

Kioskmodus in Windows 10 mit der Einstellungen-App aktivieren

In Windows 10 können Sie die Einstellungen-App verwenden, um den Kioskmodus zu konfigurieren. Gehen Sie dazu folgendermaßen vor:

1. Öffnen Sie die Einstellungen-App.

2. Wählen Sie *Konto > Familie und andere Benutzer.*

3. Blättern Sie nach unten zum Abschnitt *Kiosk einrichten* und klicken Sie auf *Zugewiesener Zugriff* (Abbildung 4–27).

Abb. 4–27   Zugewiesenen Zugriff einrichten

4. Klicken Sie auf der Seite *Kiosk einrichten* auf *Erste Schritte.*

5. Geben Sie im Fenster *Konto erstellen* den Namen für ein Konto ein, das erstellt wird. Dieses Konto wird für den zugewiesenen Zugriff verwendet. Klicken Sie auf *Weiter.*

6. Wählen Sie im Fenster *Kioskmodus-App auswählen* eine einzelne zugewiesene App aus, die unter dem Kioskkonto läuft (Abbildung 4–28). Klicken Sie auf *Weiter.*

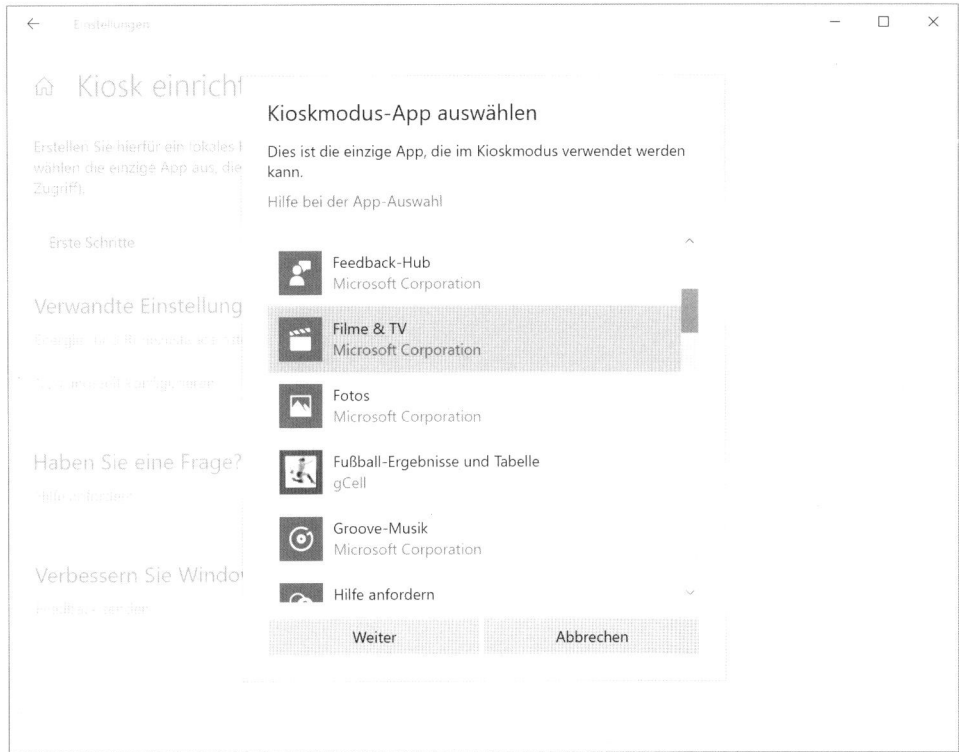

Abb. 4–28   App für den Kioskmodus auswählen

7.   Klicken Sie auf *Schließen*, um die Einrichtung abzuschließen.

Sie können die gewählten Einstellungen auf der Seite *Kiosk einrichten* ansehen oder bearbeiten (Abbildung 4–29). Wenn Sie sich unter dem Kioskkonto anmelden, läuft nur die konfigurierte App. Sie entfernen den Kioskmodus, indem Sie das Kioskkonto auswählen und auf die Schaltfläche *Kiosk entfernen* klicken.

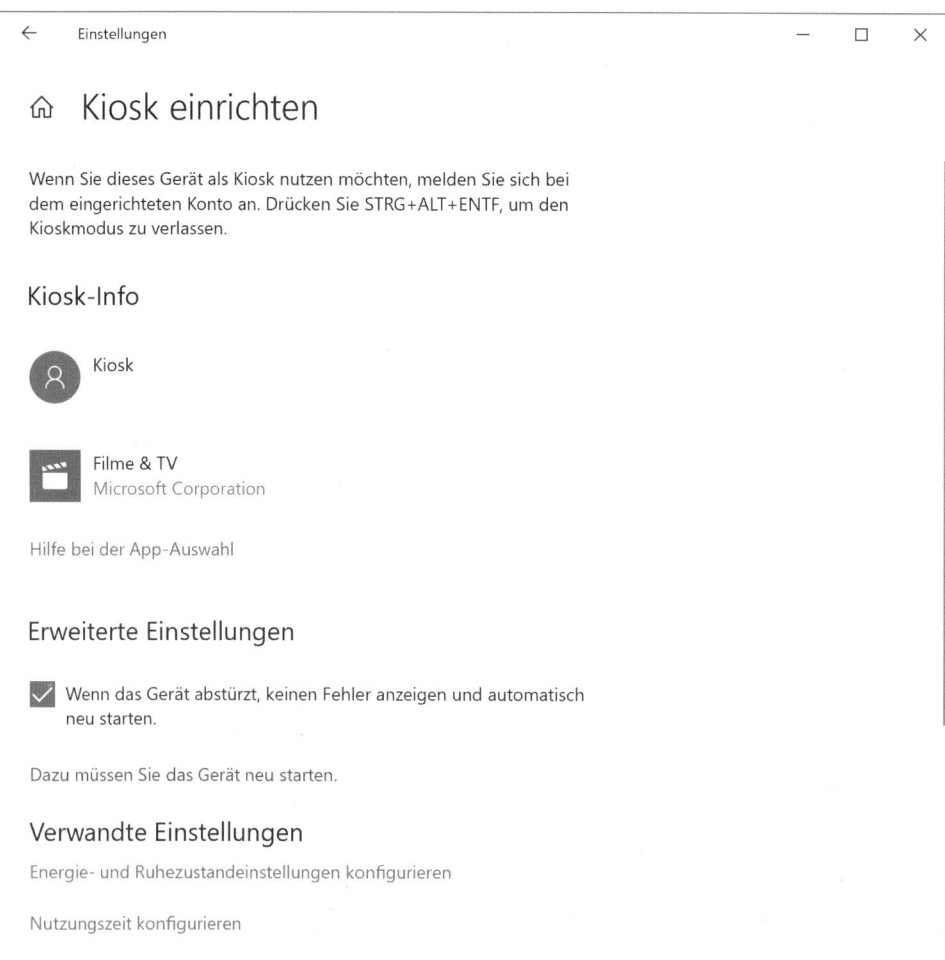

Abb. 4–29 Einstellungen für den Kioskmodus anzeigen

Kioskmodus in Windows 10 mit dem Windows-Designer für die Imagekonfiguration aktivieren

Im Windows-Designer für die Imagekonfiguration können Sie Bereitstellungspakete erstellen, die den Kioskmodus konfigurieren. Gehen Sie dazu folgendermaßen vor:

1. Klicken Sie im Windows-Designer für die Imagekonfiguration auf *Kiosk-Geräte bereitstellen*.

2. Geben Sie im Assistenten *Neues Projekt* auf der Seite *Projektdetails eingeben* den Namen für Ihr Bereitstellungspaket und eine aussagekräftige Beschreibung ein. Tippen Sie zum Beispiel den Namen **Kiosk** und eine passende Beschreibung ein. Klicken Sie auf *Fertig stellen*.

3. Klicken Sie in der Registerkarte Ihres neuen Projekts auf die Schaltfläche *Kiosk-Konto und -App konfigurieren* (Abbildung 4–30).

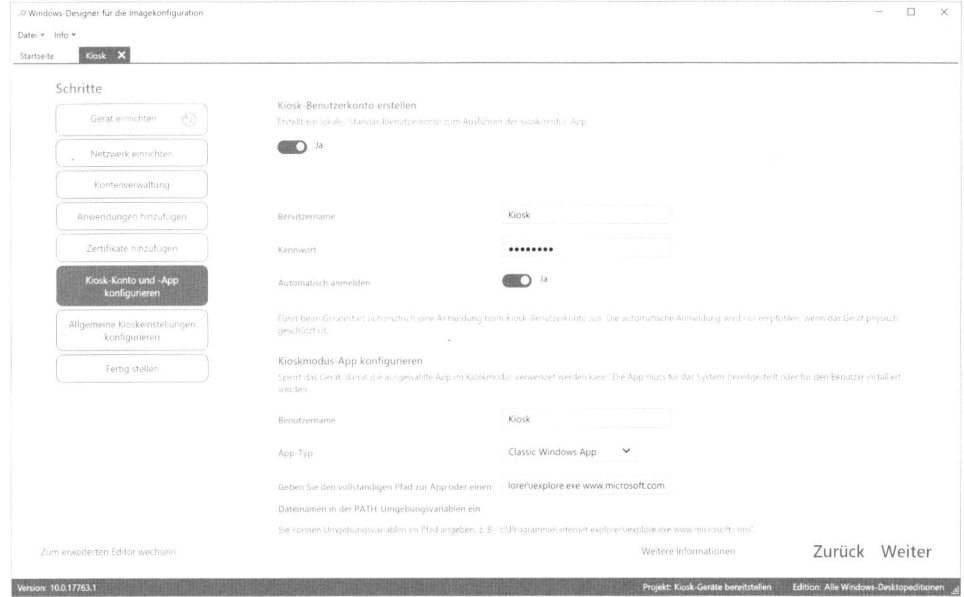

Abb. 4–30   Bereitstellungspaket für eine Kioskkonfiguration erstellen

4. Geben Sie im Abschnitt *Kiosk-Benutzerkonto erstellen* folgende Informationen ein:

    •   **Benutzername**   Dies ist das Konto, das für die Verwendung als Kioskbenutzerkonto angelegt wird.

    •   **Kennwort**   Geben Sie das Kennwort für das Benutzerkonto ein.

    •   **Automatisch anmelden**   Legen Sie fest, ob der Benutzer beim Start des Computers automatisch angemeldet wird.

5. Geben Sie im Abschnitt *Kioskmodus-App konfigurieren* folgende Informationen ein:

    •   **Benutzername**   Dies ist das Konto, das im Kioskmodus als Benutzerkonto verwendet wird.

    •   **App-Typ**   Wählen Sie zwischen *Classic Windows App* und *Universal Windows App*. Bei einer klassischen Windows-App müssen Sie den Pfad der Desktop-App eingeben, bei einer Universal-Windows-App die AUMID (Application User Model Identity) der App. Sie erfahren die AUMID einer App, indem Sie Windows PowerShell, Datei-Explorer oder die Registrierung verwenden. Führen Sie in der Windows PowerShell das Cmdlet `Get-StartApps` aus, um die App-ID zu ermitteln.

WEITERE INFORMATIONEN   **AUMID einer installierten App ermitteln**

Ausführliche Informationen über die AUMID finden Sie auf der Microsoft-Website unter:

https://docs.microsoft.com/Windows/configuration/find-the-application-user-model-id-of-an-installed-app

---

6. Klicken Sie auf *Weiter*.

7. Konfigurieren Sie auf der Seite *Allgemeine Kioskeinstellungen konfigurieren* (Abbildung 4–31) folgende Optionen:

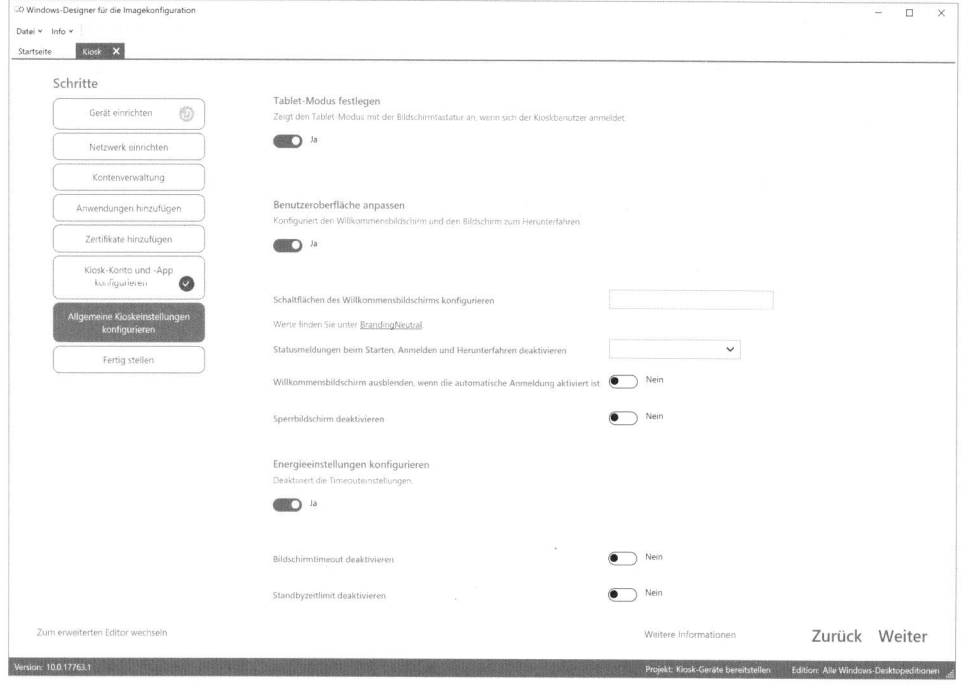

Abb. 4–31   Einrichtung des Kioskmodus mit einem Bereitstellungspaket abschließen

- **Tablet-Modus festlegen**   Zeigt den Tablet-Modus mit der Bildschirmtastatur an, wenn sich der Kioskbenutzer anmeldet.

- **Benutzeroberfläche anpassen**   Wenn Sie die Option *Konfiguriert den Willkommens-bildschirm und den Bildschirm zum Herunterfahren* auf *Ja* stellen, müssen Sie die Brand-ing-Optionen definieren.

- **Energieeinstellungen konfigurieren**   Wenn Sie die Option *Deaktiviert die Timeout-einstellungen* auf *Ja* stellen, können Sie das Bildschirmtimeout und das Standbyzeitlimit deaktivieren.

8. Klicken Sie auf *Weiter*.

9. Auf der letzten Seite des Assistenten können Sie optional ein Kennwort zum Schutz Ihres Pakets festlegen. Klicken Sie auf *Erstellen*, sobald Sie fertig sind.

10. Klicken Sie auf den angezeigten Link, um den Ordner zu öffnen, in dem das exportierte Paket liegt.

Jetzt können Sie das Paket an die als Kioskgeräte vorgesehenen Computer verteilen.

Office 365 ProPlus bereitstellen

Microsoft 365 umfasst Office 365 ProPlus, das aus folgenden Apps besteht: Access, Excel, One-Note, Outlook, PowerPoint, Publisher, Skype for Business und Word. Office 365 ProPlus wird als Komplettpaket installiert, allerdings können Sie einige Details steuern.

Benutzer, deren Konto eine Office 365-Lizenz zugewiesen ist, können Office 365 herunterladen und installieren (abhängig vom Abonnement). Dazu müssen sie sich mit ihrem Office 365-Konto bei *www.office.com* anmelden. Nun können sie auf der Office 365-Startseite auf *Office installieren* klicken (Abbildung 4–32).

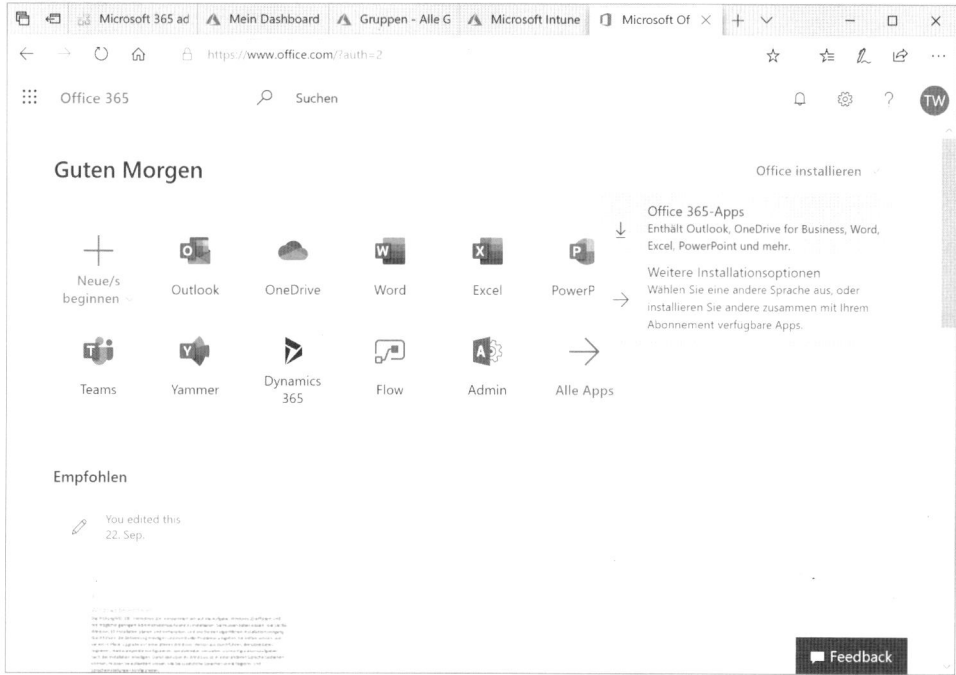

Abb. 4–32   Office 365 ProPlus manuell über das Office 365-Portal installieren

Es stehen zwei Möglichkeiten zur Auswahl:

Office 365-Apps   Installiert die Standard-Apps. Der Office 365-Administrator legt die Standardeinstellungen fest.

Weitere Installationsoptionen   Bietet den Benutzern die Möglichkeit, zusätzliche Optionen auszuwählen (Abbildung 4–33).

Wie in Abbildung 4–33 zu sehen, können die Benutzer Office und Skype for Business jeweils als 32-Bit- oder 64-Bit-Version installieren; optional können sie Office auf ihrem iOS-, Android- oder Windows-Smartphone installieren.

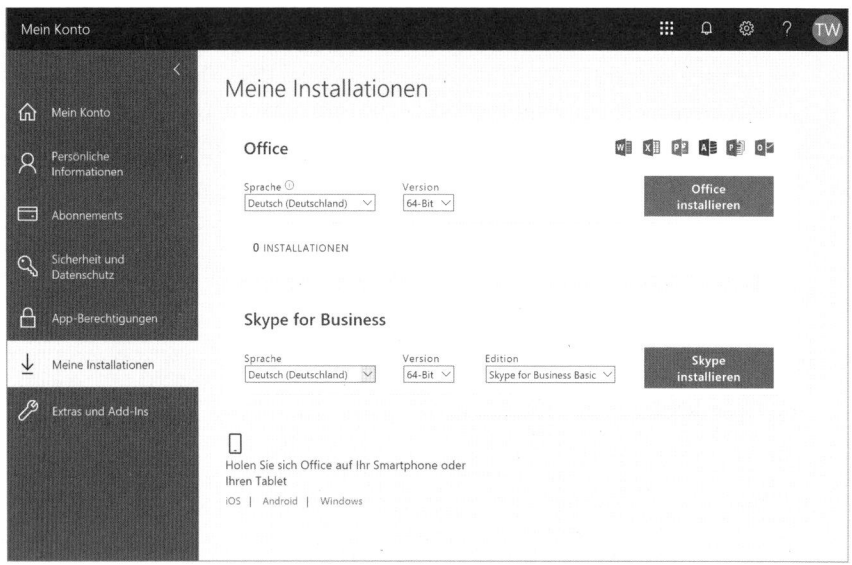

Abb. 4–33   Auswählen, welche Office 365-Komponenten installiert werden

Administrative Kontrolle über Bereitstellungsoptionen

Als Administrator können Sie steuern, was Ihre Benutzer installieren dürfen. Öffnen Sie dazu das Microsoft 365 Admin Center, indem Sie *admin.microsoft.com* aufrufen, und melden Sie sich mit dem Konto eines globalen Administrators an. Klicken Sie auf der Startseite unter *Office-Software* auf *Einstellungen für Softwaredownloads* (Abbildung 4–34).

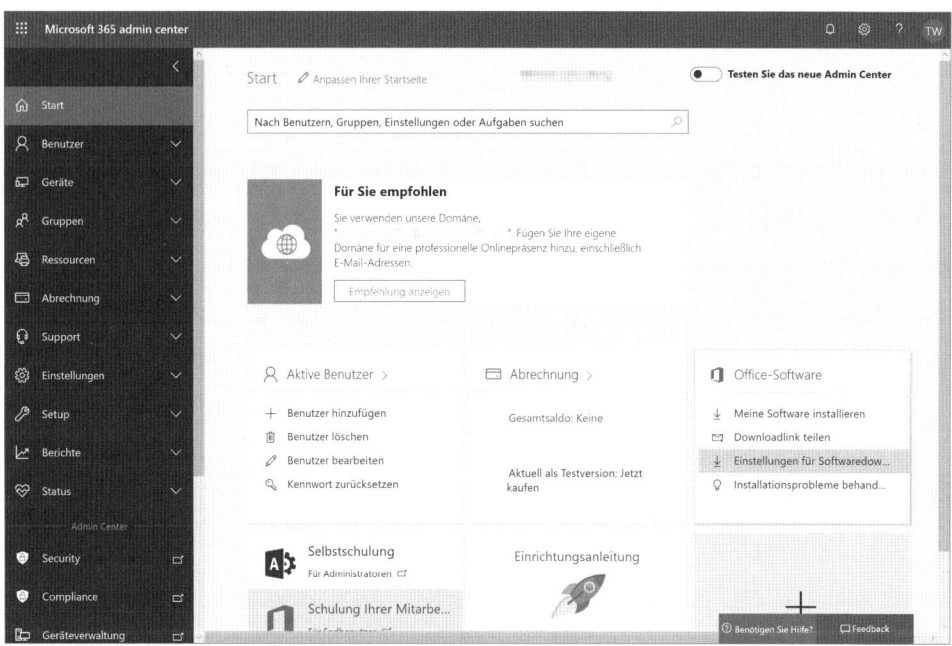

Abb. 4–34   Startseite im Microsoft 365 Admin Center

Wählen Sie auf dem Blatt *Einstellungen für Softwaredownloads* (Abbildung 4–35) aus, welche Komponenten von Office 365 Ihre Benutzer bereitstellen dürfen. Sie können hier auch das Updateintervall für Office 365-Apps konfigurieren. Klicken Sie unten auf dem Blatt auf *Speichern*, wenn Sie die Optionen konfiguriert haben.

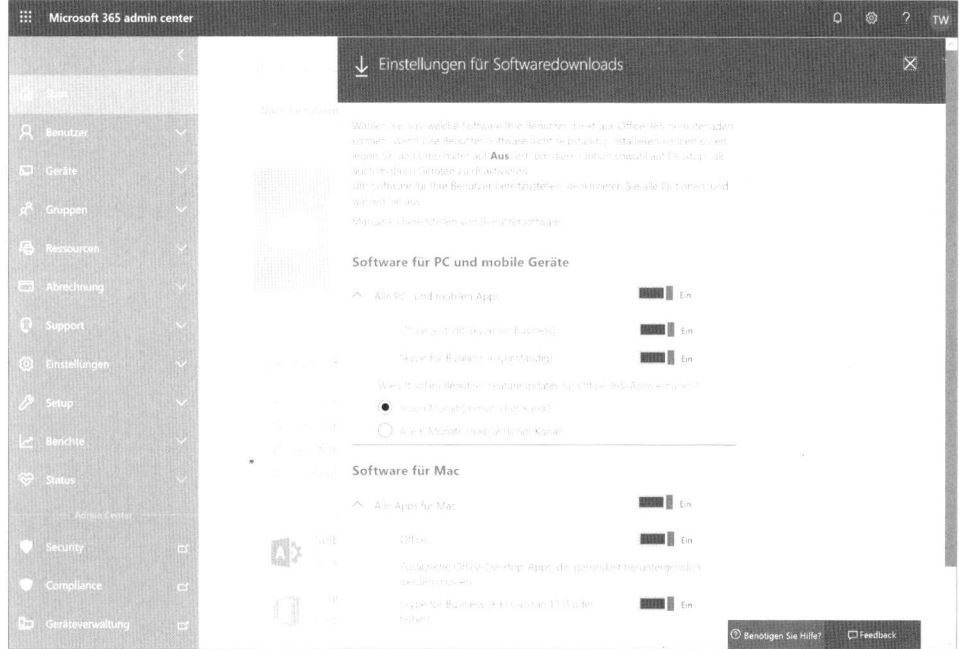

Abb. 4–35   Einstellungen für den Download von Office 365-Software konfigurieren

Office 365 mit Intune bereitstellen

Sie können auch Intune verwenden, um Office 365 ProPlus bereitzustellen, aber dieses Thema wurde bereits weiter vorne in diesem Kapitel im Abschnitt »Eine App der Office 365-Suite hinzufügen« (Seite 246) behandelt.

Office-Bereitschaftsberichte zusammenstellen

Bevor Sie versuchen, Office 365 auf den Geräten Ihrer Benutzer bereitzustellen, müssen Sie sicherstellen, dass deren Geräte für Office 365 geeignet sind. Office 365 ProPlus umfasst momentan die Office 2019-Anwendungen. Wenn Sie Office ProPlus bereitstellen wollen, müssen Sie daher prüfen, ob die Geräte Ihrer Benutzer diese neuere Version unterstützen. Außerdem könnten Kompatibilitätsprobleme mit älteren Versionen von Office-Dokumenten und neueren Versionen der Apps auftreten.

Viele Organisationen setzen Office-Add-Ins ein, um Aufgaben in Office zu automatisieren. Diese Add-Ins sind unter Umständen nicht kompatibel zu Office 365 ProPlus. Das Readiness Toolkit hilft Ihnen dabei, potenzielle Add-In-Kompatibilitätsprobleme in Ihrer Organisation aufzudecken und so zu prüfen, ob Ihre Organisation für Office 365 ProPlus bereit ist.

> **HINWEIS** **Readiness Toolkit für Office-Add-Ins und VBA**
>
> **Auf der folgenden Website können Sie das Readiness Toolkit herunterladen:**
>
> *https://www.microsoft.com/download/details.aspx?id=55983*

Damit Sie das Readiness Toolkit verwenden können, müssen Ihre Computer folgende Anforderungen erfüllen:

- Betriebssystem Windows 7 SP1 oder neuer
- Microsoft .NET Framework 4.5.1 oder neuer
- Excel 2010 oder neuer, um die Berichte anzusehen

Nach der Installation des Readiness Toolkits entscheiden Sie, welchen Berichtstyp Sie erstellen. Tabelle 4–4 beschreibt die verfügbaren Optionen.

Berichtsoptionen	Beschreibung
Zuletzt verwendete Office-Dokumente und installierte Add-Ins auf diesem Computer	Überprüft Office-Dokumente in der Liste der zuletzt vom Benutzer verwendeten Dateien. Sucht außerdem nach allen installierten Office-Add-Ins. Berichtstyp: VBA und Add-In.
Office-Dokumente in einem lokalen Ordner oder einer Netzwerkfreigabe	Überprüft die Office-Dokumente in dem angegebenen Ordner oder der angegebenen Netzwerkfreigabe. Berichtstyp: nur VBA. Sucht nicht nach Add-Ins.
Vorherige Bereitschaftsergebnisse werden zusammen in einem lokalen Ordner oder einer Netzwerkfreigabe gespeichert.	Erstellt einen zusammenfassenden Bericht auf Basis mehrerer Bereitschaftsergebnisse, die auf mehreren Computern ermittelt wurden. Nützlich für eine Abteilungsanalyse. Berichtstyp: konfigurierbar; davon abhängig, welche Überprüfungen Sie vorher durchgeführt haben.
Add-In-Daten aus dem Office-Telemetriedashboard	Überprüft Daten aus dem Office-Telemetriedashboard. Berichtstyp: nur Add-In.

Tab. 4–4 Berichtsoptionen im Readiness Toolkit

> **WEITERE INFORMATIONEN** **Topologie, Größe und Bandbreite für das Telemetriedashboard planen**
>
> **Ausführliche Informationen über das Telemetriedashboard finden Sie auf der Microsoft-Website unter:**
>
> *https://docs.microsoft.com/deployoffice/compat/plan-telemetry-dashboard-deployment*

Wählen Sie nun aus, ob Sie einen einfachen oder einen erweiterten Bericht erstellen. Es werden erweiterte Berichte empfohlen, weil sie ausführlichere Informationen liefern, auf deren Basis Sie Ihre Entscheidungen treffen. Das Tool *Readiness Report Creator* generiert eine Excel-Tabelle mit mehreren Arbeitsblättern. Jedes Arbeitsblatt enthält Informationen über andere Aspekte zur Kompatibilität Ihrer vorhandenen Geräte.

Abhängig vom Berichtstyp gibt es folgende Arbeitsblätter:

- VBA-Übersicht

- VBA-Zusammenfassung

- VBA-Ergebnisse

- VBA-Korrektur

- VBA-Referenzen

- Add-In-Zusammenfassung

- Add-In-Details

- Nach Computername

WEITERE INFORMATIONEN **Anwendungskompatibilität für Office 365 ProPlus mit dem Readiness Toolkit bewerten**

Wie Sie das Readiness Toolkit einsetzen, erklärt die Microsoft-Website unter:

https://docs.microsoft.com/deployoffice/use-the-readiness-toolkit-to-assess-application-compatibility-for-office-365-pro

---

Internet Explorer-Unternehmensmodus konfigurieren

Windows 10 wird mit zwei Internetbrowsern geliefert: Internet Explorer und Microsoft Edge. In den meisten Fällen ist Microsoft Edge der schnellere und effizientere Browser. Er steht auch auf anderen Plattformen zur Verfügung, darunter iOS und Android, daher ist er ideal für Benutzer, die mit mehreren Geräten arbeiten.

Allerdings funktionieren nicht alle Websites richtig, wenn sie in Edge geöffnet werden. Das gilt besonders für Apps, die auf ActiveX-Steuerelemente oder bestimmte Add-Ins für den Internet Explorer zurückgreifen. Um dieses Problem zu vermeiden, können Sie den Internet Explorer-Unternehmensmodus verwenden; Sie definieren damit, welcher Browser beim Zugriff auf bestimmte Websites verwendet wird.

Um den Internet Explorer-Unternehmensmodus zu verwenden, müssen Sie das Tool *Enterprise Mode Site List Manager* herunterladen und installieren. Sie finden es auf der Microsoft-Website unter:

https://www.microsoft.com/download/details.aspx?id=49974

Starten Sie den Enterprise Mode Site List Manager, nachdem Sie ihn heruntergeladen und installiert haben. Geben Sie die URLs von Websites ein, für die Sie einen passenden Kompatibilitätsmodus oder einen bestimmten Browser festlegen wollen (Abbildung 4–36).

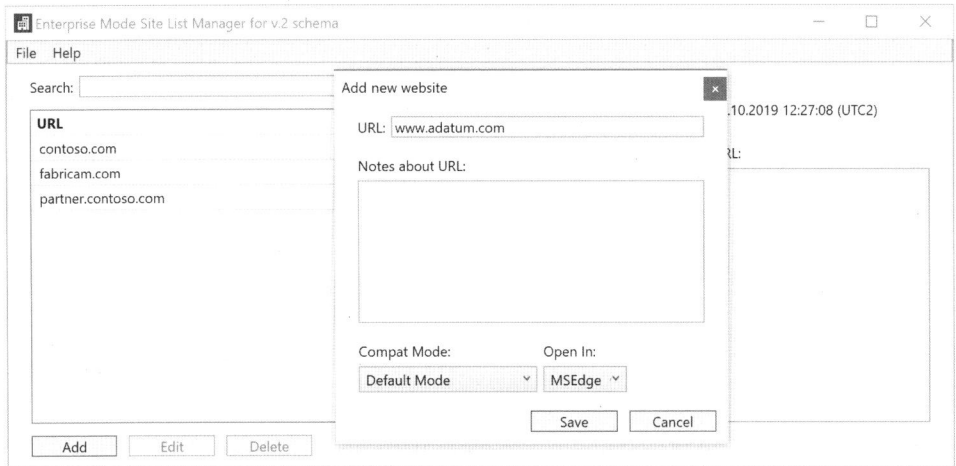

Abb. 4–36 Websites für Unternehmensmodus-Site-Listen konfigurieren

Wählen Sie den Menübefehl *File > Save To XML*, wenn Sie fertig sind. Geben Sie den Speicherort für die XML-Datei an. Sie sollten die Datei in einer Website ablegen, auf die Ihre Benutzer Zugriff haben, etwa im Webstammordner auf einem Webserver, zum Beispiel *https://LON-WEB1.Adatum.com/Enterprisemode.xml*. Der konkrete Speicherort für die Datei kann variieren.

Wenn Sie die Datei gespeichert haben, müssen Sie Ihre Windows 10-Computer so konfigurieren, dass sie die XML-Datei verwenden. Dafür können Sie Gruppenrichtlinien einrichten. Öffnen Sie die Konsole *Gruppenrichtlinienverwaltung*. Erstellen und verknüpfen Sie ein Gruppenrichtlinienobjekt (Group Policy Object, GPO) mit dem gewünschten Container in AD DS. Gehen Sie dazu folgendermaßen vor:

1. Öffnen Sie das GPO zum Bearbeiten.
2. Gehen Sie zum Knoten *Computerkonfiguration > Administrative Vorlagen > Windows-Komponenten* und klicken Sie auf *Internet Explorer*.
3. Klicken Sie in der Detailansicht doppelt auf die Richtlinie *Benutzern das Aktivieren und Verwenden des Unternehmensmodus über das Menü "Extras" ermöglichen*.
4. Klicken Sie auf *Aktiviert* und dann auf *OK*. Damit erlauben Sie den Benutzern, den Unternehmensmodus zu verwenden.
5. Klicken Sie in der Detailansicht doppelt auf die Richtlinie *Die Websiteliste für den Unternehmensmodus-IE verwenden*.
6. Klicken Sie auf *Aktiviert*, tragen Sie die URL der XML-Datei in das Feld *Geben Sie den Speicherort (die URL) der Websiteliste für den Unternehmensmodus-IE ein* (Abbildung 4–37) und klicken Sie auf *OK*.

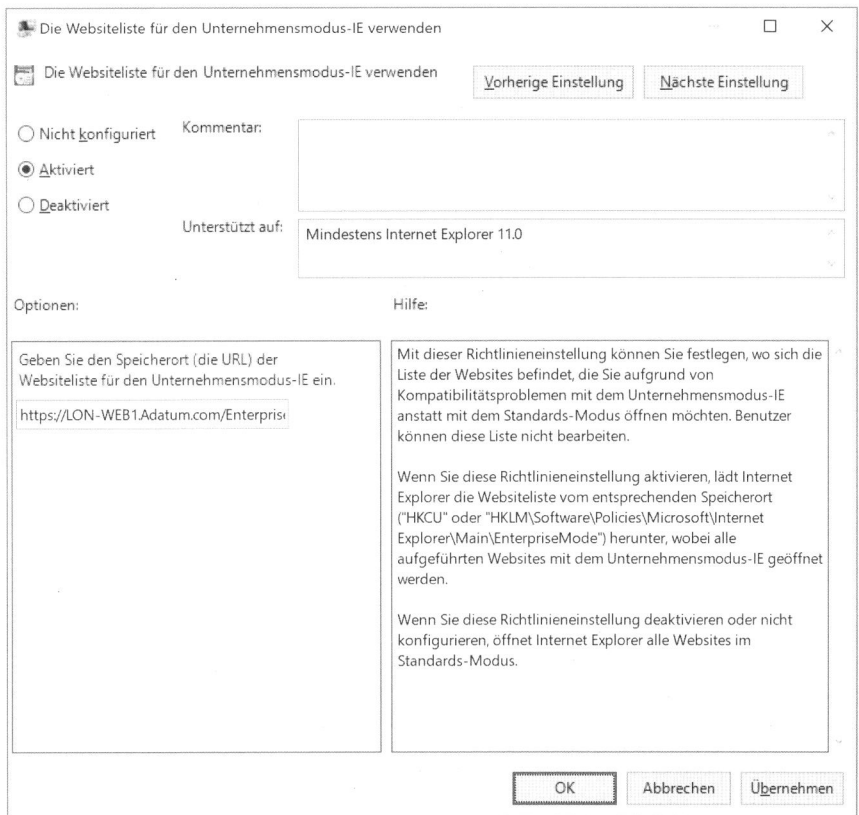

Abb. 4–37   Speicherort der XML-Datei für den Unternehmensmodus festlegen

Prüfungsziel 4.2: Verwaltung mobiler Anwendungen implementieren

Mit Microsoft Intune können Sie eine Verwaltung mobiler Anwendungen (Mobile Application Management, MAM) implementieren, um die Apps Ihrer Benutzer zuzuweisen, zu konfigurieren, zu aktualisieren, zu schützen und zu überwachen. Neben der Verwendung von MAM, um die App-Nutzung auf den Geräten Ihrer Benutzer zu verwalten, können Sie damit auch mehrere Sicherheitsfeatures implementieren, um Unternehmensdaten auf diesen Geräten zu schützen. Zu diesen Features gehören DLP-Richtlinien (Data Loss Prevention, Verhinderung von Datenverlust), Windows Information Protection (WIP) und Azure Information Protection (AIP).

MAM planen

Mit verwalteten Apps können Sie folgende Einschränkungen in den Apps Ihrer Benutzer erzwingen:

▦ Kopieren und Einfügen beschränken

▦ Speichern von Dokumenten unter anderem Namen einschränken

▦ Verwalteten Browser zum Öffnen von Weblinks festlegen

▦ Bedingten Zugriff auf App-Ebene definieren

▦ Verwendung mehrerer Identitäten aktivieren

▦ DLP-Richtlinien auf Geräte anwenden, die nicht registriert sind

▦ App-Schutz ohne Geräteregistrierung bereitstellen

Die Details der Verwaltungsoptionen hängen vom Typ des Geräts ab, das verwaltet wird. Tabelle 4–5 beschreibt die wichtigsten Funktionen.

Verwaltungsfunktion	Android	iOS	macOS	Windows 10	Windows Phone 8.1
Apps für Geräte und Benutzer hinzufügen und zuweisen	Ja	Ja	Ja	Ja	Ja
Apps an Geräte zuweisen, die nicht in Intune registriert sind	Ja	Ja	Nein	Nein	Nein
Mit App-Konfigurationsrichtlinien das Startverhalten von Apps steuern	Nein	Ja	Nein	Nein	Nein
Mit Richtlinien für die Bereitstellung mobiler Apps abgelaufene Apps erneuern	Nein	Ja	Nein	Nein	Nein
Unternehmensdaten in Apps mit App-Schutzrichtlinien schützen	Ja	Ja	Nein	Nein	Nein
Nur die Unternehmensdaten aus einer installierten App löschen (selektive App-Löschung)	Ja	Ja	Nein	Ja	Ja

→

Verwaltungsfunktion	Android	iOS	macOS	Windows 10	Windows Phone 8.1
App-Zuweisungen überwachen	Ja	Ja	Ja	Ja	Ja
Als Volumenlizenz in einem App-Store gekaufte Apps zuweisen und verfolgen	Nein	Nein	Nein	Ja	Nein
Apps verbindlich auf Geräten installieren (Installation erzwingen)	Ja	Ja	Ja	Ja	Ja
Apps aus dem Unternehmensportal optional auf Geräten installieren (verfügbare Installation)	Ja	Ja	Ja	Ja	Ja
Installationslink zu einer App im Web (Weblink)	Ja	Ja	Ja	Ja	Ja
Lokale Branchen-Apps	Ja	Ja	Ja	Ja	Nein
Apps aus einem Store	Ja	Ja	Nein	Ja	Ja
Apps aktualisieren	Ja	Ja	Nein	Ja	Ja

Tab. 4–5   Verwaltungsoptionen in Intune MAM

MAM-Richtlinien implementieren und verwalten

Sie erstellen und verwalten MAM-Richtlinien, indem Sie das Microsoft 365-Geräteverwaltungs-portal öffnen und sich als globaler Administrator anmelden. Wählen Sie den Knoten *Client-Apps* (Abbildung 4–38) und klicken Sie unter *Verwalten* auf *App-Schutzrichtlinien*.

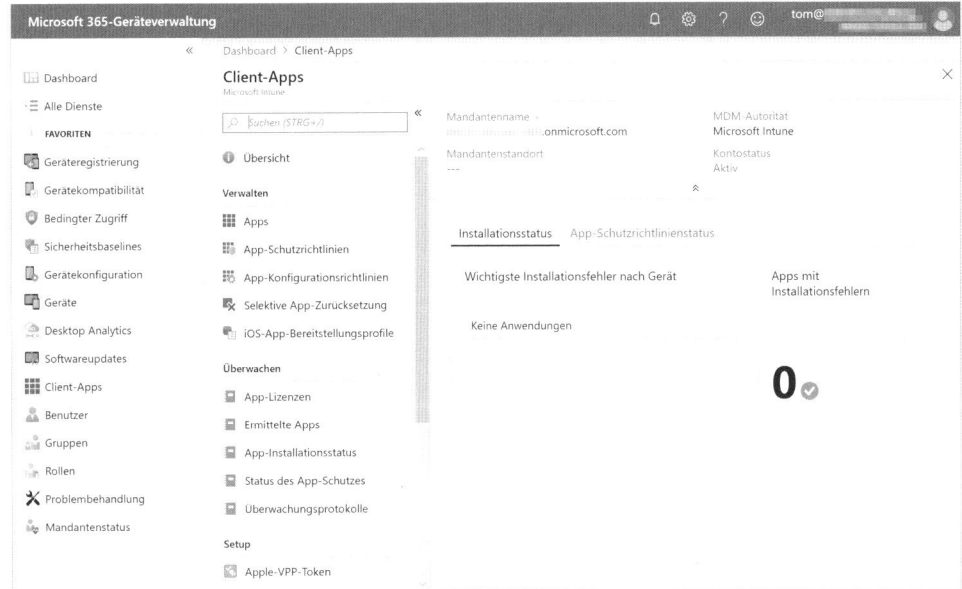

Abb. 4–38   Der Knoten *Client-Apps* im Microsoft 365-Geräteverwaltungsportal

Eine iOS-App-Schutzrichtlinie implementieren

So erstellen Sie eine iOS-App-Schutzrichtlinie:

1. Öffnen Sie das Microsoft 365-Geräteverwaltungsportal und melden Sie sich unter dem Konto eines globalen Administrators an.

2. Wählen Sie im Navigationsbereich den Knoten *Client-Apps*.

3. Klicken Sie auf dem Blatt *Client-Apps* auf *App-Schutzrichtlinien*.

4. Klicken Sie auf *Richtlinie erstellen*.

5. Geben Sie folgende Informationen ein:

   • **Name** Geben Sie einen Namen für Ihre neue Richtlinie ein.

   • **Beschreibung** Tippen Sie optional eine Beschreibung ein.

   • **Plattform** Wählen Sie *iOS*.

   • **Auf alle App-Typen ausrichten** Wählen Sie *Ja* oder *Nein*. Wenn Sie *Ja* wählen, wird die Richtlinie auf alle Apps angewendet, unabhängig von ihrem Verwaltungsstatus. Verwenden Sie dagegen *Nein*, müssen Sie einen App-Typ auswählen.

   • **App-Typen** Wählen Sie eine oder beide der folgenden Optionen:

     • **Nicht verwaltet** Apps auf nicht verwalteten Geräten.

     • **Verwaltet** Apps auf Geräten, die mit Intune verwaltet werden.

6. Klicken Sie auf *Apps*. Wählen Sie in der Liste eine oder mehrere Apps aus (Abbildung 4–39).

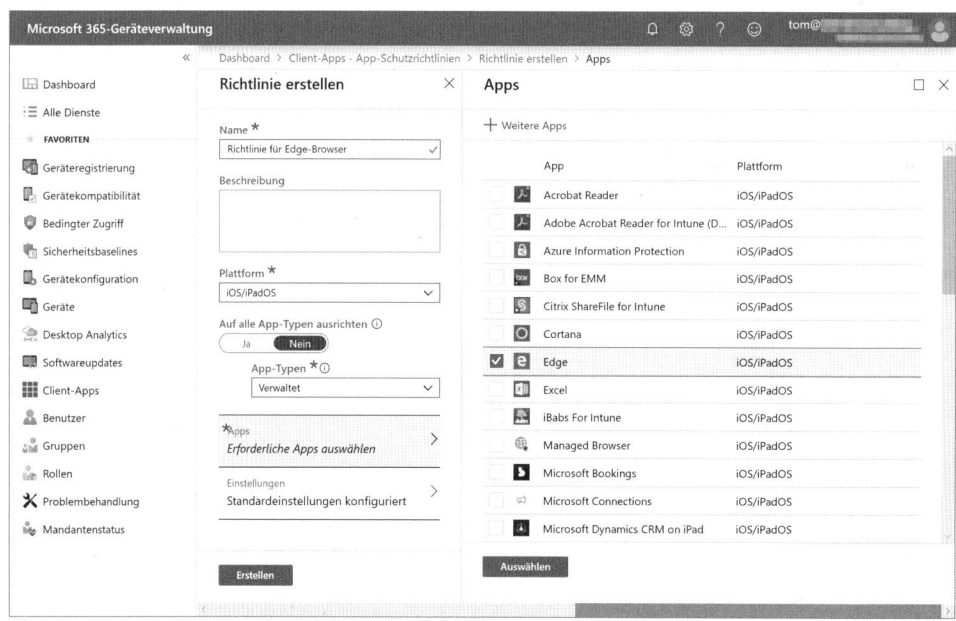

Abb. 4–39 Apps für eine App-Schutzrichtlinie auswählen

7. Klicken Sie auf *Auswählen*.

8. Klicken Sie auf dem Blatt *Richtlinie erstellen* auf *Standardeinstellungen konfiguriert*.

9. Konfigurieren Sie auf dem Blatt *Einstellungen* folgende Punkte:

- *Datenschutz* (Abbildung 4–40) mit den Abschnitten *Datenübertragung, Verschlüsselung* und *Funktionalität*

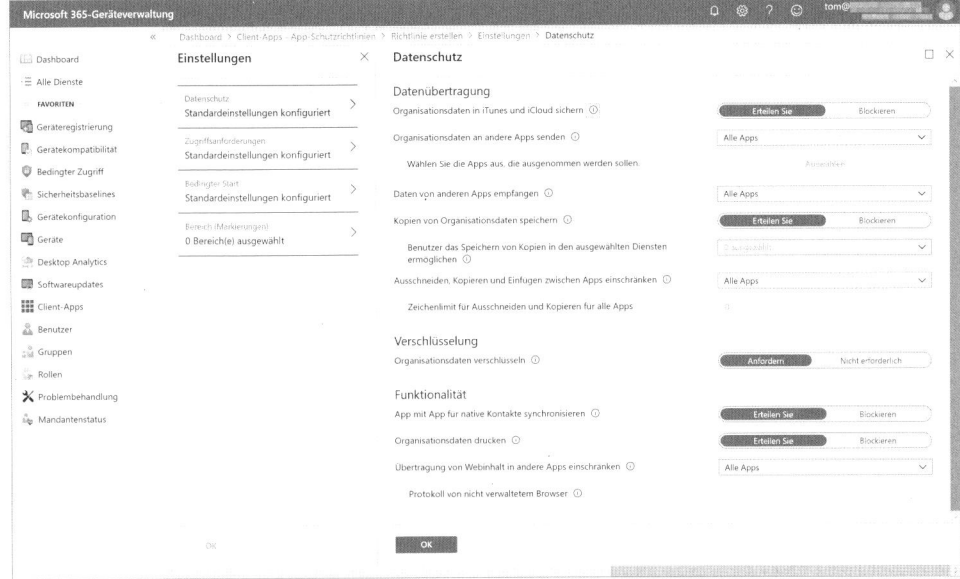

Abb. 4–40   Datenschutzoptionen für eine App-Schutzrichtlinie konfigurieren

- *Zugriffsanforderungen* mit folgenden Einstellungen:
  - PIN für Zugriff
  - Anmeldeinformationen für Geschäfts-, Schul- oder Unikonto für Zugriff
  - Zugriffsanforderungen nach Inaktivität erneut überprüfen
- *Bedingter Start* mit folgenden Einstellungen:
  - Mindestversion für Betriebssystem
  - Maximal zulässige PIN-Versuche
  - Offlinetoleranzperiode
  - Geräte mit Jailbreak/entfernten Nutzungsbeschränkungen erlaubt.

10. Klicken Sie zweimal auf *OK* und dann auf *Erstellen*.

Jetzt müssen Sie die Richtlinie an Gruppen zuweisen, wie im Abschnitt »Gruppen für die App-Zuweisung erstellen und verwalten« (Seite 262) weiter vorne in diesem Kapitel beschrieben.

Eine Android-App-Schutzrichtlinie implementieren

So erstellen Sie eine Android-App-Schutzrichtlinie:

1. Öffnen Sie das Microsoft 365-Geräteverwaltungsportal und melden Sie sich unter dem Konto eines globalen Administrators an.

2. Wählen Sie im Navigationsbereich den Knoten *Client-Apps*.

3. Klicken Sie auf dem Blatt *Client-Apps* auf *App-Schutzrichtlinien*.

4. Klicken Sie auf *Richtlinie erstellen*.

5. Geben Sie folgende Informationen ein:

   - **Name**   Geben Sie einen Namen für Ihre neue Richtlinie ein.

   - **Beschreibung**   Tippen Sie optional eine Beschreibung ein.

   - **Plattform**   Wählen Sie *Android*.

   - **Auf alle App-Typen ausrichten**   Wählen Sie *Ja* oder *Nein*. Wenn Sie *Ja* wählen, wird die Richtlinie auf alle Apps angewendet, unabhängig von ihrem Verwaltungsstatus. Verwenden Sie dagegen *Nein*, müssen Sie einen App-Typ auswählen.

   - **App-Typen**   Wählen Sie eine oder mehrere der folgenden Optionen:

     - **Nicht verwaltet**   Apps auf nicht verwalteten Geräten.

     - **Android-Geräteadministrator**   Apps auf Geräten, die mit Intune verwaltet werden.

     - **Android Enterprise**   Apps im Android Work Profile.

6. Klicken Sie auf *Apps*. Wählen Sie in der Liste eine oder mehrere Apps aus.

7. Klicken Sie auf *Auswählen*.

8. Klicken Sie auf dem Blatt *Richtlinie erstellen* auf *Standardeinstellungen konfiguriert*.

9. Konfigurieren Sie auf dem Blatt *Einstellungen* folgende Punkte:

   - *Datenschutz* mit folgenden Abschnitten:

     - Datenübertragung

     - Verschlüsselung

     - Funktionalität

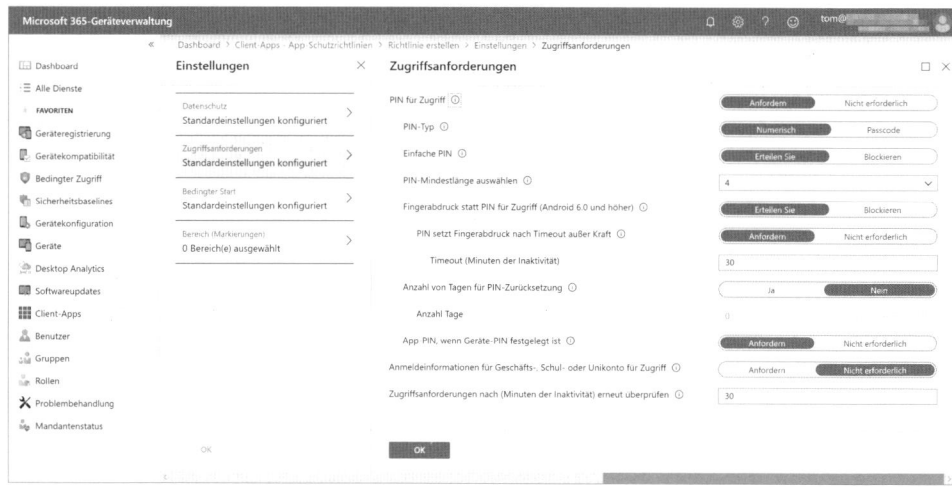

Abb. 4–41   Konfigurieren von Zugriffsanforderungen in einer App-Schutzrichtlinie

- *Zugriffsanforderungen* (Abbildung 4–41) mit folgenden Einstellungen:
  - PIN für Zugriff
  - Anmeldeinformationen für Geschäfts-, Schul- oder Unikonto für Zugriff
  - Zugriffsanforderungen nach Inaktivität erneut überprüfen
- *Bedingter Start* mit folgenden Einstellungen:
  - Maximal zulässige PIN-Versuche
  - Offlinetoleranzperiode
  - Geräte mit Jailbreak/entfernten Nutzungsbeschränkungen erlaubt.

10. Klicken Sie zweimal auf *OK* und dann auf *Erstellen*.

Jetzt müssen Sie die Richtlinie an Gruppen zuweisen, wie weiter vorne beschrieben.

Eine Windows 10-App-Schutzrichtlinie implementieren

So erstellen Sie eine Windows 10-App-Schutzrichtlinie:

1. Öffnen Sie das Microsoft 365-Geräteverwaltungsportal und melden Sie sich unter dem Konto eines globalen Administrators an.

2. Wählen Sie im Navigationsbereich den Knoten *Client-Apps*.

3. Klicken Sie auf dem Blatt *Client-Apps* auf *App-Schutzrichtlinien*.

4. Klicken Sie auf *Richtlinie erstellen*.

5. Geben Sie folgende Informationen ein:
   - **Name**   Geben Sie einen Namen für Ihre neue Richtlinie ein.
   - **Beschreibung**   Tippen Sie optional eine Beschreibung ein.
   - **Plattform**   Wählen Sie *Windows 10*.
   - **Registrierungsstatus**   Wählen Sie *Ohne Registrierung* oder *Mit Registrierung*.

6. Klicken Sie auf *Geschützte Apps*. Dies sind Apps, die die Richtlinie einhalten müssen.

7. Klicken Sie auf *Apps hinzufügen*, wählen Sie eine oder mehrere Apps aus und klicken Sie zweimal auf *OK*.

8. Optional können Sie auf *Ausgenommene Apps* klicken und eine oder mehrere Apps auswählen, für die die Richtlinieneinstellungen nicht gelten sollen.

9. Klicken Sie auf *Erforderliche Einstellungen*. Stellen Sie die Option *Windows Information Protection-Modus* auf *Blockieren*, um WIP zu aktivieren. So verhindern Sie, dass Unternehmensdaten geschützte Apps verlassen. Die Standardeinstellung ist *Aus*, das bedeutet, dass Benutzer die Daten ungehindert aus geschützten Apps herauskopieren dürfen. Klicken Sie auf *OK*. Die WIP-App-Schutzrichtlinien beschreiben wir weiter hinten in diesem Kapitel im Abschnitt »Windows Information Protection konfigurieren« (Seite 296) genauer.

10. Klicken Sie auf dem Blatt *Richtlinie erstellen* auf *Erweiterte Einstellungen*.

11. Konfigurieren Sie auf dem Blatt *Erweiterte Einstellungen* (Abbildung 4–42) folgende Einstellungen:

- Netzwerkumkreis
- Datenschutz

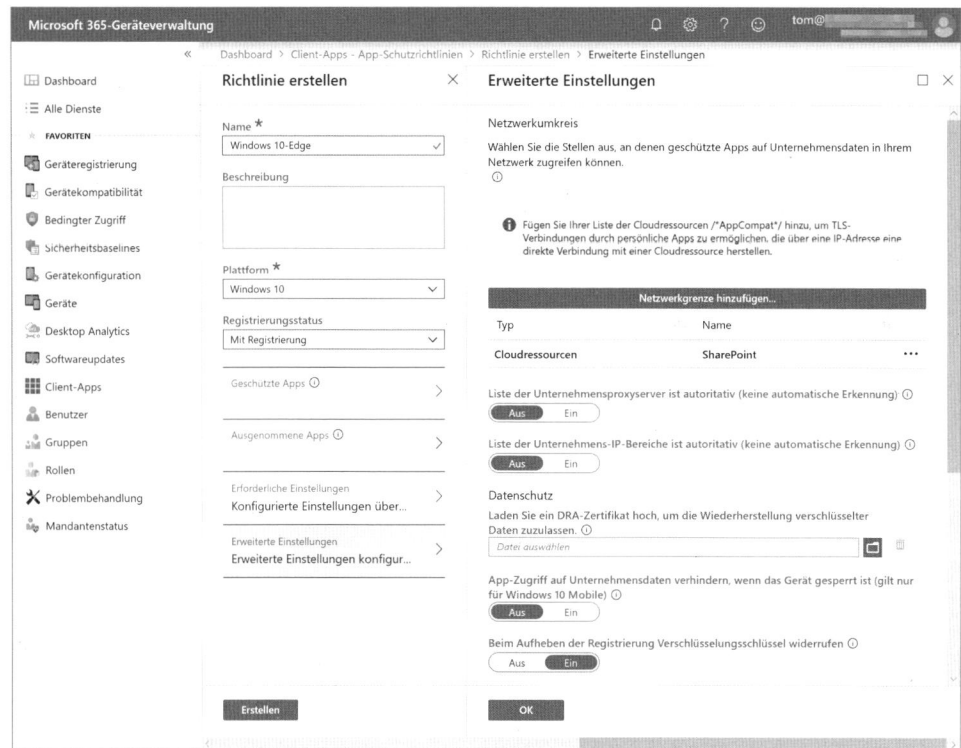

Abb. 4–42   Erweiterte Einstellungen in einer App-Schutzrichtlinie konfigurieren

12. Klicken Sie auf *OK* und dann auf *Erstellen*.

Jetzt müssen Sie die Richtlinie zuweisen, wie weiter vorne im Abschnitt »Eine Windows-Store-App hinzufügen« (Seite 244) beschrieben.

Eine iOS-App-Konfigurationsrichtlinie implementieren

Sie können iOS-App-Konfigurationsrichtlinien verwenden, um ausgewählte Apps zu konfigurieren. Zum Beispiel steuern Sie mit einer App-Konfigurationsrichtlinie folgende Einstellungen:

- Sicherheitseinstellungen
- Sprache oder Regionseinstellungen
- Branding, zum Beispiel ein Unternehmenslogo

So erstellen Sie eine iOS-App-Konfigurationsrichtlinie:

1. Öffnen Sie das Microsoft 365-Geräteverwaltungsportal und melden Sie sich unter dem Konto eines globalen Administrators an.

2. Wählen Sie im Navigationsbereich den Knoten *Client-Apps*.

3. Klicken Sie auf dem Blatt *Client-Apps* unter *Verwalten* auf *App-Konfigurationsrichtlinien*.

4. Klicken Sie auf *Hinzufügen*.

5. Geben Sie folgende Informationen ein:

   - **Name**   Geben Sie einen Namen für Ihre neue Richtlinie ein.

   - **Beschreibung**   Tippen Sie optional eine Beschreibung ein.

   - **Geräteregistrierungstyp**   Wählen Sie *Verwaltete Geräte* oder *Verwaltete Apps*.

     - Wenn Sie *Verwaltete Apps* wählen, können Sie beim Auswählen der Apps sowohl iOS- als auch Android-Apps verwenden.

     - Wenn Sie *Verwaltete Geräte* wählen, müssen Sie die Geräteplattform auswählen, also iOS oder Android.

6. Wählen Sie iOS als Plattform aus und klicken Sie auf *Zugeordnete App*.

7. Wählen Sie die gewünschte App aus und klicken Sie auf *OK* (Abbildung 4–43).

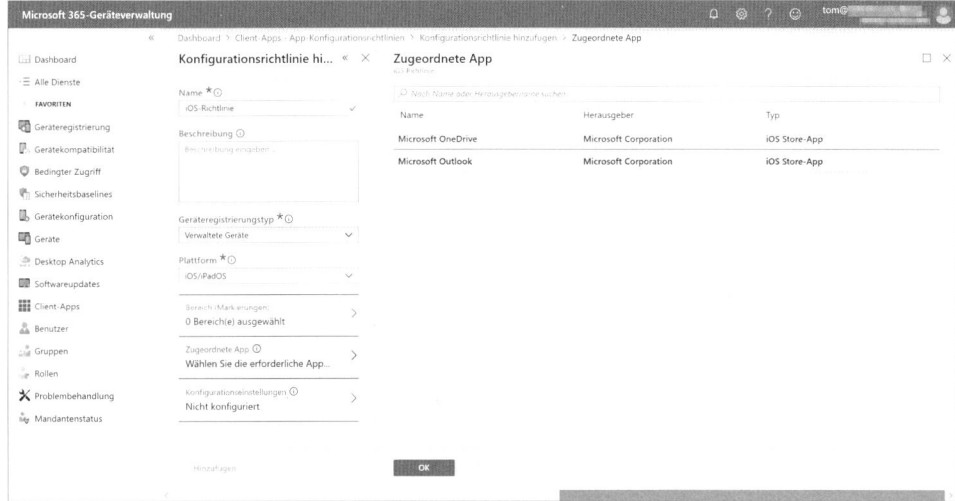

Abb. 4–43   Eine App für eine App-Konfigurationsrichtlinie auswählen

8. Klicken Sie auf *Konfigurationseinstellungen* und wählen Sie in der Liste *Format der Konfigurationseinstellungen* entweder *Konfigurations-Designer verwenden* oder *XML-Daten eingeben*. Tragen Sie XML-Daten in das Feld ein, um die Einstellungen der App zu konfigurieren.

> **WEITERE INFORMATIONEN**   **App-Konfigurationsrichtlinien für verwaltete iOS-Geräte hinzufügen**
>
> Ausführliche Informationen über konfigurierbare Eigenschaften finden Sie auf der Microsoft-Website unter:
>
> *https://docs.microsoft.com/intune/app-configuration-policies-use-ios*

9. Klicken Sie auf *OK* und dann auf *Hinzufügen*.

Weisen Sie nun wie gewohnt die Richtlinie zu.

Eine Android-App-Konfigurationsrichtlinie implementieren

Um eine Android-App-Konfigurationsrichtlinie zu erstellen, gehen Sie im Prinzip genauso vor wie bei iOS.

> **WEITERE INFORMATIONEN**   **Konfigurationseinstellungen für die Outlook-App für iOS und Android bereitstellen**
>
> Wie Sie mit App-Konfigurationsrichtlinien eine bestimmte App (in diesem Fall Outlook für iOS und Android) konfigurieren, beschreibt die Microsoft-Website unter:
>
> *https://docs.microsoft.com/exchange/clients-and-mobile-in-exchange-online/outlook-for-ios-and-android/outlook-for-ios-and-android-configuration-with-microsoft-intune*

Daten mit Intune schützen

Unabhängig von der Größe und Branche gibt es in allen Unternehmen Daten, die als vertraulich eingestuft sind. Microsoft versucht mit Information Protection-Lösungen, die in Office 365, Windows, Azure und die Microsoft-Cloud integriert sind, zu verhindern, dass Ihre Unternehmensdaten verloren gehen, gestohlen werden oder in die falschen Hände gelangen.

Datenschutz (engl. information protection) ist ein wichtiges Thema für viele Unternehmen, etliche sind durch Gesetze und Vorschriften gebunden, die festlegen, wie Daten geschützt und wie lange sie sicher aufbewahrt werden müssen, bevor sie unwiderruflich gelöscht werden. Wir stellen mehrere der Microsoft-Lösungen vor und sehen uns an, wie sie konfiguriert und bereitgestellt werden, um Ihre Daten zu schützen.

Office 365 bietet Unternehmen eine integrierte Lösung mit vielen beliebten Features, zum Beispiel E-Mail, Office-Apps, SharePoint und OneDrive for Business. Es gibt eine umfassende Datenschutz-Suite, die es Unternehmen ermöglicht, Branchenvorschriften und Gesetze einzuhalten, die Organisationen verpflichten, vertrauliche Informationen (darunter persönliche Daten) zu schützen und ihre versehentliche Weitergabe zu verhindern. Werden vertrauliche Informationen öffentlich gemacht, kann das gewaltige Schäden für ein Unternehmen bedeuten. Es können empfindliche Strafen verhängt und der gute Ruf des Unternehmens zerstört werden.

In den USA entwickelte der Gesetzgeber den Health Insurance Portability and Accountability Act (HIPAA), um den Schutz persönlich identifizierbarer Patientendaten zu stärken. Verantwortliche Manager von Unternehmen, die vertrauliche Daten verlieren, können zu Gefängnisstrafen verurteilt werden, wenn sie keine angemessenen Sicherungsmechanismen implementiert hatten.

Ist eine DLP-Richtlinie (Data Loss Prevention) aktiv, können Sie im Office 365 Compliance Center vertrauliche Informationen in der gesamten Office 365-Produktfamilie identifizieren, überwachen und automatisch schützen; das betrifft Exchange Online, SharePoint Online und OneDrive for Business.

Eine DLP-Richtlinie hilft bei folgenden Aufgaben:

- Vertrauliche Informationen in Exchange Online, SharePoint Online und OneDrive for Business identifizieren

- Versehentliche Weitergabe vertraulicher Informationen verhindern

- Vertrauliche Informationen in Office 2019 (Word, Excel und PowerPoint) überwachen und schützen

- Benutzer darin schulen, richtlinienkonform zu arbeiten

- DLP-Compliance-Berichte anzeigen

Sie erstellen und verwalten DLP-Richtlinien im Office 365 Compliance Center. Eine DLP-Richtlinie können Sie in einer der erwähnten Office 365-Komponenten konfigurieren, anschließend müssen Sie Regeln festlegen, die den Inhalt schützen. Diese Regeln bestehen im Wesentlichen aus zwei Elementen:

- **Bedingungen**   Der von der DLP überwachte Inhalt muss den formulierten Bedingungen entsprechen, damit die Regel erzwungen wird.

- **Aktionen**   Dies sind die Aktionen, die eine Regel ausführen soll, wenn die Bedingungen zutreffen. Zum Beispiel könnte die Aktion den Zugriff auf das Dokument blockieren und eine E-Mail-Benachrichtigung an das Compliance-Team senden.

Office 365 enthält über 40 fertige Vorlagen mit Regeln, die Sie direkt verwenden oder an die Konformitätsanforderungen Ihrer Organisation anpassen können.

Es gibt DLP-Richtlinienvorlagen, die Ihnen unter anderem helfen, die Anforderungen für folgende Branchenvorschriften und Gesetze einzuhalten:

- Gramm-Leach-Bliley Act (GLBA)

- Payment Card Industry Data Security Standard (PCI-DSS)

- USA Personally Identifiable Information (U.S. PII)

- USA Health Insurance Portability and Accountability Act (HIPAA)

Eine DLP-Richtlinie auf Basis einer Vorlage erstellen

1. Öffnen Sie das Microsoft 365 Admin Center und melden Sie sich unter dem Konto eines globalen Administrators an.

2. Klicken Sie im Navigationsbereich unter *Admin Center* auf *Compliance* (Abbildung 4–44).

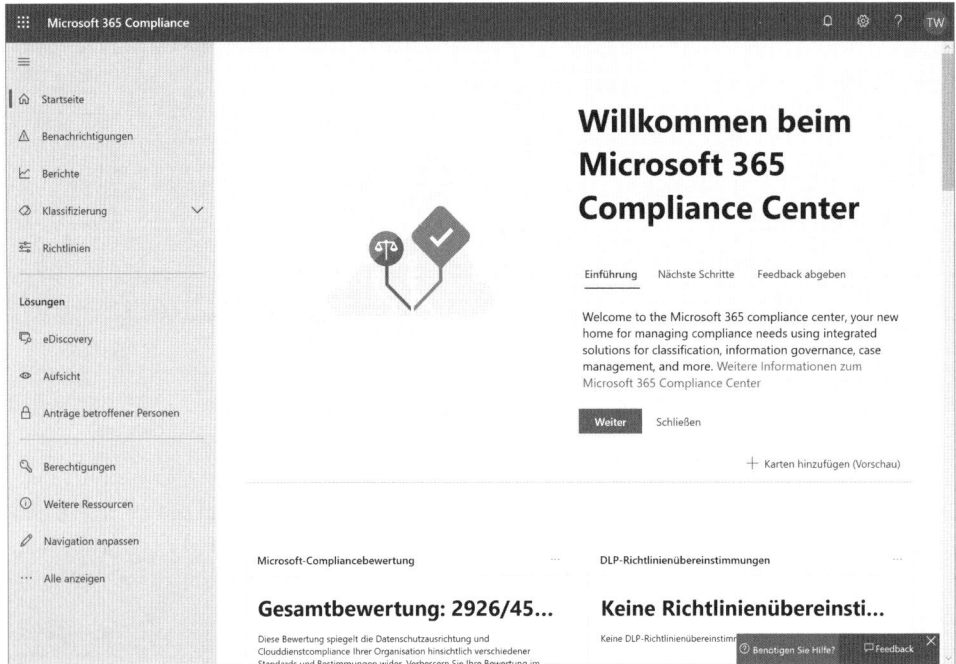

Abb. 4–44   Startseite im Microsoft 365 Compliance Center

3. Klicken Sie im Navigationsbereich der Compliance Center-Startseite auf *Richtlinien*.

4. Klicken Sie in der Detailansicht unter *Daten (2)* auf *Verhinderung von Datenverlust*. Es öffnet sich ein neuer Browser-Tab.

5. Klicken Sie in der Detailansicht auf *+Richtlinie erstellen*.

6. Wählen Sie eine der DLP-Richtlinienvorlagen. In diesem Beispiel verwenden wir *Germany Personally Identifiable Information (PII) Data*, eine Datenschutzvorlage für persönlich identifizierbare Daten in Deutschland (Abbildung 4–45). Klicken Sie auf *Weiter*.

7. Geben Sie einen Namen und eine Beschreibung für die Richtlinie ein und klicken Sie auf *Weiter*.

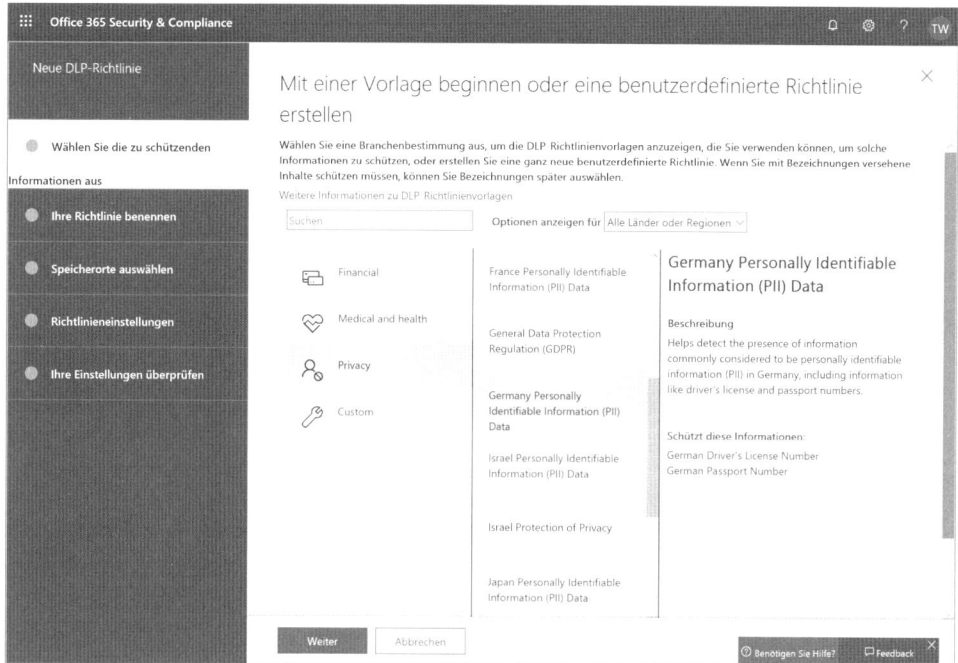

Abb. 4–45   Erstellen einer DLP-Richtlinie

8. Wählen Sie aus, welche Speicherorte durch die DLP-Richtlinie geschützt werden sollen.
Wie in Abbildung 4–46 zu sehen, können Sie benutzerdefinierte Speicherorte zusammen-
stellen oder alle Office 365-Speicherorte schützen. Wählen Sie die Option *Mich bestimmte
Speicherorte auswählen lassen* und klicken Sie auf *Weiter*.

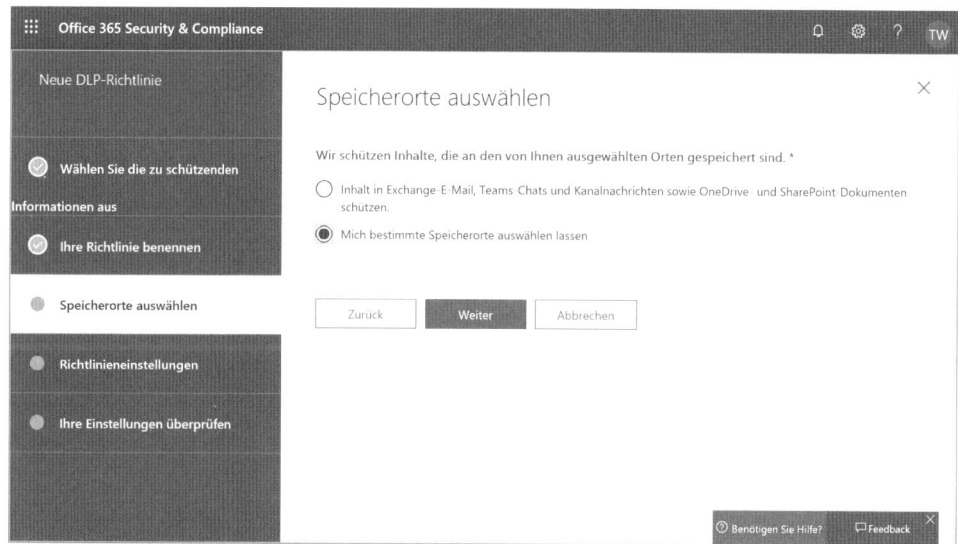

Abb. 4–46   Auswählen, welche Speicherorte eine DLP-Richtlinie schützt

9. Konfigurieren Sie auf der Seite *Speicherorte auswählen*, welche Speicherorte, Konten und Sites geschützt werden (Abbildung 4–47). Klicken Sie auf *Weiter*.

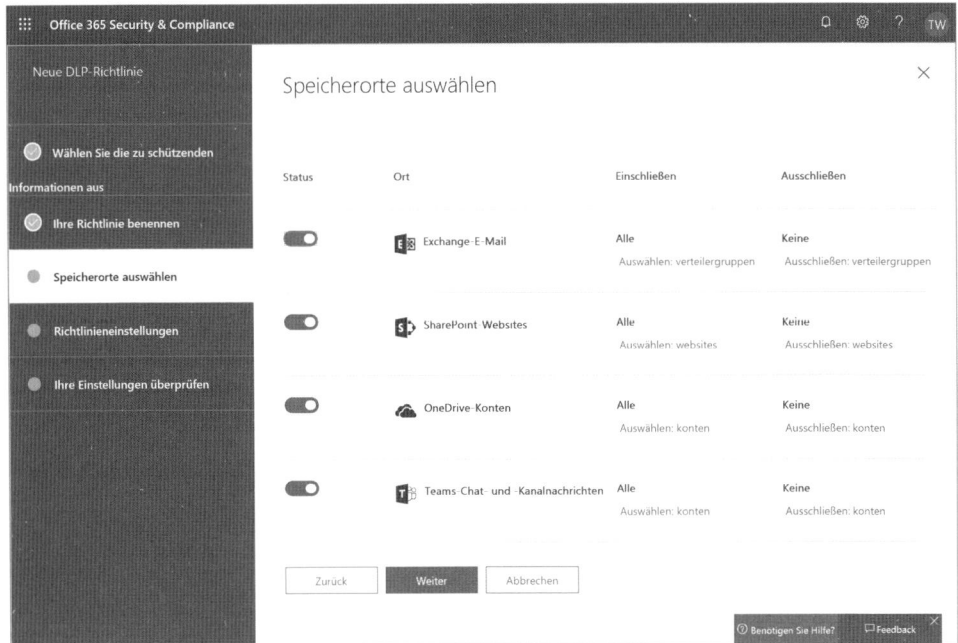

Abb. 4–47   Schutz für einzelne Datenspeicherorte aktivieren oder deaktivieren

10. Passen Sie auf der Seite *Richtlinieneinstellungen* (Abbildung 4–48) die Optionen an, um festzulegen, welche Inhaltstypen die PII-Datenvorlage überwacht, und klicken Sie auf *Weiter*. (Sie können die Bedingungen und Aktionen der Regel ändern, indem Sie die Option *Erweiterte Einstellungen verwenden* auswählen.)

11. Sehen Sie sich auf der Seite *Was möchten Sie machen, wenn wir vertrauliche Informationen erkennen* (Abbildung 4–49) die Optionen an und klicken Sie auf *Weiter*. Sie haben hier folgende Möglichkeiten:

   • Benutzer benachrichtigen, wenn Inhalte mit den Richtlinieneinstellungen übereinstimmen

   • Erkennen, wenn eine bestimmte Menge vertraulicher Informationen auf einmal geteilt wird

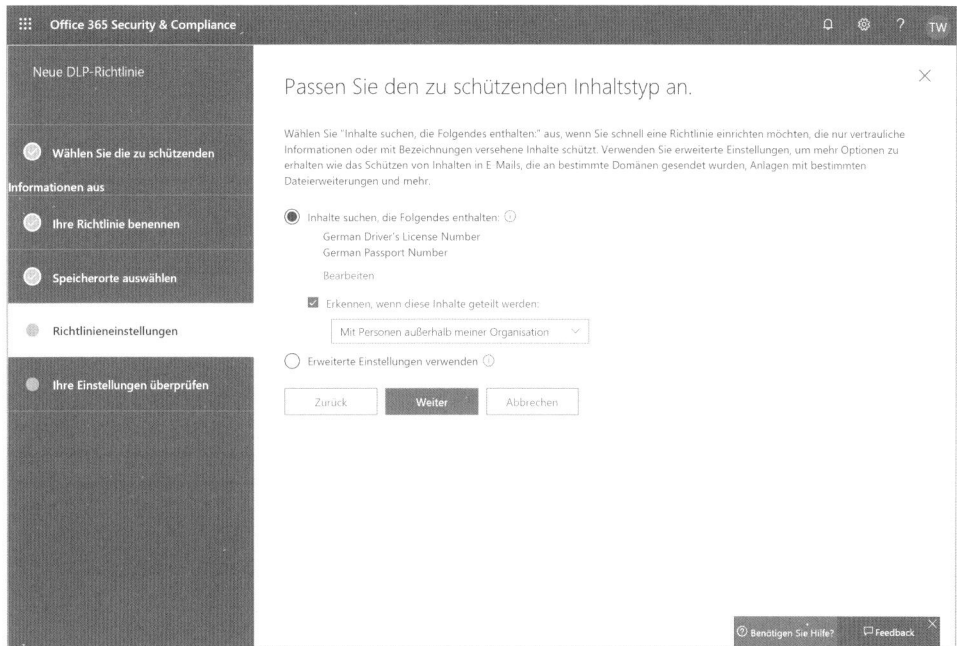

Abb. 4–48 Inhaltstyp für den DLP-Schutz anpassen

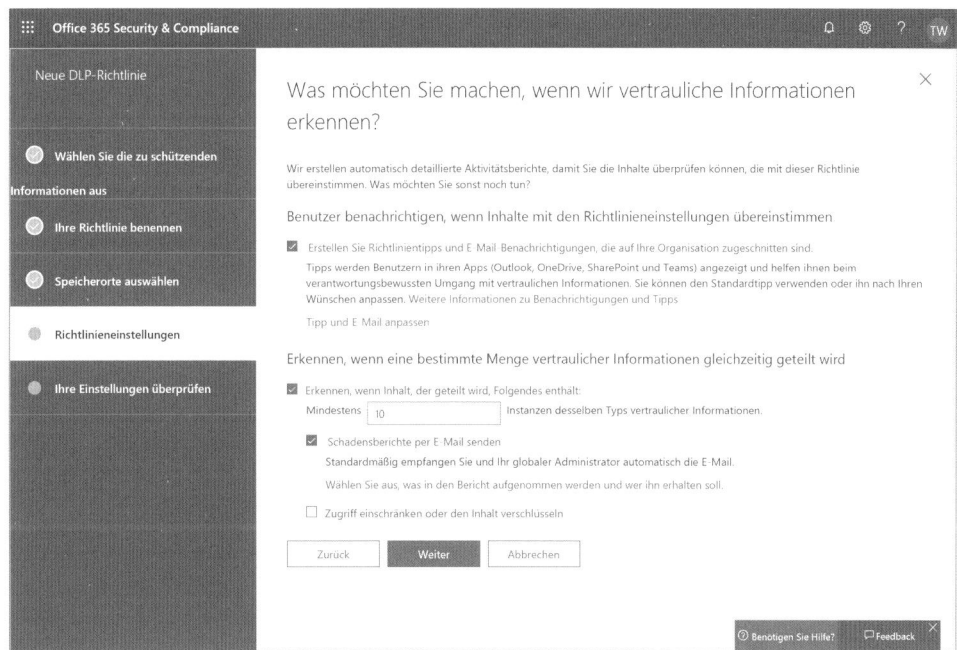

Abb. 4–49 Festlegen, welche vertraulichen Daten mit einer DLP-Schutzrichtlinie geschützt werden sollen

12. Auf der Seite *Möchten Sie die Richtlinie aktivieren oder sie zuerst testen* haben Sie die Wahl zwischen drei Optionen:

- Ja, sofort aktivieren
- Ich möchte zuerst testen (Im Testmodus Richtlinientipps anzeigen)
- Nein, deaktiviert lassen. Ich aktiviere sie später.

13. Wählen Sie die gewünschte Option und klicken Sie auf *Weiter*.

14. Prüfen Sie Ihre Einstellungen für die Richtlinie und klicken Sie auf *Erstellen*.

15. Klicken Sie auf *Schließen*.

Abhängig von der Größe Ihrer Organisation kann es sinnvoll sein, Ihre DLP-Richtlinien phasenweise auszurollen, um ihre Auswirkungen zu beobachten und ihre Wirksamkeit zu bewerten. Eine DLP-Richtlinie könnte unbeabsichtigt den Zugriff auf Dokumente blockieren, die Mitarbeiter für ihre tägliche Arbeit brauchen. Daher wird empfohlen, dass Sie die Bereitstellung von DLP-Richtlinien in einer Pilotgruppe mit eingeschränktem Wirkungsbereich testen.

Sofern die Testbereitstellung erfolgreich verläuft, können Sie die Richtlinien an ein größeres Publikum ausrollen. Überwachen Sie während des gesamten Prozesses die DLP-Berichte, Vorfallsberichte und alle Benachrichtigungen; so stellen Sie sicher, dass die Maßnahmen zu den erhofften Ergebnissen führen.

Windows Information Protection konfigurieren

Es sind Tools in Windows 10 integriert, mit denen Unternehmen Informationen schützen, Daten sicher aufbewahren und die Weitergabe von Daten verhindern können, sowohl bei der internen als auch der externen Freigabe außerhalb der eigenen Organisation. Abbildung 4–50 beschreibt die Kernelemente bei diesem Datenschutz (engl. information protection).

Anforderungen an Datenschutz			
Geräte schützen	Daten isolieren	Ausspähen verhindern	Freigabe schützen
System und Daten schützen, falls ein Gerät verloren oder gestohlen wird	Eingrenzung Daten voneinander trennen	Verhindern, dass nicht autorisierte Benutzer und Apps auf Daten zugreifen und sie weitergeben	Daten schützen, wenn sie mit anderen geteilt werden, auch außerhalb von Geräten und Kontrolle der Organisation

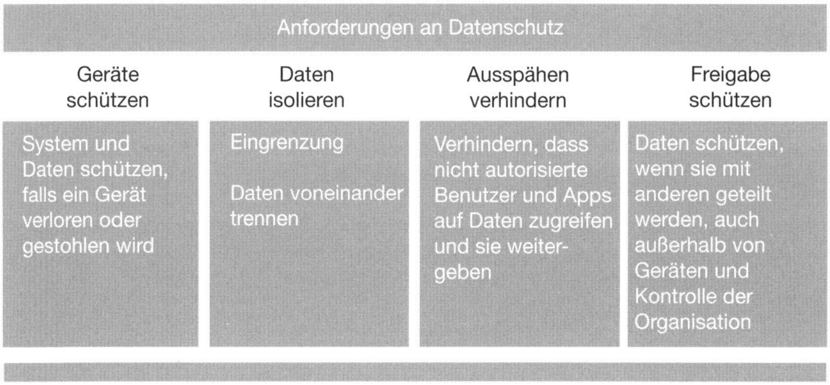

Abb. 4–50   Die vier Anforderungen an Datenschutz

Windows Information Protection erfüllt viele dieser Anforderungen. Es ist direkt in den Information Protection-Stack innerhalb von Windows integriert. Windows 10 stellt für den Schutz des Geräts BitLocker bereit, das die auf Ihrem Gerät gespeicherten Daten sogar dann schützt, wenn es verloren oder gestohlen wird. Wird das Festplattenlaufwerk aus dem Gerät ausgebaut, bleiben alle Daten verschlüsselt und können nicht gelesen werden.

Die Isolierung von Daten ermöglicht es Administratoren, private Daten von Unternehmensdaten zu unterscheiden. Mit Microsoft Intune können Sie Daten in diese Kategorien untergliedern und bei Bedarf Unternehmensdaten im Remotezugriff unwiderruflich von einem Gerät löschen. Das ist auch innerhalb des Windows 10-Betriebssystems möglich.

Windows 10 verhindert auch, dass Unternehmensdaten aus der Organisation heraus in unbefugte Hände gelangen. Zum Beispiel kann es verhindern, dass Daten aus einem Word-Dokument des Unternehmens außerhalb des Unternehmens veröffentlicht werden, etwa auf Facebook oder Twitter. Sie können sicherstellen, dass ausschließlich autorisierte Apps Zugriff auf Unternehmensdaten haben; bei Bedarf können Sie das Kopieren und Einfügen über die Zwischenablage unterbinden.

Die letzte Anforderung ist, dass Unternehmensdaten auf sichere Weise mit anderen Personen innerhalb und außerhalb der Organisation geteilt werden können. Zum Beispiel erlaubt das Unternehmen, Dokumente über E-Mail an autorisierte Kollegen weiterzugeben, aber Einschränkungen steuern dabei, wer ein Dokument ansehen oder bearbeiten kann; und bei Bedarf können die Berechtigungen jederzeit widerrufen werden.

Wenn Sie ein Microsoft 365-Abonnement haben, können Sie Richtlinien in Intune definieren, um WIP im Remotezugriff zu verwalten. Zum Beispiel verwenden Sie WIP mit Intune, um mit einer Windows 10-Gerätekonformitätsrichtlinie zu erzwingen, dass BitLocker aktiviert ist und dies über den Windows-Integritätsnachweisbericht-Dienst gemeldet wird.

Eine WIP-Richtlinie in Intune erstellen

Mit Intune können Sie eine WIP-spezifische Richtlinie im Microsoft 365-Geräteverwaltungsportal erstellen:

1. Öffnen Sie das Microsoft 365-Geräteverwaltungsportal und melden Sie sich unter dem Konto eines globalen Administrators an.

2. Wählen Sie im Navigationsbereich den Knoten *Client-Apps*.

3. Klicken Sie auf dem Blatt *Client-Apps* auf *App-Schutzrichtlinien* (Abbildung 4–51).

4. Klicken Sie auf *Richtlinie erstellen*.

5. Geben Sie folgende Informationen ein:
    - **Name**   Geben Sie einen Namen für Ihre neue Richtlinie ein.
    - **Beschreibung**   Tippen Sie optional eine Beschreibung ein.
    - **Plattform**   Wählen Sie in der Dropdownliste den Eintrag *Windows 10* aus.
    - **Registrierungsstatus**   Wählen Sie *Ohne Registrierung*.

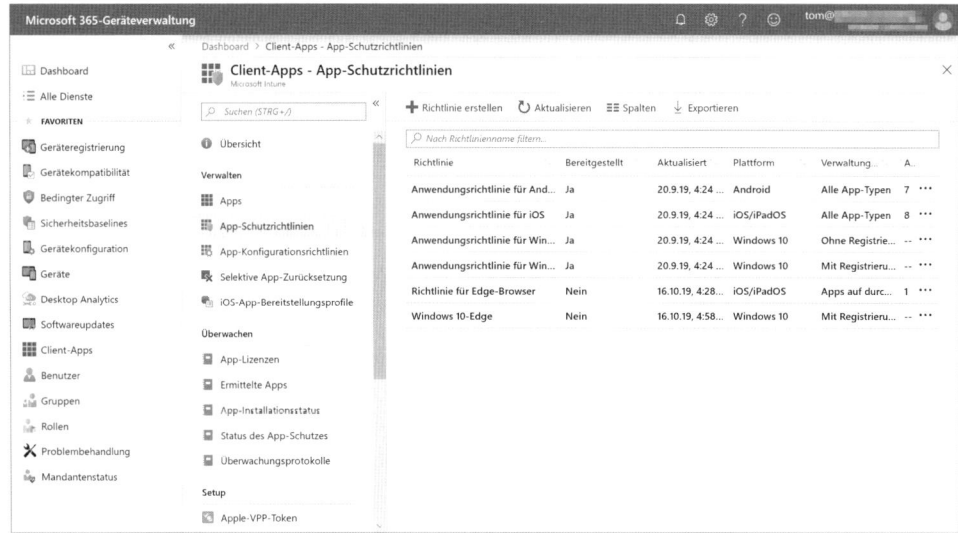

Abb. 4–51 App-Schutzrichtlinien auflisten

6. Klicken Sie auf *Geschützte Apps* und dann auf *Apps hinzufügen*. Das Blatt *Apps hinzufügen* öffnet sich und listet alle Apps auf, die momentan verfügbar sind und auf Ihre Unternehmensdaten zugreifen dürfen (Abbildung 4–52).

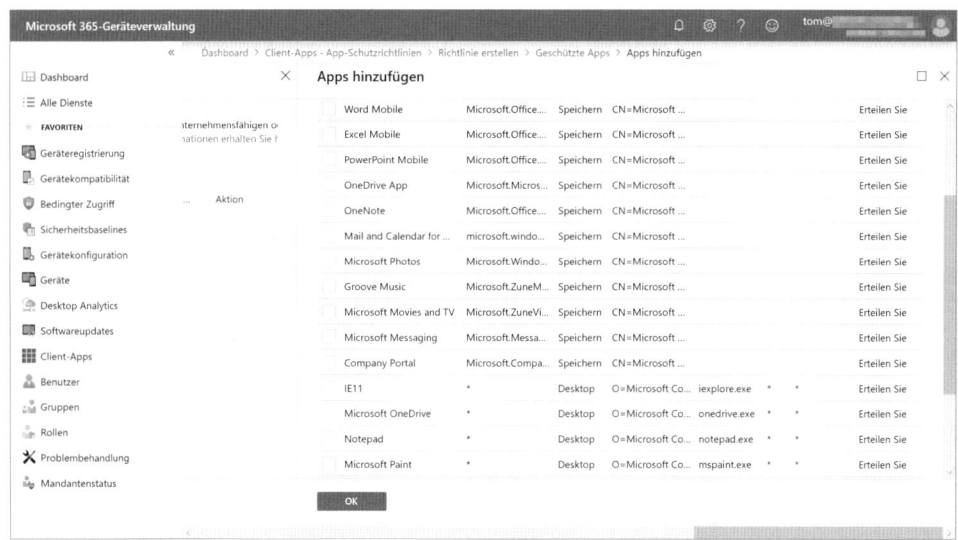

Abb. 4–52 Apps zu einer App-Schutzrichtlinie hinzufügen

7. Wählen Sie Microsoft Edge aus und klicken Sie zweimal auf *OK*.

8. Klicken Sie auf *Erforderliche Einstellungen konfigurieren*. Hier legen Sie den Schutzmodus fest (Abbildung 4–53). Sofern es sich um eine Pilotphase oder einen Test handelt, sollten Sie *Lautlos* oder *Außerkraftsetzungen zulassen* wählen, weil bei dieser Einstellung Verstöße gegen die WIP möglich sind. Wenn Sie WIP erzwingen wollen, müssen Sie die Option *Blockieren* auswählen.

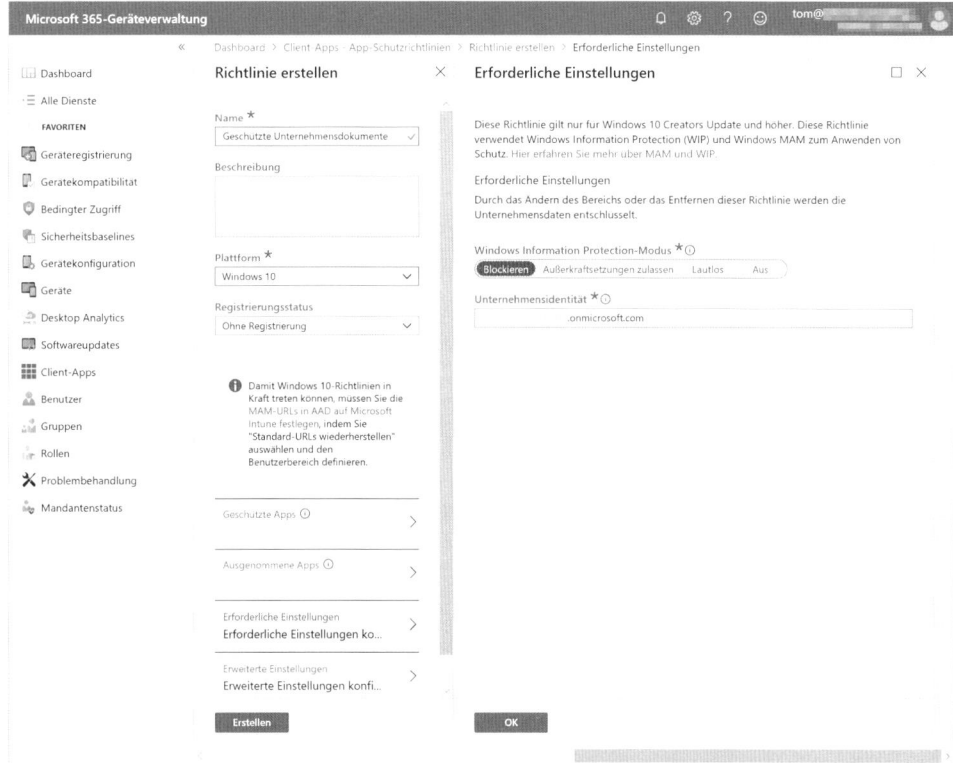

Abb. 4–53 Erforderliche Einstellungen für eine App-Schutzrichtlinie konfigurieren

9. Klicken Sie auf *OK*.

10. Wenn Sie erweiterte Einstellungen konfigurieren wollen, müssen Sie auf den Link *Erweiterte Einstellungen konfigurieren* klicken (Abbildung 4–54). Hier definieren Sie folgende Einstellungen:

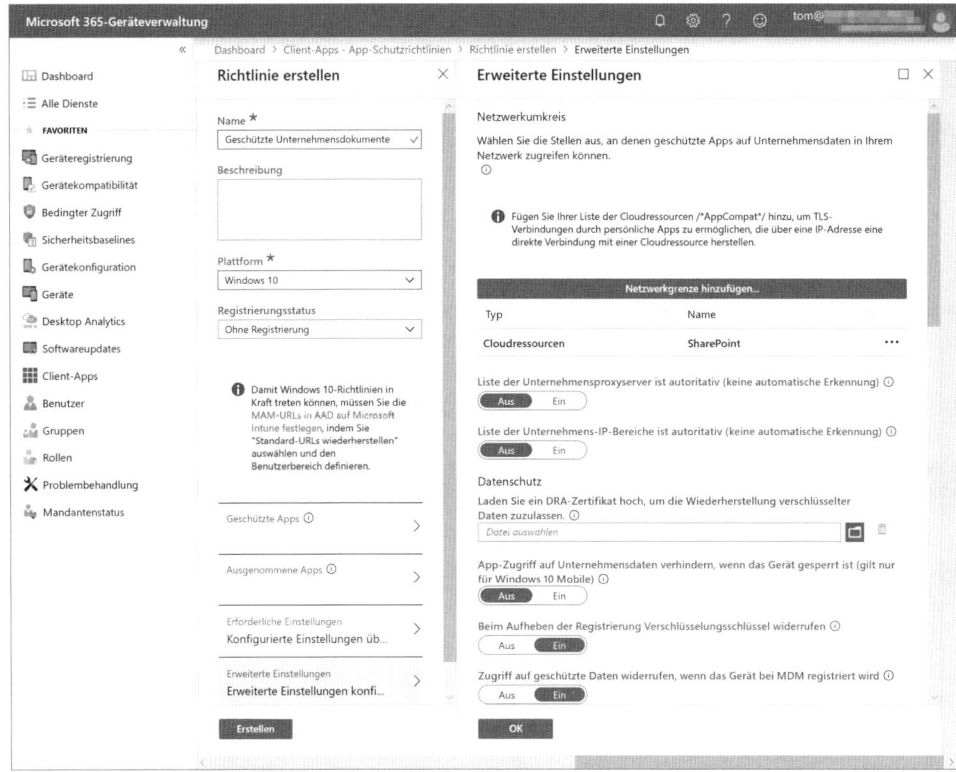

Abb. 4–54   Erweiterte Einstellungen in einer Windows 10-App-Schutzrichtlinie ändern

- **Netzwerkumkreis**   Legen Sie fest, von wo aus auf die Unternehmensdaten zugegriffen werden darf.

- **Datenschutz**   Enthält Einstellungen für den Datenwiederherstellungs-Agent (Data Recovery Agent, DRA) und Azure-RMS-Optionen.

- **Zugriff**   Definiert Anmeldeoptionen.

11. Klicken Sie auf *OK* und dann auf *Erstellen*.

Sie stellen die Richtlinie auf Windows 10-Geräten bereit, indem Sie sie öffnen und an die gewünschten Gruppen zuweisen (Abbildung 4–55).

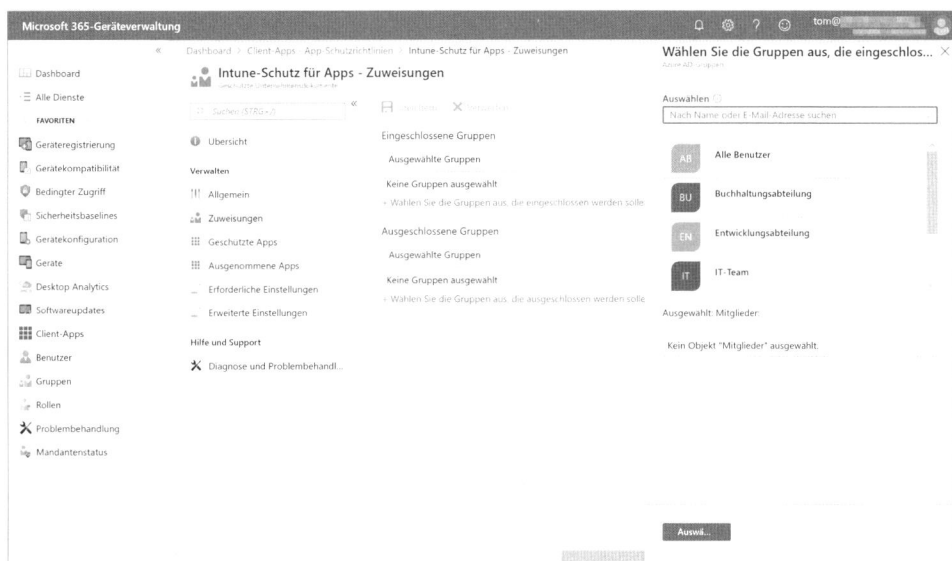

Abb. 4–55   Eine WIP-Richtlinie zuweisen

Azure Information Protection-Vorlagen implementieren

Azure Information Protection (AIP) erweitert den Schutz von Informationen dadurch, dass es das Klassifizieren, Bezeichnen und Schützen von Dokumenten und E-Mails ermöglicht. Weil es sich um einen Azure-Dienst handelt, ist es eine Cloud-basierte Lösung, die keine lokale Infrastruktur benötigt. Der Dienst greift auf Azure Rights Management (Azure RMS) zurück und erlaubt Administratoren, Regeln und Bedingungen zu definieren, die dann automatisch Klassifizierungen zu den Daten hinzufügen. (Auch Benutzer können von Hand die Klassifizierung zu ihren Dateien hinzufügen.)

Azure RMS steht Organisationen mit einem der folgenden Microsoft 365-Abonnements zur Verfügung:

- Microsoft 365 Enterprise E3 oder E5

- Microsoft 365 Education A3 oder A5

- Microsoft 365 Government G3 oder G5

Sobald Inhalt klassifiziert wurde, können Administratoren verfolgen und steuern, wie er verwendet wird. Dazu gehört, den Datenfluss zu überwachen, den Zugriff auf Dokumente aufzuzeichnen und unautorisierte Datenweitergabe oder Datenmissbrauch zu unterbinden.

Die sogenannten Bezeichnungen (engl. labels) in Azure Information Protection sind etwas anderes als die Markierungen (engl. tags) in Microsoft 365 Security und Compliance. Mit AIP-Bezeichnungen wenden Sie Klassifizierungs- und Schutzrichtlinien für Dokumente und E-Mails an.

Die Markierungen in Microsoft 365 Security und Compliance dienen dazu, Dokumente und E-Mails für Überwachungs- und Aufbewahrungszwecke innerhalb der Microsoft 365-Dienste zu klassifizieren.

Dokumente und E-Mails verwenden Bezeichnungen, um eine Klassifizierung festzulegen, die immer mit dem Dokument beziehungsweise der E-Mail verknüpft bleibt, unabhängig davon, wo die Daten gespeichert sind oder ob sie geteilt werden. Die Bezeichnungen sind für den Benutzer sichtbar, und die Metadaten werden im Klartext zu Dateien und E-Mail-Headern hinzugefügt; das stellt sicher, dass andere Dienste (zum Beispiel Lösungen zur Verhinderung von Datenverlust) die Klassifizierung auswerten und geeignete Aktionen einleiten.

Weil diese Technologie Cloud-basiert arbeitet, ist sie in Microsoft 365 und Azure Active Directory integriert. Entwickler und Softwarehersteller können Azure RMS über die Graph-APIs so erweitern, dass es mit Information-Protection-Lösungen anderer Hersteller arbeitet, sowohl lokal als auch in der Cloud.

Die Azure Information Protection-Lösung gibt Ihnen mit Verschlüsselung, Identitäts- und Autorisierungsrichtlinien Kontrolle über Ihre Daten. Im Azure Rights Management-Dienst sind Standardvorlagen definiert, mit denen Sie den Datenzugriff auf Benutzer in Ihrer Organisation einschränken können.

Azure Information Protection konfigurieren

Damit Sie Azure Information Protection verwenden oder testen können, müssen folgende Voraussetzungen erfüllt sein:

- Ein Microsoft 365-Abonnement, das Azure Information Protection umfasst

- Das Konto eines globalen Administrators oder Sicherheitsadministrators, um sich am Azure-Portal anzumelden und die Azure Information Protection-Richtlinie zu konfigurieren

- Ein Computer, der unter Windows (mindestens Windows 7 mit Service Pack 1) läuft und auf dem Office installiert ist

Den Azure Rights Management-Dienst aktivieren

Der erste Schritt beim Konfigurieren von Azure Information Protection besteht darin, den Azure Rights Management-Dienst zu aktivieren. Gehen Sie dazu folgendermaßen vor:

1. Melden Sie sich als globaler Administrator oder Sicherheitsadministrator am Azure Portal unter *https://portal.azure.com* an.
2. Tippen Sie **Azure Information Protection** in das Suchfeld ein und klicken Sie in der Ergebnisliste auf *Azure Information Protection*.
3. Klicken Sie auf dem Blatt *Azure Information Protection* unter *Verwalten* auf *Schutzaktivierung* (Abbildung 4–56).
4. Klicken Sie auf der Seite *Schutzaktivierung* auf *Aktivieren*.

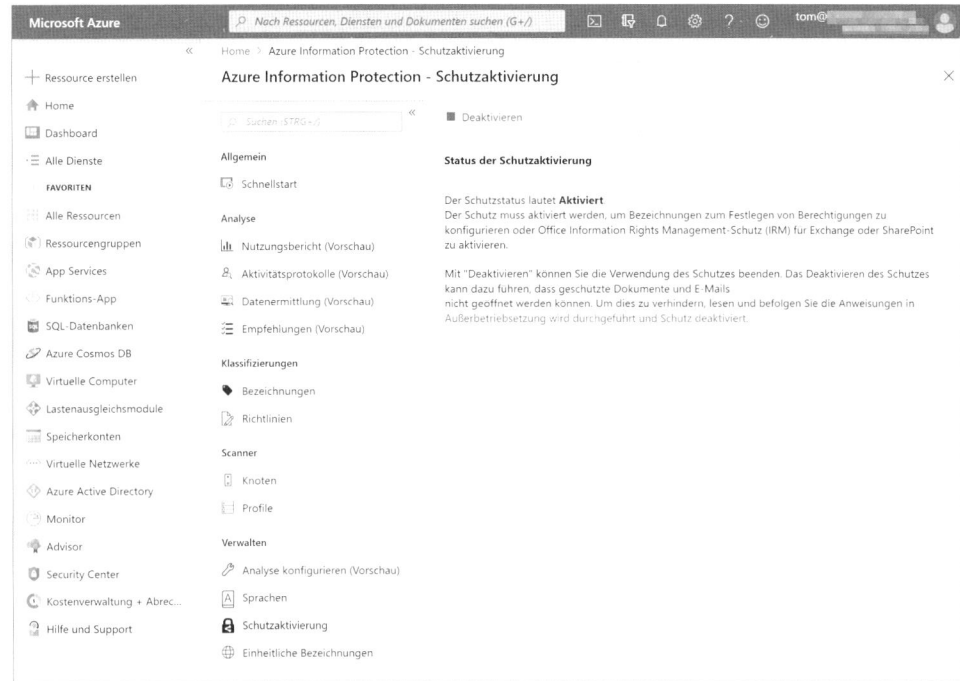

Abb. 4–56   Schutz für eine Azure Information Protection-Richtlinie aktivieren

Azure Information Protection-Richtlinien verwenden

Azure Information Protection enthält eine Standardrichtlinie namens *Global*, die Sie direkt verwenden können, ohne etwas daran zu ändern. Sie können die globale Richtlinie aber auch anpassen. So sehen Sie sich die Standardrichtlinie an:

1. Klicken Sie auf dem Blatt *Azure Information Protection* auf *Richtlinien* und wählen Sie das Element *Global* aus.

2. Sehen Sie sich die Informationen an (Abbildung 4–57). Erweitern Sie vorhandene Bezeichnungen und sehen Sie sich die jeweilige Konfiguration an.

3. Klicken Sie auf *Standardbezeichnung auswählen* > *Allgemein*, um die Standardbezeichnung festzulegen und die Benutzer aufzufordern, eine niedrigere Klassifizierung zu begründen.

4. Stellen Sie die Option *Benutzer müssen eine Begründung angeben, wenn sie eine niedrigere Klassifizierung festlegen, eine Kennzeichnung oder den Schutz entfernen möchten* auf die Stellung *Ein*.

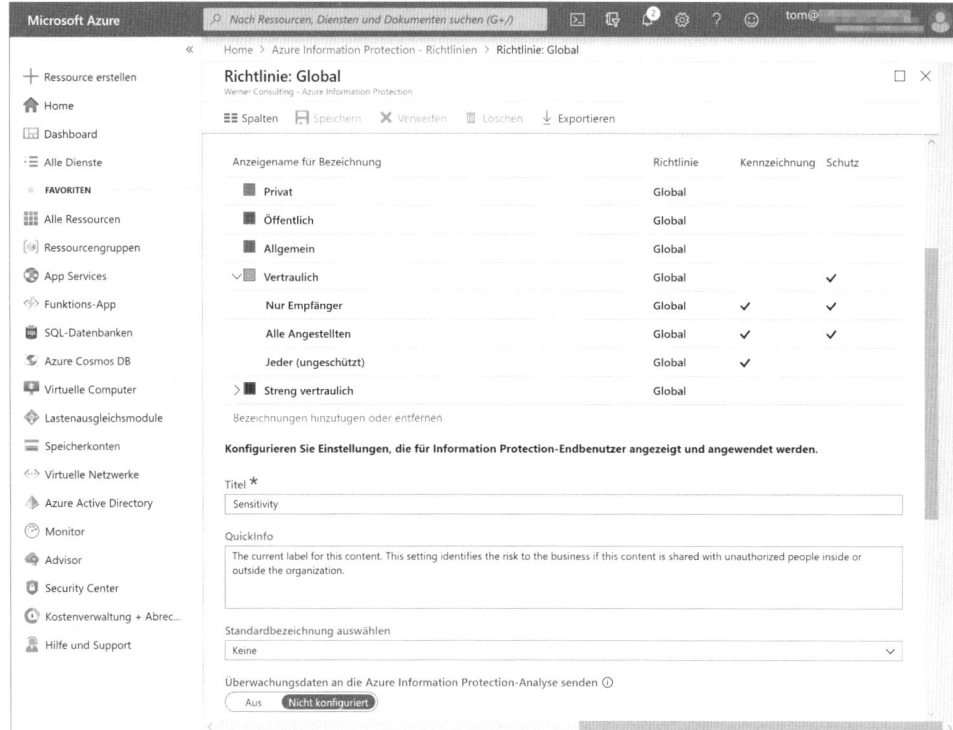

Abb. 4–57   Die Azure Information Protection-Standardrichtlinie *Global* konfigurieren

5.   Erforschen Sie die Richtlinie, indem Sie eine neue Bezeichnung hinzufügen, visuelle Kennzeichnungen erstellen und Bedingungen formulieren, um Benutzer zur Klassifizierung aufzufordern.

6.   Klicken Sie auf *Speichern*, falls Sie irgendwelche Änderungen vorgenommen haben.

7.   Damit die Richtlinie für Benutzer verfügbar wird, muss sie veröffentlicht werden. Dies ist allerdings kein separater Schritt mehr. Die Warnmeldung erinnert Sie daran. Wenn Sie mit der Konfiguration zufrieden sind und die Richtlinie speichern (und veröffentlichen) wollen, brauchen Sie nur auf *OK* zu klicken.

Den Azure Information Protection-Client installieren

Sie haben bereits erfahren, dass Windows 10 das WIP-Framework in das Betriebssystem integriert. Wenn Sie den Azure Information Protection-Client installieren, kommuniziert Windows mit Azure und zeigt die Bezeichnungen in Office-Anwendungen an.

So installieren Sie den Azure Information Protection-Client:

1.   Stellen Sie auf dem Client-PC sicher, dass Office installiert ist und der Benutzer sich an der Office-Anwendung angemeldet hat.

2. Schließen Sie alle laufenden Office-Apps und laden Sie den Azure Information Protection-Client (*AzInfoProtection.exe*) aus dem Microsoft Download Center unter *https://www.micro-soft.com/download/details.aspx?id=53018* herunter.

3. Führen Sie den Azure Information Protection-Client aus und folgen Sie den Anweisungen, um ihn zu installieren.

4. Starten Sie Word und legen Sie ein neues, leeres Dokument an.

5. Sie müssten jetzt eine Willkommensseite mit einfachen Anweisungen angezeigt bekommen. Lesen Sie die Hinweise und klicken Sie auf *Schließen*.

6. Nachdem das neue Dokument geladen wurde, müssten Sie im Menüband die neue Gruppe *Schutz* auf der Registerkarte *Start* sehen, mit der Schaltfläche *Schützen* und der Information Protection-Leiste unter dem Menüband (Abbildung 4–58). Die Leiste zeigt die Bezeichnungen an, die Sie im Azure Portal definiert haben.

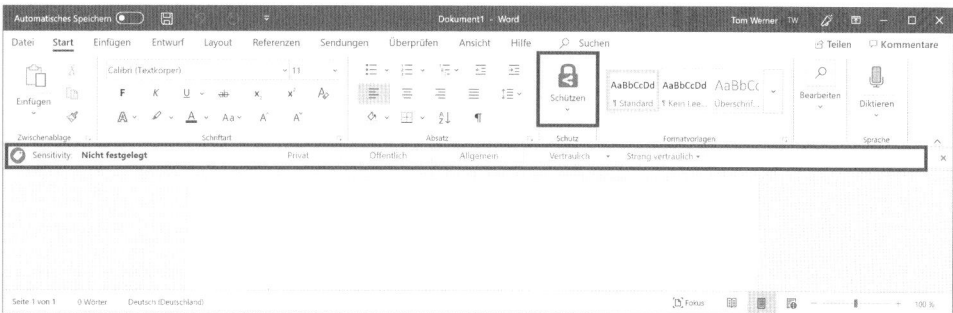

Abb. 4–58   Azure Information Protection-Client in Office Word verwenden

Erstellen Sie Dokumente, schützen Sie sie mit Azure Information Protection und sehen Sie sich an, wie Bezeichnungen funktionieren. Probieren Sie die anderen Einstellungen in Excel, Power-Point und Outlook aus, die ebenfalls Azure Information Protection unterstützen.

Gedankenexperimente

In diesen Gedankenexperimenten wenden Sie an, was Sie über die in diesem Kapitel behandelten Themen wissen. Die Antworten auf die Fragen der Gedankenexperimente finden Sie im nächsten Abschnitt.

Szenario 1

Adatum möchte seinen Benutzern einige Apps zur Verfügung stellen, die im Microsoft Store angeboten werden. Allerdings sollen die Benutzer nur in der Lage sein, bestimmte Apps anzusehen und zu installieren. Ihre Organisation hat ein Microsoft 365 Enterprise E5-Abonnement.

Beantworten Sie als Consultant für Adatum folgende Fragen:

1. Wie können Sie diese Anforderung mit dem Microsoft Store für Unternehmen erfüllen?

2. Wie können Sie Intune einsetzen, um bessere Kontrolle über die Lösung zu bekommen?

Szenario 2

Bei Adatum ist wichtig, dass vertrauliche Daten nicht versehentlich an externe Benutzer geschickt werden. Ihre Organisation hat ein Microsoft 365 Enterprise E5-Abonnement.

Beantworten Sie als Consultant für Adatum folgende Fragen:

1. Wie erfüllen Sie diese Anforderung unter Verwendung von Microsoft 365-Features?
2. Wie müssen Sie im Einzelnen vorgehen?
3. Gibt es irgendwelche anderen Ansätze, die Sie umsetzen könnten?

Antworten zu den Gedankenexperimenten

Dieser Abschnitt enthält die Lösungen zu den Fragen, die in den Gedankenexperimenten gestellt wurden.

Szenario 1

1. Erwerben Sie die Apps im Microsoft Store und veröffentlichen Sie sie in einem privaten Store innerhalb des Microsoft Store für Unternehmen. Benutzer können nun den privaten Store besuchen und die gewünschten Apps installieren.
2. Mit Intune können Sie erworbene Apps zuweisen, indem Sie den Microsoft Store für Unternehmen mit Intune synchronisieren. Die synchronisierten Apps tauchen dann im Microsoft 365-Geräteverwaltungsportal in der Liste *Client-Apps - Apps* auf. Sie können die Apps nun an ausgewählte Gruppen zuweisen. Auf diese Weise brauchen die Benutzer die Store-App überhaupt nicht zu verwenden.

Szenario 2

1. Verwenden Sie Intune, um eine DLP-Richtlinie zu erstellen und zu erzwingen.
2. Starten Sie im Compliance-Center den Assistenten für eine neue DLP-Richtlinie und konfigurieren Sie folgende Elemente:

   - Definieren Sie den Typ vertraulicher Daten, die Sie schützen wollen, zum Beispiel Kreditkartennummern.
   - Legen Sie fest, wo die Daten liegen (Speicherorte).
   - Aktivieren Sie die Erkennung für Inhalt, der mit Personen außerhalb Ihrer Organisation geteilt wird.
   - Konfigurieren Sie, welche Aktionen ausgeführt werden, falls vertrauliche Daten erkannt wurden.
   - Aktivieren Sie die Richtlinie.

3. Neben einer DLP-Richtlinie können Sie auch Azure Information Protection verwenden.

Zusammenfassung des Kapitels

Mit Intune können Sie Store-Apps, Office 365-Suite-Apps, Weblink-Apps, integrierte Apps, Branchen-Apps und Windows-Anwendungen (Win32-Anwendungen) bereitstellen.

Nachdem Sie eine App für die Bereitstellung konfiguriert haben, müssen Sie die App an die gewünschten Benutzer- oder Gerätegruppen zuweisen.

Sie können anpassen, welche Komponenten der Office 365-App-Suite für Ihre Windows 10-Benutzer verfügbar sind, indem Sie eine Office 365-Suite-App für Windows 10 zusammenstellen.

Mit Rollenzuweisungen legen Sie im Microsoft Store für Unternehmen fest, welche Aufgaben bestimmte Benutzer im Store erledigen dürfen.

Sie müssen den privaten Store innerhalb des Microsoft Store für Unternehmen aktivieren, damit die Benutzer Ihrer Organisation ihn besuchen und verwenden können.

Damit Sie in Intune-Apps aus dem Microsoft Store für Unternehmen verteilen können, müssen Sie im Portal *Microsoft Store für Unternehmen* Intune als Verwaltungstool aktivieren. Außerdem müssen Sie die Synchronisierung zwischen dem Microsoft Store für Unternehmen und Intune im Microsoft 365-Geräteverwaltungsportal aktivieren.

Mit Offline-Lizenzierung im Microsoft Store für Unternehmen können Sie Apps über Intune oder Ihre interne Netzwerkinfrastruktur verteilen, statt die Oberfläche des Microsoft Store für Unternehmen zu verwenden.

Wenn Sie Apps im privaten Store innerhalb des Microsoft Store für Unternehmen verfügbar machen, können Sie eine App für niemand, für alle oder für ausgewählte Gruppen sichtbar machen.

Sie können Branchen-Apps in Windows 10 querladen, indem Sie mit dem Windows-Designer für die Imagekonfiguration ein Bereitstellungspaket erstellen und die App in diesem Paket verteilen.

Sie können Apps auch in Windows-Images querladen, indem Sie *DISM.exe* verwenden.

Wenn Sie den Kioskmodus aktivieren, müssen Sie ein Benutzerkonto angeben und eine App auswählen.

Der Internet Explorer-Unternehmensmodus steuert, welcher Microsoft-Browser für bestimmte Websites verwendet wird.

Mit App-Schutzrichtlinien legen Sie fest, wie Unternehmensdaten in verwalteten Apps geschützt werden.

Mit einer DLP-Richtlinie steuern Sie die Datennutzung und verhindern, dass Daten unautorisiert aus Ihrer Organisation weitergegeben werden.

Index

 **Microsoft**

Unsere *Original Microsoft Prüfungstrainings* helfen Ihnen dabei, sich effizient auf die Microsoft-Zertifizierungen 70-740, 70-741 und 70-742 vorzubereiten, um die MCSA-Zertifizierung für Windows Server 2016 zu erhalten. Dabei konzentrieren sich die Bücher auf die richtige Herangehensweisen an die Prüfungsfragen sowie die dafür nötige kritische Analyse der Fragen und den richtigen Ansatz zur Entscheidungsfindung.

  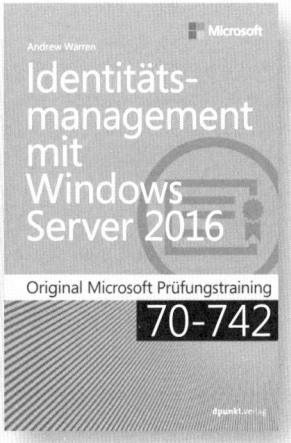

Craig Zacker
Installation, Speicher-
technologien und
Computing mit Windows
Server 2016
Original Microsoft
Prüfungstraining 70-740

2018
538 Seiten, € 49,90 (D)
ISBN: 978-3-86490-445-5

Andrew Warren
Netzwerkinfrastruktur
mit Windows Server 2016
implementieren
Original Microsoft
Prüfungstraining 70-741

2017
382 Seiten, € 49,90 (D)
ISBN: 978-3-86490-442-4

Andrew Warren
Identitätsmanagement mit
Windows Server 2016
Original Microsoft
Prüfungstraining 70-742

2017
424 Seiten, € 49,90 (D)
ISBN: 978-3-86490-443-1

dpunkt.verlag
www.dpunkt.de

Wieblinger Weg 17
69123 Heidelberg

fon: 0 62 21/14 83-0
fax: 0 62 21/14 83-99

msp@dpunkt.de
www.dpunkt.de

Ed Bott · Craig Stinson

Windows 10 für Experten

Insider-Wissen –
praxisnah & kompetent

3., aktualisierte Auflage 2019
854 Seiten, Festeinband
€ 36,90 (D)

ISBN:
Print   978-3-86490-638-1
PDF   978-3-96088-691-4
ePub   978-3-96088-692-1
mobi   978-3-96088-693-8

Geschrieben von einem Expertenteam erklärt Ihnen dieses Buch alles, was Sie über Windows 10 wissen müssen: von der Verwendung der neuen Zeitachse, Cortana und Microsoft Edge über Sicherheitsfragen bis zum fortgeschrittenen Systemmanagement, mit vielen zeitsparenden Lösungen und Tipps.

»Ein wirklich dickes, umfangreiches Kompendium für
Windows-10-Power-Nutzer.«
                    Amazon-Kunde
                    (amazon.de)

www.dpunkt.de

Schon Fan von uns?

Folgen Sie uns auf Facebook, Instagram oder Twitter.
Entdecken Sie immer wieder neue, inspirierende und
kreative Bücher!

dpunkt.verlag
www.dpunkt.de